W0245081

Karl-Wilhelm Weeber

NEUSEELAND

Karl-Wilhelm Weeber

NEUSEELAND

Prestel-Verlag München

Für Elke

© Prestel-Verlag München 1987
Passavia Druckerei GmbH Passau
ISBN 3-7913-0834-3

Inhalt

WINDY WELLINGTON –

DIE HAUPTSTADT UND IHR UMLAND

BLAU-GRÜNE SYMPHONIE – DER SONNIGE NORDEN

DER SÜDINSEL

GREENSTONE, GEISTERSTÄDTE, GLETSCHER –
DIE GRÜNE, EINSAME WEST COAST

NATIONALPARKS IN DER GRANDIOSEN BERGWELT
DER SÜDALPEN

DIE EBENE, DAS HIGHLAND, DIE METROPOLE –
CANTERBURYS WECHSELNDES ANTLITZ

OTAGO, SOUTHLAND UND DIE ›WAHRE SÜDINSEL‹ –
GEGENSÄTZE DES SÜDOSTENS

FJORDE UND SEEN, WÄLDER UND BERGE –
DAS FERIENPARADIES DES SÜDWESTENS

ANHANG

Als »God's own country« preist der Dichter der neuseeländischen Nationalhymne seine Heimat, und das staatliche Fremdenverkehrsamt wirbt mit dem Slogan vom »schönsten Ende der Welt« um Besucher. Wer hinter diesen vollmundigen Charakteristiken vor allem Nationalstolz und Werbepoesie argwöhnt, wird angenehm überrascht, wenn er das Land selbst kennenlernt. Neuseeland ist – vor allem aus der Perspektive eines dichtbevölkerten, von Umweltproblemen stark belasteten Europa – ein Juwel im Südpazifik mit prächtiger Naturszenerie, das über weite Strecken noch mit unverdorbener, ja teilweise unberührter Landschaft von beeindruckender Schönheit verwöhnt.

Mit einer Gesamtfläche von rund 270 000 Quadratkilometern – die Chatham-Inseln und einige zum Staatsgebiet gehörende, unbewohnte Inseln mitgerechnet – ist Neuseeland nur etwas größer als sein einstiges Mutterland Großbritannien oder die Bundesrepublik Deutschland. Die breite Palette von Landschaftsformen indes, die Vielfalt und Großartigkeit des natürlichen Erscheinungsbildes, das sich auf engem Raum – bei etwa 1600 Kilometer Nord-Süd- und selten mehr als 200 Kilometer Ost-West-Erstrekkung – zu einem einzigartigen Ensemble von Harmonien und Kontrasten vereinigt, machen die Besonderheit dieses Landes aus und verleihen ihm seinen spezifischen Reiz gerade auch als Reiseland.

Aotearoa, ›das Land der langen, weißen Wolke‹, wie es die Maori in ihrer bildhaft-kraftvollen Sprache nennen, ist ein Mosaik, das sich aus den unterschiedlichsten land-

schaftlichen ›Steinchen‹ zusammensetzt: Von den endlosen
Stränden des subtropischen, winterlosen Nordens mit seinen stark dezimierten, aber nicht minder stolz aufragenden
Kauri-Wäldern, den rauch- und feuerspeienden Vulkanen
des Tongariro-Nationalparks, den hochaufsprudelnden
Geysiren, kochenden Quellen, brodelnden Schlammlö-
chern und farbenprächtigen Sinterterrassen des Vulkanischen Plateaus, dem saftig grünen, mit unzähligen Schafen
übersäten Hügelland über die stillen Buchten der Coromandel-Halbinsel mit den knorrigen, über dem Wasser
hängenden Pohutukawa-Bäumen, die die Küsten um die
Weihnachtszeit in roter Blütenpracht erlodern lassen, und
die sonnige Ostküste, an der sich das Maori-Erbe Neuseelands noch am unverfälschtesten spiegelt, bis zur malerischen Sundlandschaft im Norden der Südinsel, dem friedlichen Pendant zu den aufgewühlten Wassern der Cook-
Straße, den goldgelben Stränden des Abel-Tasman-Nationalparks, der rauhen, von undurchdringlicher Regenwald-
vegetation überzogenen Westküste, gegen die die Tasman-
See schäumend anbrandet, den gewaltigen Gletschern und
den von ewigem Schnee bedeckten Gipfeln der Südalpen,
den zwischen hohen Bergwänden tief eingeschnittenen,
majestätischen Fjorden des Südwestens, den langgestreckten, fischreichen Seen, deren Ufer kaum von Siedlungen
gesäumt werden, den goldbraunen Tussock-Flächen des
Hochlandes von Otago und der wild-romantischen Ste-
wart-Insel mit ihrem verträumten Ort Oban, in dem die
Zeit stehengeblieben zu sein scheint. All das sind die Höhepunkte eines in dieser Dichtheit einmaligen Landschafts-
wechsels, der daneben noch eine Vielzahl weiterer Nuan-
cen bietet.

In der Fauna und Flora kommt die isolierte Lage Neuseelands besonders augenfällig zum Ausdruck. Die immergrünen einheimischen Wälder, die einst die Insel fast ganz
bedeckten, die prachtvollen Baumfarne und schlanken Nikau-Palmen sind für den europäischen Besucher von exoti-
schem Reiz. Das gilt nicht minder für die artenreiche Vogelwelt, deren herausragende Vertreter der flugunfähige Kiwi,

der ›Wappenvogel‹ Neuseelands, und einige Papageien-Arten, darunter der neugierig-drollige Kea, sind; große Anziehungskraft üben auch so ungewöhnliche Plätze wie die Tölpel-Kolonie von Cape Kidnappers und die Brutkolonie von Königsalbatrossen in der Nähe von Dunedin aus.

Nach Neuseeland fliegt man wegen der überwältigenden Natur, die viele Möglichkeiten für die von den ›Kiwis‹, wie sich die Neuseeländer selbst nennen, so geschätzten ›Outdoor activities‹ bietet: von mehrtägigen Wanderungen auf einigen der schönsten Wanderwege der Welt über Wassersportarten bis zu aufregenden Jetboat-Fahrten und Heliskiing. Daß kulturelle Traditionen, Baudenkmäler und historische Kostbarkeiten bei einem so jungen Land nicht im Mittelpunkt des Interesses stehen sollten, versteht sich von selbst. Trotzdem ist Neuseeland alles andere als ein ›unkultiviertes‹, ›hemdsärmeliges‹ Pionierland am anderen Ende der Welt. Es ist ein durch und durch britisches Land, ein Stück England im Südpazifik – auch noch nachdem die Neuseeländer in einem schmerzhaften Prozeß die Notwendigkeit einer politischen und wirtschaftlichen Umorientierung von der zu starren Fixierung auf England zu ihrem pazifischen Lebensraum hin erkannt haben. In der Kleinstadt und auf dem Lande hat man mitunter das Gefühl, in die gediegene, wenngleich recht provinzielle Beschaulichkeit des Viktorianischen Zeitalters zurückversetzt zu werden – ein Hauch von Nostalgie, der dem Lande seinen spezifischen Charme verleiht.

Neuseeland ist, auch wenn die europäischen Merkmale überwiegen, eine attraktive Mischung aus Vertrautem und Fremdem, ein Stück Europa im ›exotischen‹ Südpazifik am Rande des polynesischen Kulturkreises. Es ist ein Land von kultiviertem Antlitz und Gepräge, das der in vielen Teilen Australiens noch anzutreffenden ›Frontier‹-Mentalität ebenso abhold ist, wie es seine britische Tradition viel stärker als die australischen Vettern gegen Amerikanisierungstendenzen behauptet. Diese Eigenheiten des Landes, in dem manche Züge auf den ersten Blick widersprüchlich erscheinen und doch ein selbstbewußtes, eindrucksvolles

Gesamtbild eigener Art ergeben, wurzeln in der Vergangenheit Neuseelands.

Über das erste Jahrtausend der Geschichte Neuseelands ist wenig bekannt. Aus dem dichten Schleier historischen Nebels, der die frühen Jahrhunderte menschlichen Lebens auf der Doppelinsel umhüllt, tauchen nur ab und zu schemenhaft Konturen auf. Die ersten Menschen betraten vermutlich um 700 nach Chr. neuseeländischen Boden. Es waren Polynesier, die auf ihren ausgedehnten Fahrten durch die Inselwelt des Pazifiks wohl eher zufällig das neue, unbewohnte Land entdeckt und sich dort angesiedelt hatten. Der mündlichen Tradition zufolge war ihr Heimatland das mythische Hawaiki, das im Herzen Polynesiens, den Marquesas-, Gesellschafts- und Cook-Inseln, anzusiedeln sein dürfte. Hält man sich an die Sage vom polynesischen Entdecker Kupe, so könnte eine zweite Einwanderungswelle Neuseeland um 950 erreicht haben. Diese früheste Zivilisation wird allgemein als Moa-Jäger-Kultur bezeichnet, da zumindest in einigen Regionen des Landes die Jagd auf Moas – riesige, flugunfähige Vögel, die mittlerweile ausgestorben sind – die wirtschaftliche Grundlage des Lebens bildete. Wissenschaftler sprechen von der ›archaischen Phase der ostpolynesischen Kultur Neuseelands‹, die sich im Laufe der Jahrhunderte zu jener ›klassischen‹ Maori-Kultur entwickelte, auf die die ersten europäischen Besucher Neuseelands stießen. Die Maori wohnten in Dörfern, und ihre wichtigsten gesellschaftlichen Organisationsformen waren Stamm und Unterstamm. Kriegerische Auseinandersetzungen zwischen verfeindeten Stämmen mit kannibalischen Exzessen kamen recht häufig vor; im Laufe des 17. und 18. Jahrhunderts entstanden überall im Lande palisadenbewehrte Festungen (Pa), in die man sich bei einem Angriff zurückzog. Vom Stolz der Maori auf ihren Mut und ihre kriegerische Gesinnung zeugen noch heute Tänze und Einschüchterungsrituale, die der Besucher im Rahmen von Folkloreveranstaltungen kennenlernen kann. Lebensgrundlage waren der gartenartig betriebene Ackerbau, in dessen Mittelpunkt die Süßkartoffel (Kumara) stand, sowie der Fischfang und die Jagd, die sich allerdings nach Aussterben der Moas weitgehend auf Vögel und Ratten beschränkte. Materieller Ausdruck der ›klassischen‹ Maori-Zivilisation waren die kunstvollen Holzschnitzereien und in geringerem Umfang Miniatur-Skulpturen aus Stein, aber auch die prächtigen, aus Flachs und Vogelfedern gefertigten Prunkgewänder der Häuptlinge und Priester.

Die ersten Europäer, die Neuseeland sahen, waren der Holländer Abel J. Tasman und seine Begleiter. Der Kapitän der Niederländischen Ostindien-Kompanie war von Batavia, dem heutigen Djakarta, aus in Richtung Neuholland (Australien) aufgebrochen, um es genauer zu erforschen. Das Unternehmen wurde mit zwei Schiffen durchgeführt, der ›Heemskerck‹ unter dem Kommando Tasmans und der ›Zeenhaen‹ unter dem Befehl des Kapitäns Gerrit Janszoon. Am 13. Dezember 1642 entdeckten sie Neuseeland, genauer gesagt: die Westküste der Südinsel. Tasman nannte seine Entdeckung ›Statenland‹, ein knappes Jahrhundert später wurde sie nach einer holländischen Provinz in ›Nieuw Zeeland‹ umbenannt. Durch die Feindseligkeit der Maori abgeschreckt, verzichtete man jedoch darauf, das Land zu betreten. Und deshalb markiert die eigentliche Zäsur zwischen der vor-europäischen und europäischen Zeit des Landes erst das Jahr 1769. Damals gelangte James Cook nach Neuseeland. Im Unterschied zu Tasman bemühte er sich gründlich darum, die Küsten des ›wiederentdeckten‹ Landes sorgfältig zu erkunden. Da die kartographischen Arbeiten Cooks vorzüglich waren und er bei seinen beiden weiteren Entdeckungsfahrten wieder in Neuseeland Station machte, stieg der Bekanntheitsgrad dieser isoliert gelegenen Inseln im Südpazifik.

Andere Entdecker folgten, und in ihrem und Cooks Kielwasser gelangten allmählich einzelne ›Pakeha‹ (Fremde) nach Neuseeland. Zunächst waren es hauptsächlich Wal- und Robbenjäger, die kleine Küstenstützpunkte anlegten, später auch Holzhändler und -arbeiter, und schließlich Missionare, die sich die Christianisierung der Maori und die Einführung europäischer Methoden der Landwirtschaft zur Aufgabe gemacht hatten. Wichtigstes Siedlungsgebiet der Pakeha wurde nach und nach die Bay of Islands im Norden der Nordinsel. Die Zahl der Europäer blieb dennoch zunächst sehr klein. Um 1840 dürften es kaum mehr als zweitausend im ganzen Land gewesen sein.

Eine streitbare Minderheit von Pakeha, denen die Zustände der ›wilden Jahrzehnte‹ zwischen 1800 und 1840 im angeblichen ›Höllenloch des Pazifiks‹ unerträglich schienen, verstand es geschickt, in England für eine Einbeziehung Neuseelands in das Britische Empire zu werben. Widerwillig gab die Regierung nach, und am 6. Februar 1840 wurde im Vertrag von Waitangi die Annexion Neuseelands vollzogen. Damit begann eine neue Phase, die durch eine organisierte Kolonisationstätigkeit geprägt war. Tausende von Europäern, vorwiegend Engländer, kamen unter Führung der ›New Zealand Company‹ in die neue Kolonie. In den vierziger Jahren entstanden die ersten europäischen Städte; die Maori wurden immer stärker ins Abseits gedrängt. Ihre zunehmende Zurückhaltung beim Verkauf von Ländereien an Kolonisten führte auf der Nordinsel zu erbitterten Landkriegen, in denen die Polynesier schließlich unterlagen.

Die zweite Hälfte des 19. Jahrhunderts zeichnet sich durch eine unaufhaltsame Europäisierung des Landes aus. Neuseeland wurde zum ›Britannien der Südsee‹, einer Kolonie, die das Mutterland dank der Erfindung des Kühlschiffes mit seinen hochwertigen Agrarprodukten, vor allem dem berühmten Hammelfleisch, mitversorgte. Mochten kurzlebige Goldbooms und eine lange Depressionszeit in den achtziger Jahren für ein Auf und Ab der Konjunktur sorgen, so ließ der stetige Fortschritt in Ackerbau und Viehzucht die Kolonie immer mehr zu einem ›Bauernhof Englands‹ werden. Diese Entwicklung schien die wirtschaftliche Prosperität im 20. Jahrhundert zu garantieren, bis der Beitritt Großbritanniens zur Europäischen Gemeinschaft zu erheblichen Absatzverlusten führte. Damit setzte eine Krise des in außenwirtschaftlicher Hinsicht fast reinen

Agrarstaates Neuseeland ein, die sich in den letzten Jahren eher noch verschärft hat.

Die enge Bindung an das Mutterland war bis zur Mitte des 20. Jahrhunderts der Motor nicht nur der wirtschaftlichen, sondern auch der politischen Entwicklung. Als eine der treuesten Kolonien kämpfte Neuseeland in beiden Weltkriegen an der Seite der Engländer, und im Unterschied zu anderen Ländern hatten es die ›Kiwis‹ mit der politischen Emanzipation vom Mutterland nicht eilig. War ihnen schon 1907 der Status eines ›Dominion‹ zugebilligt worden, so ließen sie sich mit der Ratifizierung des Westminster-Statuts bis nach dem Zweiten Weltkrieg Zeit. Erst seit 1947 ist das Commonwealth-Mitglied Neuseeland ein unabhängiger Staat, dessen Staatsoberhaupt aber nach wie vor die englische Königin ist.

In den letzten Jahrzehnten hat sich Neuseeland gegenüber seinen pazifischen Nachbarn geöffnet; die engsten Beziehungen bestehen natürlich zu Australien. Aber auch im Konzert der südpazifischen Kleinstaaten spielt Neuseeland zunehmend eine führende Rolle, die sich zum Beispiel in einer, gemessen an den begrenzten finanziellen Möglichkeiten eines Landes von nur gut drei Millionen Einwohnern, großzügigen Entwicklungshilfe niederschlägt. Einigendes Band der Staaten der Region ist zudem der Wunsch nach einem atomwaffenfreien Südpazifik. Neuseeland hat hier eine Vorreiterrolle übernommen, die es nicht nur in Konflikt mit Frankreich, sondern auch mit den USA gebracht hat; im Jahre 1986 ist im Streit darüber der ANZUS-Pakt zerbrochen, den das Land mit Australien und den Vereinigten Staaten eingegangen war. Das sind Belastungen für die Politik Neuseelands, die durch die Wirtschaftskrise der achtziger Jahre noch erheblich gesteigert werden und die Zukunftsaussichten des Landes nicht allzu rosig erscheinen lassen. Dem ausländischen Besucher bietet diese schwierige Situation freilich einen Vorteil: Neuseeland ist dank mancher Abwertung des Neuseeland-Dollars ein – von den Flugkosten abgesehen – preiswertes Reiseland geworden, das gerade dem Europäer im Hinblick auf Landschaft und Atmosphäre vieles bietet, das er an ›seinem‹ Ende der Welt so häufig vermißt.

Konzipiert ist die vorliegende Darstellung als Landschaftsbuch, das dem interessierten Leser dieses schöne, ferne Land vorstellen und dem Besucher als Reisebegleiter dienen will. Es wurde Wert darauf gelegt, nicht nur die touristisch besonders entwickelten Gegenden zu porträtieren, sondern auch jene Landschaften zu schildern, die eine ›Entdeckung‹ auf eher individueller Basis lohnen. Sachinformationen zur Geschichte und Politik, Wirtschaft und Literatur, zur Maori-Kultur und zu weiteren Aspekten der Landeskunde sind jeweils in einzelne Kapitel integriert, die sich thematisch dazu anboten. Ergänzend zu den touristischen Hinweisen in der Darstellung enthält der Anhang praktische Angaben zur Vorbereitung und Durchführung einer Neuseeland-Reise. Die Sympathie des Autors für das Land und seine Bewohner wird dem Leser nicht verborgen bleiben; er ist zuversichtlich, daß jeder, der Neuseeland mit eigenen Augen gesehen hat oder sehen wird, Verständnis dafür aufbringen kann.

FRÜHE GESCHICHTE,
RIESIGE FICHTEN, ENDLOSE STRÄNDE –
DIE SUPERLATIVE DES
SUBTROPISCHEN NORDENS

Europäische Seefahrer in der Bay of Islands

In keinem anderen Teil von Neuseeland sind Landschaft und Geschichte stärker miteinander verwoben als in der Bay of Islands. Eine dramatische Landschaft, die sich da nach der letzten Eiszeit aus ertrunkenen Tälern herausgebildet hat: Ein großer Teil des Landes wurde vom Meer verschlungen; allein die Spitzen und Kuppen einstiger Hügel konnten sich als Inseln im Wasser behaupten. Überall ragen winzige, nur von Vögeln bewohnte Eilande oder größere, landwirtschaftlich genutzte Inseln aus dem tiefblauen Wasser der Bay heraus. Schroffe, felsige Küsten wechseln mit sandigen Buchten, seicht zum Wasser abfallende Weiden mit mangrovenbestandenen Flußmündungen ab – ein verwirrendes Labyrinth aus Vorgebirgen, langgestreckten, verzweigten Meeresarmen, schmalen Passagen und unzähligen Buchten – eine neuseeländische Ägäis en miniature, die mit ihren rund 150 Inseln nicht nur ein Paradies für Wassersportler ist, sondern mit ihrer subtropischen Bilderbuchlandschaft jedem Urlauber etwas bieten kann.

Vor allem der natürliche Schutz, den das ruhige, windgeschützte Meer der Bay den Seefahrern bot, führte dazu, daß die ›Bucht der Inseln‹ zur Wiege der europäischen Geschichte Neuseelands wurde. Mochten heftige Winde die Wellen des Pazifiks hochpeitschen, so waren, sobald man das sturmumbrauste Cape Brett hinter sich gelassen und die Bucht erreicht hatte, sichere Ankerplätze in Sicht. Zudem ermöglichte das von Maori relativ dicht besiedelte

Captain James Cook (1728-1779), der ›Wiederentdecker‹ Neuseelands

Gebiet die Aufnahme von Wasser und die Auffüllung der Lebensmittelvorräte.

Kein Geringerer als *James Cook* fuhr im November 1769 als erster Europäer mit seiner Mannschaft in die Bay of Islands ein. Rauhe See hatte ihn bewogen, das offene Meer zu verlassen und in der Bucht vor Anker zu gehen. Der Sandstrand im Süden der Insel Motuarohia, vor dem die ›Endeavour‹ ankerte, ist einer der historischen Plätze, die die heutigen Ausflugsboote in der Bay anlaufen.

Der englische Name der Bucht geht auf Cook zurück: Er sah damals »auf der Südwest-Seite der Bucht sowohl auf Inseln wie auch auf dem Festland einige Dörfer, von welchen einige Kanus voll von Menschen zu uns kamen«, wie er unter dem 29. November in sein Tagebuch notierte, und einige Zeilen weiter: »Im Verlauf dieses Tages hatten wir nach unserer Schätzung nicht weniger als vierhundert oder fünfhundert Eingeborene am oder im Schiff.«

Hier gab es »jede Art von Erfrischung«, wie Cook zufrieden feststellte, der die Bay wenige Tage später nach einer ausgiebigen Proviantaufnahme in Richtung Norden verließ. Die Möglichkeit, mit den Maori Handel zu treiben, veranlaßte in der Folgezeit manchen Schiffskapitän, diese einladende, sichere Bucht anzulaufen.

Schon drei Jahre nach Cook besuchte der französische Entdecker *Marion du Fresne* die Bay of Islands. Auch er belud dort die beiden Schiffe seiner Expedition mit Wasser, frischem Gemüse und anderen Lebensmitteln, die er im Tauschhandel von den Maori bezog. Obwohl er den Eingeborenen bewußt freundlich gegenübertrat, kam es während einer Landerkundung zur Katastrophe. Du Fresne und etwa 25 seiner Leute wurden von den Maori getötet und verspeist, weil sie vermutlich ein ›Tapu‹, ein religiöses Gebot, verletzt hatten. Das Lager des französischen Seefahrers befand sich auf Moturua Island, während sich das Blutbad, dem er zum Opfer fiel, in der Te Hue Bay auf dem gegenüberliegenden Festland abspielte, heute eine bezaubernde Landschaft, mit der sich aber doch die blutigsten Massaker in der Anfangsphase der Beziehungen zwischen Maori und Pakeha verbinden. Die Kameraden der getöteten Franzosen nahmen blutige Rache. Mit ihren Bordkanonen schossen sie auf vollbesetzte Kriegskanus der Maori und ein Pa auf Moturua Island. Bei diesem vorerst leidvollsten Aufeinandertreffen von Vertretern zweier völlig unterschiedlicher Welten, die sich in den nächsten Jahrzehnten in der Bay of Islands zu einem friedlichen Modus vivendi zusammenraufen mußten, kamen zweihundertfünfzig Maori ums Leben. Das grausige Geschehen trug der Bucht auch den Namen Assassination Cove ein. Die Erinnerungstafel, die mit einem französischen Kriegsschiff vor einigen Jahren dorthin kam, mutet merkwürdig unwirklich an; die freundliche, schön geschwungene Sandbucht und die dahinter sanft ansteigenden grünen Hügel mit ihren Kowhai-Bäumen,

James Cooks Schiff ›Endeavour‹, mit dem er 1769
Neuseeland ›wiederentdeckte‹

deren goldgelbe Blüten die ersten Boten des Frühlings sind,
wollen wenig zu der Bluttat von 1772 passen.

Tatsächlich blieben solche Exzesse der Gewalt die Ausnahme. Aber sie zeigten, wie brüchig das Fundament des
Zusammenlebens war und wie schnell bereits Mißver-
ständnisse zu ernsten Konfrontationen führen konnten.

Die ersten Pakeha:
Walfänger, Robbenjäger, Missionare

Als friedlich und ruhig kann das Leben in der Bay of Islands
in der ersten Hälfte des 19. Jahrhunderts kaum bezeichnet
werden. All das, was der Landschaft heute ihr Gepräge
gibt, ihre natürliche Schönheit, der Charme ihrer kleinen
Orte, die Ruhe und Muße ausstrahlen und nur in den
Wochen der weihnachtlichen Hochsaison ein – für Mittel-
europäer sehr erträgliches – Maß an Hektik entwickeln,
eine gewisse Beschaulichkeit und Unbeschwertheit, trifft
für die Frühzeit der europäischen Besiedlung keineswegs
zu.

Walfänger und *Robbenjäger* liefen seit 1790 immer öfter mit ihren Schiffen in die Bay ein, setzten dort ihre Fahrzeuge wieder instand, nahmen Proviant auf und trieben mit den Maori Handel. Sie blieben meist nur einige Wochen, allenfalls wenige Monate, um sich dann wieder auf die Jagd nach Walen und Robben aufs hohe Meer zu begeben. Die Zahl der Weißen, die sich dort auf Dauer niederließen, war zunächst verschwindend gering. Erst in den dreißiger Jahren des 19. Jahrhunderts kam es zu nennenswerten Siedlungsaktivitäten durch Pakeha. Die Zahl der Fremden war aber noch überaus bescheiden: Im Jahre 1839 lebten in ganz Neuseeland etwa zweitausend Weiße, davon in der Bay of Islands etwa fünf- bis sechshundert.

Die kurze Verweildauer der meisten weißen Besucher bestimmte das Leben in der Bay zunehmend. Man war auf schnelle Geschäfte aus und wollte sich in den wenigen Wochen an Land vergnügen. Alkoholmißbrauch und Prostitution waren die negativen Begleiterscheinungen eines Zusammenlebens, das sich zufällig ergeben hatte und nicht von dem Willen zu einer geordneten Gemeinschaft geprägt war. Es war fast ausschließlich eine Männergesellschaft auf seiten der Weißen; außerdem eine aus allen Nationalitäten bunt zusammengewürfelte Gruppe, die sich an diesem Ort ein vorübergehendes Stelldichein gab. Briten, Amerikaner und Franzosen waren am stärksten vertreten; von Zeit zu Zeit fanden auch Schiffe aus Portugal, Holland und Deutschland den Weg in die Bay. Sie alle hatten nur das eine Ziel: einen möglichst großen Anteil von den Rohstoffen, die Land und Meer bereithielten, zu ergattern. Das führte zu einem einzigartigen Raubbau, der die Geschichte Neuseelands im 19. Jahrhundert beherrschte und bis heute tiefe Spuren hinterlassen hat. Hunderte von Walfängerbooten machten Jagd auf die wegen ihres Öls und ihrer Knochen begehrten Tiere – bis ihr Bestand so dezimiert war, daß sich der Fang nicht mehr lohnte. Nicht viel anders sah es mit der Robbenjagd aus, zu der Schiffe vor allem aus Australien, aber ebenso aus Amerika und England in neuseeländische Gewässer kamen – bis auch dieser ›Rohstoff‹

durch die hemmungslose Ausbeutung erschöpft war. Das dritte Handelsprodukt Neuseelands in den ersten Jahrzehnten des 19. Jahrhunderts war Flachs, aus dem vor allem Tauwerk und Seile gefertigt wurden. Doch hier ging die Nachfrage im Laufe der dreißiger Jahre zurück, und der Handel versiegte. Ein anderes Opfer des Raubbaus sollte der Kauri-Wald im Norden Neuseelands werden, der seit etwa 1830 mit der gleichen erschreckenden Gedankenlosigkeit zerstört wurde, die schon die einst reichen Wal- und Robbenbestände furchtbar dezimiert hatte.

Es war nicht gerade die Crème der Gesellschaft, die auf seiten der Pakeha die Bay of Islands in den ersten Jahrzehnten des 19. Jahrhunderts bevölkerte: Nicht wenige entflohene Strafgefangene aus Australien suchten in Neuseeland Zuflucht; und die meisten, die sich für einen längeren Aufenthalt in der Bay entschieden, fürchteten sich vor der Inhaftierung in einem ›zivilisierten‹ Land. Zwar war Neuseeland anders als das benachbarte Australien niemals Strafkolonie – und die Neuseeländer legen auf diesen feinen Unterschied durchaus Wert –, doch läßt sich nicht leugnen, daß der Großteil der frühen Einwanderer in der Zeit vor dem Vertragsschluß von Waitangi aus eben dieser Kolonie kam. Die Bay of Islands, die zu jener Zeit von den Pakeha praktisch mit ganz Neuseeland gleichgesetzt wurde, war ein Teil der australischen ›Frontier‹, fast eine Art Ableger von Neusüdwales, zu dem die weitaus intensivsten Kontakte bestanden.

Mit den Walfängern und Händlern kamen auch die *Missionare*. Der erste christliche Gottesdienst auf neuseeländischem Boden fand am Weihnachtsabend des Jahres 1814 statt. Die Wellen der Bay plätscherten leise an den Sandstrand der Rangihoua-Bucht, als der englische Prediger Samuel Marsden einer kleinen Gemeinde aus Maori und Weißen das Evangelium predigte. Ein Kreuz erinnert an den Schauplatz dieses historischen Ereignisses.

Bei seinem ersten Landgang hatte Marsden zum Entsetzen der Maori, die solche Tiere noch niemals zuvor gesehen hatten, neben anderen Nutztierarten auch Schafe, Rinder

und Pferde aus seiner australischen Wahlheimat mitge-
bracht. Der Missionar mußte zunächst einige Male auf
dem Strand hin und her reiten, bevor die erschrockenen
Einheimischen es wagten, ihre Deckung zu verlassen.

Diese Anekdote enthält mehr ›Wahrheit‹, als sich auf
den ersten Blick vermuten läßt. Die Einführung der europäischen Methoden von Ackerbau und Viehzucht war ganz
wesentlich das Werk der frühen Missionare. Die ungeheure
Extensivierung dieser Methoden und der Bruch mit der
traditionellen Landwirtschaft sollten den Charakter des
Landes in den nächsten Jahrzehnten entscheidend verändern. Erst diese Entwicklung hat Neuseeland zu dem gemacht, was es heute ist: Ein Produzent von – im Verhältnis
zu seiner Bevölkerungszahl – riesigen Agrarüberschüssen,
die den Großteil seiner Exporte ausmachen, ein Land vor
allem der Weiden, mit siebzig Millionen Schafen und fast
neun Millionen Rindern. Mit dem Siegeszug der europäischen Landwirtschaft und ihren eindrucksvollen Erfolgen,
an deren Anfang die ›Arche‹ des Samuel Marsden gestanden hatte, wandelte sich auch das äußere Erscheinungsbild
dieser beiden Inseln im Südpazifik. Neben der positiven
Seite der Medaille gibt es auch eine weniger strahlende
Kehrseite: Die unvermeidliche Zurückdrängung der traditionellen Maori-Lebensweise, die mit dem unstillbaren
Landhunger der Europäer einherging.

Frühe Missionsstationen als ›Wiege der europäischen Zivilisation‹: Kerikeri und Waimate

Die meisten Pakeha, die im frühen 19. Jahrhundert in der
Bay of Islands lebten, waren, vielleicht auch bloß aus Be-
quemlichkeit, bereit, sich der Maori-Lebensweise anzupas-
sen. Nicht so die Missionare, die die ›Eingeborenen‹ nicht
nur zum christlichen Glauben bekehren, sondern auch mit
europäischer Gesittung und europäischen Gebräuchen vertraut machen wollten. Das eine schien mit dem anderen
untrennbar verbunden; Christianisierung der ›Wilden‹ war
in ihren Augen gleichbedeutend mit ›Zivilisierung‹ und

Europäisierung. Die Bay of Islands, das war das erklärte Ziel Marsdens, seiner Begleiter und Nachfolger, sollte eine ›Insel der Zivilisation‹ inmitten einer heidnischen Wildnis sein. Hier wollten sie ihr ›alternatives‹ Leben führen, von hier aus sollte das ganze Land missioniert werden. Die Bay of Islands als Wiege des europäischen Neuseeland – dieser zunächst subjektive Wunsch der ersten Missionare ist aus heutiger Sicht zur objektiven Wirklichkeit geworden.

Marsden hatte seinen historischen Weihnachtsgottesdienst unter das Motto gestellt: »Siehe, ich verkünde euch große Freude.« Ein Dolmetscher hatte seine Predigt den anwesenden Maori übersetzt. Sie waren jedoch offensichtlich anderer Meinung. Weder diese Andacht noch die unzähligen Predigten anderer Missionare in den nächsten Jahren konnten die Maori beeindrucken. Sie standen der christlichen Lehre lange sehr reserviert gegenüber. Einer ihrer Häuptlinge sprach aus, was viele dachten: Für ein Kriegervolk sei die Religion der Nächstenliebe nicht geeignet. Entsprechend dürftig waren die Bekehrungserfolge.

Gleichwohl ließen sich die Missionare nicht entmutigen und entfalteten rege Aktivitäten, von denen heute noch eine Reihe von Gebäuden im Gebiet um die Bay kündet. In rascher Folge entstanden christliche Missionsstationen. Die erste bei Marsden Cross wurde bald aufgegeben, da sie zu isoliert lag. Um die zweite und dritte aber, in Kerikeri und in Paihia, bildeten sich allmählich Siedlungen.

Kerikeri im Westen der Bucht kann sich der beiden ältesten erhaltenen Häuser Neuseelands rühmen: des aus Holz gebauten, für den Missionar bestimmten *Kemp House* aus den Jahren 1821/22 und des zwischen 1832 und 1836 errichteten *Stone Store,* des ältesten Hauses aus Stein, das als Missionsladen diente. Die beiden sorgsam restaurierten Gebäude stehen am Ufer des Kerikeri River und bilden zusammen mit der etwas weiter auf einem Hügel thronenden *St. James Church* von 1878, einem schlichten, weiß angestrichenen Holzbau mit rotem Dach, das historische Zentrum von Kerikeri. Der Platz für die Missionsstation war überlegt gewählt worden, da sich ganz in der Nähe ein Maori-Pa befand. An diese Tradition anknüpfend, hat man später auf der anderen Seite des Flusses ein Maori-Dorf nachgebaut. *Rewa's Village* ist ein Freilichtmuseum, das den Besucher in die Lebensgewohnheiten der Maori vor der Ankunft der Europäer im späten 18. Jahrhundert einführt. Die niedrigen, von der Größe her entsprechend dem sozialen Status der Bewohner unterschiedlichen Holzhäuser, die Gemeinschaftseinrichtungen wie Lagerhäuser und selbst die Dorflatrine sind gut in die ursprüngliche Natur eingefügt; die von den Maori entdeckten heilenden Wirkungen zahlreicher Pflanzen und Bäume werden knapp erläutert – insgesamt das gelungene Modell einer traditionellen Maori-Siedlung, das gerade durch die unmittelbare Nachbarschaft zu den frühesten von Europäern gebauten Häusern seinen besonderen Reiz erhält.

Das Tausend-Seelen-Städtchen Kerikeri ist nicht nur der Ort mit den beiden ältesten europäischen Häusern Neuseelands, sondern es verzeichnet in seinen Annalen eine weitere wichtige ›Premiere‹. Im Mai 1820 wurde dort zum ersten Mal ein Pflug benützt. Der Missionar, der diesen Pflug führte, war sich der Bedeutung des Augenblickes durchaus bewußt. »Ich bin sicher«, sagte er, »daß man sich an diesen Tag in Dankbarkeit erinnern wird und daß er von künftigen Generationen als Jahrestag begangen werden wird.« Das war eine weniger vordergründige Erkenntnis, als es die Tradition des alljährlich in Kerikeri ausgetragenen populären Wettpflügens vermuten läßt. Der Pflug symbolisierte den Übergang zur europäischen Form des Ackerbaus, und deshalb ist der Name des Schauplatzes treffend: Kerikeri bedeutet ›fortfahren zu graben‹.

Diese Aufforderung haben die Einwohner von Kerikeri ernstgenommen. Dank des fruchtbaren vulkanischen Bodens und eines warmen Klimas ist der in einer Talmulde gelegene Ort seit den zwanziger Jahren unseres Jahrhunderts zu einem Zentrum des neuseeländischen Südfrüchteanbaus geworden. Das Städtchen ist von ausgedehnten Plantagen umgeben, auf denen Orangen, Zitronen, Pampelmusen, Kiwis, aber auch Mandarinen, Äpfel, Passionsfrüchte, Tamarillos und andere Früchte gedeihen. Die Felder sind durch hohe Eukalyptusbaumreihen vor Wind geschützt, und ein freier Blick auf die Obstgärten ist selten. Erst die Vogelperspektive zeigt eindrucksvoll den agrarischen Reichtum Kerikeris in Gestalt langer Reihen üppig beladener Zitrusbäume – aber auch den relativ eng begrenzten Rahmen dieses von einem Mikroklima begünstigten Raumes um Kerikeri. Wer sich jedoch trotz der Attraktivität von Rundflügen über der Bay of Islands nicht in die Luft begeben will, dem vermitteln die zahlreichen Fruchtstände an den Zufahrtsstraßen nach Kerikeri mit ihrer einladenden Fülle an preiswerten Früchten aller Art einen Eindruck von der segensreichen Wirkung, die der Einsatz des ersten Pfluges gehabt hat.

Ähnlicher Superlative kann sich auch das kleine **Waimate North** rühmen. Hier entstand, sechzehn Kilometer vom Meer entfernt, die erste Missionsstation im Binnenland. Das für den Leiter der Mission 1831/32 gebaute *Mission House* ist das zweitälteste erhaltene Haus des Landes und gehört sicher zu den schönsten historischen Gebäuden Neuseelands. Der zweistöckige, repräsentative Holzbau, der sich um das zentrale Treppenhaus herum gruppiert und den Charme der frühen Kolonialarchitektur ausstrahlt, steht inmitten eines parkähnlichen Gartens, dessen Prunkstück ein mächtiger, das Haus weit überragender Kauri-Baum ist. Zusammen mit der kleinen *St. John's Church* ganz in der Nähe und deren von alten Eichen überschattetem, von verwitterten Grabsteinen bestandenem Friedhof verleiht das Mission House dem Ort ein unverwechselbar englisches Gepräge.

Der Kern dieser frühen europäischen Siedlung erhebt sich auf einem Hügel, von dem aus man auf eine typisch neuseeländische Weidelandschaft blickt. Wenn die stilvoll-romantische Atmosphäre von Waimate schon den heutigen Betrachter beeindruckt, so fällt es nicht schwer, den Zauber zu verstehen, den diese ›heile Welt‹ auf frühe Besucher ausgeübt hat. Damals war das Land um den jungen Ort herum noch nicht gerodet. Um so überraschender erschien

einem prominenten Besucher, der 1838 zur Bay of Islands
kam, der plötzliche Anblick »eines englischen Farmhauses
und seiner wohlbestellten Felder«. Eine bewundernswerte
Leistung, die die Missionare und ›Eingeborenen‹ da in nur
wenigen Jahren vollbracht hatten! Das größte Kompli-
ment, das man einem neuseeländischen Dorf damals machen konnte, war die Betonung seines englischen Charak-

Europäische Missionsstation

ters. Und davon hatte Waimate eine Menge: »Es gab dort
große Gärten mit jeder Frucht- und Gemüsesorte, die England hervorbringt.« Es folgt eine Aufzählung all dieser
Agrarprodukte, die durch »englische Eichen« und ein kräf-
tiges Ausrufezeichen abgeschlossen wird. Schließlich fehlt
auch nicht der Hinweis auf die gute »Mischung von
Schweinen und Geflügel, die man so behaglich auf jedem
englischen Bauernhof zusammen leben sehen kann«. Der
Besucher, der Waimate dieses hohe Lob zollte, war Charles
Darwin, der sich ansonsten wenig schmeichelhaft über
Neuseeland geäußert hat. Für ihn war das Land »kein
angenehmer Ort«, vermißte er doch bei den Einheimischen
die »zauberhafte Einfachheit« etwa der Tahitianer, während er den dort lebenden Engländern bescheinigte, daß
»der größere Teil von ihnen zum Abschaum der menschlichen Gesellschaft« gehöre.

Waimate bildete in seinen Augen eine löbliche Ausnahme. Das war nicht weiter verwunderlich, denn das Dorf
wurde von den ersten Missionaren bewußt als Musterfarm
angelegt, auf der die Maori europäische Landwirtschaft
erlernen sollten. Tatsächlich besaß Waimate die erste europäische Farm Neuseelands. Und noch einen ›Erstling‹
kennt die Chronik des Dörfchens, das längst seine einstige
Pionierstellung eingebüßt hat: Hier arbeitete auch die erste
Mehlmühle des Landes.

Paihia und Russell – Ferienorte an der ›Neuseeländischen Ägäis‹ heute …

Die Lage Waimates im Inland hat seine Bedeutung schnell
gemindert. Es steht heute ganz im Schatten des wenige
Kilometer entfernten Kaikohe, das als Versorgungszen-
trum des umliegenden Farmlandes dient. Eine andere Entwicklung haben die frühen Missionsstationen und Siedlungen der Weißen, die unmittelbar an der Bay liegen, genommen. Im Unterschied zum ländlich ruhigen Waimate ist
Paihia ein aufgewecktes, aber keineswegs lärmerfülltes
Städtchen. Vom Highway 1 führt eine landschaftlich reizvolle, von dichtem ›Bush‹ bestandene Straße, die sich durch
manche von Flüssen gegrabene Schluchten windet, zu diesem beliebten Ferienort. Ab und zu lichtet sich das grüne
Dickicht und gibt einen kurzen Blick auf die glitzernde
Meeresfläche der Bay frei – eine schöne Einstimmung auf
den Ort, der hauptsächlich vom Fremdenverkehr lebt. Was
die Touristen an Paihia und dem gegenüberliegenden Russell fasziniert, ist die in Neuseeland seltene Symbiose von
Natur- und Kulturlandschaft, von landschaftlicher Schönheit und historischer Bedeutung.

Wer nach Paihia kommt, möchte sich mit den geschichtlichen Wurzeln des modernen Neuseeland vertraut machen, aber auch ein paar Tage ausspannen, Land und Meer
genießen, in der Bay baden, segeln, tauchen oder auch
durch ›Bush‹ oder an mangrovenbewachsenen Buchten
schlendern, vielleicht auch manche der dort angebotenen

Touristenattraktionen kennenlernen – vom *Museum of Shipwrecks* auf dem Dreimaster ›Tui‹ bis zu einer der mehrmals am Tage angebotenen Schiffahrten durch das Inselreich der Bay of Islands. Entsprechende Angebote für Urlauber bietet Paihia ebenso wie eine Vielzahl von Motels und Campgrounds. Gleichwohl besitzt dieses neuseeländische Feriengebiet nicht im entferntesten jene erschreckende Perfektion der ›Weißen Industrie‹, wie man sie von europäischen Touristenzentren her kennt. Statt landschaftszerstörender Bettenburgen und einer ebenso sterilen wie aufgesetzten touristischen Infrastruktur bietet Paihia seinen Besuchern eine angenehme Urlaubsatmosphäre mit kleinen und mittelgroßen Motels und vielen gediegenen bis einfachen Restaurants.

In Paihia kann man sich wie in Russell zu jeder Jahreszeit erholen. Selbst wenn die Sommermonate mit Temperaturen um fünfundzwanzig Grad die meisten Besucher anlokken, laden auch die milden subtropischen Winter zu einem Aufenthalt in der Bay ein. Dank der vielen blühenden Pflanzen und vor allem der immergrünen Bäume macht Northland keineswegs einen winterlichen Eindruck. Wem der Anblick der weißen Segel in der Bay of Islands fehlt, wird durch andere Naturschauspiele entschädigt. Es gibt kaum eindrucksvollere Erlebnisse als einen klaren, ruhigen Wintermorgen an der Bay of Islands, wenn über Tälern und Wasseroberfläche noch Nebel liegt, während die daraus auftauchenden Hügel und Inseln schon von den ersten Strahlen einer kräftigen, wärmenden Sonne golden beschienen werden.

Auch Paihia gehört zu den frühesten europäischen Siedlungen. Seit 1823 war es Sitz der dritten Missionsstation. Im selben Jahr wurde dort die erste Kirche Neuseelands gebaut, die aber nicht erhalten ist. Eine Reihe von Gedenktafeln an der Strandpromenade erinnert an die historischen Ereignisse, von denen die kulturellen Leistungen der Frühzeit den ersten Rang einnehmen. In Paihia standen die erste Druckerpresse des Landes und die erste Orgel, hier erschien im Jahre 1837 die erste Übersetzung des Neuen Testaments in Maori-Sprache. Sieben Jahre später wurde auf derselben Presse ein Englisch-Maori-Wörterbuch gedruckt.

Allerdings täuscht diese Aufzählung über den wahren Charakter des Ortes in den ersten Jahrzehnten des 19. Jahrhunderts hinweg. Paihia war damals alles andere als ein Zentrum abendländischer Bildung im südpazifischen Raum. Den wahren Ton gaben die rauhen Walfänger und Matrosen, die gewieften Händler und jene wenig angenehme Gesellschaft von Glücksrittern, Abenteurern und Kriminellen an, die auch das gegenüberliegende Russell (früher Kororareka) bevölkerte.

Eine Viertelstunde Schiffahrt trennt die beiden Orte voneinander. Wer sich **Russell** auf dem Meer nähert, erkennt schon aus einiger Entfernung ein malerisch gelegenes, mediterran anmutendes Städtchen, dessen wirtschaftliche Grundlage wie die Paihias vornehmlich der Fremdenverkehr ist. Das vom Strand sanft ansteigende hügelige Gelände ist mit freundlichen Häusern bebaut, die sich der Landschaftsform harmonisch anpassen und dem Ort zusammen mit den hoch aufragenden Bäumen und blühenden Gärten einen pittoresken Charme verleihen. Je nach Jahreszeit wird das Panorama durch die große Zahl von Segelbooten, Jachten und die rot-weiß gestrichenen Fährboote von ›Fuller's‹ ergänzt, die in der Bucht vor Russell ankern.

Zu den Farbtafeln

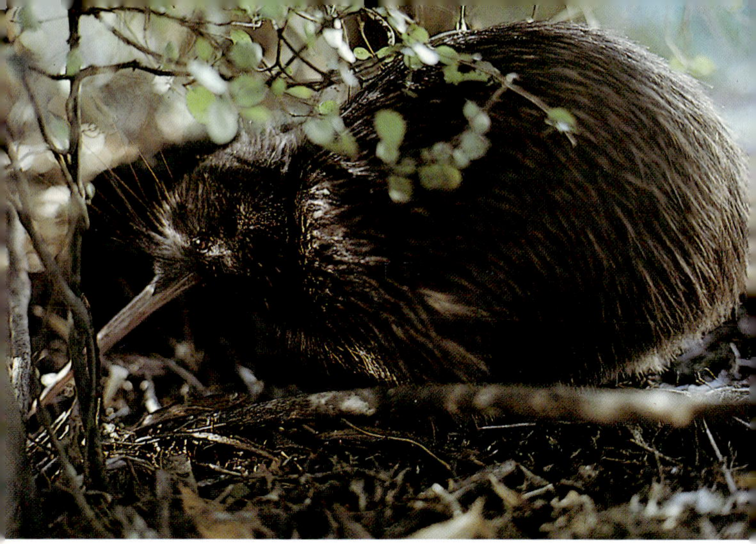

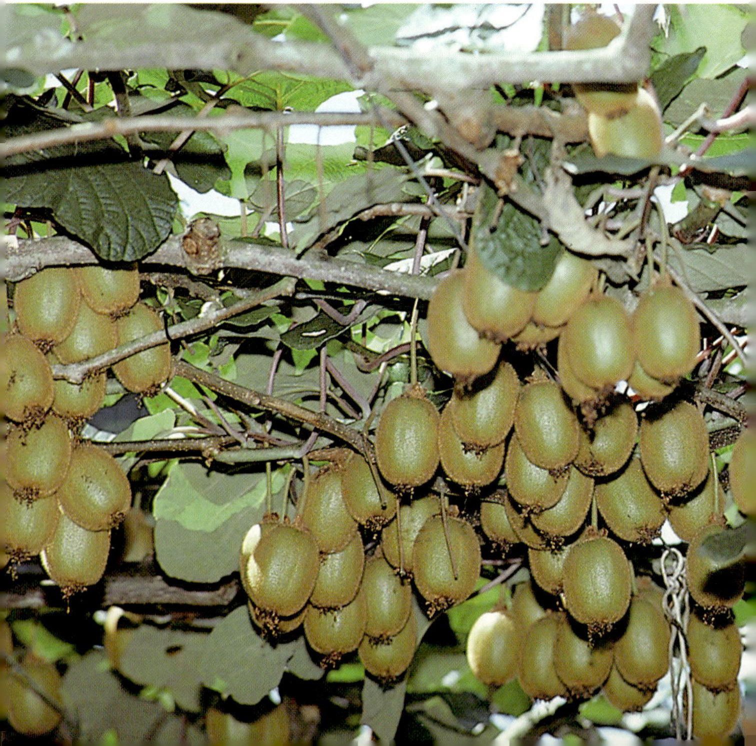

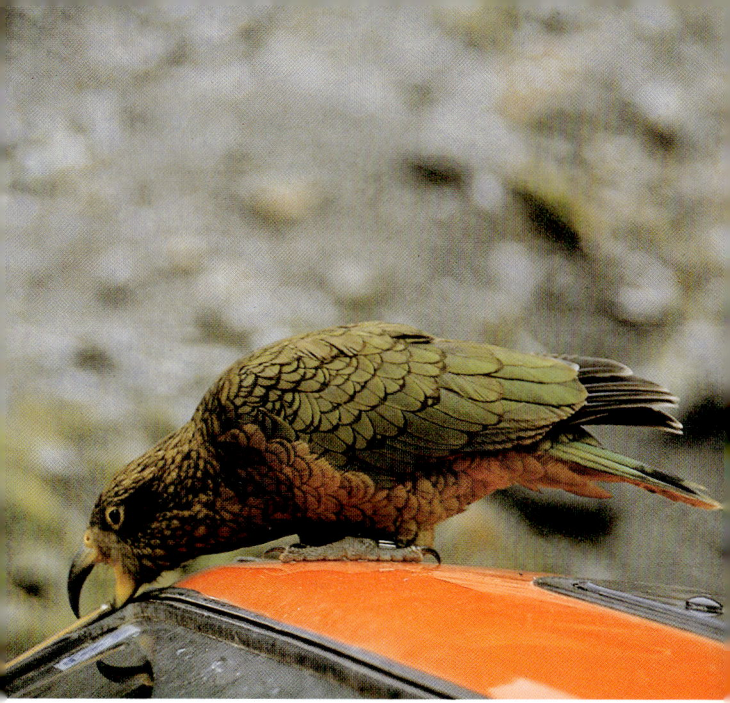

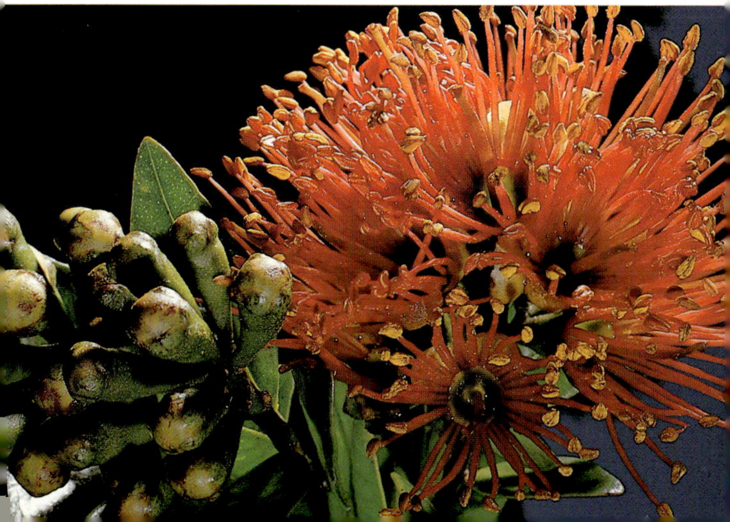

Auffallend viele Jachten weisen große, fest installierte An-
geln am Heck auf – ein sichtbares Zeichen dafür, daß
Russell seit einem halben Jahrhundert eine der wichtigsten
Ausgangsbasen für Hochseeangler aus aller Welt ist.

An das historische Russell erinnern zwei Gebäude. Die
eher unscheinbare *Christ Church* wurde 1835 gebaut und
ist die älteste erhaltene Kirche des Landes. Mancher Grab-
stein auf dem angrenzenden Friedhof zeugt vom ›hohen‹
Alter des schlichten, weiß angestrichenen Holzbaus. Wer
sich für die unruhige Geschichte Neuseelands in der ersten
Hälfte des 19. Jahrhunderts interessiert, findet hier authen-
tisches Quellenmaterial. Das älteste Grab stammt immerhin aus dem Jahre 1836. Viele Grabsteine erzählen von der
europäischen Frühgeschichte des Landes, vom Schicksal
jung verstorbener Walfänger, die bei ihrem gefährlichen
Beruf ums Leben kamen, vom Kriegertod einiger Besat-
zungsmitglieder der HMS Hazard, die Opfer der Auseinandersetzungen zwischen Maori und Pakeha Mitte der vierziger Jahre wurden, aber auch von den Taten des Häuptlings
Tamati Waka Nene, der sich auf seiten der Maori besonders
intensiv für den Vertrag von Waitangi eingesetzt hat.

Das zweite Gebäude aus den frühen Tagen der Stadt ist
das prächtige *Pompallier House,* ein dreistöckiges Prunkstück kolonialer Architektur, das auf der Frontseite durch
Säulen gegliedert ist. Unweit des Strandes 1841/42 errichtet, erhebt es sich inmitten eines herrlichen subtropischen
Gartens, den ein üppiges Nebeneinander von einheimischen Gewächsen und exotischen, wenn auch im Norden
Neuseelands mittlerweile nicht mehr seltenen Bäumen und
Pflanzen, darunter Palmen, Bananenstauden und mächtigen Hibiskusbüschen, prägt. Die Villa wurde im Auftrag
des französischen Bischofs Pompallier gebaut, der die erste
katholische Mission in Neuseeland gegründet hatte. Das
Haus war jedoch nie Residenz des Bischofs, sondern diente
zunächst als Druckerei, später als Färberei. Das vornehm-
gediegene, von reicher, dekorativer Vegetation umrahmte,
zwischen blauem Meer und grünem ›Bush‹ kontrastreich
eingebettete Pompallier House scheint nicht nur Wahrzei-

chen, sondern auch Ausdruck der heiteren, friedlichen
Stimmung zu sein, die das ganze Städtchen erfüllt.

... und einst die ›Höllenlöcher des Pazifiks‹

Und das, möchte man ungläubig fragen, das soll vor 150
Jahren eine Brutstätte der Kriminalität gewesen sein, »ein
Sitz rohester Gewalttat, gemeinster Habgier und niedrig-
sten Lasters«, wie ein früher Besucher formuliert hat? Die
erste europäische Stadt Neuseelands – tummelte sich hier
»eine größere Anzahl von Schurken als an irgendeinem
gleich großen Ort der ganzen Welt«, wie es das vernich-
tende Urteil eines Zeitgenossen nahelegt? War Russell in
den dreißiger Jahren gar »Satans Wohnsitz«, ja das
»Höllenloch des Pazifiks«? Diese und andere wenig ansprechende Bezeichnungen prägten das Image des heute so
anziehenden, ruhigen Fleckens auf der schmalen Landzunge in der Bay of Islands. Kein schmeichelhaftes Bild des
frühen Russell – aber ein richtiges?

   Einige Antworten auf diese Fragen erhält der zwischen
Neugierde und Ungläubigkeit schwankende Besucher im
Visitors' Centre unweit des Pompallier House. Dort informiert eine Tonbildschau über die Maori-Besiedlung der
Bay vor der Ankunft der Pakeha, über die europäische
Siedlungstätigkeit, die mit den Walfängerlagern begann,
und über das Zusammenleben der beiden Gruppen. Kein
Zweifel: Kororareka, wie Russell damals noch hieß, hatte
größere Ähnlichkeit mit einem Räubernest als mit einem
geordneten Gemeinwesen. Entflohene Sträflinge, entlau-
fene Matrosen, Spekulanten und Landhaie, die schnelles
Geld machen wollten, skrupellose Geschäftemacher und
rauhbeinige, ungehobelte Seefahrer und Walfänger stellten
die Mehrheit der Bevölkerung; die ›ehrbaren Bürger‹ waren in der Minderzahl. Dutzende von ›Grog-shops‹, die
billigen Branntwein verkauften, wetteiferten um die Kund-
schaft. Die Leute in Kororareka, sagt ein Chronist, könne
man in zwei Lager einteilen: die einen, die Rum verkaufen,
und die anderen, die Rum kaufen. Eine typische Hafenstadt

war entstanden, deren Geschäfte vor allem auf die Bedürfnisse der Matrosen zugeschnitten waren. Neben einem gewaltigen Alkoholkonsum blühte der Handel mit Mädchen. Sobald ein Schiff den Hafen angelaufen hatte, wurde es von etlichen Prostituierten ›geentert‹. Der Liebeslohn vieler Töchter und Schwestern der Maori, die auf die Schiffe der Weißen geschickt wurden, bestand in Decken und Kleidung, aber auch in Gewehren und Munition.

Von ›europäischer Zivilisation‹ war bei alledem wenig zu merken. Die Ankunft der Pakeha brachte eher eine allgemeine Verwilderung der Sitten mit sich, die mit einer allmählichen, anfangs nur langsam voranschreitenden Auflösung der traditionellen Ordnung, für die die Häuptlinge bisher jeweils gesorgt hatten, einherging. Mit den zweifelhaften Verlockungen der europäischen ›Zivilisation‹ kamen Krankheiten ins Land, die zuvor unbekannt gewesen waren. Keuchhusten, Grippe, Pocken, Masern, wahrscheinlich auch Typhus und Cholera sowie Geschlechtskrankheiten forderten vor allem von der Maori-Bevölkerung einen hohen Tribut an Menschenleben, weil sie gegen diese eingeschleppten Krankheitserreger weniger immun waren als die Europäer.

Prostitution, Alkoholismus, Epidemien und eine von manchen Weißen bewußt geschürte Habgier führten immer mehr zur Entwurzelung der Maori; und all das sollte im Laufe der Zeit katastrophale Auswirkungen auf die gewachsene Sozialstruktur haben. So wurde berichtet, daß Maori Angehörige ihres eigenen Volkes erschlugen, nur um deren Köpfe zu erbeuten. Diese wurden von gewissenlosen Händlern erworben und für teures Geld an europäische Sammlungen weiterverkauft. Sicherlich waren das Auswüchse, aber es waren ebenso wie die blutigen Kriege zwischen den Maori-Stämmen, die seit der Ankunft der Europäer zugenommen hatten, auch unüberhörbare Alarmsignale. Nicht die kriegerischen Auseinandersetzungen waren bei diesem martialischen Volk ungewöhnlich, wohl aber der hohe Blutzoll, der weit über der Zahl der Opfer früherer Kämpfe lag. Grund dafür war der Einsatz von Schußwaffen, die die Maori von den Pakeha erworben hatten. Mancher Maori-Häuptling, der diesen furchtbaren Folgen des Kontakts zweier so unterschiedlicher Welten ohnmächtig zusehen mußte, wandte sich an Missionare mit der Bitte um Hilfe und Wiederherstellung einer erträglichen Ordnung.

Russell, damals die größte europäische Siedlung auf neuseeländischem Boden, war von diesen Problemen besonders betroffen, und das Fehlen jeglicher staatlicher Autorität wie Polizei und Justiz machte sich oft schmerzlich bemerkbar. Kein Wunder, daß Schlagworte wie Anarchie und Chaos im Zusammenhang mit diesem scheinbaren neuseeländischen Sodom und Gomorrha aufkamen und die Rufe nach einer radikalen Änderung dieser Zustände immer lauter erschollen. Die kleine Oberschicht von Honoratioren, die sich Ende der dreißiger Jahre in Kororareka herausgebildet hatte – unter ihnen ein Vertreter Englands und ein amerikanischer Konsul –, sah nur einen Ausweg aus der in ihren Augen unhaltbaren Lage: Großbritannien mußte Neuseeland annektieren. Ein Gouverneur an der Spitze einer wirkungsvollen Exekutive sollte die vermißte staatliche Gewalt repräsentieren und endlich für eine Weiterentwicklung der jungen ›Kolonie‹ in geordneten Bahnen sorgen.

Entsprechend drängend waren die Beschwerdeschreiben, die James Busby, der Vertreter Englands, ein über das andere Mal an seine Regierung schickte. Er beklagte sich wortreich über die »permanente Anarchie«, die das ganze Land ins Verderben zu stoßen drohe, und malte in düstersten Farben das Bild einer erschreckenden, durch Krankheit und Krieg ausgelösten Entvölkerung, die eine Region Neuseelands nach der anderen zu einer Wüstenei werden lasse. Andere besorgte Bürger, vielfach die Missionare, führten in ähnlich beredter Form Klage, so auch der wortgewandte Marsden, der die Situation an der Bay of Islands schon um 1830 so skizzierte: »Keine Gesetze, keine Richter, keine Beamten! Auf diese Weise behauptet der Satan seine Herrschaft unangefochten.«

Steter Tropfen höhlt den Stein – gemäß dieser Devise schickten interessierte Kreise Brief um Brief nach Sydney und nach London. Nachdrücklich wurde eine Intervention Englands zum Schutze der ›ehrbaren Bürger‹ und der ›Eingeborenen‹ verlangt. Ferner wurden Gerüchte in Umlauf gebracht, die Franzosen hätten ein Auge auf Neuseeland geworfen und seien im Begriff, es zu ihrer Kolonie zu machen. Der Druck auf die englische Regierung wuchs um so mehr, als auch in England selbst einflußreiche Gruppen eine Annexion der beiden Inseln im Südpazifik forderten. Kolonisationsbestrebungen und humanitäre Ideen gingen dabei Hand in Hand: Im 19. Jahrhundert glaubten viele ernsthaft daran, daß die Zivilisierung ›wilder‹ Völker und ihre Christianisierung im wohlverstandenen Interesse dieser Menschen liege.

Waitangi – Die Wiege des modernen Neuseeland

Die englische Regierung war über diesen sich verschärfenden Druck wenig erfreut. Man hatte damals in anderen Teilen der Welt genügend Probleme. Außerdem galt Neuseeland wegen seiner geringen Einwohnerzahl nicht als lukrativer Markt, und ein wirtschaftliches Engagement schien sinnlos. Erst die massiven Protestschreiben aus der Ferne und die nicht minder energischen Forderungen annexionsfreundlicher Kreise im eigenen Land bewirkten schließlich ein Umdenken. Im Jahre 1840 erklärte sich Großbritannien bereit, die Souveränität über Neuseeland zu übernehmen – von seiten der Regierung ein Zugeständnis, so merkwürdig das im Zeitalter des Imperialismus klingen mag.

Heute weiß man, daß die Alarmrufe der um ihre und der Maori Sicherheit fürchtenden Mittelständler um einiges zu schrill ausgefallen sind. Von einer existenzbedrohenden Entvölkerung konnte damals ebensowenig die Rede sein wie von einem allein auf dem Faustrecht beruhenden Leben in Russell und anderen Siedlungen der Bay. Ob sich das sicher oftmals abstoßende Treiben auf den Gassen und in

den Schankkneipen Kororarekas so sehr von den Verhältnissen in englischen Hafenstädten jener Zeit unterschieden
hat, kann man durchaus bezweifeln. Wie dem auch sei:
Mit ihren Übertreibungen und Dramatisierungen hatten
die Beschwerdeführer schließlich ihr Ziel erreicht. Am
6. Februar 1840 wurde in **Waitangi** zwischen einer Reihe
von Maori-Häuptlingen und dem Vertreter der englischen
Krone ein Vertrag unterzeichnet, der Queen Victoria die
Souveränität über Neuseeland einräumte. Das war die Geburtsstunde des modernen Neuseeland, dessen Wiege – wie
hätte es anders sein können – an der Bay of Islands stand.

In eine seiner geschichtlichen Bedeutung würdige Landschaft eingebettet liegt das *Waitangi Treaty House,* die
kleine, fünf Zimmer fassende ›Residenz‹ des britischen
Vertreters James Busby. Sie stand 1840 beim Wiegenfest
der neuen englischen Kolonie gleichsam Pate. Hohe Bäume
flankieren das schlichte, innen wie außen sorgfältig rekon-
struierte Haus im Kolonialstil; davor erstreckt sich, sanft
zum Meer hin abfallend, eine große Rasenfläche, die den
Maori als Versammlungsplatz (marae) diente. Alljährlich
am 6. Februar ist sie Schauplatz einer feierlichen Zeremonie, in der der Geburtsstunde des modernen Neuseeland
gedacht wird.

Von der grünen Fläche des Treaty Ground schweift der
Blick auf das silbrig glänzende Blau des Meeres: Inseln, die
sich aus der Bay erheben, begegnen dem Auge, in der Ferne
erkennt man am gegenüberliegenden Ufer die Häuser von
Russell – ein Panorama, das ebensowenig zufällig ist wie
der Blickfang, den der vom Wasser aus schon weithin sichtbare lange Fahnenmast aus Kauri-Holz bietet; er markiert
auf halbem Wege zwischen Treaty House und Küste den
Ort der Vertragsunterzeichnung.

Hier versammelten sich am 5. Februar 1840 zahlreiche
Häuptlinge der nördlichen Maori-Stämme und diskutier-
ten ebenso eindringlich wie kontrovers, ob sie das Doku-
ment unterschreiben sollten, das ihnen Kapitän William
Hobson im Namen der britischen Krone vorgelegt hatte.
Hobson hatte den strikten Auftrag, nur dann die englische

Souveränität über Neuseeland zu proklamieren, wenn sich die Maori damit einverstanden erklärten. Das Vertragswerk bestand aus drei Artikeln. Im ersten traten die Häuptlinge die Souveränität über ihre Gebiete an die Königin von England ab, während im zweiten Artikel den Stämmen der volle, ungestörte Besitz ihrer Ländereien, Wälder und Fischgründe garantiert wurde. Dafür erhielt die Königin das Vorkaufsrecht für alle von den Maori angebotenen Grundstücke. Der dritte Artikel billigte den neuen Angehörigen des Empire den Schutz Englands und alle Rechte britischer Untertanen zu.

Vor allem der letzte Punkt schien den Befürwortern eines Vertragsschlusses wichtig. Sie hofften, damit die anarchischen Zustände der letzten Jahre überwinden zu können. Den Bedenken der ›konservativeren‹ Maori-Häuptlinge hielten sie entgegen, man hätte damals, eine Generation zuvor, Widerstand leisten sollen, als die ersten weißen Kolonisten in Neuseeland auftauchten – und mit ihnen die ersten Grogverkäufer. Nach hitziger Diskussion, von der die Tonbildschau im Visitors' Centre einen recht guten Eindruck vermittelt, setzten sich die Befürworter durch: Am 6. Februar 1840 unterschrieben etwa fünfzig Maori-Häuptlinge den *Treaty of Waitangi*. Das Original des Vertrages befindet sich in der Alexander Turnbull Library in Wellington, eine Kopie im Visitors' Centre.

Die Zeremonie von Waitangi stand am Anfang des Weges, den Maori und Europäer in Neuseeland nun gemeinsam gehen sollten. In den nächsten Monaten schickte Hobson Beauftragte zu anderen Maori-Stämmen der Nordinsel, um weitere Unterschriften zu sammeln. Die Umstände, unter denen die Häuptlinge den Waitangi-Vertrag unterzeichneten, waren mitunter fragwürdig. Zudem zirkulierten abweichende Versionen des Vertragstextes, und schließlich ließen sich der englische und der Maori-Text unterschiedlich interpretieren. Daß eine Minderheit von Häuptlingen zur Unterschrift nicht bereit und die Sammelaktion damit noch nicht abgeschlossen war, hinderte Hobson nicht daran, am 21. Mai 1840 Neuseeland offiziell als englische Kolonie zu proklamieren. Dabei berief er sich für die Nordinsel auf den Waitangi-Vertrag als Abtretungsurkunde, während er für die Südinsel die Entdeckung als juristische Grundlage für die Inbesitznahme geltend machte. Eine Reihe von Unklarheiten, Ungeschicklichkeiten und Manipulationen wirft einen tiefen Schatten auf den grundlegenden Vertrag zwischen den beiden Völkern. Die Vorbehalte mancher Maori gegen den Treaty of Waitangi sind um so verständlicher, als später unter anderem durch Aufhebung des Vorkaufsrechts der Krone offenkundig gegen seine Bestimmungen verstoßen wurde.

Dennoch läßt sich der Waitangi-Vertrag von 1840 bei aller Skepsis auch positiv deuten, wie beispielsweise die Äußerungen von Sir Eruera Tirikatene bezeugen. Der bedeutende Maori-Führer des zwanzigsten Jahrhunderts sieht den Vertrag im Sinne eines harmonischen, freundschaftlichen Miteinander von Maori und Pakeha und als Verpflichtung für die Schaffung einer Gesellschaft, die beiden Kulturen in gleicher Weise Rechnung trägt, als »Leitprinzip wie die Magna Charta«.

Das entspricht auch der offiziellen Politik, die nicht zuletzt in der Anlage des Waitangi National Reserve ihren Ausdruck gefunden hat. Das vor wenigen Jahren neu erbaute Visitors' Centre informiert darüber mit Dokumenten und Kunstwerken, vor allem aber mit einer etwa zwanzigminütigen Tonbildschau, die die Probleme zwischen Maori und Europäern nicht verschweigt. Allerdings werden die Zukunftsperspektiven etwas zu pathetisch aufgezeigt, während die bewegte Frühgeschichte Neuseelands in der Bay of Islands anschaulich dargestellt ist. Ebenso sehenswert wie das Visitors' Centre und das Treaty House selbst sind aber auch zwei Beispiele hervorragender Maori-Handwerkskunst, wahre Schmuckstücke des Parks. Es handelt sich zum einen um eines der größten Kriegskanus, die jemals gebaut worden sind, vielleicht um das größte überhaupt. Aus drei riesigen Kauri-Bäumen – der mächtigste wog nicht weniger als fünfzig Tonnen – gefertigt, faßt das mit herrlichen Schnitzereien versehene *Kanu* einhundertfünfzig Krieger, darunter achtzig Ruderer. Das 35 Meter lange Boot bietet ein prächtiges Schauspiel, wenn es in der Zeit um den Waitangi Day, Neuseelands Nationalfeiertag, vollbesetzt die Wellen der Bay of Islands durchschneidet. Zugleich ist es eine pittoresk anmutende Erinnerung an die Zeiten vor dem 6. Februar 1840, als solche Kanus die Maori-Krieger zu ihren Feldzügen in Feindesland brachten. Dieses Kanu wurde anläßlich der Hundertjahrfeier der Unterzeichnung des Waitangi-Vertrages 1940 gebaut und ›in Dienst‹ genommen. Den größten Teil des Jahres ist es im Kanu-Haus, wenige Schritte vom Meer und vom Waitangi Treaty House entfernt, zu bewundern.

Ein nicht minder prachtvolles Zeugnis der Holzschnitzkunst der Maori steht nur ein paar hundert Meter weiter: das 1934 geplante und 1940 vollendete *Versammlungshaus von Waitangi* (whare runanga). Im Unterschied zu herkömmlichen Versammlungshäusern, in denen jeweils nur ein einziger Maori-Stamm tagt, ist dieses gleichsam als nationales Versammlungshaus aller Stämme konzipiert worden. Entsprechend repräsentieren vor allem die mit Schnitzereien verzierten Wandbalken im Inneren (poupou) die Ornamentaltechniken und Schnitzstile verschiedener Maori-Stämme – wiederum ein gelungener Versuch, die handwerkliche Tradition der Maori mit dem Schauplatz der Entstehung einer neuen Nation zu verbinden.

Die Geschichte des Landes ist, verglichen mit der Europas, sehr jung. Nur wenige Orte und Gegenden in Neuseeland können in den Augen des europäischen Besuchers historische Bedeutung beanspruchen. Waitangi und die Bay of Islands gelten da als erste Adressen. Sie lohnen allemal einen Besuch, hauptsächlich wegen der landschaftlichen Schönheit dieser subtropischen Region, von der auch das *Waitangi National Reserve* mit seinem Nebeneinander von Kultur- und ursprünglicher Naturlandschaft seine besondere Anziehungskraft erhält. Nur ein paar Schritte vom Visitors' Centre beginnt ein Wanderweg, der streckenweise durch die dichten Mangrovensümpfe an der Mündung des Waitangi River bis zu den sechs Kilometer entfernten Haruru-Wasserfällen führt. Ebenfalls noch knapp innerhalb der Grenzen des National Reserve liegt der Mount Bledisloe, von dem man einen unvergleichlichen Blick über die Bay und ihre historischen Städtchen genießt. Als zusätzliche Orientierung dient eine Windrose mit Richtungsanzeigen, die sich von einer Landkarte der Gegend um den Mount Bledisloe bis zu Entfernungsangaben in aller Welt erstrekken. 11278 Meilen sind es von hier über das Meer bis nach London. Auch der Hinweis, daß es durch die Erde ›nur‹ 7833 Meilen sind, läßt die gewaltige Entfernung zwischen dem Mutterland und seiner hier in Sichtweite 1840 etablierten neuen Kolonie kaum geringer erscheinen.

Die Geburtshilfe, die die Bay of Islands bei der Gründung des modernen Neuseeland geleistet hatte, wurde ihr nicht gedankt. Innerhalb weniger Jahre verschob sich das politische Schwergewicht nach Süden, in das Gebiet um Auckland. Das heutige Okiato war nur neun Monate lang die erste Hauptstadt der neuen Kolonie. Dann verlor es diesen Rang an Auckland, das zwar auch nur bis 1865 Sitz der Kolonialregierung blieb, seine Bedeutung als wirtschaftliche Metropole und einwohnerreichste Stadt des Landes jedoch behalten und ausbauen konnte.

Historische Reminiszenzen
vor malerischer Landschaftskulisse

In anderer Hinsicht freilich stand die Bay in den vierziger Jahren des 19. Jahrhunderts im Blickpunkt des Interesses. Sie war Schauplatz der ersten erbitterten Auseinandersetzungen zwischen den beiden Volksgruppen, die kurz vorher im Vertrag von Waitangi die Grundlage für ein freundschaftliches Miteinander hatten legen wollen. Insofern wurden die Hoffnungen, die viele an den Abschluß des Vertrages geknüpft hatten, schnell enttäuscht. Die turbulenten Jahre waren damit keineswegs vorüber. Gerade **Russell**, das ›Höllenloch des Pazifiks‹, sollte die ersten blutigen Konflikte erleben, die ein trauriges Vorspiel zu den ausgedehnten Landkriegen einige Jahre später waren.

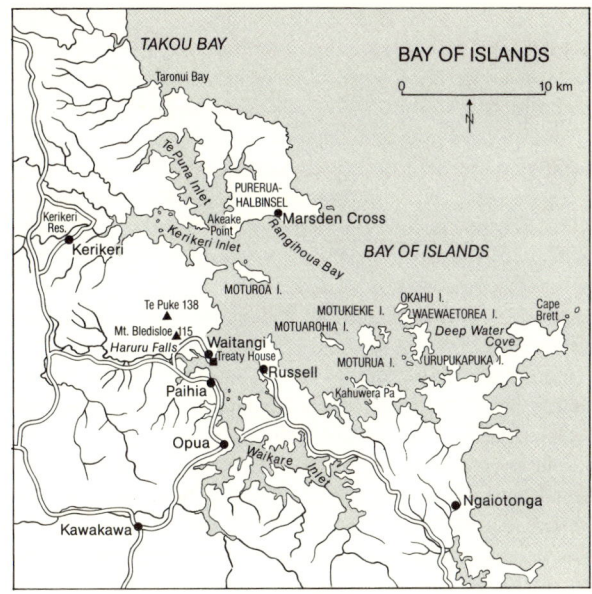

Es ist bezeichnend, das Hone Heke, der Anführer der Rebellion, einer der ersten Häuptlinge war, die den Waitangi-Vertrag unterzeichnet hatten. Der Streit entzündete sich an Steuerfragen. Dies und die allgemeine Enttäuschung darüber, daß die Bay of Islands wirtschaftlich schnell ins Hintertreffen gegenüber dem rapide wachsenden Auckland geriet, ließen viele Maori im Gebiet der Bay an der Gerechtigkeit und Weisheit der neuen Regierung zweifeln. Heke machte sich zum Wortführer dieser Unzufriedenen und schritt als Zeichen der Rebellion zu einer spektakulären Tat: Er ließ den Fahnenmast der britischen Flagge in Kororareka als Symbol der nunmehr abgelehnten Souveränität der englischen Krone fällen – und das insgesamt viermal.

Was aus der Rückschau eher wie ein erheiternder Prestigekampf zwischen Kolonialregierung und Hekes Maori wirkt, war in Wirklichkeit ein Alarmsignal und ein Kleinkrieg, in dem auch Blut vergossen wurde. Höhepunkt der Erfolge der Aufständischen war 1845 die Eroberung des zuvor evakuierten Russell, dessen Häuser bis auf die Kirche und die Missionsstation in Flammen aufgingen. Längst sind die Spuren dieser Katastrophe des einstigen ›Sünden-babels‹ an der Bay of Islands getilgt. Einziges Zeugnis der Kämpfe jener Jahre ist das schon erwähnte Grab einiger Matrosen und Soldaten von der HMS Hazard, die den krie-gerischen Auseinandersetzungen um die Stadt zum Opfer fielen. Die in den Annalen der neuseeländischen Geschichte als ›Heke's War‹ verzeichnete Rebellion wurde wenige Mo-nate später, im Januar 1846, durch die Truppen des neu ernannten Gouverneurs George Grey endgültig niederge-schlagen. Die aufständischen Maori hatten sich in *Ruape-kapeka Pa* verschanzt, das, einige Kilometer landeinwärts südlich von Kawakawa auf einer Anhöhe gelegen, den Verteidigern den Blick auf die Bay und damit auf mögliche Operationen der Gegenseite zur See ermöglichte. Teile der ausgedehnten Schanzwälle und einer der Brunnen, die den Maori die Wasserversorgung auch während einer langen Belagerung sicherstellen sollten, sind noch zu sehen. Frei-lich wurde die Festung viel schneller erstürmt, als die Re-bellen erwartet hatten. Die Engländer griffen an einem Sonntag an, was den Vorstellungen der Verteidiger von einem christlichen Gegner nicht entsprach. Mit dem Fall von Ruapekapeka Pa war der Maori-Krieg in Northland zu Ende. Hier flammte er auch nicht wieder auf. Heke wurde im übrigen begnadigt. Auf dem Flagstaff Hill, dem Schauplatz seiner aufsehenerregenden Aktionen, erinnert eine Gedenktafel an seine Rebellion. Von dort aus genießt der Besucher einen weiten Rundblick auf jene herrliche Landschaft, die auf eine so wechselvolle Geschichte zu-rückblickt.

Was bald nach 1840 begann, hat sich bis in unsere Tage fortgesetzt: Die politische und wirtschaftliche Bedeutung der Bay of Islands ist unwiederbringlich verloren. Die freundliche und friedliche Welt der Ferienorte an den Ge-staden der Bucht läßt die bewegte Vergangenheit merkwürdig unwirklich erscheinen. Wer sich indes die Mühe macht, die verwehten Spuren der frühen Geschichte Neuseelands neu aufzuspüren, wird überall auf historische Zeugnisse stoßen. Von den verschiedenen Möglichkeiten, sie zu entdecken, ist eine Schiffahrt durch die Inselwelt der Bucht, die von Paihia und Russell aus angeboten wird, sicher die abwechslungsreichste. Diese Tour geht auf den ›Cream Trip‹ zurück, auf dem ursprünglich die Molkereiprodukte von den entlegenen Farmen im vielverzweigten Meer- und Land-System der Bay dreimal wöchentlich per Schiff abgeholt und Versorgungsgüter und Post dorthin gebracht wurden. Allmählich entwickelte sich diese Fahrt zu einer touristischen Attraktion. Mittlerweile bietet auch die Mount Cook Line mehrstündige Schiffstouren auf der Tiger Lily, einem Katamaran, an. Der Ausflug wird nie langweilig. Überall kann man historische Schauplätze am Weg finden und die landschaftliche Schönheit bewundern. An keinem Ort erschließt sich die Vielfalt der Bay so eindrucksvoll wie auf dieser ausgedehnten Fahrt, die bei gutem Wetter – und Einfühlungsvermögen in die geschichtliche Dimension dieser Landschaft – zu den touristischen Höhepunkten einer Neuseeland-Reise gehört.

Wer indes Ruhe und ungestörtes Naturerleben sucht, wird woanders fündig: Im Hinterland der Orte an einem einsamen Strand, im dichten ›Bush‹, auf mangrovengesäumten Pfaden oder auf felsigen, aus den Fluten der Bay steil aufragenden Vorgebirgen. Einer, der sich den Traum von einem abgeschiedenen Leben unter mildem Himmel und in – vergleichsweise – unverdorbener Umwelt erfüllt hat und daraus die Kraft zu seiner schöpferischen Arbeit bezieht, ist der österreichische Maler Friedensreich Hundertwasser. Es ist sicher kein Zufall, daß er in einem abgelegenen Haus in den Mangrovensümpfen des Waikare Inlet sein Paradies gefunden hat – inmitten der paradiesischen Welt der Bay of Islands.

Whangarei ist mit rund 40 000 Einwohnern die größte Stadt von Northland. Dank ihres wichtigen Hafens wächst sie vergleichsweise rasch. Während das übrige Northland von der Landwirtschaft und vom Tourismus lebt, hat sich in Whangarei Industrie angesiedelt. Von landesweiter Bedeutung ist das einige Kilometer südlich gelegene Kraftwerk, dessen hoher, rot-weißer Schornstein schon von weither sichtbar ist. *Marsden Power Station* dient vor allem dazu, in Zeiten hohen Energieverbrauchs zusätzliche Elektrizität zu produzieren. Neuseeland setzt im übrigen sehr stark auf die Nutzung von Wasserkraft zur Erzeugung von Strom, eine aufs Ganze gesehen günstigere Energiequelle als das importierte Schweröl, das in Marsden Point verfeuert wird. In unmittelbarer Nähe liegt ein großer Raffineriekomplex. Trotzdem ist Whangarei keine Industriestadt im schlechten Sinn. Eine Reihe nahegelegener Strände dient den Bewohnern ebenso als Erholungsgebiet wie der Park um die Whangarei Falls – und der **A. H. Reed Memorial Kauri Park.**

Der Kauri-Baum, von dem in diesem Park einige Exemplare zu bestaunen sind, ist der unbestrittene König der neuseeländischen Wälder. Ein imposanter Riese, der seine weitverzweigte Krone mächtig über den anderen Bewohnern des subtropischen Northland-Waldes erhebt. Die wenigen überlebenden Kauris in diesem oder einem anderen Park im Norden des Landes, wo die nach dem kalifornischen Sequoia zweitgrößte Baumart der Welt heutzutage geradezu gehegt wird, vermitteln indes nur einen bescheidenen Eindruck von der gewaltigen Erscheinung dieser Riesen. Erst in ihrer ursprünglichen Umgebung, im nassen, undurchdringlich-grünen Ensemble des unberührten Waldes, entfalten sie ihre grandiose Wirkung. Es gibt nicht mehr viele Stellen im einst Kauri-reichen Northland, an denen sich der Besucher unserer Tage davon überzeugen kann. Um so lohnender ist ein Abstecher zu den beiden

Kauri-Reservaten an der Westküste, zwei Autostunden von Whangarei entfernt. Von der Bay of Islands aus dauert der Ausflug nur wenig länger.

Auf der Fahrt durch die hügelige, von Zäunen und Hecken gegliederte Weidelandschaft mit den oftmals wie bunte Tupfer eingestreuten, schmucken Farmhäusern, wie sie für den ganzen Norden so typisch ist, kann man ermessen, wie radikal sich das Bild dieser Landschaft in den letzten einhundertfünfzig Jahren verändert hat. Ursprünglich war das gesamte Gebiet Kauri-Land, bedeckt mit dichten Wäldern, deren Stolz unzählige jahrhunderte-, ja jahrtausende-alte, majestätisch aufragende Kauri-Fichten waren. Gleichsam unter ihrem Schutz gediehen zwei oder mehrere niedrigere grüne Stockwerke im Regenwald des Nordens, der sich durch große Vielfalt der Vegetation auszeichnete. Eine Fläche von Hunderttausenden von Hektar nördlich des 38. Breitengrades – in Northland und South Auckland sowie auf der Coromandel-Halbinsel und auf den vorgelagerten Barrier Islands – war das Verbreitungsgebiet dieser Dinosaurier unter den Bäumen – bis die Europäer kamen. Zwar hatten auch schon die Maori das hervorragende Holz des Kauri-Baums genutzt und das von ihm ausgeschiedene Harz als Brennstoff, oder, erhitzt und weich gemacht, als Kaugummi verwendet, doch konnte das den Bestand des Waldes nicht gefährden.

Das änderte sich erst, als Pakeha seit den dreißiger Jahren des 18. Jahrhunderts darangingen, sich die natürlichen Schätze dieser Giganten in großem Umfang nutzbar zu machen. Man erkannte die exzellente Qualität des Holzes für den Schiffsbau und für die Herstellung von Möbeln. So wurde Schiffsladung für Schiffsladung nach Australien, aber auch in fernere Länder gebracht. Überall wurden kleine Holzfällersiedlungen errichtet. Sägewerke schossen vor allem an der Westküste wie Pilze aus dem Boden. Kohukohu, heute ein kleiner Ort am Nordufer des Hokianga Harbour, rühmte sich im 19. Jahrhundert, das größte Sägewerk der südlichen Erdhälfte zu besitzen. Aber wie die meisten anderen Städtchen am Hokianga Harbour und am weiter südlich gelegenen Kaipara Harbour, die als Holzfällerlager und Umschlagplätze für Kauri-Holz entstanden, hat es seine einstige Bedeutung eingebüßt. Nur wenige dieser Orte haben die Boom-Zeit der Kauri-Ausbeutung als Städte überlebt, so etwa Dargaville im Süden und im Norden Kaitaia, das ›Tor‹ zum Ninety Mile Beach und zur Nordspitze der Insel.

Damit wurde die Westküste von Northland für europäische Einwanderer zu einem ebenso attraktiven Gebiet, wie es die Bay of Islands einige Jahrzehnte zuvor gewesen war. Der zügige Ausbau der Infrastruktur in dieser Region war ein Ergebnis des Kauri-Aufschwungs. Wie hoch jedoch der Preis für Arbeitsplätze und bebaubares Land für Kolonisten war, zeigen ernste Warnungen weitsichtiger Zeitgenossen. Mit bitteren Worten hat Ferdinand von Hochstetter, der Neuseeland in den Jahren 1858/59 bereist und ein grundlegendes wissenschaftliches Werk über das in europäischen Augen völlig neue Land verfaßt hat, den verantwortungslosen Raubbau an den uralten Kauri-Fichten angeprangert. »Um einzelner brauchbarer Stämme halber werden oft ganze Wälder niedergebrannt und verwüstet ...; der Wald wird verheert und verwüstet mit ›Feuer und Schwert‹.« Vierzehn Tage lang, so berichtet Hochstetter, habe er von seiner Wohnung in Auckland dicke Rauchwolken aus den Kauri-Wäldern im Norden der Stadt aufsteigen sehen. Dann »lag eine große, schöne Waldstrecke in Asche« – nur um des wertvollen Nutzholzes ausgewachsener Kauri-Bäume willen. Der prophetische Ausruf, mit dem der österreichische Geologe seinen Bericht beschließt, sollte nur zu bald bestürzende Wirklichkeit werden: »Es könnte eine Zeit kommen, wo man nicht bloß nach dem Holz fragt, sondern auch nach dem Wald!«

Als diese Sätze geschrieben wurden, war knapp ein Viertel des Kauri-Bestandes durch Abholzen und Roden zerstört. Bis 1885 war er zur Hälfte verschwunden, und nur fünfzehn weitere Jahre dauerte es, bis zu Beginn unseres Jahrhunderts drei Viertel dem Vernichtungswerk zum Opfer gefallen waren. Heute sind insbesondere die alten Kauris geschützt. Nur wenige werden für den Schiffsbau und andere Verarbeitungszwecke freigegeben, und in manchen Gebieten bemüht man sich um eine intensive Wiederaufforstung. Freilich braucht der Kauri auch bei zusätzlicher künstlicher Düngung Jahrhunderte, um sich zu seiner vollen Größe zu entwickeln.

Die Ausbeutung der Kauri-Riesen beschränkte sich nicht auf die Holzgewinnung. Ein weiteres begehrtes Produkt war das Harz des Baumes, aus dem Lacke und Linoleum hergestellt wurden. Im 19. Jahrhundert war ›Kauri gum‹ eines der Hauptausfuhrprodukte Neuseelands. Es wurde vor allem nach Großbritannien und in die USA verschifft und erzielte gute Preise. Gewonnen wurde es auf zweierlei Weise: Zum einen, indem man die Rinde des Stammes an zahlreichen Stellen verletzte und den Baum gleichsam ausbluten ließ. Das zweite Verfahren stellte das Ausgraben fossilen Harzes dar, das von Generationen früherer zugrunde gegangener Kauri-Bäume stammte. Die oft bernsteinfarbenen, aber auch in allen Farbtönen zwischen weiß und braun-schwarz vorkommenden Harzstücke waren von unterschiedlicher Größe; die schwersten wogen bis zu mehreren Kilogramm. Als Kauriharzgräber (gum diggers) kam vor allem eine Welle dalmatinischer Einwanderer nach Neuseeland, die meist nur vorübergehend dort arbeiten wollten. Viele kehrten aber nicht mehr zurück, und ihre Nachkommen blieben größtenteils der neuen Heimat treu, so daß neben Englisch und Maori hier und da noch kroatische Sprachinseln in Northland bestehen.

Ebenso wie das Fällen und Brandroden der Kauri-Wälder das Erscheinungsbild der Landschaft von Grund auf verwandelte, stellte auch das Graben nach dem fossilen Harz einen schweren Eingriff in die Natur dar. Die Spuren sind mancherorts in Gestalt verödeter, nur von niedrigen Farnen und Büschen bewachsener ›Gum fields‹ unübersehbar. Bei einem solchen Anblick – etwa bei Ahipara, wohin Touren von Kaitaia aus gehen – kann man sich im nachhinein vorstellen, unter welchen Mühen Hunderte von zähen, bärtigen, oft barfüßigen Kauri-Gräbern um die Jahrhundertwende die kostbaren Harzstücke mit bescheidenem Werkzeug dem Boden entrungen haben. Einen hervorragenden Einblick in die Kauri-›Industrie‹ früherer Jahrzehnte bietet unter anderem das *Otamatea Kauri and Pioneer Museum* in Matakohe am Nordrand des Kaipara Harbour. Alte Photographien vergegenwärtigen die Stationen des Schlagens und der Verarbeitung des edlen Holzes sowie der Harzgewinnung. Arbeitsgerät und Ausrüstung der Northland-Pioniere gehören ebenso zum Bestand der Sammlung wie schöne, blank polierte Ansichtsstücke des einst gefragten Kauri gum. Kein Zweifel, die Ausbeutung dieser Naturschätze hat dem Land in den Jahren des Export-Booms hohe Einnahmen verschafft. Aber die rücksichtslose, kurzsichtige Vernichtung riesiger Kauri-Wälder hat einer weiteren, maßvollen Nutzung von Holz und Harz weitgehend den Boden entzogen und den Norden der Insel mancher natürlichen landschaftlichen Schönheit beraubt.

Majestäten des Regenwaldes

Mit Wehmut denken viele Neuseeländer an den Verlust der Kauri-Wälder. Wohl weil die Bestände so dramatisch – auf heute noch zwanzigtausend Hektar – geschrumpft sind, ist der Gigant des subtropischen Waldes ähnlich wie das berühmte Blatt des Silberfarns fast zu einem Wahrzeichen des Landes, zu einem nationalen Symbol geworden. Die schönsten zusammenhängenden Bestände der Kauri-Fichte haben sich an der Westküste im Süden des Hokianga Harbour erhalten. Einige Kilometer hinter Omapere windet sich die Nationalstraße 12 die Parataiko Range bis auf eine Höhe von vierhundert Metern hinauf, bevor sie sich verengt und in vielen Windungen durch das grüne Dickicht des **Waipoua Kauri Forest** schlängelt. Es ist ein dunkler Wald, in den das Sonnenlicht nur spärlich eindringt. Farne und Farnbäume säumen die Straße, darüber erheben sich die ›normalen‹ Bäume wie Tawa, Rimu und Towai, überragt von den meist in hoheitsvoller Entfernung voneinander aufstrebenden, selten in kleineren Gruppen auftretenden Kauri-Fichten. Von den Anhöhen aus sind sie, wenn der Blick über eine größere Waldfläche schweifen kann, als Könige dieses Waldes zu erkennen: Mächtige, gleichmäßig aufragende Stämme von aschgrauer Farbe, die sich bis zu den ersten Verzweigungen nicht verjüngen und damit den Bäumen ein ungemein kraftvolles, geradezu unerschütterliches Aussehen verleihen. Darüber in schwindelerregender Höhe – bei alten Bäumen bis zu zwanzig Metern – die ausladende Krone mit kräftigen Ästen, die in Blätterknäuel auszulaufen scheinen und sich mit ihrem dicken, glänzendgrünen Blätterwerk wie ein Schutzschirm über die ihr untergebene Flora ausbreitet: Das ist die Kauri-Fichte mit dem botanischen Namen › Agathis australis ‹. Ein majestätischer Baum, dem die unzähligen Lianen und das Heer von Schmarotzerpflanzen, die diesen Wald so undurchdringlich machen, nichts anhaben können. Er beherrscht den subtropischen Urwald allein durch seine in wohldosierten Abständen auftauchende, alles überragende Erscheinung.

Eine Reihe von Pfaden durchzieht den Waipoua Kauri Forest, dessen Urwald-Charakter besonders im nicht selten hier niedergehenden Regen hervortritt. Oft liegt der Wald in dichten Wolken, die sich, von der Tasman-See durch die vorherrschenden Westwinde hierhin getrieben, ihrer Regenlast entledigen. Sie schaffen das für das Wachstum dieses immergrünen Waldes notwendige feuchte Klima. Bei wetterfester Ausrüstung werden Spaziergänge durch den Kauri Forest und den nahe gelegenen **Trounson Kauri Park** zu einem eindrucksvollen Naturerlebnis. Wohl am schönsten sind die Augenblicke, wenn sich der graue Wolkenvorhang zu lichten beginnt und die ersten durch das Laubdach gefilterten Sonnenstrahlen in den dampfenden, tropfenden Wald dringen.

Besondere Höhepunkte einer Wanderung sind Besuche bei dem › Vater des Waldes ‹ und dem › Gott des Waldes ‹, die zu den ältesten und größten Kauri-Bäumen des Landes gehören. Tanemahuta, der › Gott des Waldes ‹, hat eine Höhe von 51 Metern, der Stamm mißt einen Umfang von 13,4 Metern, und der Baum umfaßt etwa 244 Kubikmeter

Holz. Er ist schätzungsweise 1200 Jahre alt. Noch ein paar Jahrhunderte älter ist Te Matua Ngahere, der ›Vater des Waldes‹. Er stammt aus einer Zeit, als sich in Europa noch die Römer als Herren der Welt fühlten. Mit dreißig Metern Höhe seinem ›Konkurrenten‹ deutlich unterlegen, ist er ihm doch mit mehr als sechzehn Metern Stammumfang voraus; die erste Verzweigung beginnt bei sieben Meter Höhe. All das sind dürre statistische Angaben, die den gewaltigen Eindruck auf den Betrachter nur höchst unvollkommen wiedergeben. Mit welchem Recht diese beiden ›Majestäten‹ ihre Maori-Namen tragen, ermißt man erst, wenn man sich selbst, vor ihnen stehend und in die Krone hinaufblickend, winzig vorkommt oder versucht, die Riesen in voller Größe im Photo festzuhalten. In diesem Moment wird einem schmerzlich bewußt, wieviele herrliche Exemplare der Agathis australis der hemmungslosen Zerstörung des Kauri-Waldes zum Opfer gefallen sind.

Sanddünen und Mangroven am Hokianga Harbour

Macht man den Abstecher zu den erhaltenen Kauri-Wäldern von der Bay of Islands aus, so kommt man an einer Reihe von verlandeten Armen des weitverzweigten **Hokianga Harbour** vorbei, bevor man zur Hafeneinfahrt selbst gelangt. In mancher Hinsicht kann dieser Harbour als typisch für eine Reihe ähnlicher ›Häfen‹ gelten, die die West- und zum Teil auch die Ostküste des Nordens entscheidend mitprägen. Als natürliche Verkehrsader kam ihnen in den Zeiten des Kauri-Booms große Bedeutung zu, wobei freilich die Untiefen der Hafeneinfahrt manchem Schiff zum Verhängnis geworden sind. Kaiwaka, ›Kanuverschlinger‹, nannten schon die Maori diese Gewässer. Ein eigenartiger Kontrast bestimmt das landschaftliche Bild der beiden Landspitzen: Während der North Head von gelbgold schimmernden, bis zu 170 Meter hoch aufgetürmten Sanddünen geprägt ist, reicht im Süden ein grüner Weideteppich fast bis an das Wasser heran. *Omapere* und *Oponui,* zwei kleine Badeorte im Süden, verfügen über schöne Sandstrände, doch fließt der Besucherstrom weitgehend an dieser Gegend vorbei, die touristisch gesehen klar im Schatten der Ostküste steht. Das war nur einmal vorübergehend anders, als hier im Sommer 1955/56 ein Delphin über Neuseeland hinaus Schlagzeilen machte: ›Opo‹, wie er schnell genannt wurde, suchte von sich aus menschliche Gesellschaft und wurde eine Zeitlang zum Spielgefährten badender Kinder – eine Sensation, von der vorher nur einmal berichtet worden war, und zwar vom römischen Schriftsteller Plinius (Ep. IX 33) um 100 nach Chr. aus einer nordafrikanischen Stadt.

Über fünfzig Kilometer weit hat sich der Hokianga Harbour durch die Hügel des Inlandes einen Weg gebahnt. Im Schlick der Ästuar-Watten gedeihen ausgedehnte Mangrovenwälder. Neuseeland ist das einzige Land außerhalb der Tropen, in dem diese Bäume wachsen. Sie kommen nur im Norden der Nordinsel vor und werden – allerdings nur im Far North – bis zu zehn Meter hoch. Bei Ebbe kommen Tausende und Abertausende brauner Luftwurzeln zum Vorschein, durch die die Bäume den Sauerstoff beziehen. Kilometerweit säumen Mangrovenkolonien die Buchten und Arme des Hokianga Harbour. Über die Schönheit der knorrigen Bäume mag man streiten, über ihren Nutzen jedoch nicht. Als Puffer zwischen Land und Meer wirken sie der Bodenerosion entgegen und bieten darüber hinaus vielen Tieren, Fischen wie Vögeln, Schutz und Nahrung. Mehr als zwei Dutzend Fischarten nutzen das Mangrovendickicht als Laichplatz. Die ökologische Bedeutung der Mangrovenkolonien Northlands ist heute erkannt, so daß sie vor gedankenloser Zerstörung geschützt scheinen.

Kupe entdeckt das ›Land der langen, weißen Wolke‹

Der äußerste Norden (**Far North**) Neuseelands ist nur schwach besiedelt. Die auf gerodetem Kauri-Wald entstandenen Anbau- und Weideflächen sind großenteils nicht sehr fruchtbar, so daß nur wenige Menschen hier eine Existenzgrundlage finden. Nachdem die Europäer die

Schätze des Nordens ausgebeutet hatten, wanderten viele
von ihnen nach Süden ab. So erklärt sich der relativ hohe
Anteil der Maori-Bevölkerung in dieser Region. Fast menschenleere, unberührte Strände verleihen dem Land einen
wildromantischen Charakter, laden zum Träumen ein, machen auch den aufgeklärten, nüchternen Zeitgenossen
empfänglicher für die wunderbare Welt der Mythen und
Sagen, an denen die Maori-Tradition so reich ist.

Einer dieser Sagen zufolge setzte Kupe, der ›Kolumbus‹
Neuseelands, im Far North als erster Mensch seinen Fuß
auf neuseeländischen Boden. Wie fast alle Maori-Sagen
wird auch die Kupe-Geschichte in verschiedenen Versionen
erzählt – einschließlich des Grundes, warum er seine ange-
stammte Heimat im ostpolynesischen Raum verließ. Jedenfalls soll er zuerst in der *Doubtless Bay* gelandet sein, am
Strande von Taipa, heute ein kleiner, hübscher Ferienort,
in dem ein Denkmal an jenes ›historische‹ Ereignis erinnert.
Kupe nannte das neu entdeckte Land Aotearoa, ›Land
der langen, weißen Wolke‹. Diese ungemein plastische,
poetische Bezeichnung für diese Inseln im Südpazifik –
rational eingestellte Menschen mögen aber mit Recht an
der Authentizität der Erzählung zweifeln – leuchtet ein:
Von den langen Stränden des Nordens erblickt man oft in
der Ferne über dem Meer ein langes Wolkenband, das sich
parallel zur Küste erstreckt – ein Schauspiel, das sich vom
Meer aus auch Kupe dargestellt haben könnte. Rund
achthundert Jahre vor Cook, auf den der Name der Bucht
zurückgeht, erkundete Kupe vom Wasser aus das von ihm
entdeckte Land, bevor er sich von Hokianga an der Westküste (der volle Maori-Name bedeutet ›Der Ort von Kupes
Abfahrt‹) wieder auf den Heimweg machte.

In Hawaiki, seinem Vaterland, angekommen, berichtete
der berühmte polynesische Seefahrer seinen Landsleuten
von der erstaunlichen Entdeckung. Die Erinnerung an das
›Land der langen, weißen Wolke‹ blieb im Gedächtnis
seines Volkes wach. Mehrere Jahrhunderte später (um 1350
nach der traditionellen Chronologie) machten sich wage-
mutige Auswanderer von dort aus in ihren Kanus auf die

Reise zu dem ›verheißenen‹ Land im Süden. Heute setzt man Hawaiki im allgemeinen mit den Gesellschaftsinseln gleich, genauer mit Rai á tea, einer westlich von Tahiti gelegenen Insel, die die höchste Form polynesischer Kultur hervorgebracht hat. Die Besatzungen der einzelnen Kanus, die damals in Neuseeland landeten, waren nach der Maori-Überlieferung die Keimzellen der späteren Stämme. Mancher traditionsbewußte Maori weiß den Namen jenes Kanus zu nennen, von dessen Ruderern er abstammt.

Die Erzählung von Kupe und der von Hawaiki aus gestarteten Kanuflotte fand lange als sagenhafter Reflex einer historischen Einwanderungswelle aus dem ostpolynesischen Raum Glauben. Heute stehen ihr die meisten Historiker skeptisch gegenüber. Als frühester Besiedlungszeitpunkt der neuseeländischen Inseln kommt die Zeit um 800 nach Chr. in Frage. Im 12. Jahrhundert existierten an den Küsten der Nord- sowie Teilen der Südinseln frühe Siedlungen. Daß ihre Bewohner, die vorwiegend von der Jagd auf die später ausgestorbenen Moas, eine riesige, flugunfähige und daher leicht zu erbeutende Vogelart, lebten, aus Polynesien eingewandert sind, ist sehr wahrscheinlich. Wenig glaubhaft ist dagegen ein planmäßig durchgeführtes Siedlungsunternehmen über eine Entfernung von vielen Tausend Kilometern – noch dazu eine freiwillige Übersiedlung in ein vergleichsweise kühles Land. Wohl eher zufällig entdeckten die Vorfahren der Maori, die (späteren) Moa-Jäger, Neuseeland, als möglicherweise im Verlaufe einer größeren Wanderung *innerhalb* tropischer Breiten einige Kanus durch Wind und Meeresströmung abgedriftet sind.

Wie auch immer: Kupe bleibt trotz allem eine lebendige, ausdrucksvolle Gestalt der Maori-Sagenwelt. Es ist tröstlich, daß auch der kühle analytische Verstand vor manchen Geheimnissen der Natur und der menschlichen Existenz kapitulieren muß und der oft ebenso schlichten wie phantasievollen Weltdeutung, wie sie die religiös fundierten Mythen der Maori vermitteln, durchaus unterlegen sein kann. In vielen Sagen haben die Urbewohner Neuseelands die vielfältigen Erscheinungen ihrer Umwelt, die Kräfte der

Natur, ihre von der Umgebung zutiefst beeinflußte Lebensweise und ihre Herkunft interpretiert, indem sie all das gleichsam personifizierten. Sie ersannen um die so entstandenen Personen Geschichten, die komplizierte Zusammenhänge faßbarer und verständlicher machten. Die faszinierende, das Erscheinungsbild der Landschaft geschickt nutzende Bildhaftigkeit dieser vorwissenschaftlichen Erklärungsmuster, die auf intensives, aufgewecktes Fragen schließen lassen, verbindet sich in einem ihrer schönsten Beispiele mit dem längsten ununterbrochenen Strand des Landes, dem Ninety Mile Beach zwischen der Ahipara Bay und dem Nordwestkap der Insel.

Ninety Mile Beach und Cape Reinga –
Auf endlosem Strand zum ›Ende der Welt‹

Tatsächlich ist der goldfarbene Strand, der sich an der Westküste der schmalen **Halbinsel Aupori** in sanftem, für das Auge kaum wahrnehmbarem Bogen erstreckt, nur rund sechzig Meilen, also etwa hundert Kilometer lang. Die Herkunft des übertreibenden Namens für diesen herrlichen, praktisch menschenleeren Strand von 150 bis 300 Metern Breite, der von den Wellen der Tasman-See bespült wird, ist unklar. Durch kein felsiges Vorgebirge unterbrochen, ist er wegen eines besonders harten Sandbodens sogar als Straße zu benutzen. Grundsätzlich ist es erlaubt, den Strand mit Privatfahrzeugen zu befahren. Freilich sollte man sich vorher gründlich über die Gezeitenverhältnisse informieren. Sicherer und erholsamer ist es, sich einer organisierten Tour mit Spezialbussen von Kaitaia oder auch von der Bay of Islands aus anzuschließen. Mit Tempo siebzig geht es über Dutzende von Kilometern zwischen Brandung und hohen Sanddünen entlang – ein einzigartiges Erlebnis, das im dichtbesiedelten Europa unmöglich wäre. Wo sonst kann man mitten auf einem einsamen Strand ein Verkehrsschild mit einer Angabe wie ›Kaitaia 66 km‹ entdecken? – so zu sehen auf einer kleinen, der Küste vorgelagerten Felsinsel, zu der die Ausflugsbusse durch seichte Priele hinüberfahren. Von Umweltverschmutzung oder Störung der erholungsuchenden Badegäste kann keine Rede sein. Außer ein paar Muschelsuchern begegnet man selten einem Menschen.

Es sei denn, jemand würde wieder einmal versuchen, hier einen Geschwindigkeitsrekord aufzustellen wie der Australier N. Smith, der im Jahre 1932 immerhin 164 Meilen pro Stunde auf einer Strecke von zehn Meilen erreichte. Er trat damit gleichsam in die Fußstapfen des berühmten Maori-Läufers Te Houtaewa, der zu Beginn des 19. Jahrhunderts am nördlichen Ende des Strandes zu Hause war. In der Erinnerung der Maori lebt er als der schnellste Läufer aller Zeiten weiter, ein ›Wunderathlet‹, der einst an nur einem Tage die lange, sandige Strecke hin und zurück bewältigt haben soll – nur um in Ahipara von einem feindlichen Stamm zwei Körbe voll Süßkartoffeln für seine hungernde Familie zu rauben ...

Der Ninety Mile Beach und der größte Teil der gesamten Landzunge verdanken ihr Entstehen den Kräften von Wind und Meer, die durch die Aufschwemmung und Verwehung riesiger Sandmengen nach der letzten Eiszeit eine Landverbindung zwischen dem ›Festland‹ und den kleinen Fels-›Inseln‹ im Norden der Aupori Peninsula geschaffen haben. Bis über hundert Meter erheben sich die Dünen. Um sie am Wandern zu hindern, wurden Gras und Lupinen angepflanzt. In den letzten Jahrzehnten entstanden auch ausgedehnte Pflanzungen von Föhren. Die Pinus radiata bedeckt heute überall in Neuseeland große Aufforstungsflächen. Sie wächst rasch und kann mittlerweile auch hier im Aupori State Forest, der eine Fläche von annähernd dreißigtausend Hektar umfaßt, kommerziell genutzt werden. Gewöhnlich führt eine Tour zur Nordspitze des Landes in der einen Richtung über den Ninety Mile Beach und in der anderen über die Straße. Von dort aus fällt der Blick immer wieder auf die grünen Föhrenwälder, die die Weideflächen nach Westen begrenzen, während im Osten ab und zu das nahe, im Sonnenschein glitzernde Meer sichtbar wird. Nur wenige winzige Siedlungen liegen am Wege. Hier und da

tauchen einzelne Farmhäuser auf. Schafe und Rinder weiden friedlich auf Hügeln, die durch intensive Düngung
als Weideflächen gewonnen wurden. Vielfach waren es
holländische Einwanderer, die sich um die landwirtschaftliche Erschließung dieser Gegend verdient gemacht haben.
Im Gebiet von Houhora, das um die Weihnachtszeit durch
die vielen rot blühenden ›Christmas trees‹ (Pohutukawa)
besonders malerisch wirkt, ist durch private Initiative das
Wagener Museum entstanden. Die zahlreichen Exponate
lassen die Leistungen der Siedler im Far North seit den
Tagen des Kauri-Booms lebendig werden.

Je weiter man nach Norden kommt, desto menschenlee-
rer wird die Halbinsel. Fast unberührt scheint der von
steilen Hügeln geprägte nördlichste Teil des Landes, wo
jede Anhöhe phantastische Ausblicke auf Meer, Dünen,
Sümpfe und Weiden erlaubt. Das alles gehört zu der riesigen *Te Paki Station,* Neuseelands nördlichster, vor einigen
Jahren vom Staat erworbener Farm, auf deren Fläche von
siebzehntausend Hektar Tausende von Schafen und Rindern grasen. Herrliche Wanderwege durchziehen das Gebiet der Farm. Wer viel Zeit mitbringt, kann auf ihnen bis
zu den Buchten und Sandstränden am ›Ende‹ Neuseelands
gelangen.

Das ›Ende der Welt‹ – so erschien den Maori das nördliche Vorgebirge des *Cape Reinga,* wo die Straße endet.
Reinga bedeutet ›Ort des Absprungs‹. Damit sind wir wieder im Banne der Maori-Mythologie. Einem alten Glauben
zufolge reisen die Seelen der Verstorbenen an diese Stelle,
um von ihrem Land Abschied zu nehmen. Ihr Weg führt
über den einsamen Ninety Mile Beach. Andenken an ihr
Heimatgebiet, einen Farn oder ein Stück Seetang, lassen
sie in der Mitte des Weges bei Te Arai Rock zurück, um
sich dann bei Twilight Beach in Richtung auf Cape Reinga
landeinwärts zu wenden. Von den Wurzeln eines Pohutukawa auf der windumtosten Spitze des Kaps gleiten die
Seelen ins Meer hinab. Bei den Three Kings Islands, die
bei gutem Wetter vom Festland aus als graue Felsen sichtbar sind, tauchen sie noch einmal aus den Fluten auf, um

Atem zu holen und sich ein letztes Mal zu dem Land zurückzuwenden, das sie zu Lebzeiten beherbergt hat – ein allerletzter Gruß, bevor sie erneut in der unendlichen Weite des Meeres verschwinden und nach Hawaiki, der polynesischen Heimat ihrer Vorfahren, zurückkehren, zu den Inseln der Seligen, ihrer ewigen Ruhestätte.

Ob nicht doch etwas mehr an den Hawaiki-Mythen ist, als kritische Wissenschaftler wahrhaben wollen? Spiegelt sich nicht in der Vorstellung von der Seelenwanderung eine von Generation zu Generation weitergegebene Sehnsucht der Maori nach ihrer alten Heimat – und damit die mythisch gebrochene Erinnerung an eine gefährliche, lange Reise über den Stillen Ozean? Mag sein, daß auch diese Sage ihre interpretierende Ausformung erst in der Zeit der frühen europäischen Kolonisierung erhalten hat, als mancher Missionar und Gelehrte den mündlichen Maori-Überlieferungen ein bißchen nachgeholfen hat. Was die Sage indes bekräftigt und anschaulich macht, ist die landschaftliche Szenerie, in die sie eingebettet ist. Die abgelegene, öde, von Winden und Gezeiten beherrschte endlose Weite des Ninety Mile Beach als Straße zur Unterwelt, als letztes Stück vor dem ›Ende der Welt‹, und der hochaufragende Fels des Cape Reinga, an dessen Fuß die Wellen der Tasman-See und des Pazifiks mächtig aufeinanderprallen und sich bei stürmischem Wetter zu einer riesigen, weiß und blau brodelnden Kreuzdünung auftürmen: Dramatischere Schauplätze kann sich die Phantasie für den Abschied der Seelen kaum vorstellen.

Man muß vielleicht selbst einmal auf diesem Kap gestanden und von dort die grandiose Umgebung bewundert haben, um die poetische Realität des Mythos erfassen zu können. Steil fällt das Land vom Plateau des Leuchtturms zum schäumenden Meer hin ab. Zu beiden Seiten wechseln schroffe Vorgebirge mit Stränden ab, zur Linken erscheint eine schmale, sandige Landzunge, die in einen Felsvorsprung übergeht: *Cape Maria van Diemen.* Abel Tasman benannte das Kap 1642 nach der Frau seines Auftraggebers, des Generalgouverneurs von Holländisch Westindien.

Auch wenn am Horizont die Umrisse der Three Kings
Islands schemenhaft auftauchen – der Eindruck, daß man
hier auf einem Boden steht, vor dem nur noch die Unend-
lichkeit des Meeres liegt, ist beherrschend. Und in der Tat:
Hier ist Neuseeland zu Ende, und dann kommt lange kein
Land mehr. Die Entfernungsangaben auf dem › Wegweiser‹
am Leuchtturm von Cape Reinga belegen es: Bis Sydney,
das fast auf demselben Breitengrad liegt, sind es knapp
zweitausend Kilometer. Der nördlichste Punkt des Landes
ist Cape Reinga allerdings nicht. Diesen Superlativ können
die 32 Kilometer östlich gelegenen Surville Cliffs des *North
Cape* für sich beanspruchen – was freilich der Attraktivität
des sagenumwobenen Cape Reinga keinen Abbruch tut.

Buchtenreicher Isthmus als Tor zur Welt

Mindestens drei Stunden ist es her, daß man, vom Ausland kommend, zum letzten Mal Land gesehen hat, unter Umständen noch viel länger: Nichts unterstreicht die Isolation der neuseeländischen Inseln so sehr wie der Blick auf die beachtlichen Entfernungen, die sich zwischen dem einstigen ›Britannien des Südens‹ und der übrigen bewohnten Welt erstrecken. Je mehr sich das Flugzeug ›Auckland International‹, seinem Bestimmungsort, nähert, desto klarer treten die Konturen einer einladenden, freundlichen Landschaft hervor, nach den ausgedehnten Watt- und Wasserflächen des Manukau Harbour, die auf das für das gesamte Land so charakteristische Neben- und Miteinander von Land und Wasser vorzubereiten scheinen, die grünen Weiden mit ihren unverwechselbaren Kennzeichen – friedlich grasenden Schaf- und Rinderherden. Das ist für die meisten, zumal aus Europa anreisenden Besucher der erste Eindruck von Neuseeland. **Auckland,** die größte Stadt des Landes, gibt sich an der internationalen Eingangspforte noch recht ländlich – keine schlechte Einstimmung auf ein Land, dessen touristische Attraktionen nicht seine Städte, sondern seine ungemein vielfältigen, großartigen Landschaftskulissen sind.

Das Bild ändert sich indes schnell, sobald man die Umgebung des Flughafengeländes verlassen hat. Da beginnt das Häusermeer einer Großstadt, die noch immer im Wachsen begriffen ist. Auckland ist wie ein Magnet, der die Men-

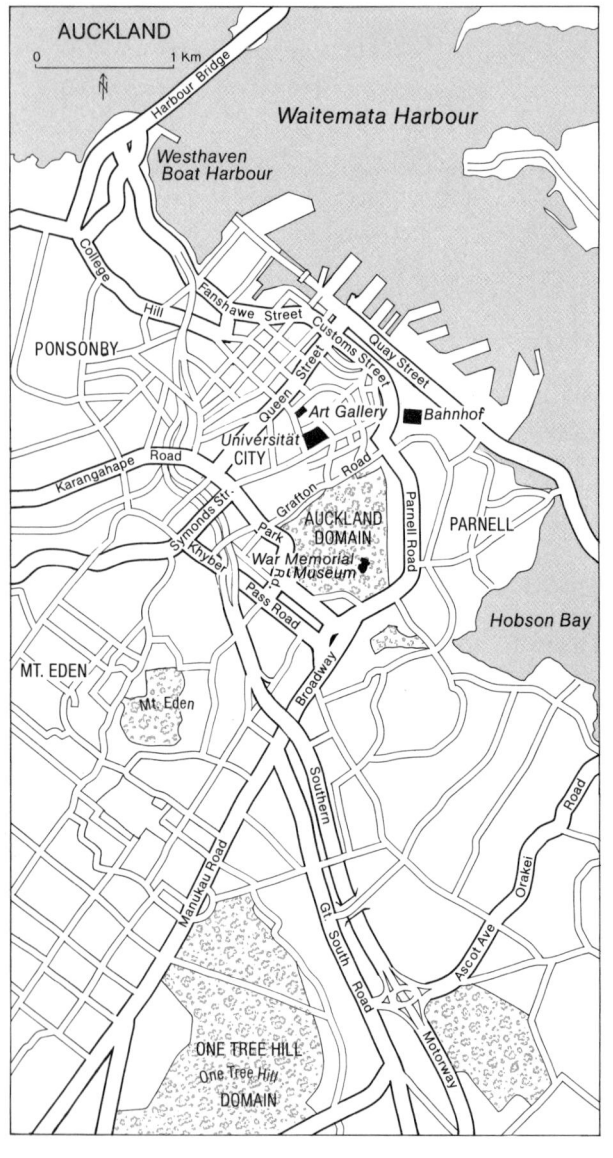

schen anzieht. Etwa jeder vierte Neuseeländer lebt hier in dieser Stadt mit rund 900 000 Einwohnern. Auckland ist ohne Zweifel die wirtschaftlich und kulturell führende Metropole des Landes, so gesehen die ›heimliche Hauptstadt‹ Neuseelands und zugleich das Tor zur Welt.

Entscheidend für die Stellung Aucklands ist die günstige verkehrsgeographische Lage. Die Stadt erstreckt sich auf einer schmalen, buchtenreichen Landzunge zwischen dem Waitemata Harbour im Norden und dem weit ins Landesinnere eindringenden Becken des Manukau Harbour im Süden. Dieser Isthmus, dem Auckland bisweilen auch die ziemlich vordergründige Bezeichnung ›Korinth des Südens‹ verdankt, ist die engste Stelle in der gesamten Nord-Süd-Erstreckung Neuseelands; hier sind die beiden Meere, die die Küsten der neuseeländischen Inseln umspülen, die Tasman-See im Westen und der Pazifik im Osten, nur durch einen vergleichsweise winzigen Landkorridor voneinander getrennt.

Entsprechend begehrt war dieser Siedlungsplatz schon in den Zeiten vor der europäischen Besiedlung des Landes. Unter den kriegerischen Stämmen der Maori war der Isthmus stets hart umkämpft. Der knapp zweihundert Meter hohe *Mount Eden* war einst ein stark befestigtes Pa, das von dreitausend Maori bewohnt gewesen sein soll, bis es nach einem furchtbaren Gemetzel im Anschluß an eine lange, schließlich erfolgreiche Belagerung als befleckter Ort für tapu angesehen und aufgegeben wurde. Der Mount Eden gehörte ebenso wie *One Tree Hill* zu den natürlichen Festungen auf dem Isthmus, die von den dort lebenden Maori durch umfangreiche Schanzanlagen zusätzlich gesichert wurden. Beide Erhebungen zählen zu den höchsten erloschenen Vulkankegeln, von denen sich auf dem Territorium von Auckland rund fünf Dutzend nachweisen lassen. Die Erdwälle und Terrassenanlagen des einstigen Pa von One Tree Hill sind noch gut zu erkennen. Sie stellen sich heute freilich völlig unmartialisch dar: Die auf den grünen Abhängen des Lavakegels weidenden Schafe machen den Hügel zu einer friedlichen Oase inmitten des hektischen

Großstadttreibens. Seinen Namen hat das ehemalige Pa
von einem einsam auf der Höhe stehenden, kultisch verehrten Totara-Baum. Er ist noch heute das weithin sichtbare
Wahrzeichen des Hügels – allerdings nur als ›Nachfolger‹
des eigentlichen Namengebers, der von weißen Siedlern
einst skrupellos gefällt worden ist. Früher strategisch wichtige Anhöhen, deren Besitz die Kontrolle über den Isthmus
von Tamaki sicherte, locken Mount Eden und One Tree
Hill auch jetzt zahlreiche Besucher wegen ihrer exponierten
Lage an: Von hier genießt man die prächtigsten Panoramen
der Stadt, des Hafens und des Meeres. Bei guter Sicht sind
von One Tree Hill aus sogar die weit entfernt liegenden
Barrier Islands zu erkennen.

Von der Hauptstadt Neuseelands zur ›Stadt der Segel‹ –
Aucklands junge Geschichte

Als sich die Pakeha für die Landenge zu interessieren begannen, war sie infolge zahlreicher kriegerischer Zusam-
menstöße kaum noch von Maori bewohnt. So ging sie im
September 1840 für die relativ geringe Summe von 55 Pfund
und einige bei derartigen Transaktionen übliche Sachlei-
stungen wie Kleidungsstücke, Decken und Werkzeuge in
den Besitz des Staates über. Die Entscheidung, Auckland
zur Hauptstadt der neuen Kolonie zu machen, traf Gouverneur Hobson gegen den erbitterten Widerstand der New
Zealand Company, die bemüht war, das von ihr gegründete
Wellington als Kapitale durchzusetzen. Hobson überzeugte
nicht nur die günstige Lage der künftigen Stadt am geschützten Waitemata Harbour, sondern vor allem die Tatsache, daß sie in einem auch von Maori erheblich dichter
besiedelten Großraum und zudem viel näher an der Bay of
Islands, dem führenden Siedlungsgebiet der Pakeha, lag.
Hobsons Wahl hatte damit wichtige politische Implikatio-
nen. Sie ließ erkennen, daß sich der Gouverneur für ein
Miteinander der beiden Rassen einsetzte und eine Gemeinschaft anstrebte, in der die Maori bedeutend größeres Gewicht behalten sollten, als das der ›Philosophie‹ der New

Zealand Company entsprach. Mit der umstrittenen Entscheidung Hobsons wurde eine Tradition begründet, die in gewisser Weise noch lebendig ist: In Auckland leben heute mehr Maori und polynesische Einwanderer als in jeder anderen Stadt Neuseelands, ohne daß damit allerdings ein besonderer politischer oder gesellschaftlicher Einfluß dieser ethnischen Minoritäten verbunden wäre, die überwiegend den unteren sozialen Schichten angehören.

Mochten William Wakefield und andere Vertreter der New Zealand Company auf Auckland als eine ›bloße‹ Verwaltungs- und Garnisonsstadt herabsehen, an deren Wiege nicht die Ankunft eines Schiffes mit erwartungsfrohen Kolonisten gestanden hatte, so wurde die Entwicklung der Stadt dadurch keineswegs gebremst. Schon im nächsten Jahr, 1841, hatte die Stadt, deren Namenspatron der damalige Vizekönig von Indien, Lord Auckland, war, rund zweitausend Einwohner. Auch in den folgenden Jahren wuchs sie rasch weiter. Erst die Verlegung der Hauptstadt nach Wellington im Jahre 1865 bedeutete einen empfindlichen Rückschlag für die bis dahin prosperierende Stadt. Und wäre nicht die um 1870 von dem Coromandel-Goldfeldern ausgehende Konjunkturbelebung erfolgt, dann hätte Auckland sicher noch weiter an Boden verloren. Ein nachhaltiger Aufschwung setzte nach der Jahrhundertwende ein. Seitdem ist die Stadt am Waitemata Harbour zu einer Metropole aufgestiegen, die mehr Einwohner hat als die drei nächstgrößten neuseeländischen Städte zusammen.

Das eigentliche Herz der Stadt ist in mancher Hinsicht ihr Hafen, um dessen zahlreiche Buchten herum sie sich erstreckt. Manche Besucher stellen eine gewisse Ähnlichkeit mit Sydney fest, und dieser Eindruck geht nicht nur auf die besondere Lage zurück, sondern hängt auch mit der dominanten Stellung der *Harbour Bridge* zusammen, die sich westlich der City über den Hafen spannt. Sie wurde erst 1959, nach dreißig Jahren umstrittener Planungsarbeit, fertiggestellt – und erwies sich schon wenig später als zu schmal für den vor allem in der morgendlichen und nachmittäglichen Rush-Hour über sie hinwegbrandenden Verkehr. Mit Hilfe japanischer Ingenieure wurden an jede Seite der Brücke zwei weitere Fahrspuren ›angehängt‹, die als ›Nippon clip-ons‹ bekannt wurden. An der südlichen Zufahrt zur Hafenbrücke liegt mit dem *Westhaven Boat Harbour* ein weiteres Wahrzeichen der Stadt: Hier sind in langen Reihen Hunderte von Segelbooten vertäut, die bei schönem Wetter den Hafen und die blaue Fläche des Hauraki-Golfs mit unzähligen Farbtupfern überziehen und dem Motto Aucklands als ›Stadt der Segel‹ alle Ehre machen.

Östlich davon erstrecken sich die Kais des betriebsamen *Handelshafens* und das *Container-Terminal.* Hier legen auch Fähr- und Ausflugsboote ab, darunter jene, die den Besucher nach Rangitoto Island bringen. ›Insel des blutigen Himmels‹ bedeutet dieser Maori-Name für das kreisrunde, an allen Seiten sanft und recht gleichförmig ansteigende Eiland, das dem Hafen beherrschend und schützend zugleich vorgelagert ist. In der Bezeichnung spiegelt sich vermutlich noch die Erinnerung an die einstige feuerspeiende Aktivität des Berges: Rangitoto ist einer der zahlreichen erloschenen Lavaberge auf dem Gebiet von Auckland. Man nimmt an, daß der 259 Meter hohe Vulkankegel noch vor wenigen hundert Jahren, also in erdgeschichtlich jüngster Zeit, den Himmel zum Glühen gebracht hat.

Kunstsammlungen und Shopping –
Auckland für Besucher

Vom Schiff aus hat man auch einen guten Blick auf die City von Auckland, die sich hinter den Kais erhebt. Immer mehr Hochhäuser ragen aus dem dicht bebauten Geschäfts- und Verwaltungszentrum der Stadt auf – im ganzen keine sehr eindrucksvolle und auch architektonisch eher bescheidene Kulisse. Hauptachse und bedeutendste Geschäftsstraße ist die *Queen Street,* die vom Hafen allmählich in Richtung Mount Eden ansteigt. Die ausgedehnte Einkaufspromenade der Queen Street und die Geschäfte und Lokale der Seitenstraßen ziehen Einheimische und Besucher in großer Zahl an. An Sonn- und Feiertagen freilich wirkt auch das Zentrum wie ausgestorben, Auckland macht da gegenüber den anderen neuseeländischen Städten keine Ausnahme.

Zu einem recht beliebten Einkaufs- und Schlenderviertel hat sich auch *Parnell Village* entwickelt, ein östlich an die City angrenzendes Viertel mit einigen liebevoll restaurierten Häusern aus der Frühzeit der Stadt. Das Schmuckstück des Viertels, das sich dem Stil der Viktorianischen Zeit annähert, ist die 1857 aus Kauri-Holz erbaute, kleine *St. Stephen's Chapel*. Sie kauert bescheiden zu Füßen der benachbarten hohen Bäume, wird aber für diese Demutsgeste durch einen schönen Ausblick auf die Judges Bay entschädigt.

Im übrigen ist Auckland mit architektonischen Kleinodien nicht unbedingt verwöhnt. Auch das, was etwas aus dem Rahmen fällt, bleibt Mittelmaß und gehört sicher nicht zu den Sehenswürdigkeiten, die europäische Besucher nicht versäumen sollten. Ganz anders verhält es sich mit den Museen Aucklands. Das bedeutendste ist das stolz auf der Anhöhe des Stadtparks, der *Auckland Domain,* gelegene *War Memorial Museum*. Es beherbergt unter anderem einige der feinsten Schnitzkunstwerke der Maori-Kultur aus dem 19. Jahrhundert; darunter ein prächtiges, aus drei Totara-Bäumen zusammengefügtes Kanu für hundert Ruderer und Krieger, ein Versammlungshaus vom Ende des 19. Jahrhunderts, ein kostbares, mit aufwendigen Schnitzereien verziertes Lagerhaus für Wertgegenstände sowie eine Reihe eindrucksvoller Statuen. Instruktiv sind ferner die Ausstellungsvitrinen mit zum Teil prachtvollen Maori-Kleidungsstücken, mit Handwerkszeugen, Waffen und Schmuck dieser polynesischen Zivilisation, in die die Sammlungen des Museums einen ausgezeichneten Einblick geben.

Die *Auckland City Art Gallery* ist für ausländische Besucher vor allem wegen ihrer Sammlung früher neuseeländischer Kunst interessant. Hier befinden sich Gemälde, Zeichnungen und Aquarelle, die das Aussehen der neuseeländischen Landschaften im 19. Jahrhundert wiedergeben

Maori-Frau mit verziertem Kürbisgefäß, nach einem
Ölgemälde von Gottfried Lindauer

und gewissermaßen die historische Perspektive auf das
Schönste eröffnen, das Neuseeland seinen Gästen zu bieten
hat: Die Vielfalt seiner herrlichen Landschaftsszenerie.
Realistisch, wenn auch unverkennbar der Auffassung vom
›edlen Wilden‹ einer niedergehenden Einheimischenzivilisation verpflichtet, sind die Maori-Porträts, die der aus
Böhmen stammende Maler Gottfried Lindauer um 1870
geschaffen hat. Einen weiteren Schwerpunkt der City Gallery stellen die Räume für zeitgenössische Kunst dar. Sie
zeigen ein breites und repräsentatives Spektrum des modernen neuseeländischen Kunstschaffens und lassen erkennen,
daß den Musen im Laufe der letzten Jahrzehnte – übrigens
auch der Literatur – freundlicheres und größeres Interesse
entgegengebracht wird als in der Aufbauzeit der Kolonie.
Das Land ist sicher alles andere als ein Dorado für Maler,
Bildhauer und Literaten, was angesichts seiner Lage und
Geschichte auch nicht verwundert. Immer mehr jedoch
öffnet es sich für die schönen Künste und legt auch allmählich die ablehnende Haltung der fünfziger und sechziger

Jahre gegenüber modernen Tendenzen in der Kunst ab –
eine Haltung, die Neuseeland zeitweise in den Ruf provinziellen Banausentums gebracht hatte. Gerade die mutigen
Initiativen der Auckland City Gallery haben beträchtlich
zu dieser Öffnung beigetragen. Das Gegenstück zu dieser
Kunstsammlung, das sozusagen mehr den praktischen Sinn
anspricht, ist das *Museum of Transport and Technology.*

Männliche Westküste, weibliche Ostküste – Tagesausflüge in das subtropische Umland der Großstadt

Während Auckland selbst eine zwar schön gelegene, aber
kaum zu einem längeren Aufenthalt einladende Großstadt
ist, geizt die Umgebung der Metropole nicht mit landschaftlichen Reizen. Die beiden Meeresküsten, zwischen
denen sich der Isthmus von Auckland erstreckt, sind von
unterschiedlichstem Gepräge: Gegen die kaum besiedelte
Wetterseite im Westen brandet die wilde Tasman-See an.
Sie läuft auf lange Strände aus, hinter denen sich hohe
Sanddünen auftürmen. Im Osten dagegen umspülen die
Wellen des von zahlreichen Inseln und Inselchen aufgelok-
kerten Hauraki Gulf eine friedliche, liebliche Küste, in
deren Buchten sich freundliche Örtchen schmiegen. Die
Maori haben den Kontrast zwischen den beiden Küsten
anschaulich zum Ausdruck gebracht: Die Westküste war
für sie die männliche und die Ostküste die weibliche Seite
der Landenge. Besonders ›männlich‹ gibt sich die Landschaft in den Waitakere Ranges, einem von dichtem ›Bush‹
überzogenen Hügelgebiet, das zumindest einen kleinen
Vorgeschmack auf die, freilich viel grandiosere, ausgedehn-
tere Wildnis der West Coast der Südinsel liefert.

Touristisch erschlossener ist die Ostküste. Kein Wunder,
bietet doch der **Hauraki Gulf** den vielen Wassersportlern
unter den Einwohnern Aucklands ein ideales Natur-Frei-
zeitgebiet gleich vor der Haustür. An warmen Sonnentagen – und das sind in diesem subtropischen Klima nicht
wenige! – tummeln sich Hunderte, ja Tausende von Segel-
schiffen und Motorbooten jeder Größe auf den Wogen des

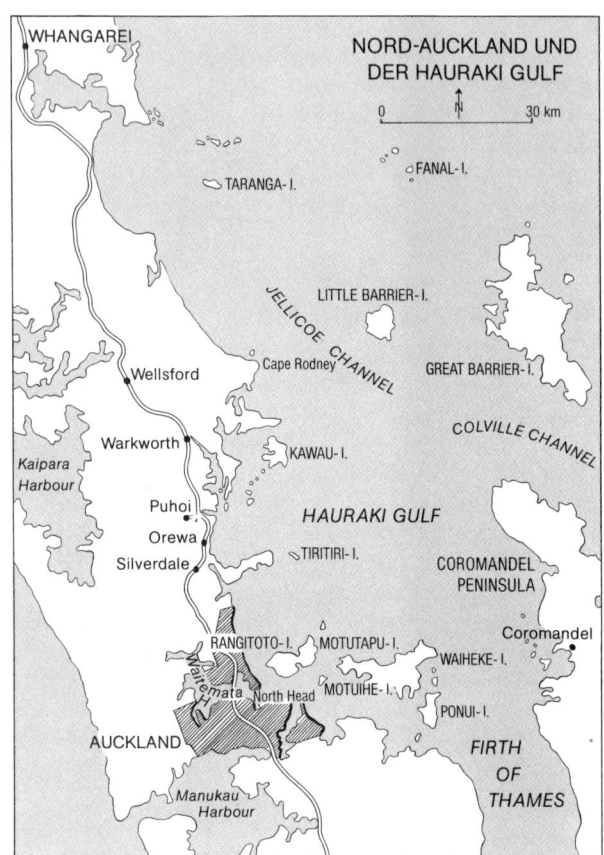

Golfes. Daß sich die weiße Armada trotzdem verteilt und
alle Segler, Angler, Schwimmer und Taucher sich ziemlich
frei entfalten können, dafür sorgen die vielen Inseln mit
ihren unzähligen Buchten und Stränden. Die Bedeutung
des *Hauraki Gulf Maritime Park,* der 1968 als erster Nationalpark ›zu Wasser‹ gegründet wurde und rund 14 000
Quadratkilometer Pazifikfläche einnimmt, erschöpft sich
allerdings nicht in seiner Funktion als ›Playground‹ erho-

lungsbedürftiger Großstädter. Einige der von der Küste
weiter entfernt gelegenen Inseln haben eine ganz andere,
nicht minder wichtige Aufgabe: Sie sind zu Naturschutzgebieten erklärt worden. Von einigen Inseln in der Cook
Strait abgesehen, sind sie die einzigen Gebiete Neuseelands,
die von den aus Europa und Amerika eingeführten Schädlingen der Vogel- und Pflanzenwelt des Landes frei geblieben – und frei zu halten! – sind. Nur in dieser Isolation
können ein Teil der ursprünglichen Vegetation sowie einige
Exemplare der am meisten vom Aussterben bedrohten neuseeländischen Vogelarten überleben. Zu einem wahren Paradies wurde etwa das **Little Barrier Island:** In seinem
dichten, üppigen Buschwald leben rund dreißig einheimische Vogelarten, darunter die so selten gewordenen Kiwis
und Kakapo-Papageien.

Der Preis für diesen engagierten Naturschutz ist nicht
zu hoch: Er liegt in einer Einschränkung der Zugangsmöglichkeiten zu diesen Inseln. Andere Eilande dagegen sind
teils von Auckland, teils von weiter nördlich an der Ostküste gelegenen Orten aus mit Fährschiffen leicht zu erreichen. Das wohl meistbesuchte Inselchen des Parks ist **Motuihe Island.** Wegen seiner Lage nahe der Metropole ist es
von Tagesausflüglern ziemlich überlaufen. Für Deutsche
verbindet sich mit Motuihe Island eine interessante Anekdote. Hier war im Ersten Weltkrieg Graf Felix von Luckner
eine Zeitlang interniert – in einem angeblich ausbruchsicheren Camp, aus dem der ›Seeteufel‹ dann ausgerechnet
mit dem Schiff des Festungskommandanten floh, um nach
langer Verfolgungsjagd wieder ergriffen und erneut festgesetzt zu werden.

Ein lohnenderer Ausflug führt nach **Kawau Island.** Das
Prunkstück der Insel, deren schöne Buchten im 18. Jahrhundert teilweise als Stützpunkte von Maori-Piraten berüchtigt waren, ist das *Mansion House,* ein prächtiges
Beispiel repräsentativer, dabei keineswegs pompös wirkender Kolonialarchitektur. In einer malerischen Sandbucht
auf einem gepflegten Rasenplatz hebt sich das weiß lakkierte Holz des zweistöckigen Gebäudes wirkungsvoll von

dem Hintergrund der grünen Vegetation ab. Hohe Bäume, darunter auch einige Palmen, bilden einen schützenden Halbkreis um das Haus, dessen berühmtester Besitzer Sir George Grey gewesen ist. Grey war zweimal Gouverneur Neuseelands. Tatkraft, Voraussicht und nicht zuletzt die Fähigkeit, die Dinge auch aus der Sicht der Maori beurteilen zu können und das bei seinen Entscheidungen zu berücksichtigen, sichern ihm den ersten Rang unter den politischen Führern der einstigen Kolonie. Während seiner zweiten Amtszeit als Gouverneur von 1861 bis 1868 und als Premierminister (1877-1879) wurde Neuseeland zeitweise auch von Kawau Island aus regiert.

Nicht nur die Inseln des Golfes, auch die ›**Hibiskus**‹- und die ›**Kowhai**‹-Küste des Festlandes zwischen Silverdale und Cape Rodney locken mit geschützten Buchten und sicheren Sandstränden, die zum Baden und Surfen einladen. Die kleinen, hübschen Küstenorte mit ihren gepflegten Vorgärten und einer subtropischen Vegetation, die zu allen Jahreszeiten eine verschwenderische Blütenpracht hervorbringt, leben hauptsächlich vom Fremdenverkehr. In den Sommermonaten herrscht dort ein reger Betrieb, zu dem die beschaulich-friedliche Atmosphäre des von deutschsprachigen Böhmen gegründeten, ein kleines Stück landeinwärts gelegenen Dorfes *Puhoi* in auffälligem Kontrast steht. Die deutschen Namen auf den Fenstern der Dorfkirche erinnern noch an den Ursprung Puhois.

Dient die nördliche Umgebung Aucklands, zumindest soweit sie am Meer liegt, vor allem der Erholung und den Freizeitaktivitäten der Auckländer, so stellt die südlich der Metropole sich hinziehende grüne Hügellandschaft gleichsam die agrarische Versorgungsbasis der Großstadt dar. Die Region **Waikato** ist touristisch gesehen eher unspektakulär. In landwirtschaftlicher Hinsicht aber gehört sie zu den führenden des Landes. Die Schwemmlandböden an den Ufern des Waikato River, mit 354 Kilometern der längste Fluß Neuseelands, sind außerordentlich fruchtbar und haben die Gegend um ihre ›Hauptstadt‹ *Hamilton* zu einem Zentrum der Milchwirtschaft und Mastlammzucht aufblühen lassen. Mittelpunkt eines Gemüseanbaugebietes von hoher Produktivität ist *Pukekohe*. Der Besucher erhält davon zumeist nur einen flüchtigen Eindruck, wenn er, auf dem Weg zu den Naturwundern des Vulkanischen Plateaus, am Rande des Highway 1 auf das reiche Angebot der Gemüse- und Fruchtstände stößt.

Urwald in der Provinz Auckland

VULKANE, GEYSIRE,
BRODELNDER SCHLAMM —
DAS VULKANISCHE PLATEAU

Die feuerspeienden Berge des Tongariro-Nationalparks

Ngatoro war Steuermann und Priester des Arawa-Kanus. Auf seiner Fahrt von der Bay of Plenty ins Landesinnere, die dem Ziel diente, seinem Stamm Land zu verschaffen, gelangte er an den Fuß der Tongariro-Berge. Er entschloß sich, auf der Spitze des Berges ein Feuer zu entzünden, um damit seinen Anspruch auf das Land weithin zu dokumentieren. Er erklärte den Berg für tapu und befahl den Gefährten, bis zu seiner Rückkehr zu fasten, während er, nur von seiner Lieblingssklavin Auruhoe begleitet, den Berg erklomm.

Doch während die beiden auf dem Weg zum Gipfel waren, bereiteten sich seine Gefährten ein üppiges Mahl. Über diesen Frevel erzürnt, schickten die Götter des Berges zur Strafe eisige Winde und Schnee. Ngatoro und seine Begleiterin wurden von dem plötzlichen Kälteeinbruch überrascht. Den Erfrierungstod vor Augen, flehte der Priester in höchster Verzweiflung die Götter in seiner Heimat Hawaiki an, ihm Feuer zu schicken. Mit dem Opfertod der Sklavin unterstrich er die Dringlichkeit der Bitte, und tatsächlich sandten die Götter zwei Feuerdämonen, die dem Bedrängten blitzschnell unter der Wasseroberfläche zu Hilfe kamen. Wo sie auftauchten, fing die Erde Feuer: das erste Mal auf der vorgelagerten Insel Whakaari (White Island) und dann an verschiedenen Stellen in der Umgebung des Mount Tongariro. Als sie den halberfrorenen Priester dort schließlich fanden, retteten sie ihn, indem sie

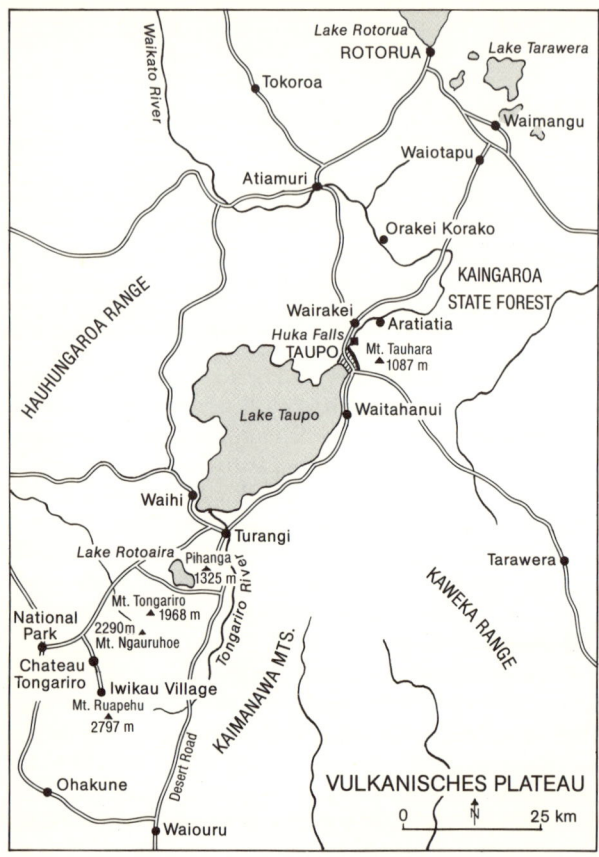

das Innere des Berges mit heißem Dampf erfüllten. Ngatoro aber warf den Leichnam seiner Sklavin in den kurz zuvor entstandenen Krater, der seitdem ihr zu Ehren Ngauruhoe heißt.

Die Spuren aber, die die Feuerdämonen aus dem fernen Hawaiki auf der Suche nach dem Priester hinterlassen haben, sind noch heute unübersehbar: Jener etwa 250 Kilometer lange und 35 Kilometer breite Gürtel vom **Tongariro**

National Park im Süden bis zur stets ›rauchenden‹ Vulkaninsel im Norden vor der Küste der Bay of Plenty, die von Cook wegen ihrer weißen Dampfwolke ›White Island‹ genannt wurde, gehört als ›Volcanic Zone‹ oder als ›Volcanic Plateau‹ zu den sehenswertesten Landschaften Neuseelands.

Tatsächlich ist dieses Gebiet durch eine rege vulkanische Tätigkeit geprägt, die die Maori-Mythologie mit der Legende von Ngatoro und seiner Sklavin erklärt. Sie wurde hier in einer von mehreren überlieferten Versionen erzählt. Schauplatz des dramatischen Geschehens, das die unbezähmbaren, für den Menschen rational nicht faßbaren, gigantischen Naturkräfte im Inneren der Erde veranschaulicht, war das Gebiet des heutigen Tongariro National Park, des ersten, 1894 geschaffenen und seitdem mehrfach erweiterten Nationalparks des Landes. Der Häuptling Te Heuheu Tokino hatte einige Jahre zuvor die Gipfel der feuerspeienden, für die Maori heiligen Berge dem Staat geschenkt, der damit die Verantwortung für ihren Schutz übernahm. Der so ins Leben gerufene zweite Nationalpark der Welt kann ebenso wie sein einziger Vorgänger, der Yellowstone Park in den USA, als Ausdruck der Ehrfurcht vor den machtvollen Erscheinungen vulkanischer Aktivitäten gedeutet werden.

Drei Vulkanberge von unterschiedlicher Form geben der Landschaft ihr unverwechselbares Gepräge: Im Norden der zerklüftete, aus mehreren Kratern bestehende *Mount Tongariro* (1968 m), dessen Spitze gleichsam abgesprengt scheint und durch ein vergleichsweise ebenes Gipfelplateau ersetzt wird, dann der kegelförmige, 2290 Meter hohe *Mount Ngauruhoe,* von dem fast immer eine weiße Rauchwolke in den Himmel steigt, und schließlich der majestätische *Mount Ruapehu,* mit 2797 Metern der höchste Berg der Nordinsel, dessen Spitze von ewigem Schnee bedeckt ist. Zusammen verbinden sich die drei zu einem eindrucksvollen Gebirgsmassiv, das sich je nach dem Standort des Betrachters immer neu und zum Teil überraschend präsentiert.

Vulkanische Aktivität läßt vor allem der Ngauruhoe mit seiner charakteristischen Rauchfahne erkennen, deren Intensität rasch, bis hin zu heftigen Gas- und Ascheeruptionen, wechseln kann – die letzte wurde im Jahre 1975 verzeichnet. Ebenso zeugt der aus einigen Fumarolen aufsteigende Dampf der Ketehahi Springs am Nordhang des Tongariro von vulkanischem Leben. Die Ruhe, die vom Ruapehu auszugehen scheint, ist indes trügerisch. Der in Eis und Schnee eingebettete Kratersee des Vulkanriesen wird von Schwefeldämpfen erwärmt und friert selbst im Winter, wenn die Abhänge des Mount Ruapehu zum bedeutendsten Skigelände der Nordinsel werden, nicht zu. Wie unberechenbar der Vulkan sein kann, machte am Heiligen Abend des Jahres 1953 die schlimmste Eisenbahnkatastrophe deutlich, die jemals über Neuseeland hereingebrochen ist. Durch verstärkte vulkanische Tätigkeit mit Dampferuptionen und Ascheregen floß der Kratersee des Mount Ruapehu aus. Innerhalb einer Viertelstunde senkte er sich um sechs Meter, und der ausgetretene Lava-Schlamm-Strom riß eine sechzig Meter lange Eisenbahnbrücke über dem Whangaehu River auf der Ostseite des Berges weg. Minuten später stürzte ein vollbesetzter Zug in die Tiefe. 151 Menschen kamen bei diesem Unglück ums Leben.

Die Erinnerung an dieses furchtbare Ereignis schärft das Bewußtsein dafür, daß Zerstörung und Gefahr die Kehrseiten der landschaftlichen Großartigkeit und Attraktivität eines Gebietes sind, das noch immer fest im Griff gewaltiger Mächte ist, die dieses Vulkanische Plateau überhaupt erst geschaffen haben. Die Nordinsel Neuseelands ist Teil des unruhigen pazifischen Feuerkreises – der zirkumpazifischen Zone –, in der vulkanische Aktivitäten und Erdbeben durch geotektonische Vorgänge verursacht werden. Der plattentektonischen Theorie zufolge liegt die Grenze zwischen zwei Erdplatten östlich der neuseeländischen Nordinsel. Dort schiebt sich die pazifische Platte allmählich unter die indisch-australische. Das Ergebnis sind seismische Erschütterungen und die Freisetzung von

Energien, die Teile der aufgerissenen Plattenkruste zum Schmelzen bringen. Das Magma sucht sich durch Spalten und Risse einen Weg nach oben und bildet auf der Erdoberfläche Vulkane.

Die symmetrische Gestalt des immer noch wachsenden Mount Ngauruhoe ist ein anschauliches Beispiel für die Entstehung der drei vulkanischen Riesen des Tongariro National Park. Er ist der jüngste von ihnen, nicht mehr als etwa 2500 Jahre alt, und zugleich der aktivste, Ergebnis einer Reihe kleinerer Ausbrüche, deren Spuren in Gestalt von Lavaströmen deutlich erkennbar sind. Die dunkleren sind die jüngsten Ströme aus dem Jahre 1954. Man vermutet, daß auch der Mount Tongariro einst die gleiche konische Form wie sein südlicher Nachbar hatte und infolge einer heftigen Eruption seine Spitze verlor. Erheblich ›betagter‹ ist das breite, aus mehreren Gipfeln bestehende Massiv des Mount Ruapehu, das von zahllosen, bis zu einer Million Jahre alten Lavaströmen aufgebaut worden ist.

Gleichwohl muß der Vulkanismus des Tongariro National Park, in erdgeschichtlichen Kategorien gemessen, mit etwa zwei Millionen Jahren als ausgesprochen jung gelten. Das gilt für das gesamte Volcanic Plateau, das durch mehrere gewaltige Ascheregen aufgeschüttet worden ist. Der letzte Ascheregen, in dem sich, ausgehend von dem vulkanischen Gebiet des heutigen Lake Taupo, Bimssteinmassen über eine Fläche von mehr als 15000 Quadratkilometer im Gebiet um Taupo-Rotorua ergossen haben, liegt erst 1800 Jahre zurück. Die Taupo-Eruption schleuderte eine Aschenmenge von schätzungsweise 110 Kubikkilometern empor. Wie gewaltig dieses Volumen ist, zeigt ein Vergleich mit dem Ausbruch des Vulkans St. Helens im nordamerikanischen Bundesstaat Washington im Mai 1980: Dort verdunkelte ein Ausstoß von ›nur‹ drei Kubikkilometern tagelang den Himmel.

Zwischen Urwald und Halbwüste –
Die Vegetationsvielfalt des Parks

Diese (vorerst) letzte Eruption veränderte auch die Vegetation des Nationalparks ganz erheblich. Auf weite Strecken wurden am Nord- und Westabhang des Tongariro-Massivs bis zum Mount Ruapehu Wälder begraben. An ihre Stelle traten braune Tussock-Flächen, die von niedrigem Buschwerk und dem seit der Einführung im 19. Jahrhundert üppig wuchernden Heidekraut durchsetzt sind. Nur eine verhältnismäßig kleine Insel dichten Totara-Waldes am Nordrand des Parks hat den Ausbruch überlebt. Weiter im Süden hat sich der für die unteren Höhen charakteristische Regenwald erhalten. Ein nahezu ununterbrochener grüner Gürtel von einheimischem Mischwald säumt die West- und Südhänge des Mount Ruapehu. Südbuchen (Nothofagi) dominieren in dieser zum Teil noch unberührten Wildnis; daneben recken sich verschiedene Arten von bis zu dreißig Meter hohen Steineiben empor. Unter ihrem Schutz gedeiht eine Vielzahl schattensuchender Pflanzen – insgesamt ein immergrünes, von klaren Gebirgsbächen durchzogenes Naturreservat, das in reizvollem Kontrast zu den Tussock-Flächen, der alpinen Flora mit ihren geduckten Pflanzen und Moospolstern inmitten karger, oft kahler Felsen in den Höhenlagen des Parks und den Feldern ewigen Schnees auf den Gipfeln der feuerspeienden Berge steht.

Eine auf den ersten Blick überraschende Fortsetzung findet die abwechslungsreiche Pflanzenwelt der Parklandschaft auf der Ostseite der Berge. Da auch hier überwiegend Westwinde herrschen – wie das Wetter in ganz Neuseeland meist von der Tasman-See her bestimmt wird –, liegen die Ostabhänge der mächtigen Berge im Regenschatten. Der im Vergleich zur Westseite erheblich geringere Niederschlag spiegelt sich in einer kargen, von bräunlich-verbranntem Gras geprägten Vegetation wider. Starke Winde trocknen zudem den Boden nach Regenfällen rasch wieder aus, und die Wühlarbeit zahlloser Kaninchen hat in der Vergangenheit ein übriges getan, um hier ein semiarides, unfruchtbares Gebiet entstehen zu lassen, das im Osten des Mount Ruapehu als Rangipo-›Wüste‹ bezeichnet wird. Trotz der unwirtlichen Umgebung ist das eine Übertreibung, die niemanden davon abhalten sollte, die ›Desert Road‹, wie der Highway 1 auf der Ostseite des Tongariro-Nationalparks genannt wird, zu befahren. Immerhin liegt die jährliche Niederschlagsmenge hier noch bei tausend Millimetern, und die zahlreichen Gebirgsbäche und Flüsse, über die die Straße – mitunter in steilen Kehren bis zu einer tiefgelegenen Brücke – führt, tragen dazu bei, die etwas furchterregenden Namen angemessen zu relativieren.

Auch die Desert Road bietet herrliche Ausblicke auf die drei Vulkane auf der Westseite. Im Osten erheben sich in einiger Entfernung die größtenteils bewaldeten Kaimanawa Mountains. Eine gute Möglichkeit, die verschiedenen Panoramen der vulkanischen Bergwelt des Tongariro-Nationalparks mit ihrer von Zeit zu Zeit wechselnden Vegetation vom Auto aus kennenzulernen, stellt die etwa 180 Kilometer lange Rundfahrt um den Park dar. Sie ist zwar zeitaufwendig, entschädigt aber durch die Vielfalt der Perspektiven, die nicht zuletzt die unterschiedlichen Tageszeiten eröffnen.

Besucher, die den Park intensiver erkunden wollen, können unter zahlreichen Spazier- und Wanderwegen sowie ausgedehnten, mehrtägigen Touren wählen, deren längste der ›Around-the-Mountain-Track‹ ist. Eine Reihe kürzerer Wege geht vom Visitors' Centre bei Chateau Tongariro aus, einem 1929 in, verglichen mit der fast menschenleeren Umgebung, repräsentativem Stil erbauten Skihotel, das als architektonisches Wahrzeichen des Nationalparks vor großartiger landschaftlicher Kulisse gelten kann. Inzwischen sind ein paar weitere Unterkünfte, darunter ein Motorcamp, hinzugekommen, und ein großes Stück oberhalb des Chateau ist mit Iwikau Village ein kleiner Wintersportort entstanden. Ihm entspricht auf der Ostseite des Mount Ruapehu Tukino Village. Insgesamt aber verhält sich die Parkverwaltung aus Naturschutzgründen gegenüber allen Neubauten sehr restriktiv.

Außerhalb der Parkgrenzen bieten vor allem National Park und Ohakune, das sich Wintersportlern als ›Gateway to Mount Ruapehu‹ empfiehlt, begrenzte Unterkunftsmöglichkeiten. Gipfelstürmern stehen Hütten auf den Höhen des Mount Ruapehu und des Mount Tongariro zur Verfügung. Mit dem farblich abwechslungsreichsten Schauspiel lockt der Mount Tongariro. Weiß aufschießende Dampffontänen im Gebiet der *Hot Springs,* ein großer blauer und kleinere smaragdgrüne Kraterseen sowie ein weiterer Krater, dessen Wände aus roter Schlacke sind, ergeben eine intensive Farbpalette, wie sie eines Berges würdig ist, der der einzigartigen kontrastreichen Vulkanlandschaft aus Feuer und Eis, Regenwald und Halbwüste seinen Namen gegeben hat.

Lake Taupo – Größter See des Landes und Anglerparadies

Im geographischen Zentrum der Nordinsel liegt **Lake Taupo,** mit über 600 Quadratkilometern Fläche der größte neuseeländische See. Größe und besondere Schönheit fallen oft nicht zusammen. Der Taupo-See mag manchem Betrachter als Beispiel dafür dienen. Vielleicht ist es gerade die riesige, von nur einer einzigen Insel durchbrochene blaue Fläche des ungefähr herzförmigen, sich nach Süden verengenden Sees, die ihn im Vergleich mit den Seen um Rotorua oder auch seinem südlichen Nachbarn, dem Lake Rotoaira, weniger anmutig erscheinen läßt. Gleichwohl ist er seit einigen Jahrzehnten ein beliebtes Feriengebiet, und das sicher, weil er eine Vielzahl von ›Outdoor activities‹ ermöglicht, die sich bei den Neuseeländern größter Beliebtheit erfreuen: Sandige Buchten auf der Ostseite – das Nordufer ist felsiger, rauher und allgemein unzugänglicher – laden im Sommer zum Baden ein. An schönen Tagen erhält der See durch die Segelboote zahlreiche Farbtupfer. Wasserski- und Jetboat-Fahren sind weitere gern genutzte Freizeitmöglichkeiten. Wer freilich die Buchten verläßt und auf den offenen See hinausfährt, hat sich zuvor den Wetterbericht besorgt. Bei starkem Wind kann sich der See in kurzer

Zeit in ein gefährlich brodelndes Binnenmeer mit schäumenden Wellen verwandeln, weshalb schon den Maori in voreuropäischer Zeit eine direkte Überquerung des Lake Taupo wenig ratsam erschien.

Berühmt wurde der Taupo-See wegen einer anderen touristischen Attraktion, deren Erwähnung die Herzen der Angler höher schlagen läßt. Kein Wunder: Mit seinem schier unerschöpflichen Reichtum an Regenbogen- und Braunforellen ist er ein wahres Anglerdorado, das auch ausländische Petrijünger magisch anzieht. Vor allem Amerikaner nehmen Anreisen von zwölf oder fünfzehn Flugstunden in Kauf, ›nur‹ um in Taupo oder anderen, nicht minder ergiebigen neuseeländischen Fanggründen ein paar Wochen lang ihrem Hobby zu frönen.

Tatsächlich markiert die Einführung amerikanischer und europäischer Forellenarten in Neuseeland den Beginn einer ungewöhnlichen Erfolgsgeschichte. Erstmals im Jahre 1868 in neuseeländischen Gewässern ausgesetzt, gediehen die aus Tasmanien eingeführten braunen Forellen prächtig. Fünfzehn Jahre später kamen kalifornische Regenbogenforellen hinzu. Ihre Entwicklung war nicht minder ermutigend. Da Lake Taupo damals noch zu den wenig erschlossenen Gebieten des Landes gehörte, wurden die ersten Forellen hier erst ein paar Jahre später ausgesetzt. In dem kristallklaren, sauberen und nicht zu warmen Wasser des Sees und der ihn speisenden Bäche und Flüsse wuchs die Zahl der Forellen schnell. Auch die Qualität der Fische ließ nichts zu wünschen übrig. Zu Beginn unseres Jahrhunderts konnte man mit einigem Anglerglück bis zu zehn Kilogramm schwere Forellen fangen. Damit war hier wie in anderen neuseeländischen Gewässern eine Fischart heimisch geworden, mit deren Größe und Gewicht die kleinen einheimischen Süßwasserfische auch nicht annähernd konkurrieren konnten.

Heute sind die ganz großen Fänge erheblich seltener geworden. Forellen von fünf bis sieben Kilogramm, wie sie in Touristenbroschüren noch gern abgebildet werden, sind eine ausgesprochene Rarität. Das durchschnittliche Gewicht der Forellen aus dem Taupo-See liegt aber immerhin bei respektablen anderthalb bis zwei Kilo. Obwohl das Angeln an Popularität gewonnen hat, erlauben die reichen Forellenbestände von Lake Taupo und Lake Rotorua ein ganzjähriges Angeln ohne die sonst im Lande übliche Winterschonfrist zwischen Mai und September. Mit einer wohlüberlegten Maßnahme werden Forellen allerdings vor einer bedrohlichen Dezimierung wirkungsvoll geschützt: Die kommerzielle Nutzung ist strikt untersagt, Kauf und Verkauf von Forellen sind verboten, so daß man sie vergeblich auf den Speisekarten neuseeländischer Restaurants oder in den wohlgefüllten Auslagen der Fischgeschäfte sucht. Die Zubereitung mag hier und da ein gefälliger Küchenchef übernehmen, angeln dagegen muß man die prächtigen Raubfische schon selbst.

Daß das Gebiet um Taupo inmitten der vulkanischen Zone liegt, wird nicht sofort deutlich. Der weite Blick vom Nordufer beim Städtchen Taupo über den See erinnert am ehesten daran: Dort ragen im Hintergrund majestätisch die schneebedeckten Gipfel der Tongariro-Vulkane auf, und weiter links begegnen die Berge der Kaimanawa Range dem Auge – das schönste landschaftliche Panorama, das sich dem Besucher des Sees bietet. Es läßt sich nur noch durch eine Besteigung des Mount Tauhara, eines östlich der Stadt gelegenen erloschenen Vulkans, vervollkommnen. In Wirklichkeit ist der Taupo-See viel enger mit dem Vulkanismus verbunden, als es zunächst den Anschein hat. Ebenso wie der Lake Rotorua war er ursprünglich eine Caldera, die durch den Einsturz eines entleerten Vulkanherdes entstanden ist. In diesen Einsturztrichter haben sich die von den Bergen ringsum herunterströmenden Wassermassen aus Bächen und Flüssen ergossen und ihn allmählich zu einem riesigen Süßwasserreservoir von rund 40 Kilometern Länge, bis zu 30 Kilometern Breite und einer Tiefe von maximal 159 Metern aufgefüllt.

Mehr als drei Dutzend Zuflüsse speisen den See. Der bedeutendste von ihnen ist der auf den Höhen des Mount Ruapehu entspringende Tongariro River, der ebenfalls durch seinen Forellenreichtum berühmt ist. Er mündet bei Turangi auf der Südseite in den See, um ihn dann am nördlichen Gegenufer als Waikato River zu verlassen. Nicht weit von Turangi ist am Tongariro River eine große Anlage zur Zucht von Regenbogenforellen entstanden, die Jungfische in viele Länder der Welt exportiert. Wirtschaftlich ungleich bedeutender für die Region ist aber das großangelegte Wasserkraftwerk, dessen Zentrale **Turangi** wurde – bis Mitte der sechziger Jahre ein kleines, nur Anglern bekanntes Nest, heute durch den *Tongariro Hydro-Electric Power Scheme* eine künstliche Stadt mit mehreren tausend Einwohnern. Obwohl einige der im Tongariro-Nationalpark entspringenden Flüsse in dieses technische Projekt einbezogen wurden, hat man sich bemüht, das Landschaftsbild möglichst wenig zu belasten. Sieht man von den auffälligen Überlandleitungen ab, die ein großes Stück parallel zur Desert Road verlaufen, ist das auch ganz gut gelungen.

Vom Kraftwerk zum Schwimmbad – Die Nutzung geothermischer Energie

Ein Kraftwerk ganz anderer Art liegt wenige Kilometer nördlich von Taupo. Eine große Zahl mächtiger, laut zischender Dampffontänen steigt aus dem **Wairakei-Tal** kraftvoll empor. An schönen, kühlen Tagen erkennt man nur kleine Flecken blauen Himmels. Der Rest ist durch dicke, weiße Wolken verhüllt, zu denen sich die dampfenden Säulen in einiger Höhe, wo ihre eigene Auftriebskraft nachläßt, vereinigen. Von Ferne wirkt das Tal wie eine der vielen natürlichen Thermalzonen dieser Region. Beim Anblick des Labyrinths langer, silbern schimmernder Röhren, aus denen an vielen Stellen der Dampf austritt, wird jedoch deutlich, daß sich der Mensch hier die gewaltigen Naturkräfte vulkanischen Ursprungs nutzbar gemacht hat. *Wairakei Geothermal Power Station* ist das zweite geothermische Kraftwerk der Welt. 1958 fertiggestellt, hat es eine Kapazität von 192 Megawatt, die durch Umwandlung der natürlichen Wasserdampf-Energie in Elektrizität erreicht wird. Dazu wurden rund hundert Bohrungen in Tiefen zwischen 600 und 1200 Metern niedergebracht, wo der in diesem jungen vulkanischen Gebiet noch heiße Fels das Grundwasser erhitzt. Der unter großem Druck stehende Dampf hat eine Temperatur von etwa 250 Grad. Vom Wasser getrennt, schießt er mit ohrenbetäubendem Lärm in den Bohrlöchern nach oben. Die charakteristischen Zwillingstürme aus Beton am Ausgang der Bohrlöcher sind unabdingbare Schalldämpfer, die freilich das Getöse, wie jeder Besucher von Wairakei mit eigenen Ohren vernehmen kann, nicht völlig absorbieren. In dicken Röhren wird der Dampf in die beiden Blöcke des Kraftwerks geleitet, wo er über Turbinen Generatoren antreibt. Zum Druck- und Temperaturausgleich läßt man einen Teil des Dampfes auf seinem Weg in das Kraftwerk entweichen – daher die vielen Dampffontänen über dem Wairakei-Tal.

Die preiswerte geothermische Energie wird darüber hinaus auch in kleinerem Maßstab genutzt, unter anderem von der großen Papierfabrik in Kawerau, zur Beheizung von Treibhäusern und als heißes Wasser zum Heizen von Häusern und privaten Schwimmbädern. In Rotorua und Taupo steigt die Zahl der Motels, die ihren Gästen gegen geringen Aufschlag einen ›Private spa pool‹ mitvermieten. Die unruhige, ›heiße‹ Erde macht's möglich. Der Ort **Taupo** besitzt auch einen recht ausgedehnten Komplex von Thermalbädern, die der Öffentlichkeit zugänglich sind. Die sogenannten A. C. Baths erinnern an die Gründung des europäischen Taupo, das seit dem Jahre 1869 einer bewaffneten Polizeitruppe in den Maori-Landkriegen als Stützpunkt diente. ›A. C.‹ ist die Abkürzung für ›Armed Constabulary‹. Die Angehörigen dieser paramilitärischen Einheit – eine reguläre Armee hat Neuseeland erst seit 1911 – empfanden offensichtlich das entspannende Bad im heißen Wasser der Thermalzone von Taupo als angenehmen Ausgleich für ihr gefährliches und in der Abgeschiedenheit des damals noch nicht erschlossenen Vulkanischen Plateaus wenig abwechslungsreiches Leben.

Nicht weit von Taupo liegt mit dem *Huka-Wasserfall* ein lohnendes Ziel: Dort zwängt sich der Waikato River durch einen nur fünfzehn Meter breiten Engpaß, um dann in Stufen als tosender Wasserfall 24 Meter herabzustürmen – ein vor allem wegen des Farbkontrasts zwischen der weiß schäumenden (nichts anderes bedeutet ›huka‹) Gischt und der intensiven grünblauen Färbung der herabdonnernden Wassermassen spektakulärer Anblick.

Rotorua – Zentrum des ›thermalen Wunderlandes‹

Die Feuerdämonen, die dem erfrierenden Priester Ngatoro im Tongariro-Gebirge zu Hilfe geeilt sind, scheinen kurz vor dem Ziel kurzatmig geworden und immer wieder zur Erdoberfläche aufgetaucht zu sein. Zwischen Taupo und Rotorua haben sie jedenfalls unübersehbare Spuren hinter-

lassen, die immer wieder beiderseits des Highway 5, der landschaftlich reizvollen Verbindung zwischen diesen beiden Ferienzentren, sichtbar werden.

Die meisten bedeutenden Thermalzonen liegen auf der insgesamt siebzig Kilometer langen Strecke in der Nähe von **Rotorua**, einige beinahe im Stadtgebiet. Bevor man die manchmal direkt am Straßenrand aufsteigenden kleinen Dampfsäulen sieht, hat man schon bemerkt, daß die Erde hier ›vulkanische Gerüche‹ von sich gibt: Ein Geruchsschleier von faulen Eiern liegt über der Stadt. Dabei handelt es sich um Schwefelwasserstoff, der als vulkanisches Gas freigesetzt wird und der Stadt den Spitznamen ›Sulphur City‹ (Schwefelstadt) eingetragen hat. Tatsächlich gewöhnt man sich schnell an dieses besondere Flair einer Stadt, die ihre unangefochtene Stellung als Fremdenverkehrszentrum der Nordinsel den vielen natürlichen Attraktionen und Schönheiten ihrer Umgebung verdankt. Wenn die lokale Rundfunkstation als ›Radio Geyserland‹ firmiert, dann liegt darin eine deutliche Anspielung auf das touristische Potential, das entscheidend zur Entwicklung der Stadt beigetragen hat.

Vor 150 Jahren lebten auf dem Boden der heute über 50 000 Einwohner zählenden Stadt nur ein paar hundert Maori. Auch sie hatten schon den Wert der heißen Quellen und Dämpfe erkannt, die an verschiedenen Stellen der Südseite des Lake Rotorua zutage traten. Ein Unterstamm der Arawa hatte sich im Dorf *Ohinemutu* unmittelbar am See niedergelassen. Die Bewohner nutzten die hier dem Boden entströmenden heißen Dämpfe und die kleinen Sprudel kochenden Wassers zum Baden, Waschen und Kochen. Selbst Dampfbäder, ›natürliche‹ Saunen, hatte man eingerichtet, und auch die Heilwirkung der Quellen bereits erkannt. Noch heute wohnen im Ohinemutu Village fast ausschließlich Maori, und noch immer werden die natürlichen Energiequellen auf ähnliche Weise genutzt wie im letzten Jahrhundert. Ein Blick auf einzelne Stellen aufgebrochenen Pflasters und rauchende Spalten mitten auf dem Platz zwischen dem Versammlungshaus und der Kirche des

Dorfes verrät freilich auch die zerstörerische Kraft der geothermischen Aktivitäten – eine Kehrseite, mit der man in Rotorua leidvolle Erfahrungen gemacht hat. Ein architektonisches Schmuckstück der Stadt ist die *St. Faith's Church* des Ohinemutu Maori Village. Direkt am Ufer des Lake Rotorua gelegen, bezieht sie ihren Reiz aus dem Kontrast eines in englischer Tudor-Tradition stehenden äußeren Erscheinungsbildes und dem im Maori-Stil mit Schnitzereien und Wandpaneelen gestalteten Innenraum, dessen Höhepunkt das auf den See hinausgehende Fenster ist: Es ist mit einer Christusgestalt geschmückt, die wie ein Maori-Häuptling gekleidet ist und auf dem Wasser zu schweben scheint.

Die Sehenswürdigkeiten des thermalen Wunderlandes lockten schon in der Frühzeit der europäischen Besiedlung Neuseelands viele Besucher nach Rotorua. Eines der ersten Hotels entstand im Ohinemutu Village, ein weiteres nahe den damals weltberühmten weißen und rosa Terrassen am heutigen Lake Rotomahana. Einen guten Einblick in den in der zweiten Hälfte des 19. Jahrhunderts aufstrebenden Tourismus in Rotorua geben die Bilddokumente im *City Museum*. Rotorua war auf dem Wege zu einem Kurort, in dem die heißen Quellen auch medizinisch genutzt werden sollten. Ausdruck dieser Entwicklung war der Bau eines repräsentativen Badehauses, das 1908 eröffnet wurde und wegen seiner vornehmen, pseudoklassischen Architektur den Namen *Tudor Towers* erhielt. In einer kleinen Parklandschaft mit ausgedehnten Rasenflächen, gepflegten Rosenbeeten, einem Teich mit Seerosen und einzelnen alten Bäumen gelegen, sind die Tudor Towers noch heute das elegante, an englische Vorbilder erinnernde architektonische Wahrzeichen von Rotorua.

Als Badeort im europäischen Sinne hat sich Rotorua freilich nie profilieren können. Standortnachteile, eine geringe Einwohnerschaft und wohl auch ein Mangel an einschlägigem Know-how in einer Kolonie, die sich vor ganz andere Probleme des infrastrukturellen Aufbaus gestellt sah, haben das verhindert. Niemand käme auf die Idee, mit

Rotorua auch nur im entferntesten das Attribut mondän zu verbinden. Aber gerade dieses Fehlen von übersteigerten touristischen Raffinements und eine gewisse Natürlichkeit machen den Charme von Rotorua aus. Es ist die lange Reihe kleiner und mittelgroßer Motels mit ihren nicht immer hübsch anzusehenden, aber nie so aggressiv-ge-schmacklos wie in vielen amerikanischen Städten wirken-den Neonreklamen entlang der *Fenton Street*, die diesem Fremdenverkehrsort einen Teil seines Charakters verleiht. Im Vergleich mit Queenstown, dem führenden Tourismus-zentrum der Südinsel, wirkt Rotorua wie ein Stück unver-fälschtes Neuseeland, wo hier und da noch Spuren einer ›Frontier‹-Mentalität zu finden sind. Nicht Eleganz und Gediegenheit eines internationalen Kurortes zeichnen Ro-torua aus, wohl aber eine sympathisch lockere, geschäftige Atmosphäre – und natürlich die Möglichkeit, ganz in der Nähe Natur gleichsam in optisch wie akustisch spektakulä-rer Weise zu ›erfahren‹.

Der Hölle ein Stück näher –
Geysire, heiße Quellen, kochende Seen

Ein Ort, an dem das nur wenige Minuten vom Stadtzen-trum entfernt möglich wird, ist die Thermalzone von **Wha-karewarewa** (auch kurz Whaka genannt). Die Bewohner des Maori-Dorfes nutzen auch heute noch die heißen Quel-len. Sie haben unter anderem Badebecken angelegt, und um die Mittagszeit kann man Frauen sehen, die Töpfe zu unterirdischen Kochstellen bringen, wo ein Rost über eine Dampfquelle gelegt ist und die Speisen auf ›natürliche‹ Weise garen. Etwas gespenstisch muten die Dampfsäulen an, die von Zeit zu Zeit auch zwischen den Gräbern des kleinen Friedhofes emporsteigen, doch gehört auch das zur Normalität eines Dorfes, das nun einmal auf heißem Boden liegt.

Heißer, zumindest warmer Boden in des Wortes tatsäch-licher Bedeutung: An manchen Stellen des Geländes ist die Erdwärme unmittelbar durch die Schuhe hindurch zu spüren, und in Whaka wie in anderen Thermalzonen um Rotorua braucht man sich nicht zu wundern, wenn hier und da selbst auf den Wegen kleine Wasser- oder Schlammblasen aufkochen. Kein Wunder bei einem aktiven Gebiet wie diesem: In Whakarewarewa hat man auf einer Fläche von einem Kilometer Länge und fünfhundert Metern Breite nicht weniger als fünfhundert heiße Quellen gezählt. Sie sind freilich von sehr unterschiedlicher Größe. Ihre breite Palette reicht von zischenden Erdspalten, aus denen Wasserdampf entströmt, über Tümpel mit kochendem klarem Wasser, kleine Sprudel, Schlammlöcher, auf deren breiiger Oberfläche ab und zu dicke Blasen mit dumpfem Knall zerplatzen und Stücke heißen Schlamms hochwerfen, bis hin zu den größeren Geysiren, die in unregelmäßigen Abständen hohe Fontänen kochenden Wassers in die Luft schleudern. Der explosivste von ihnen ist der *Pohutu Geysir*. Seine Eruptionen bringen es auf bis zu dreißig Meter, während die Ausbrüche des benachbarten *Prince of Wales Feathers Geysir* immerhin noch zwölf Meter Höhe erreichen. Beide Geysire sind unterirdisch miteinander verbunden. Ein Ausbruch des kleineren ist meist das Vorspiel für eine nachfolgende Eruption des Pohutu Geysirs. Die gemeinsamen ›Wasserspiele‹ sind ein großartiges, täglich mehrmals zu beobachtendes Schauspiel, das abhängig von den klimatischen Bedingungen, insbesondere den Windverhältnissen, minuten- oder stundenlang anhält. Besonders farbenprächtig ist der Anblick, wenn sich an Sonnentagen das Licht im hochschießenden Wasser bricht und leuchtende Regenbögen entstehen läßt und die wieder niederprasselnden Wassermassen mit ihren unterschiedlichen Farbtönen von Weiß bis Bräunlich über die Sinterterrassen abfließen. Für die ›Entwässerung‹ der Thermalzone sorgt der Puarenga Stream, der unweit von Whaka in den Lake Rotorua mündet und mit seinem milchig-trüben Wasser die südliche Bucht des Sees hell einfärbt.

Bei aller Prominenz der kraftvoll aufschießenden Geysire sollte man Whakarewarewa als ein Ensemble von Ther-

malerscheinungen genießen, das fast alle Sinne anspricht.
Natürlich riecht es stark nach Schwefel. An den Rändern
mancher erloschen scheinender ›Mini‹-Geysire haben sich
Krusten gelber Schwefelkristalle abgesetzt, anderswo
schimmern rote und gelbe Sinterablagerungen auf brüchig
wirkendem Fels, und Schlammvulkane haben kleine,
dunkle Burgen aufgeworfen. Braun-grauer Tonbrei kocht
in Schlammpfuhlen unablässig auf, während gleich daneben ganz klar eine Quelle kochenden Wassers sprudelt.
Über dem ganzen Gelände steigen hohe Dampffahnen aus
dem niedrigen Grün des Buschwerks auf – ein weithin
sichtbares Zeichen, daß Whaka der Hölle ein Stück näher
ist als die meisten Plätze der Erde.

Daß vulkanische Erscheinungen wie die Thermalquell-
gebiete um Rotorua so gern mit Hölle, Teufelswerk und
Hexerei assoziiert werden, geht nicht nur auf den intensiven Schwefelgeruch zurück, sondern mehr noch auf die
ehrfurchtgebietende ›Begleitmusik‹: Da zischt und braust
es, da wallen mächtige Wassersprudel auf, da röhrt es
unheimlich aus Erdspalten, da murmeln unsichtbare Kräfte
nur Zentimeter unter der Oberfläche, da spucken schlam-
mige Tümpel grauen Brei aus, da blubbern kochende
Quellbecken aus vielen Sprudeln, da knallt es dumpf vom
Zerplatzen zähflüssiger Schlammblasen, da dröhnen die
›explodierenden‹ Wassersäulen der Geysire inmitten eines
dichten, bedrohlich grollenden Dampfgewitters. All das
verbindet sich zu der ebenso abwechslungsreichen wie ein-
schüchternden Symphonie eines unsichtbaren infernali-
schen Urhebers, zur immer wieder variierten, aber nie auch
nur für einen Augenblick unterbrochenen Musik aus der
unheimlichen Werkstatt unterirdischer Kräfte.

Geradezu programmatischen Ausdruck hat dieses ›höl-
lische‹ Szenario im Namen eines anderen Thermalgebietes
gefunden: **Hell's Gate** (Höllentor) liegt einige Kilometer
von Rotorua entfernt auf der Ostseite des Sees. Am Eingang wird der Besucher durch eine laut zischende Dampf-
fontäne auf das teuflische Spektakel eingestimmt. Kochende Krater-›Seen‹, größerflächig als in Whakarewa-

rewa, sind die Spezialität von Hell's Gate, das seinen
Namen einem mächtig aufbrodelnden Sprudel verdankt.
Weiteres Teufelswerk bieten *The Inferno* (die Hölle),
Devil's Bath, ein sechs Meter tiefes und bei einer Temperatur von 95 Grad nicht gerade einladendes Teufels-›Bad‹,
Devil's Throat (Teufelskehle), ein beängstigend aktiv auf-
kochender Heißwasserteich, sowie *Devil's Cauldron* (Teu-
felskessel), in dem braun-grauer Schlamm in einem großen
Strudel und zahllosen kleinen Blasen heftig aufwallt. Unter
den anderen Thermalerscheinungen des Gebietes gebührt
einem kleinen Wasserfall besondere Aufmerksamkeit. Von
heißen Quellen gespeist, bringt er das Wasser der Kakahi
Falls auf eine Temperatur von etwa 38 Grad – geradezu
eine menschliche Note inmitten all des heißen ›Teufels-
werks‹ von Hell's Gate.

Ein noch eindrucksvolleres Naturerlebnis als Hell's Gate
bietet ein Besuch im etwa zwanzig Kilometer südlich von
Rotorua gelegenen **Waimangu Thermal Valley**. Aus der
dichten Vegetation, die trotz der Nähe zur Stadt und der
gewaltigen Naturkräfte, die hier vor nicht allzu langer Zeit
das Landschaftsbild von Grund auf umgeformt haben,
romantisch unberührt wirkt, tauchen mitunter ganz überraschend vergleichsweise große Kraterseen auf. Der schönste und interessanteste von ihnen ist wohl *Ruamokos
Schlund*, der auch *Inferno Crater* genannt wird. Tatsächlich läßt der türkisblaue, dampfende, von steilen Felswänden flankierte See in seiner scheinbaren Ruhe an das trüge-
risch-friedliche Abwarten infernalischer Mächte denken,
die urplötzlich aktiv werden. So auch dieser ›Schlund‹,
dessen Wasserspiegel sich von Zeit zu Zeit um bis zu zehn
Meter senkt und dabei die glatt abfallenden, kalkigweißen
Kraterwände sichtbar werden läßt. Gespenstisch mutet
auch der große *Waimangu-Kessel* an, mit einer Größe von
knapp fünf Hektar ein richtiger kleiner See, eine dampfende Fläche, deren fünfzig Grad warmes Wasser fast unheimlich in der Sonne glitzert. Im Hintergrund erheben
sich düster die rot-bräunlichen ›Kathedralen-Felsen‹, aus
denen unablässig Dampfwolken emporsteigen.

Nicht weit entfernt von dem ›Frying Pan Lake‹, wie der ›kochende‹ See auch genannt wird, quillt aus einem eher unscheinbaren Loch ein wenig Dampf. In dieser Umgebung eigentlich nichts Ungewöhnliches, aber doch erwähnenswert: Hier schleuderte zu Beginn des zwanzigsten Jahrhunderts der nun erloschene Waimangu-Geysir gewaltige Wasserfontänen in den Himmel; bis zu fünfhundert Meter Höhe erreichten diese fast unvorstellbar riesigen Wassersäulen. Der Waimangu-Geysir war damit bis zum Jahre 1904 die größte Springquelle der Welt. Von dort führt der Weg am *Hot Water Creek,* der sich durch das üppige Grün des Tales windet und von zahlreichen heißen Quellen am Rande gleichsam auf Temperatur (zwischen 45 und 60 Grad) gehalten wird, und rauchenden Felswänden vorbei, die den Besucher vor allem an kühlen Tagen in angenehm warme Dämpfe einhüllen, zur *Warbrick-Terrasse,* einem in unterschiedlichen Farben schimmernden, von Algen und Mineralablagerungen geschaffenen Natur-Kunstwerk. Von hier aus geht es zum *Lake Rotomahana,* dessen dampfende Klippen den Abschluß des Thermalgebietes von Waimangu bilden.

Destruktion und Schöpferkraft –
Die Explosion des Mount Tarawera

Über dem See erhebt sich im Hintergrund das dunkelbraune Massiv des **Mount Tarawera.** Sein tafelartiges, von weitem trapezförmiges Aussehen läßt ihn auf den ersten Blick nicht als Vulkan erscheinen. In der Tat hielt man ihn im 19. Jahrhundert für ungefährlich, weil man überhaupt meinte, daß die vulkanischen Kräfte um Rotorua allmählich im Erlöschen begriffen seien. Der einzige, der bereits 1859 vor einer möglichen Explosion des ›dampferfüllten‹ Mount Tarawera gewarnt hatte, war der österreichische Forscher Ferdinand von Hochstetter. Am 10. Juni 1886 ging seine Prophezeiung auf tragische Weise in Erfüllung: Ohne Vorwarnung öffneten sich drei Krater auf dem Berg und spien unter ohrenbetäubendem Getöse, das noch in Auckland (angeblich sogar bis Christchurch) zu hören war, rund eine Million Kubikmeter Asche, Felsen und Schlamm aus. Über 150 Menschen kamen bei diesem Ausbruch ums Leben. In der Geschichte der europäischen Besiedlung Neuseelands war dies die heftigste Eruption eines Vulkans. Ein breiter Schlund durchzieht seitdem die Spitze des Mount Tarawera auf ihrer gesamten Länge von sechs Kilometern. Nur aus der Vogelperspektive erfaßt man das gewaltige Ausmaß der herausgesprengten Gesteinsmassen. Die Tiefe der braunen Lavaschluchten, in die sich das Grün einer geduckten Vegetation nur zögernd hineinfrißt, gewinnt erst in einem Vergleich anschauliche Plastizität: Ein auf der kleinen Piste am Kraterrand abgestelltes Sightseeing-Flugzeug wirkt inmitten dieser großartig-beklemmenden Vulkan-Einöde auf über 1100 Meter Höhe wie ein Spielzeug.

Der Tarawera-Ausbruch des Jahres 1886 hat das Thermalgebiet von Waimangu erst geschaffen. Ein Blick auf die Landkarte oder – ungleich eindrucksvoller – von einem der von Rotorua aus angebotenen Besichtigungsflüge läßt erkennen, wie sich die Bruchlinie des Berges nach Südwesten hin in unveränderter Richtung über den Lake Rotomahana und das Waimangu Thermal Valley fortsetzt. Der schöpferischen Kraft der Naturkatastrophe stehen nicht nur der Tod vieler Menschen und die Vernichtung einer Reihe von Maori-Dörfern gegenüber, sondern auch die Zerstörung der White and Pink Terraces. Die prachtvollen, breiten Sinterterrassen, die stufenweise sanft zum Lake Rotomahana hin abfielen und deren blendendes Weiß und zartes Rosa einen reizvollen Kontrast zu den hellblauen Wasserbecken bildeten, waren damals weltbekannt. Besucher waren sich darin einig, daß ihre Schönheit mit Worten nicht zu beschreiben sei, und Touristen aus aller Welt kamen nach Rotorua, um dieses einzigartige Werk der Natur zu bewundern.

Die Bootsfahrt, die täglich vom Ende des Waimangu-Tals über den Lake Rotomahana und den Lake Tarawera stattfindet, führt dicht an jenen Stellen vorbei, wo sich einst die berühmten Sinterterrassen befanden, von denen es heute keine Spur mehr gibt. Im Unterschied zu den Überresten von *Buried Village,* dem Endpunkt der Fahrt: In diesem Maori-›Pompeji‹ sind einige Gebäude des Dorfes Te Wairoa, darunter die Grundmauern eines Hotels, in dem europäische Besucher der Terrassen abzusteigen pflegten, wieder ausgegraben worden. Etwa 1,50 Meter dick war die Schicht von Asche und Fels, die sich bei der Explosion des Mount Tarawera über den kleinen Ort ergossen hatte. Panik und Entsetzen, aber auch Ehrfurcht und Staunen über das großartige Naturschauspiel prägen die lebhaften Schilderungen der Überlebenden. Eine informative Zusammenstellung solcher Berichte enthält ein Nachdruck des ›New Zealand Chronicle‹, den man im Visitors' Centre von Buried Village kaufen kann: In der friedlichen, von hübschen kleinen Seen aufgelockerten Waldlandschaft, zehn Kilometer Luftlinie vom Mount Tarawera entfernt, ist das eine für die Vorstellungskraft geradezu notwendige Erinnerung daran, daß man hier gleichsam auf dem Vulkan lebt.

Zu den Farbtafeln

7 Schafe im Pferch

8 Weideland mit Schafen bei Wanganui

9 Schafschur in einem Dorf bei Wanaka

Zu den größten Sinterterrassen Neuseelands zählen seit der Zerstörung der Pink and White Terraces jene im **Waiotapu-Tal,** das ebenfalls auf der Strecke zwischen Rotorua und Taupo liegt. Auf der über einen Hektar großen Fläche sind fast alle Farben des Spektrums vertreten. Das ›Waiotapu Thermal Wonderland‹ geizt auch sonst nicht mit natürlichen Attraktionen. Aus tiefen, weiten Kratern, deren Wände zum Teil mit gelben Schwefelablagerungen überzogen sind, steigt dumpfes Brodeln hoch, von warmen Dampfschwaden und intensiven Wolken teuflischer Gerüche begleitet. Ein eindrucksvolles Gegenstück zur stygisch-unheimlichen Atmosphäre mächtiger Krater und qualmender Erdspalten stellt der heiter anmutende *Champagne Pool* dar, dessen Oberfläche von Tausenden kleiner CO_2-Blasen pausenlos perlt – ein verspielter, mit sechzig Metern Durchmesser wahrhaft riesiger ›Sektkübel‹, der seinem Namen alle Ehre macht. Schließlich neben vielen anderen thermalen ›Wunder‹-Erscheinungen wie einer Phalanx großer, heftig spuckender Schlammvulkane am Rande der Zufahrtsstraße der ›Star‹ von Waiotapu: Mit einer Wassersäule von über zwanzig Metern gehört der *Lady Knox Geysir* zur Crème der neuseeländischen Springquellen. Doch ist er ein eigenwilliger, ja künstlicher Star, der gehätschelt und verwöhnt werden will: Mit seiner täglichen Vorstellung beginnt er erst, wenn zwei Kilogramm Seife seine Oberflächenspannung verringern und die Seifenblasen den aufsteigenden Dampf zu ähnlichen Aktivitäten animiert haben.

Vielleicht noch schöner und abwechslungsreicher als die Sinterterrassen von Waiotapu sind jene im näher bei Taupo gelegenen **Orakei-Korako-Tal.** *The Artist's Palette* (Künstlerpalette) hat man das braun, gelb, grün, rosa, weiß und lila schimmernde, durch Dutzende kleiner, kristallblauer Warmwasserbecken gegliederte Kunstwerk von Algen und Mineralien genannt. Wie ein vor klirrender Kälte erstarrter Wasserfall schließt sich die fünf Meter hohe und vierzig

Meter lange schneeweiße Wand der *Golden Fleece Terrace* an. Ganz in der Nähe erstreckt sich entlang der Verwerfungslinie eines Erdbebens aus dem zweiten Jahrhundert nach Chr. mit der *Rainbow Terrace* ein weiterer farbenprächtiger Höhepunkt dieses Thermalgebietes am Ufer des breiten Waikato River, das seinen Namen einer tiefen, am Eingang von hohen Farnbäumen beschatteten, den Maori heiligen Höhle verdankt.

Zwischen Schaf-Shows und Maori-Konzerten: Rotorua für Touristen

Die vielen Thermalgebiete in der näheren Umgebung haben die Stellung Rotoruas als führender Fremdenverkehrsort in Neuseeland begründet. Um diesen Kern haben sich andere touristische Attraktionen angesiedelt, von denen die meisten zum Glück nicht auf eine künstliche, vorwiegend oberflächliche Unterhaltung des Besuchers abzielen. Nicht, daß man die finanziellen Vorzüge eines möglichst breitgefächerten touristischen Sortiments nicht erkannt hätte. Wohl aber fügt sich eine Reihe dieser Angebote gut in den landschaftlichen Rahmen und die kulturelle und wirtschaftliche Entwicklung dieser Gegend ein.

So etwa die überlegt und – wie oft in Neuseeland – auch ein wenig lehrreich angelegten Parks, deren Herz jeweils eine Quelle bildet. Das dort aufsprudelnde Wasser wird in zahlreichen Becken gestaut, in denen sich prachtvolle Riesenforellen tummeln. Die bedeutendsten und sehenswertesten Anlagen dieser Art sind **Rainbow** und **Fairy Springs.**

Ein ›Muß‹ für jeden, der nach Rotorua kommt und Schafen zumindest nicht ablehnend gegenübersteht – was bei siebzig Millionen Schafen in ganz Neuseeland auch niemandem empfohlen sei! –, ist ein Besuch von **Agrodome.** Professionell und informativ findet hier mehrmals am Tage eine Show statt, die wohl einzigartig auf der Welt ist. Die Stars dieser Vorstellungen sind – Schafe. Je ein Vertreter der neunzehn in Neuseeland gezüchteten Rassen nimmt nach ›Aufruf‹ seinen Platz auf einem treppenförmigen Laufsteg ein und wird mit seinen wichtigsten Charakteristika und Vorzügen (Wolle oder Fleisch?) vorgestellt. Die Schur eines Schafes und der eindrucksvolle Auftritt eines gut trainierten ›Working dog‹ vor einer kleinen Schafherde beschließen die Show. Die Besucher haben vor und nach dem ›Bühnenauftritt‹ Gelegenheit, die Hauptdarsteller ganz aus der Nähe zu besichtigen und zu befühlen, was entgegen aller Erwartung in einem so typischen Schafland keineswegs selbstverständlich ist. Die neuseeländischen Schafe sind nämlich in der Regel erheblich weniger zutraulich als ihre mitteleuropäischen Vettern. Von Menschen – und Hunden! – erwarten sie offenbar nichts Gutes!

Die Idee zu Agrodome wurde vor einigen Jahren bei einer Ausstellung in Japan geboren, wo solche Vorstellungen ungemein erfolgreich waren. Es ist eine gut inszenierte Show, die man zu sehen bekommt – aber eine, die auch ein Stück Neuseeland näherbringt und damit in diesem Land ihre Existenzberechtigung hat. Und das nicht nur wegen der gewaltigen Zahl der Schafe und ihrer ökonomischen Bedeutung für Neuseeland, sondern auch weil sie einen Ausschnitt des ländlichen neuseeländischen ›Way of life‹ spiegelt. Der Auftrieb von Schafen zum Kauf und Verkauf ist auf dem Lande ein zentrales wirtschaftliches und gesellschaftliches Ereignis. Der ›Show Day‹ auf dem Gelände der ›A & P Society‹ (Agricultural and Pastoral Society, die ihre ›Messe‹-Weiden in vielen Orten in der übrigen Zeit als Campingplatz oder Motor Camp nutzen) ist oft verbunden mit Geschicklichkeitswettbewerben in allen möglichen ländlichen Disziplinen: von Rodeo-Veranstaltungen über Wettpflügen bis hin zu Wettbewerben in der Schafschur. Eine beliebte, an Wintersonntagen ausgestrahlte Fernsehsendung ist zudem ›A Dog's Show‹, ein landesweit ausgetragener Wettkampf von Schaffarmern und ihren besten Hunden im ›Kampf‹ mit widerwillig gehorchenden Schafen. Daß schließlich im Werbefernsehen intensiv für Wurmbekämpfungsmittel für Schafe und geländegängige Motorräder für die Hirten Werbung betrieben wird, ist ebenfalls ein unverwechselbares Kennzeichen eines ›Schaflandes‹, das so gesehen mit Agrodome einen nicht unerheblichen Teil seiner selbst darstellt.

Durch entsprechende Angebote ist Rotorua der Ort, in dem die meisten ausländischen Besucher Neuseelands mit der Maori-Kultur etwas näher in Berührung kommen. Nicht alles, was unter dieser Überschrift firmiert, ist indes als der unverfälschte Ausdruck dieser polynesischen Zivilisation anzusehen. Ein Besuch im *New Zealand Maori Arts and Craft Institute* von **Whakarewarewa** führt in die handwerklich-künstlerische Tradition der Maori ein. In dem

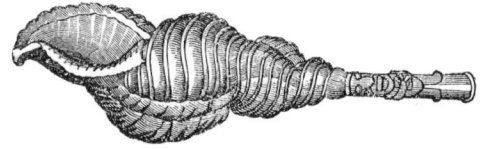

Trompete der Maori

erfolgreichen, von der Regierung geförderten Projekt erlernen junge Maori unter Anleitung erfahrener Meister die alte Maori-Kunst des Schnitzens. Man kann den Schülern und ihren Lehrern dabei ebenso zusehen wie jungen Maori-Frauen, die hier auf althergebrachte Weise im Weben traditioneller Maori-Kleidungsstücke und in der Herstellung verschiedener Gegenstände aus Flachsfasern unterrichtet werden. Nicht minder interessant ist ein Rundgang durch das nahegelegene *Rotowhio-Modell-Pa*. Am Rande des Thermalgebietes von Whaka ist ein palisadenbewehrtes, ›klassisches‹ Maori-Dorf nachgebaut worden, in dessen Mittelpunkt ein mit schönen, im ›Arts and Craft Institute‹ hergestellten Schnitzereien verziertes Versammlungshaus steht.

Hier wie anderswo in Rotorua werden Maori-Konzerte veranstaltet, die sich bei den Besuchern großer Beliebtheit erfreuen. Die melodischen, vielstimmigen Gesänge und die von kraftvollen Rhythmen diktierten Tänze der in traditio-

neller Maori-Kleidung auftretenden Gruppen vermitteln
einen Eindruck von polynesischer Musikalität, in der sich
Klänge nostalgischer Südseeromantik und ungezwungener,
elementarer Lebensfreude zu einem hörenswerten, wenngleich von kitschigen Elementen nicht ganz freien Ensemble vereinigen. Man mag diese Konzerte lieben, auch weil
ihre Musikalität in gewisser Weise schon einen Aspekt der
Maori-›Seele‹ reflektiert, doch sollte man sich nicht der
Illusion hingeben, daß sie ein echter Ausdruck ›klassischer‹
Maori-Kultur seien. Die meisten Melodien sind ebenso wie
die dominierende Gitarre europäischen Ursprungs, und
Folklore dieser Art sagt über die Maori-Kultur genauso
viel oder wenig aus wie etwa Schuhplattler und Lederhose
auf Heimatabenden über Kultur und ›Volks‹-Charakter
der Bayern.

Mit diesen geistigen Vorsichtsmaßnahmen kann ein stimmungsvoller Maori-Abend mit traditionellem ›Hangi‹-
Essen, das freilich nur noch selten in Erdöfen mit erhitzten
Steinen und von ihnen aufsteigendem Dampf zubereitet
wird, und anschließendem Folklore-Konzert durchaus anregend und unterhaltsam sein. Nur sollte das eben nicht in
dem Bewußtsein geschehen, daß man damit an einem
authentischen Erbe aus der voreuropäischen Epoche der
Maori-Kultur teilgenommen habe, auch wenn die Einla-
dungen zu solchen Abenden gern den Eindruck erwecken,
als sei Rotorua das Zentrum des ›Maoridom‹ – eine Aussage, die nur im Hinblick auf die tatsächliche Begegnung
fremder Besucher mit der Zivilisation der Maori zutrifft.

Von vielen Touristen vernachlässigt wird die herrliche,
weithin unverdorbene Landschaft um Rotorua. Von den
Höhen des Mount Ngongotaha, des ›Hausberges‹ im

Flötenartiges hölzernes Musikinstrument der Maori

Nordwesten der Stadt, breitet sich ein schönes Panorama aus: Inmitten dunkelgrün-saftiger Weiden, die sich über den breiten, hügligen Rand des vulkanischen Einsturzbeckens erstrecken, liegt der fischreiche *Lake Rotorua* mit dem lieblichen *Mokoia Island,* das den Hintergrund der Romanze zwischen der schönen Hinemoa und dem jungen Häuptling Tuturokai bildet, der Maori-Version von Romeo und Julia, allerdings mit glücklichem Ende. Der Lake Rotorua wirkt wie das landschaftliche Präludium zu einem weiten, von friedlichen Seen und dichtem Wald geprägten Hinterland, das sich im Osten bis zur Pazifikküste erstreckt – die würdige Peripherie des Vulkanischen Plateaus, das zu den faszinierendsten und abwechslungsreichsten Gegenden Neuseelands gehört.

Kauri-Holz und Gold –
Spuren einer bewegten Vergangenheit

Coromandel: Ein Schiff Seiner Majestät, das im Jahr 1820 als erstes in den Hafen einlief, gab dem Ort den Namen, den später die ganze Halbinsel tragen sollte. Die **Coromandel Peninsula** ist eine schöne und ruhige, je weiter man nach Norden kommt, sogar einsame Landschaft der Nordinsel, die durch den Firth of Thames vom gegenüberliegenden ›Festland‹ um Auckland getrennt ist. Beherrscht wird sie durch ihr unzugängliches, schroffes, ja mitunter bizarr anmutendes gebirgiges Rückgrat, die Coromandel Range, und weiter nördlich die Moehau Range. Zwischen sechshundert und achthundert Meter hoch ist dieser sperrige, bis in die Spitzen dicht bewaldete Felskamm, aus dessen gezackter Silhouette hier und da erloschene Vulkankegel herausragen. Die höchste Erhebung ist mit 892 Metern der Mount Moehau nahe der Nordspitze der Halbinsel, wie viele andere Gipfel ein den Maori heiliger Berg, weil dort der Legende nach der Anführer des Arawa-Kanus seine letzte Ruhestätte gefunden hat.

Die Ranges der Coromandel-Halbinsel wirken trotz ihrer eher mäßigen Höhe ein wenig düster und bedrohlich, weil sie vor allem auf der Westseite abrupt zum Meer hin abfallen. Nur wenige winzige Küstenebenen liegen dort zwischen dem Meer und den ersten steil aufragenden Hügelketten, die sich auf weite Strecken nicht einmal für eine Beweidung landwirtschaftlich nutzen lassen. Entsprechend

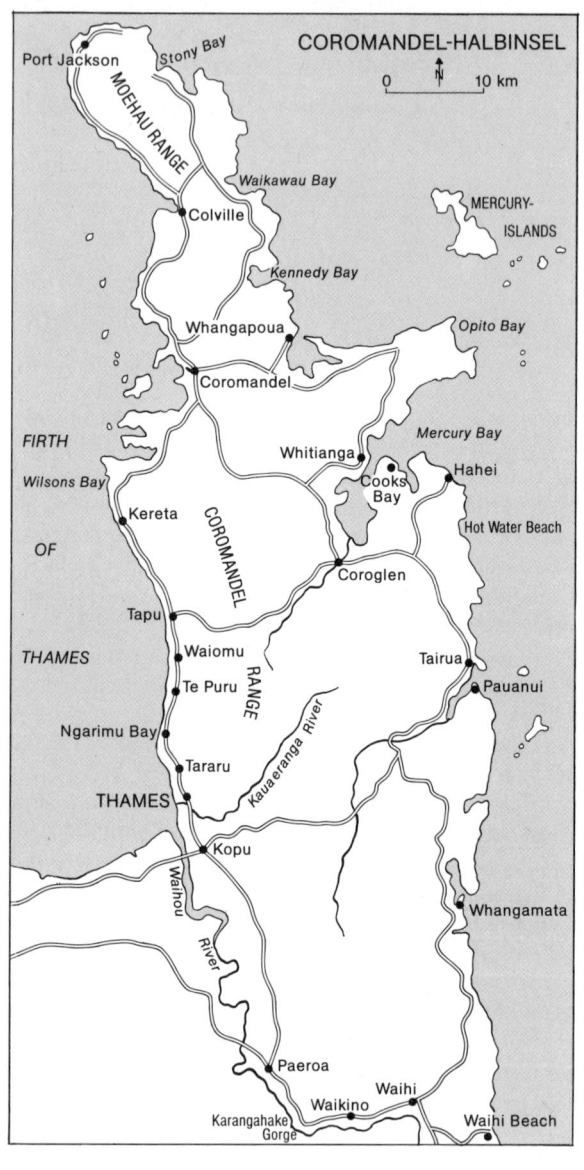

COROMANDEL-HALBINSEL

0   10 km

Port Jackson
Stony Bay
MOEHAU RANGE
Waikawau Bay
Colville
Kennedy Bay
Whangapoua
Coromandel
Opito Bay

MERCURY-
ISLANDS

FIRTH

Wilsons Bay

OF

THAMES

Whitianga
Mercury Bay
Cooks
Bay
Hahei
Hot Water Beach

Kereta

COROMANDEL

RANGE

Coroglen

Tapu
Waiomu
Te Puru
Tairua
Pauanui

Ngarimu Bay
Kauaeranga River

Tararu

THAMES

Kopu

Waihou

River

Whangamata

Paeroa
Waihi
Waikino
Waihi Beach
Karangahake
Gorge

rauh und unwirtlich erscheint dieser schmale, langgestreckte Gebirgsrücken; sein üppiges, ineinander verschlungenes Grün verleiht der Halbinsel ein wild-romantisches Gepräge.

›Unberührt‹ ist indes ein Adjektiv, das sich nur auf den ersten Blick mit der Landschaft der Coromandel Peninsula verbindet. Tatsächlich ist es der Natur in den letzten Jahrzehnten sehr gut gelungen, die Wunden vernarben zu lassen, die ihr die Menschen durch eine rücksichtslose Ausbeutung in der Pionierzeit geschlagen haben. Ähnlich wie in Northland, dessen klimatische Vorzüge die Halbinsel weitgehend teilt, fiel auch hier ein riesiger, jahrhundertealter Bestand an Kauri-Fichten den Äxten und Feuern der Holzfäller und ›Gum diggers‹ zum Opfer. Der Ursprung des Namens der Peninsula erinnert an diesen Raubbau: Die ›Coromandel‹ lief seinerzeit den nach ihr benannten Hafen an, um eine Ladung wertvollen Kauri-Holzes an Bord zu nehmen. Nur wo das Gelände zu schwierig war, sind kleine Bestände der Riesenfichte stehengeblieben. Das bedeutendste Reservat liegt im Gebiet nördlich von Kauaeranga, wo unter vierhundert erhaltenen, ausgewachsenen Kauri-Bäumen der 47 Meter hohe Gigant Tane Nui als fünfthöchster Baum des Landes hervorragt. Glücklicherweise gibt es mittlerweile Nachwuchs: Dank großer Aufforstungsanstrengungen im ausgedehnten *Coromandel State Forest* ist auf einer Fläche von 8000 Hektar junger Kauriwald entstanden, der sich freilich erst in ein paar Jahrhunderten zur Größe seiner Ahnen entwickeln wird.

Für weitere empfindliche Eingriffe in die Natur sorgte ein kurzlebiger, aber sehr intensiver Goldrausch. 1852 war das erste Goldnugget auf der Halbinsel gefunden worden, aber erst in den sechziger und siebziger Jahren setzte ein Goldfieber ein, das Tausende von Schürfern und Glücksrittern anlockte. **Thames,** die kleine an der Mündung des Waihou River (Cook nannte den Fluß Thames) gelegene Siedlung, avancierte binnen weniger Jahre zu einer hektischen, häßlichen Pionierstadt; die Berge ringsum waren von Minen übersät. Es war eine stürmische Zeit; sie ließ die Coromandel-Halbinsel zwei Jahrzehnte lang zu einem wichtigen Wirtschaftszentrum der jungen Kolonie werden, das sogar Auckland kurz an Bedeutung übertraf. Daß »Thames Auckland gerettet habe«, ist beinahe ein geflügeltes Wort in Neuseeland, hat aber einen historischen Hintergrund. Tatsächlich löste der vom Goldrausch bewirkte Aufschwung der zuvor ziemlich brachliegenden Wirtschaft ein Börsenhoch sowie eine Flut von Investitionstätigkeiten und Versorgungsaufträgen aus, die vor allem Auckland zugute kamen. Die Stadt gewann wieder an Attraktivität, und die Einwohnerzahl, die 1867 mit 12000 um ein Drittel niedriger gelegen hatte als in den beiden Boomstädten des ›Thames Goldfield‹, stieg deutlich an. Alte Photographien und Zeichnungen lassen Erinnerungen an diese wilden Jahre einer unorganisierten, ziemlich rücksichtslosen Expansion lebendig werden – ein krasser Gegensatz zu der friedlichen, kleinstädtisch-betulichen Atmosphäre, die Thames heute ausstrahlt.

Auch sonst stößt man nur noch gelegentlich auf die ›goldene‹ Vergangenheit der Peninsula; verrostetes Eisen und vermoderndes Holz, über das sich bereits ein dichter Vegetationsteppich gelegt hat, künden hier und da noch vom Standort eines verlassenen Bergwerks. Das letzte größere, aber auch schon im Verfall begriffene bauliche Wahrzeichen der regen Schürftätigkeit vergangener Jahrzehnte ist das Pumpenhaus der Martha-Mine in **Waihi** auf der Ostseite der Halbinsel. Im Jahre 1912 Schauplatz eines Bergarbeiterstreiks, der trotz oder eher wegen seines Scheiterns einen bedeutenden Markstein in der Arbeiterbewegung Neuseelands darstellt, weil er zu einem engeren Zusammenschluß wichtiger Gewerkschaften führte, wurde die Mine 1952 wegen mangelnder Rentabilität geschlossen. Drei Viertel der hier gewonnenen Edelmetalle entfielen im übrigen auf Silber.

Verträumte Buchten, lodernde Küsten,
einladende Strände – Die landschaftlichen Reize
der abgelegenen Coromandel-Halbinsel

Das heutige ›Gold‹ der Coromandel-Halbinsel ist ihre landschaftliche Schönheit, die von wilden, fast undurchdringlichen Wäldern im Inneren bis zu sonnenüberfluteten, geschützten Sandstränden und zerklüfteten Küsten reicht. Nur wenige Straßen und Pfade durchziehen das schroffe gebirgige Rückgrat; aus dem üppigen Grün der einheimischen Flora, die gelegentlich von Pflanzungen ›exotischer‹ Nadelhölzer unterbrochen wird, ragen vielfach *Nikau-Palmen* (Rhopalostylis sapida) heraus. Mit ihrem schlanken, hellen Stamm, der oberhalb eines hellgrünen Wulstes in die von breiten Palmwedeln gebildete Krone ausläuft, verleiht die Nikau-Palme den Wäldern im nördlichen Teil der neuseeländischen Nordinsel eine tropische Note. Keine andere Palmenart wächst in so südlichen Breiten wie die Rhopalostylis sapida. Die Maori benutzten die Wedel der Nikau-Palme zur Dacheindeckung ihrer Hütten. Eßbar ist nur das ›Herz‹ des Baumes, die Verdickung an der Spitze des Stammes. Bereits Cook und seine Mannschaft, aber auch die frühen europäischen Siedler kochten und aßen die Palmherzen. Sie schmecken ähnlich wie Sellerie, sind aber eine ungleich luxuriösere Mahlzeit: Sie erhielt den Spitznamen ›Millionärssalat‹, weil der Baum nach der Ernte des ›Herzens‹ eingeht.

Mit über 350 verschiedenen Pflanzenarten gehört die Coromandel Peninsula hinsichtlich ihrer Flora zu den vielseitigsten Landschaften Neuseelands. Eine ausgesprochene Seltenheit hält allerdings nur die Fauna bereit: Die abgeschiedene, rauhe Bergwelt der Halbinsel ist die Heimat einer äußerst seltenen Froschart. Die kleinen, hellbraunen *Neuseeland-Frösche,* deren Körpergröße unter vier Zentimeter liegt, leben vorzugsweise unter feuchten, moosüberzogenen Felsen oder Baumstümpfen. Sie unterscheiden sich von ihren Verwandten auf anderen Kontinenten durch zwei Besonderheiten, die schon fast ihre Zugehörigkeit zur

Froschfamilie in Frage stellen: Zum einen weisen sie kein
selbständiges Kaulquappenstadium auf, und zum anderen
können sie sich nicht durch das arttypische Quaken, sondern nur durch ein schrilles Quieken miteinander ›verstän-
digen‹.

Berge und Meer bestimmen die äußere Gestalt der Halbinsel; landschaftliche Zwischentöne fehlen fast ganz. Gerade das macht den Reiz dieser Region aus, die auf der
urtümlicher wirkenden Westseite von einer Küstenstraße
erschlossen wird, die zu den schönsten Strecken des Landes
gehört. Ausgangspunkt ist das am Fuße der Coromandel
Range gelegene Thames, die betriebsame – und doch im
Vergleich zu den Goldgräberzeiten so angenehm ruhige –
›Hauptstadt‹ der Coromandel Peninsula. Von dort führt
die Straße, selten hoch über der Küste, meist fast auf Mee-
resniveau, zwischen der blauen Fläche des Firth of Thames,
der sich dann zum Hauraki Gulf weitet, und den steil
aufragenden Bergen nach Norden, ab und zu an schmalen
Sandstränden und kleinen, vorwiegend von Touristen und
Pensionären bewohnten Orten vorbei, die nur aus wenigen
Häusern bestehen, weil die engen Buchten keine ausgedehnte Besiedlung zulassen. Oft verengt sich die Straße,
um hinter einer scharfen Kurve den Blick auf die nächste
friedlich-verträumte Bucht freizugeben, oder in den Schatten weit überhängender Pohutukawa-Bäume einzutauchen, die sich mit ihrem knorrigen Wurzelwerk hartnäckig
in Felsabhänge und Klippen hineingebohrt haben.

Der *Pohutukawa-Baum* (Metrosideros excelsa) zählt zu
den eindrucksvollsten Bäumen der neuseeländischen Pflanzenwelt. Zäh und anspruchslos, findet er selbst in felsigem
Gelände Halt und erträgt die Salzwasser-›Duschen‹, die
er als Küstenbewohner bei hohem Wellengang über sich
ergehen lassen muß, mit großer Gelassenheit. Sein natürliches Verbreitungsgebiet ist die nördliche Hälfte der
Nordinsel; in geschützten, milden Lagen wächst er aber
auch als Zierbaum in Gärten und Parks auf der Südinsel.
Charakteristisch neben seinen starken, zum Teil freiliegen-
den Wurzeln ist das intensive Dunkelgrün der Oberseite

seiner dicken, harten Blätter, die auf der Unterseite silbrig weiß glänzen. Der besondere Reiz liegt in seinen wunderschönen scharlachroten Blüten, die um die Weihnachtszeit aufbrechen. Sie verwandeln die Küsten der Coromandel-Halbinsel und des East Cape auf weite Strecken in eine Bilderbuchlandschaft mit einem bezaubernden Naturschauspiel der Farben: Das Blau von Himmel und Meer mischt sich mit dem Weiß und Gelb der Sandstrände, dem Rot der Blüten und dem Grün des Blattwerks. Die Maori sahen in der roten Blütenpracht des Pohutukawa das Blut ihres ruhmreichen Helden Tawhaki, dem es als einzigem Menschen erlaubt war, zum Himmel emporzusteigen. Von dort stürzte er aber zu Tode und tränkte mit seinem Blut die Erde. Die ersten Europäer nutzten die herrlich blühenden Zweige des Baumes als Weihnachtsschmuck für ihre Häuser; so hat sich die Bezeichnung *Christmas Tree* verbreitet.

Hinter *Wilson's Bay* klettert die Straße einen Hügel hinauf, von dem herab sich prächtige Panoramen bieten: Zur Linken erscheint schemenhaft die Ostküste von Auckland, während der Blick nach vorn auf die hier weit in das Land einschneidenden Buchten und Inselchen des Coromandel Harbour fällt – mit dem Wechselspiel von Bergen und Meer ein Abbild der Coromandel Peninsula en miniature. Bald danach ist **Coromandel** selbst erreicht, ein ruhiger Ort, in den nur in den Sommermonaten Urlauber ein wenig mehr Leben bringen. Lediglich einige Gebäude im Kolonialstil wie das hübsche, weiß-rot leuchtende *Court House* aus dem Jahre 1873 halten die Erinnerung an die frühere Bedeutung des Ortes wach, der heute nicht einmal mehr tausend Einwohner zählt. Als Versorgungsort für die relativ wenigen Farmen in der Umgebung hat er noch eine bescheidene Mittelpunkt-Funktion.

Von Coromandel führen zwei Routen quer über die Halbinsel zur Ostküste. Serpentinen, tiefe Schluchten, dichter ›Bush‹, der sich mit ausgedehnten *Pinus-radiata*-Pflanzungen abwechselt, und großartige Ausblicke auf die zu beiden Seiten buchtenreiche Küste beeindrucken auf diesen Strecken. Ein anderer Weg zieht sich an der Westküste entlang nach Norden. Man braucht viel Zeit, um auf der schmalen Straße, die hinter Port Jackson am Nordkap der Halbinsel endet, voranzukommen, vor allem aber, um die stille, malerische Landschaft genießen zu können. Der abgelegene Norden der Coromandel-Halbinsel ist selbst im Sommer, wenn der Urlauberstrom in den Badeorten der Ostküste seinen Höhepunkt erreicht, eine recht einsame Gegend. Hier kann man mitunter zivilisationsmüden Neuseeländern begegnen, die sich in ein hübsches Holzhaus in einer der kleinen Buchten oder in ein halbverfallenes Steincottage zurückgezogen haben. Der *Coromandel Farm Park* auf der Spitze der Halbinsel lädt den Besucher, der die Strände des Nordens und die Bergwelt der Moehau Range erkunden will, zum Campen ein.

Mit ausgedehnteren, feinsandigen Stränden lockt die Ostküste der Coromandel-Halbinsel. Die Berge treten hier meist weiter hinter die Küste zurück als auf der anderen Seite. Die kleinen Schwemmlandebenen werden landwirtschaftlich genutzt, und der Zugang zu den Stränden führt oft über Weideland. Wer hier seine Ferien verbringen will, kann zwischen Dutzenden geschützter Bade- und Surfstrände auswählen, von den ›Beaches‹ bei Whangapoua, von denen aus in der Ferne die Umrisse der Mercury Islands zu sehen sind, über die sandigen Buchten nahe der Opito Bay bis zu den im Sommer recht stark frequentierten Erholungsgebieten um Whitianga, Tairua und Whangamata, einem führenden Surfer-Paradies des Landes.

Verglichen mit europäischen Verhältnissen, geht es selbst in diesen Zentren noch recht gemütlich zu. Landschaftszerstörende Bettenburgen sucht man hier vergebens; kleine Motels, Ferienhäuser und Campingplätze bestimmen die touristische Infrastruktur der Ostküste. Um die Buchten, in denen zur Sommerzeit Yachten und Boote dümpeln, schmiegen sich Orte mit freundlichen Häusern, gepflegten Gärten und – wie in Whitianga – sogar palmenbestandenen kleinen Strandpromenaden. Weiße Sandstrände von ein paar hundert Metern oder wenigen Kilometern Länge laden bei angenehmen, subtropischen Temperaturen ein.

Außerhalb der Hochsaison fällt es nicht schwer, einen nur spärlich besuchten, ja sogar völlig menschenleeren Strand zu finden. Wo die schönsten Strände der Ostküste liegen, ist angesichts des riesigen Angebots schwer zu sagen. Am meisten bietet wohl die Gegend südlich von Whitianga: Fast jungfräuliche, nur schwer zugängliche kleine Sandbuchten und weitläufige Strände wechseln mit bizarren, von dichtem Buschwerk bewachsenen Klippen ab. **Hot Water Beach** stellt eine natürliche Attraktion dar, die ziemlich selten auf der Welt vorkommt: Direkt am Meer entspringen heiße Quellen, und bei Ebbe machen sich Besucher einen Spaß daraus, Löcher in den Sand zu graben und sich so wenige Schritte von der Brandung einen privaten Thermal-Pool zu schaffen.

›Heimat‹ der Kiwi-Frucht –
Die sonnenverwöhnte Bay of Plenty

Östlich der Coromandel Peninsula erstreckt sich in weiter, sanfter Rundung die Bay of Plenty. Kein anderer geographischer Name, der auf Cook zurückgeht, trifft auf eine Landschaft besser zu, als es bei der ›Bucht des Überflusses‹ der Fall ist. Cook nannte sie einst so, weil er hier Proviant in ausreichenden Mengen aufnehmen konnte. » Wir sahen eine große Fläche kultivierten Landes«, notierte er in das Logbuch der ›Endeavour‹, » ein sicheres Zeichen dafür, daß das Land fruchtbar und dicht besiedelt ist.« Das galt noch rund hundert Jahre später, als G. V. Stewart die von ihm ins Land gebrachten irischen Einwanderer ermutigte, sie bräuchten hier » die Erde nur mit einer Hacke zu kitzeln, und schon lacht eine Ernte«.

Daß sich auch nach weiteren hundert Jahren nichts an der Richtigkeit dieser Feststellungen geändert hat, bemerkt der Reisende, wenn er die Gegend von **Katikati** am westlichen Rand der Bay of Plenty erreicht. Dort beginnen üppige Obstbaumplantagen, die sich durch die Küstenebene hinauf ins hügelige Gelände im Landesinneren bis nach Whakatane ziehen. Von Zeit zu Zeit werden sie durch saftiges

Weideland unterbrochen. Die Zahl der meist viereckig gezogenen, durch hohe Pappel-, Eukalyptus- oder Kieferreihen windgeschützten ›Orchards‹ ist gewaltig. Große und kleine Obststände säumen die Durchgangsstraße, den Highway 2, der bis Opotiki weitgehend parallel zur Küste verläuft und ab und zu von Hügeln herab schöne Ausblicke auf die ausgedehnten Plantagen und das Meer erlaubt. Jegliche Art von Gemüse und Obst wird hier direkt vom Erzeuger an den durchreisenden Kunden verkauft; besonders groß ist der Anteil an subtropischen Früchten wie Orangen, Zitronen, Tamarillos, Avocados und Grapefruits. Insgesamt liefert die Bay of Plenty mehr als ein Viertel der neuseeländischen Produktion an Zitrus- und subtropischen Früchten.

Kiwis nicht zu vergessen! Die dicken, braunen Früchte, die an langen, über Holzgestelle gelegten Ranken hängen, haben sich in den letzten zwanzig Jahren zum größten Exportschlager Neuseelands entwickelt. Sie bringen dem Land nicht nur einen erheblichen Teil der dringend benötigten Devisen ein, sondern haben gerade im Gebiet der Bay of Plenty manchen Farmer zum Millionär gemacht. Nicht wenige der aufwendigen Villen im englischen Landhausstil in den feineren Wohngegenden von Tauranga sind mit dem Erlös aus dem Verkauf der vorzüglichen Kiwi-Frucht von den umliegenden Plantagen erbaut worden. **Te Puke** etwas weiter östlich gilt als die wohlhabendste Kleinstadt Neuseelands – dank der ›Wunderbeere‹, die zu Tausenden und Abertausenden um die schmucken Farmhäuser herum prächtig gedeiht.

Neuseeland-Kiwi ist im Ausland zum Markenzeichen geworden; die Bundesrepublik Deutschland ist mit Abstand der größte Abnehmer der erst vor einigen Jahren ›entdeckten‹ Früchte. Tatsächlich begann der Kiwi-Boom in den sechziger Jahren, nachdem die vitaminreiche Frucht, ursprünglich als ›chinesische Stachelbeere‹ bekannt, schon ein halbes Jahrhundert in Neuseeland heimisch war. Nachdem man die günstige Marktsituation und die Bereitschaft der Konsumenten der nördlichen Hemisphäre erkannt

hatte, gerade in der obstlosen Zeit auch zu wohlschmek-
kenden ›exotischen‹ Früchten zu greifen, konnte der Ab-
satz durch professionelles, sehr geschicktes Marketing und
strenge Qualitätskontrollen von Jahr zu Jahr erheblich
gesteigert werden. Dreistellige Zuwachsraten waren dabei
keine Seltenheit, und noch immer geht die Entwicklung
steil bergauf. Weitsichtige Farmer investierten in die ›neue‹
Frucht, die man wegen ihres Ursprunges und ihrer Ähnlichkeit in Farbe und Haarkleid mit dem ›Wappenvogel‹ des
Landes in Kiwifruit umgetauft hatte, und erweiterten ihre
Anbauflächen entsprechend. Ob zu dieser Namensgebung
auch die Sorge beigetragen hat, man werde ›chinesische
Stachelbeeren‹ auf dem US-Markt wegen der damals noch
sehr gespannten Beziehungen zwischen den USA und Rot-
china nicht gut absetzen können, sei dahingestellt.

Welche Ausmaße die stürmische Neuorientierung im Gebiet der Bay of Plenty hatte, zeigen einige Zahlen: Zwischen 1978 und 1982 hat sich die Anbaufläche für Kiwis
mehr als vervierfacht. Zur Erntezeit im Mai und Juni müssen Tausende von Saisonarbeitern eingestellt werden, um
der Mengen von reifen Früchten Herr zu werden. Es wurde
sogar schon ernsthaft überlegt, ob man die Ferienordnung
entsprechend ändern solle, um genügend Pflücker zur Verfügung zu haben. Kein Zweifel also, daß die neuseeländische Frucht-Spezialität in einem ihrer Hauptanbaugebiete
zu den Segnungen gehört, die den ›Überfluß‹ des Landes
ausmachen.

Die Grundlage dieses Reichtums ist ein Klima, das zu
den sonnigsten und mildesten Neuseelands gehört. Keine
andere Gegend – ausgenommen die um Nelson im Norden
der Südinsel – weist eine höhere Zahl an jährlichen Sonnenstunden auf. Die Bay of Plenty öffnet sich förmlich zur
Mittagssonne im Norden. Nach Süden hin ist sie durch
Bergketten, von der Kaimai Range im Westen über die
Ausläufer der Ikawhenua Range im zentralen Teil bis zu
den dicht an die Küste herantretenden Bergen der Raukumara Range, geschützt. Die Küstenebene ist fast frostfrei;
genügend Niederschläge und eine Reihe von Flüssen, die

in die Bay münden, sind weitere Garanten für eine äußerst produktive Landwirtschaft. Auch die Viehzucht in der Küstenebene geht dank der Weiden, die durch fast ununterbrochenen Graswuchs das ganze Jahr über üppig grün sind, ausgezeichnet.

Um so einladender wirken bei diesem Klima die langen, feinen Sandstrände, die sich oft kilometerlang an der Küste erstrecken. Der berühmteste von ihnen ist der Ocean Beach bei **Mount Maunganui** nordöstlich von Tauranga. Von dem über 230 Meter hoch aufragenden Fels des ›Mount‹, der einzigen nennenswerten Erhebung weit und breit und damit dem natürlichen Wahrzeichen an der Einfahrt zum Tauranga Harbour, nach Norden abgeschlossen, zieht er sich weit nach Süden hin. Kleine Dünen schirmen den Strand gegen die gepflegte Marine Parade ab, eine von edlen Norfolk-Pinien gesäumte Strand-›Allee‹, die ebenso wie der Strand im Sommer recht belebt ist. Nicht weniger anziehend ist der sechs Kilometer lange Ocean Beach auf der schmalen Landzunge von Ohope in der Nähe von Whakatane. Schließlich locken die vielen kleinen verträumten Strände in den malerischen Buchten zwischen Opotiki und Waihau Bay auf der ruhigeren Ostseite der Bay of Plenty: Das alles zusammen trägt nicht wenig dazu bei, daß die ganze Region – allerdings einschließlich der Gegend um Rotorua – sich auch gern als ›The Tourist Diamond‹ feiern läßt.

›Hauptstadt‹ der Bay of Plenty ist **Tauranga,** mit rund 50 000 Einwohnern eine für neuseeländische Verhältnisse große Stadt. Ursprünglich eine Militärsiedlung auf dem Fels über der Hafeneinfahrt, hat sich Tauranga vor allem wegen seines hervorragenden, durch das langgestreckte, heute von großen Flächen ›exotischen‹ Nutzwaldes bedeckte Matakana Island geschützten Hafens zu einem wichtigen Handels- und Umschlagzentrum entwickelt. Auf die militärische Vergangenheit weist noch der Name des historischen Zentrums hin: *The Camp* umfaßt einen Militärfriedhof und die Überreste einer Feldschanze, die in der kriegerischen Auseinandersetzung des Jahres 1864 zwischen britischen Truppen und aufständischen Maori eine bedeutende Rolle spielte. Das sehenswerte Kernstück eines Rundganges durch das historische Tauranga ist indessen das *Tauranga Mission House,* der inmitten eines Parks mit alten Bäumen gelegene, in schlichtem Kolonialstil gebaute Wohnsitz eines der ersten Missionare. Im Jahre 1847 errichtet, gehört es zu den ältesten Häusern Neuseelands. Überragt wird es von einer mächtigen Norfolk-Fichte, dem ›Lieblingsbaum‹ der frühen Missionare, weil seine pyramidenförmige Gestalt an der Spitze in ein von den obersten Zweigen gebildetes Kreuz ausläuft. Mit ihren weit ausladenden, fast waagerecht vom geraden Stamm abgehenden Ästen ist die *Norfolk Pine* einer der beliebtesten Zierbäume dieser Region. Seine schon von weitem gut erkennbare Silhouette ließ ihn im vorigen Jahrhundert manchmal – so auch hier in Tauranga – zu einer Navigationshilfe für die Küstenschiffahrt werden.

Riesige Kunstwälder als Devisenbringer

›Geschützter Ankerplatz‹ bedeutet der Name der Stadt, und tatsächlich ist der Hafen von Tauranga mittlerweile die Nummer eins in Neuseeland, was die umgeschlagene Tonnage im Exportgeschäft angeht. Das Geheimnis dieses Erfolges heißt Holz. Tauranga ist für die Ausfuhr des Holzes, das in seinem Hinterland geschlagen wird, der nächstgelegene Hafen; von hier gehen große Ladungen von Schnitt- und Stammholz vor allem nach Japan und Australien auf die Reise. Mit Hinterland ist das Vulkanische Plateau gemeint, genauer noch das gewaltige Areal des *Kaingaroa Forest,* der sich von der Ostseite des Lake Taupo bis zur Küstenebene der Bay of Plenty erstreckt. Soweit das Auge reicht, wachsen hier, in Reih und Glied gepflanzt, Millionen von Koniferen – ein monotoner, aber doch eindrucksvoller, von Menschenhand geschaffener Wald, einer der größten künstlichen Wälder der Erde.

Zu seiner Entstehung hat eine Reihe wichtiger Faktoren beigetragen. An erster Stelle stehen die Sünden der Vergan-

genheit: Durch das intensive Roden der einheimischen
Wälder in einem Lande, das vor der europäischen Besiedlung riesige, ganze Landschaften überziehende natürliche
Wälder besessen hatte, war Neuseeland in den zwanziger
Jahren plötzlich ein Staat geworden, der kaum noch in der
Lage war, seinen eigenen Holzbedarf zu decken. In dieser
Situation entschied man sich weitsichtig für ein großange-
legtes Wiederaufforstungsprogramm, dessen Früchte heute
mehr denn je sichtbar sind – Tauranga, das als schnell
expandierender Ausfuhrhafen seinen Nutzen daraus zieht,
ist nur ein Beispiel. Eine günstige Voraussetzung war vor
allem das preiswerte, unbebaute Land. Die kahle, nur von
Gestrüpp bewachsene Ebene des Volcanic Plateau, dessen
aus Asche und Bimsstein bestehender, ziemlich unfruchtba-
rer Boden für die Weidewirtschaft damals noch wenig geeignet erschien, stand damit für die beabsichtigte Nutzung
zur Verfügung. Hinzu kamen in der Depressionszeit der
zwanziger und dreißiger Jahre viele tausend billige Arbeits-
kräfte, die vor allem zwischen 1924 und 1934 bei der Anlage
des künstlichen Waldes eingesetzt wurden. Schließlich ga-
rantierten reiche Niederschläge ein schnelles Wachstum
der Koniferen-Pflanzungen. Lärchen, Fichten und Kiefern,
durchweg ›exotische‹, also nicht einheimische Bäume, gedeihen hier gut, vor allem aber die kalifornische Radiata-
kiefer, die im Gebiet des Vulkanischen Plateaus, aber auch
in anderen Gegenden der Nordinsel zwei- bis dreimal so
schnell wächst wie in ihrer Heimat. Sie ist hier bereits nach
25 Jahren schlagreif, fast eine Generation früher als im
Westen der USA.

Mit dem konsequenten Aufbau einer Holzindustrie entstanden auch große Verarbeitungskomplexe, so im Jahre
1953 in Kinleith südwestlich von Rotorua eine moderne
Zellstoff- und Papierfabrik, die ebenso Tausende von Ar-
beitern beschäftigt wie die zwei Jahre später gebaute
›Tasman Pulp and Paper Mill‹ in Kawerau, wo am Fuße
des erloschenen Vulkans Mount Edgecumbe eine auf dem
Reißbrett geplante ›Holzstadt‹ entstanden ist.

Mitte der achtziger Jahre erreichte der Anteil der Holzin-

dustrie am Gesamtvolumen der Exporteinnahmen Neuseelands rund ein Zehntel. Angesichts der weltweiten Ver-
knappung des Rohstoffes Holz, die für das Ende unseres
Jahrhunderts prognostiziert wird, hat eine vorausschau-
ende, nach wie vor energisch auf Expansion setzende Politik – das kleine Kaingaroa im Herzen des gleichnamigen
State Forest rühmt sich mit der Aufzucht von jährlich zehn
Millionen Bäumchen der größten Baumschule der Welt –
die Grundlagen dafür geschaffen, daß Neuseeland seine
bislang nicht unproblematische einseitige Export-Struktur
in größerem Umfang diversifizieren kann. Die gewaltigen
Koniferenanpflanzungen, denen man in vielen Regionen
des Landes, darunter auch zunehmend im erosionsgeplag-
ten Osten der Nordinsel, begegnet, stellen eine sichere und
profitable Zukunftsinvestition dar, an der auch die ›Bucht
des Überflusses‹ weiterhin ihren Anteil haben wird.

Das Urwalddickicht des Urewera-Nationalparks – Wo die ›Kinder des Nebels‹ zu Hause sind

Das Tal des Rangitaiki River, der westlich von Whakatane
in die Bay of Plenty mündet, bildet die Grenze zwischen
zwei Landschaften, wie sie gegensätzlicher kaum zu denken sind: Im Westen die endlosen, gleichsam auf dem Reißbrett entworfenen Blöcke ›künstlichen‹ Waldes des Kaingaroa Forest, dessen rationale Ordnung schon fast ein wenig
langweilig wirkt, im Osten dagegen ein wildes, ungezähm-
tes Walddickicht, das zumal an nebelverhangenen Tagen
die Vorstellung von einer ›grünen Hölle‹ lebendig werden
läßt. Es ist das Gebiet des **Urewera-Nationalparks,** ein
riesiges Areal ununterbrochenen, üppigen Grüns, mit
210 000 Hektar Fläche der größte Nationalpark der Nordinsel, insgesamt der drittgrößte des Landes. Tiefe Schluchten und zerklüftete Bergketten prägen diese Region;
schnellfließende, klare Flüsse haben sich ihren Weg durch
die Wildnis gebahnt. Schäumende Wasserfälle und zwei
stille, geheimnisvoll anmutende Seen sind die Kontra-
punkte in einer Landschaft, deren überall sichtbares und

erfahrbares Lebenselexier das Wasser ist. Der reichlich niedergehende Regen hat der Geologie und Vegetation des
Parks seinen Stempel aufgedrückt: Regen, Nebel und Wind
gehören wesensmäßig zu dieser Landschaft, die ohne solche klimatischen Verhältnisse nicht entstanden wäre. Für
die Bay of Plenty wirkt sie wie ein gigantischer Schwamm,
der die oft heftigen Regenfälle – ›heavy rain‹ nennt der
Neuseeländer dieses auch in anderen Landesteilen bekannte Phänomen des elementaren Prasselregens – mit seinem dicken, grünen Vegetationsteppich aufsaugt und sie
dann in die geordneten Bahnen der Flußbetten entläßt. Auf
diese Weise wird einer sonst von Zeit zu Zeit drohenden
Überflutung der fruchtbaren Küstenebene vorgebeugt und
zugleich das für saftige Weiden und ertragreiche Obstbaumplantagen erforderliche Wasserreservoir bereitgestellt.

Die Huiarau Range bildet eine Wetterscheide, die das
mildere, feuchte Gebiet im Norden zur Bay of Plenty hin
vom rauheren, kühleren und nasseren südlichen Teil des
Parks trennt. Die schwere, grüne Decke eines undurchdringlichen Urwalddickichts hat sich indes in beiden Teilen
über Berge und Täler gelegt, ein Gewirr von Bäumen,
Sträuchern, Farnen und Moosen, die durch hartnäckige
Epiphyten, weitausladende Zweige und schlingenförmige
Luftwurzeln zu einem großartigen, unberührten Dschungel
zusammengewachsen sind. Dabei ändert sich die Zusammensetzung dieser fruchtbaren Lebensgemeinschaft je
nach Höhenlage ständig. Mit Baumfarnen bestandene Täler wechseln mit Bergrücken ab, über die sich kleinblättriger Scheinbuchenwald erstreckt; grasbewachsene, kleine
Flußebenen gehen in den unteren, zur Bay of Plenty hin
abfallenden Lagen des Parks in üppige *Kohekohe*-Wälder
(Dysoxylum spectabile) über, das ›Mahagoni‹ Neuseelands, dessen im Winter direkt von Stamm und Ästen
aufbrechende, wachsartig weiße Blätterpracht einen herrlichen Anblick bietet. Der Vielfalt der Flora, die sich hier
ohne Eingriffe des Menschen in Jahrtausenden herausgebildet hat, entspricht der Artenreichtum der Vogelwelt.

Der hübsche kleine *Silvereye* und der kecke *Fantail* sind hier ebenso zu Hause wie *Tui* und *Bellbird,* die beiden Konzertmeister des neuseeländischen Waldes. Aber auch für viele andere Vögel, darunter auch seltene Arten wie den *Nordinsel-Kiwi* und den *Kaka-Papagei,* ist Urewera zum schützenden Rückzugsgebiet geworden.

Schwer zugänglich und vor allem im Vergleich mit der gastfreundlicheren Küstenebene der Bay of Plenty nicht gerade einladend, war das heutige Gebiet des Urewera-Nationalparks lange Zeit auch ein Rückzugsgebiet für Menschen. In Abgeschiedenheit und ›spartanischer‹ Einfachheit lebten hier die Tuhoe-Maori, die ›Kinder des Nebels‹, ein hartes, entbehrungsreiches Leben. Der Name geht ursprünglich nicht auf die klimatischen Bedingungen des Landstrichs zurück, obwohl er passend erscheint. Der Tradition nach sind die Tuhoe die zu spät gekommenen und dadurch benachteiligten armen Vettern der an der ›Bucht des Überflusses‹ lebenden Maori: Als sie mit ihrem Mataatua-Kanu, vom fernen Hawaiki kommend, in Whakatane anlegten, fanden sie die fruchtbare Küstenebene schon besiedelt und mußten sich in die unwirtliche Welt des gebirgigen Hinterlandes zurückziehen. Europäer kamen nur zögernd in die abgelegenen Urewera Ranges. Der erste Weiße gelangte erst 1840 dorthin, und in den Maori-Kriegen der sechziger und siebziger Jahre dienten die Schluchten und Wälder der Ureweras dem Maori-Führer Te Kooti in seinem Guerilla-Kampf gegen die Pakeha als ideales Versteck und Ausgangsbasis für seine kriegerischen Operationen. Noch heute liegt der Park isoliert; nur eine einzige Straße durchschneidet ihn: Der im Gebiet des Nationalparks kurvenreiche, nicht asphaltierte Highway 38 zwischen Rotorua und Wairoa an der Ostküste, der sich der rauhen Gegend anpaßt und den Mangel an Fahrkomfort durch die Schönheit einer unverdorbenen Naturlandschaft allemal vergessen läßt.

Inmitten der grandiosen Szenerie versteckt sich das Juwel des Urewera-Parks, der **Lake Waikaremoana** (›See des sich kräuselnden Wassers‹), ein buchtenreiches, ringsum von dichtem Wald gesäumtes und von zahlreichen Forellenschwärmen bewohntes ehemaliges Talsystem. Der See wurde einst durch einen gewaltigen Felssturz geschaffen, der die enge Schlucht des Waikare-Taheke River blockierte und eine Überflutung der niedriger gelegenen Gebiete verursachte. An seinem Südufer ragt steil und drohend das sechshundert Meter hohe Panekiri Bluff auf, ein schroffer Felsriese, der sich im Unterschied zu seiner Umgebung dank seines harten Sandsteins erfolgreich gegen das zermürbende Werk von Wind, Regen und Frost behaupten konnte.

Vom Ufer des Lake Waikaremoana aus führt eine Reihe von Wanderwegen in die Wildnis des Parks. Einer davon zweigt in der Nähe des Visitors' Centre in Aniwaniwa zum kleineren Waikareiti-See ab. Wie in allen neuseeländischen Nationalparks wurden auch in Urewera Tracks von unterschiedlicher Länge und Schwierigkeit angelegt: gemächliche Kurzspaziergänge für Tagesbesucher, aber auch mehrtägige Touren, für die ein gut angelegtes Netz von Hütten zur Verfügung steht. Von Mataatua aus werden unter der Leitung einheimischer Maori-Führer ›Safaris‹ organisiert, die über mehrere Tage hinweg kleinen Gruppen in ›zünftiger‹ Weise einen nachhaltigen Eindruck von den landschaftlichen Schönheiten des Parks vermitteln. Wie immer der Besucher auch den Urewera-Nationalpark erkunden wird, an der Weisheit der Entscheidung, das größte zusammenhängende natürliche Waldgebiet der Nordinsel im Jahre 1954 als Nationalpark unter Schutz zu stellen, wird er angesichts der üppigen Naturlandschaft gewiß nicht zweifeln. Es war nämlich zeitweise erwogen worden, das Gebiet kommerziell zur Holzgewinnung mit anschließendem Gebrauch als Farmland zu nutzen.

Spektakuläre Küstenlandschaft und ›klassisches‹ Maori-Land: Das East Cape

Die Berge des Urewera-Nationalparks sind Teil des gebirgigen Rückgrats, das die Nordinsel von Norden nach Süden

durchzieht. Nördlichster Ausläufer dieser Barriere ist die
Raukumara Range; sie beherrscht als wildes, weitgehend
unzugängliches Hinterland das **East Cape,** eine urwüch-
sige, spektakuläre Küstenlandschaft, die zu den abgelegen-
sten der Nordinsel gehört. Auf der Seite, die der Bay of
Plenty zugewandt ist, treten die Berge dicht ans Meer;
die wenigen kleinen Küstenebenen ermöglichen nur eine
geringe Besiedlung. Zur wirtschaftlichen Nutzung bietet
sich dieser Landstrich kaum an; entsprechend winzig sind
die Orte an der Ostküste der Bay. Mitunter steht nur ein
einziges Farmhaus am Rande einer Bucht, in die einer
der zahlreichen, von den Höhen der Raukumara Range
herabfließenden Bäche mündet. Eine einsame, manchmal
menschenleer anmutende Gegend, deren landschaftliche
Schönheit gerade durch ihre Isolation an Reiz gewinnt.
Ähnlich wie auf der Coromandel-Halbinsel werden weite
Strecken der Küste des East Cape von knorrigen Pohutukawa-Bäumen gesäumt, deren rote Blütenpracht in der Weihnachtszeit vielerorts mit mächtigen Flecken hellgelber Lupinen zu wetteifern scheint – ein ungemein kraftvoller
Farbenstreit vor der Kulisse des dunkelblauen Meeres, das
gegen die bräunlich-gelben Klippen und schmalen, meist
dunkelfarbigen Strände anbrandet. Im Hintergrund liegt
die zerklüftete, von immergrüner Vegetation überzogene
Wildnis der Raukumara-Berge, in denen Rotwild, Wild-
schweine und Opossums ein vergleichsweise ungestörtes
Dasein führen.

Die Abgeschiedenheit und ruhige Natürlichkeit dieses
Landstrichs erweckt den Eindruck, als habe sich seit Jahrhunderten nichts verändert – seit der Zeit, als die ersten
Menschen diesen Teil Neuseelands betraten. Der Überliefe-
rung nach geschah das in der *Whangaparaoa Bay* am östli-
chen Ende der Bay of Plenty, dem legendären Landungsplatz der Kanus des Arawa- und des Tainui-Stammes.
Auf der gegenüberliegenden Seite gilt das dem East Cape
vorgelagerte *East Island* als Ankunftsort eines weiteren
mythischen Kanus, des Mangarara-Kanus. Auf ihm sollen
die Vorfahren des Ngati-Porou-Stammes, dessen Angehö-

rige die Ostküste bewohnen, aus Hawaiki nach Neuseeland gelangt sein. Wie die Insassen der anderen Kanus
brachten sie der ungemein anschaulichen Naturerklärungs-
lehre der Maori zufolge eine Reihe von Tieren und Pflanzen
in ihre neue Heimat mit: neben der Süßkartoffel Kumara,
dem wichtigsten Nahrungsmittel in voreuropäischer Zeit,
deren Einführung fast alle Stämme für sich beanspruchen,

Maori-Dorf an der Küste

auch die Tuatara. Diese bis zu einem halben Meter lange
Echse, die zu den eigentümlichsten und archaischsten Vertretern der an eigentümlichen Lebewesen nicht gerade armen neuseeländischen Fauna gehört, ist ein › Mini ‹-Drache
mit › richtigem ‹ Drachenkamm auf Kopf, Nacken und Rük-
ken. Es handelt sich um den letzten Vertreter einer Reptil-
gattung, die vor 170 Millionen Jahren lebte, einen in seinen
charakteristischen Merkmalen seitdem nahezu unverän-
derten Methusalem, der das › biblische ‹ Alter von dreihundert Jahren erreichen kann. Einst häufig auf dem Festland
anzutreffen, gibt es die Tuatara-Echse heute nur noch auf
Inseln vor der Nordostküste der Nordinsel und in der Cook
Strait, wo sie vor Räubern aus der Tierwelt sicher ist.

Das East Cape ist, wie die Berichte über die dort erfolgte Landung einiger ›Ancestral canoes‹ erkennen lassen, ›klassisches‹ Maori-Land. Cook und seine Mannschaft trafen hier mehrfach auf Eingeborene, die ihnen teils freundlich, teils in feindlicher Absicht gegenübertraten. Die Erinnerung an eine dieser Begegnungen hat sich im Namen des *Cape Runaway* erhalten. Dort näherten sich am 31. Oktober 1769 fünf Kriegskanus in schneller Fahrt der ›Endeavour‹. Als Cook jedoch eine Warnsalve abfeuern ließ, machten die Maori kehrt, lenkten ihre Kanus zum Land und flüchteten – ein Verhalten, das Cook jedoch keineswegs zum Anlaß nahm, die von ihm durchweg als mutig und kriegerisch charakterisierten Maori geringzuschätzen. Sein zusammenfassender Bericht über die Eingeborenen, deren gelegentlicher Kannibalismus ihm nicht verborgen geblieben war, ist im Gegenteil recht fair. Ein Auszug mag das verdeutlichen.

»Die Eingeborenen dieses Landes sind starke, großknochige, wohlgestalte, tatkräftige Menschen, eher größer denn sonst üblich, insbesondere die Männer. Sie sind allesamt von sehr dunkelbrauner Hautfarbe, mit schwarzen Haaren, dünnen schwarzen Bärten und weißen Zähnen; und jene, die ihre Gesichter nicht durch Tätowierungen entstellen, haben im allgemeinen sehr edle Züge. Die Männer tragen in der Regel langes Haar, welches sie hochkämmen und oben zusammenbinden; einige der Frauen tragen das Haar lang und lassen es lose auf ihre Schultern herabfallen, besonders alte Frauen, andere wieder tragen es kurz geschnitten. (...) Viele der alten Männer und manche Männer mittleren Alters haben ihre Gesichter schwarz gezeichnet oder tätowiert; und wir sahen einige wenige, die ihre Hinterteile, Schenkel und andere Partien ihrer Körper gezeichnet hatten, doch ist dies weniger der Brauch.«

Trotz ihrer äußerst wehrhaften Art, so hatte Cook schon damals gemutmaßt, werde eine Kolonisierung des Landes durch Weiße letztlich nicht an der Gegenwehr der Maori scheitern: »Sie sind untereinander offenbar so gespalten, daß sie sich kaum zum Widerstand vereinen würden.«

Schauplatz einer der blutigsten Auseinandersetzungen zwischen zwei Maori-Stämmen sollte einige Jahrzehnte später das East Cape sein. Der kleine Ort *Te Araroa* im Norden der Halbinsel, der heute vor allem durch den ältesten und vermutlich größten Pohutukawa-Baum des Landes bekannt ist, einen sechshundert Jahre alten Riesen von fast vierzig Meter Höhe, erlebte im Jahre 1820 einen ungleichen Kampf, an dessen Ende ein Massaker stand: Die auf einem von Northland aus geführten Kriegszug hier an Land gegangenen Ngapuhi erfochten dank der nur ihnen zur Verfügung stehenden Feuerwaffen einen leichten Sieg über die in diesem Gebiet wohnenden Ngati Porou. Dreitausend Krieger sollen von den Ngapuhi getötet oder gefangengenommen worden sein.

Maori und Pakeha – Neuseelands verdecktes Rassenproblem

Obwohl sich wegen der begrenzten wirtschaftlichen Möglichkeiten nur wenige Europäer an den Küsten des East Cape niederließen, war ein anderer Ort der Region einige Jahrzehnte später Schauplatz einer Greueltat, die in ihrem Umfang mit der Schlacht bei Te Araroa nicht vergleichbar war, von der Durchführung und Wirkung her jedoch fast noch mehr Aufsehen erregte: Diesmal war ein Weißer das Opfer. In den Landkriegen hatte eine radikale Maori-Sekte bedeutenden Zulauf erhalten; nach der magischen Zauberformel ihres Anführers, der seinen Anhängern versprach, daß ihre Körper unter gewissen Bedingungen immun gegen Gewehrkugeln seien, hat diese Bewegung den Namen ›Hauhau‹ erhalten. Angehörige dieser kämpferischen Sekte, die christliche Glaubenselemente und Züge der traditionellen Maori-Religion miteinander vereinigte, ermordeten im Jahre 1865 in **Opotiki** den deutschen Missionar Carl Sylvius Volkner. Sie warfen ihm vor, seine Neutralität als Gottesmann in diesem Bürgerkrieg zugunsten der Pakeha verletzt zu haben. Der Leichnam Volkners wurde übel zugerichtet, sein Blut im ›Kommunionskelch‹ reihum

gereicht und getrunken. Zu Ehren des ermordeten Missionars wurde seine Kirche nach dem ersten christlichen Mär-
tyrer in *Church of St. Stephen The Martyr* umbenannt; sie
ist zwar wenig sehenswert, aber doch von historischem
Interesse – ein düsteres Kapitel in der Geschichte dieser
Kleinstadt, die sich heute als ›Tor zum East Cape‹ versteht
und mit den nahegelegenen schönen Stränden landschaftlich durchaus als würdige Pforte zu diesem Gebiet gelten
kann.

Das Aufbäumen der Maori gegen den Verlust ihrer Ländereien, ihrer Jagd- und Fischgründe an die immer stärker
ins Land einströmenden Europäer, wie es sich in greller
Ausformung im religiös-nationalen Fanatismus der Hau-
hau-Bewegung spiegelt, war am Ende zum Scheitern verurteilt. Der aggressiven Expansionskraft der Pakeha, die sich
überdies auf eine weit überlegene Waffentechnik stützen
konnten, hatten die Maori nichts Gleichwertiges entgegen-
zusetzen. Im Gegenteil: Die von den Weißen ins Land
geschleppten Krankheiten und Seuchen, die bis dahin in
Neuseeland unbekannt gewesen waren, die Kriegswirren
und die vor allem durch Alkohol bedingte zunehmende
Entwurzelung hatten verheerende Auswirkungen in der
Maori-Bevölkerung. Hatte ihre Zahl um 1770 nach den
eher zu vorsichtigen Schätzungen Cooks bei 100 000 gelegen – für 1843 errechnete der deutsch-britische Wissenschaftler Ernst Dieffenbach rund 115 000 –, so sank sie
binnen weniger Jahrzehnte drastisch ab. Im Jahre 1896 war
mit etwa 42 000 Maori der Tiefpunkt einer Entwicklung
erreicht, die nach der Jahrhundertwende wieder kräftig
bergauf ging. Die Zunahme der Maori-Bevölkerung geht
nicht zuletzt auf eine erheblich verbesserte Gesundheitsfür-
sorge zurück, für die sich prominente Maori-Führer, unter
ihnen an erster Stelle Apirana Ngata, ein später geadelter,
vom East Cape gebürtiger, einflußreicher Maori-Politiker,
einsetzten. 1921 zählte man schon wieder 57 000 Maori,
1951 war mit 115 000 der Stand zur Zeit Dieffenbachs
wieder erreicht. Mitte der achtziger Jahre lag die Zahl bei
280 000; der Anteil der Maori an der Gesamtbevölkerung

Neuseelands nähert sich damit bei steigender Tendenz und einem überdurchschnittlichen Anteil an Jugendlichen der Zehn-Prozent-Marke.

So eindeutig die Aussage dieser Statistik generell ist, so unsicher ist sie im einzelnen. Gewöhnlich gilt im statistischen Sinne derjenige als Maori, der aufgrund seiner Abstammung mindestens Halb-Maori ist: ›Half and half‹ oder, wie man an der Ostküste sagt, ›half-caste‹ und, salopper: ›a bit of both‹. Angesichts der langen rassischen Vermischung gibt es freilich sehr unterschiedliche Abstufungen von Mischlingen. Im öffentlichen Bewußtsein ist die Faustregel weit verbreitet, nach welcher derjenige als Maori gilt, der ›so aussieht‹, also eine braune Haut und polynesische Züge aufweist. Entscheidend ist jedoch die Selbsteinschätzung des einzelnen. Mit anderen Worten: Maori ist, wer sich als solcher fühlt und bezeichnet – auch wenn er die genetischen Merkmale nur noch sehr eingeschränkt besitzt. Für die oft auftretende Schwierigkeit einer eindeutigen rassischen Zuweisung, aber auch für die Liberalität der Neuseeländer in dieser Frage ist es bezeichnend, daß niemand wegen ›falscher‹ Angaben zur Person belangt werden kann, auch wenn manche Gesetze die Zugehörigkeit zur Maori-Bevölkerung etwas strikter – aber im ganzen doch stets sehr weit – definieren, als es mit dem persönlichen Geschmack des einzelnen vereinbar sein mag.

Sowohl der kräftige Anstieg der Maori-Bevölkerung als auch die sympathische Nonchalance, mit der man dem einzelnen überläßt, ob er Maori sein will oder nicht, scheinen für eine erfolgreiche Integration der polynesischen Minderheit in eine überwiegend europäisch geprägte Gesellschaft zu sprechen. Tatsächlich ist man in Neuseeland auf relativ unbelastete Beziehungen zwischen den beiden Rassen stolz. Seit Jahrzehnten setzt sich jede Regierung, unabhängig von der sie tragenden Partei, nachdrücklich für die schon im Vertrag von Waitangi zugesicherte Gleichberechtigung der Maori in der Praxis ein. Die Ergebnisse dieser hartnäckigen und ehrlichen Politik sind ermutigend: Anders, als am Ende des 19. Jahrhunderts zu befürchten war, sind die Maori kein sterbendes Volk, und anders als in den USA oder Australien wurden sie nicht in Reservate und Slums abgedrängt, in denen Indianer und Aborigines ein Dasein am Rande oder fast schon außerhalb der Gesellschaft fristen. Gerade weil in Neuseeland diese Gefahren rechtzeitig erkannt worden sind, betreibt man einen aktiven Minderheitenschutz, der der Maori-Bevölkerung in

Neuseeländische Eingeborene, Mann und Frau

Teilbereichen – etwa bei der parlamentarischen Repräsentation und in der lokalen Selbstverwaltung – sogar einige Vorrechte gegenüber den Pakeha zugesteht. Mit dem ›Department of Maori Affairs‹ ist eine Regierungsbehörde geschaffen worden, die die Interessen der Maori mit Nachdruck vertritt und sich vor allem um die Verwirklichung der Chancengleichheit bemüht.

Von einer vollständigen Eingliederung kann trotzdem ebensowenig die Rede sein wie von einem völligen Fehlen von Diskriminierung und rassenbedingten Vorurteilen auf beiden Seiten. In zwei kritischen Bereichen des gesellschaftlichen Schattenlebens ist der Anteil der Maori-Bevölkerung überdurchschnittlich hoch: in der Kriminalität und in der Arbeitslosigkeit. Hier könnten sich alarmierende Entwicklungen abzeichnen, die auf längere Frist die Vorbildlichkeit des neuseeländischen ›Modells‹ in Frage zu stellen drohen. Eine wichtige Ursache ist sicher die sprunghaft angestiegene Landflucht der Maori-Bevölkerung seit dem Ende des Zweiten Weltkriegs, die unter anderem auf die zunehmende Technisierung in der Landwirtschaft zurückgeht. Vier von fünf Maori leben heute in den städtischen Ballungsgebieten, die meisten von ihnen in Auckland: Verglichen mit fünfzehn Prozent im Jahre 1945 eine rapide Urbanisierung. Sie schafft eine Fülle von Problemen: Zum einen bedingt sie eine wachsende Entfremdung Jugendlicher von der traditionellen Großfamilie der Maori, die dem einzelnen eine ›soziale‹ Rückendeckung, Halt und Geborgenheit gegeben hatte; zum anderen verschärft sie die Konkurrenzsituation zwischen Pakeha und Maori in den Städten vor allem auf dem Arbeits- und Wohnungsmarkt.

Das aktiviert gegenseitige Vorurteile und führt mitunter zu einer versteckten Diskriminierung der Maori, gegen die auch der ›Race Relations Conciliator‹, ein für die strikte Einhaltung des 1972 verabschiedeten Gesetzes gegen rassische Diskriminierung (›Race Relations Act‹) verantwortlicher Behördenchef, an den sich jeder mit einschlägigen Beschwerden wenden kann, machtlos ist. Mißtrauen und abfällige Klischeevorstellungen sind auch in der Alltagssprache, einem gewöhnlich recht sensiblen Meßinstrument für latente Spannungen zwischen gesellschaftlichen Gruppen, erkennbar; so etwa, wenn Europäer abschätzig von ›Maori time‹ sprechen und damit eine erhebliche Verspätung meinen oder umgekehrt das Wort vom ›Pakeha trick‹ die Runde macht und man damit zum Ausdruck bringen

Zu den Farbtafeln

will, daß jemand übervorteilt wird. ›Maori-Körperertüchtigung‹ als Synonym für ›in der Sonne dösen‹ und auf der anderen Seite ›zum Pakeha werden‹ im Sinne von ›eigensüchtig, gemein handeln‹ können als weitere Beispiele genannt werden. Gerade diese Ausdrücke zeugen, weil sie an sich nicht völlig falsche Aspekte unterschiedlicher Lebenseinstellungen in boshafter Weise verabsolutieren, von einer nicht nur oberflächlichen Intoleranz derer, die sich ihrer bedienen.

Die Zukunft wird zeigen, ob ein noch stärkeres Zusammenwachsen von Maori und Pakeha über alle rassischen Schranken hinweg im Sinne der zweiten Strophe der neuseeländischen Nationalhymne – die übrigens in zwei gleichberechtigten Versionen in englischer und Maori-Sprache existiert; daneben ist die traditionelle englische Hymne ‹God save the Queen› seit 1977 ebenfalls offiziell in Gebrauch – erfolgen wird oder ob die bedenklichen Symptome an Boden gewinnen werden. Eines ist jedenfalls sicher: Es waren die Maori, die sich in den letzten 150 Jahren der europäischen Zivilisation anpassen mußten. Die umgekehrte Beeinflussung ist selten über Vordergründiges hinausgekommen; daran ändern auch die zahllosen, für Pakeha so schwer auszusprechenden Ortsnamen in Maori-Sprache nichts, die in einem flüchtigen Betrachter den falschen Eindruck erwecken können, als stelle deren Übernahme eine Art Gegengewicht zu der Europäisierung des Landes dar.

Diese grundsätzlichen Anmerkungen zum Verhältnis zwischen Maori und Pakeha in Vergangenheit und Gegenwart erhellen den Hintergrund zu einer wichtigen Eigenart des East Cape und zum Teil auch der East Coast: Sie sind, abgesehen von den städtischen Zentren der Nordinsel, die einzigen Regionen des Landes, in denen vielerorts die Maori-Bevölkerung deutlich in der Mehrheit ist. Für die ländlichen Küstenstriche trifft das durchweg zu: Hier sind noch über fünfzig Prozent der Einwohner Maori, und selbst in Gisborne, der zweitgrößten Stadt der Ostküste, stellen Maori noch rund ein Drittel der Bevölkerung.

Es ist bezeichnend, daß gerade in einer verkehrsgeographisch ungünstigen und ökonomisch nicht besonders attraktiven Gegend wie dem East Cape eine Maori-›Insel‹ besteht. Auch hier ist der europäische Einfluß nicht ohne Folgen geblieben, was schon in den zwanziger Jahren ein Beobachter als »die Anpassung des alten Kriegerstammes der Ngati Porou an die neue Umwelt« bezeichnet, die sich in der Entstehung von »Genossenschaften, dem Besitz großer Schafherden, moderner Schulstationen und behaglicher Wohnungen« manifestiere. Doch gerade das Weiterwirken überlieferter gesellschaftlicher Strukturen und die Kontinuität im sozialen und kulturellen Leben haben die Integration in die so gänzlich andere Welt der Pakeha, die einem heute nicht mehr gern gehörten Ausdruck entsprechend sehr wohl auch als ein (faktisch erzwungener) Assimilationsprozeß bezeichnet werden kann, erheblich erleichtert. Im Rahmen der Gemeinschaft haben sie trotz allen Wandels eine Identifikation mit dem eigenen Volk und seiner Vergangenheit ermöglicht.

Hommages an Ahnen und Gemeinschaft –
Maori-Kunst am East Cape

Eine zentrale Rolle im Leben einer Maori-Gemeinschaft spielt der Versammlungsplatz (Marae). Dort treffen sich die Mitglieder eines Stammes bei wichtigen Anlässen wie beispielsweise Trauerfeiern, die wie eine Reihe anderer religiöser und gesellschaftlicher Zeremonien in einem genau festgelegten, sehr ernstgenommenen rituellen Rahmen verlaufen. Auch Hochzeiten werden gern im Kreise einer großen Gemeinschaft auf dem Marae gefeiert, und schließlich versammelt man sich hier, um über wichtige Anliegen und Probleme des Stammes zu beraten. Bei den meisten Stämmen haben Frauen kein Rederecht; am striktesten wird diese Vorschrift bei den Arawa eingehalten, was anläßlich des Besuches von Königin Elisabeth II. in Rotorua zu Komplikationen führte: Selbst als Staatsoberhaupt durfte sie nicht auf dem üblicherweise zur Begrüßung von

Fremden genutzten Marae sprechen. Man mußte in das Rennstadion ausweichen, damit sich die Königin mit den führenden Vertretern der Arawa-Maori treffen konnte. Ganz anders dagegen sind die Gepflogenheiten bei den Stämmen der Ostküste, die stolz darauf sind, den Frauen das Rederecht auf dem Marae eingeräumt zu haben.

Holzschnitzerei vom Türpfosten eines
Maori-Versammlungshauses

Fast jeder kleine Ort am East Cape hat seinen Versammlungsplatz. Der Besucher, der sich für die Maori-Kultur interessiert, dem bietet diese Gegend eine Reihe von Möglichkeiten, mit Maori ins Gespräch zu kommen und sich damit eine Vorstellung von den materiellen Ausprägungen ihrer Religion und Zivilisation zu machen, die im allgemeinen authentischer sein dürfte als in Rotorua, das mehr auf den Tourismus ausgerichtet ist. ›Materielle Ausprägung‹ bedeutet vor allem Gestaltung und Ornamentik der Versammlungshäuser (Whare runanga), die am Rande der Marae liegen. Eine Besichtigung der teilweise aufwendig dekorierten Versammlungshäuser ist gewöhnlich möglich, allerdings sollte man aus Höflichkeit und Respekt vor der anderen Kultur erst um Erlaubnis fragen, bevor man sie betritt.

Schöne Versammlungshäuser mit kunstvollen Schnitzereien sind am East Cape keine Seltenheit; ein sehenswertes
besitzt der über mehrere Buchten ›verteilte‹ Ort **Te Kaha**
an der Westseite, ein anderes das an einer halbrunden,
geschützten Sandbucht gelegene **Hick's Bay,** dessen
›Meeting-house‹ innen mit edlen Schnitzereien aus dem
Anfang der siebziger Jahre des 19. Jahrhunderts geschmückt ist. Erheblich jünger ist das Versammlungshaus

Schnitzkunst der Maori, Manaia-Motive

von **Tokomaru Bay,** einem hübschen Dorf, dessen Strandpromenade Norfolkfichten und Palmen säumen. Schließlich ist das *Hinetapora meeting-house* in **Ruatoria** erwähnenswert, das mit dem angrenzenden *Mangahanea marae*
den eigentlichen Mittelpunkt des Ngati-Porou-Stammes
darstellt. Das Gebäude selbst wurde im Jahre 1896 errichtet, während eine Anzahl der Schnitzereien erheblich älter
ist. In der Nähe von Ruatoria liegt auch das im Kolonialstil
erbaute einstige Haus des schon erwähnten Maori-Führers
Sir Apirana Ngata (1874-1950), der sich in jahrzehntelanger
politischer und parlamentarischer Arbeit große Verdienste

um die Maori-Bevölkerung vor allem seiner Heimat erworben hat. Direkt neben *Ngata homestead* erhebt sich ein weiteres sehenswertes Meeting-house der Ngati Porou.

Die Versammlungshäuser unterscheiden sich gewöhnlich äußerlich nur wenig. Architektonisch eher anspruchslos, verdanken sie ihre individuelle Schönheit und Würde besonders den aufwendig geschnitzten Balken, den kunstvoll gewebten Flachspaneelen im Inneren und dem ›Mana‹ (nur unzureichend mit ›Prestige‹ wiederzugeben) der an der Ausgestaltung beteiligten Schnitzer. Vor allem das Andenken an den berühmten Ahnen, dem das jeweilige Gebäude gewidmet ist, verleiht jedem einzelnen Versammlungshaus sein besonderes Gepräge. Das Betreten des Whare runanga ist somit stets eine Reverenz gegenüber dem in ihm und in seiner Ornamentik verehrten Vorfahren, den der Aufbau des Hauses symbolisiert. In dieser auf Harmonie zwischen dem menschlichen Individuum und der baulichen Struktur ausgerichteten, parallelisierenden Konzeption entsprechen die Maske an der vorderen Giebelfront dem Kopf des Ahnen, der Firstbalken seinem Rückgrat, die bemalten Sparren seinen Rippen, die sorgfältig geschnitzten Frontbalken seinen Armen und das Innere seinem Bauch. Weitere Darstellungen menschlicher Gestalten an Pfosten und Wandplatten im Inneren verweisen auf berühmte Häuptlinge und Krieger oder auf den mythischen ›Gründer‹ des eigenen Stammes, den Steuermann des Stammkanus.

Die ungemein kraftvoll wirkenden, mit bewundernswerter Kunstfertigkeit in das weiche Holz des Totara-Baumes geschnitzten figürlichen oder ornamentalen Darstellungen künden von der Geschichte und Tradition des Stammes. Als sprechende Kunstwerke ersetzen sie die der klassischen Maori-Welt unbekannte Schrift und ergeben einen lebendigen und ausdrucksstarken Spiegel der Vergangenheit, die im Denken der Maori der Gegenwart und der Zukunft mindestens ebenbürtig ist. Während die Europäer mit dem Rücken zur Vergangenheit stehen, also nach vorn, in die Zukunft blicken, bewegen sich die Maori mit auf die Vergangenheit gerichteten Augen in die Zukunft. Die Zukunft liegt ›muri‹, ›hinter‹ uns, heißt es in der Maori-Sprache. Diese traditionsbewußte Mentalität, in der die toten Ahnen präsent und bei der Suche nach bewährten Mustern und Verhaltensweisen hilfreich sind, läßt erahnen, wie schwer eine Integration in die so ganz anders strukturierte Vorstellungswelt der Pakeha und ein gegenseitiges Verständnis sein müssen. Die Versammlungshäuser mit ihrer symbolträchtigen, bis ins Detail wohlüberlegten künstlerischen Ausschmückung könnten für den Besucher eine Stätte der geistigen Begegnung mit einer für ihn fremden Zivilisation und Mentalität sein, wo er die Andersartigkeit und die geistig-religiösen Grundlagen dieser Kultur anschaulich erfährt.

Aus der Bedeutung der Schnitzereien als unentbehrliches Mittel zur Verschönerung der Versammlungshäuser erklärt sich das Bemühen, diese Kunst zu vervollkommnen. Ihre Beherrschung sichert dem Schnitzer hohes Ansehen. In voreuropäischer Zeit hatte er sogar eine priesterähnliche Stellung (Tohunga) inne, zumal der Tradition nach die Götter diese Kunst erfunden und an die Menschen weitergegeben haben.

Die Schnitzkunst der Maori basiert hauptsächlich auf zwei Kompositionselementen, die freilich mannigfach variiert und äußerst abwechslungsreich gestaltet werden: zum einen figürliche Elemente, die mehr oder minder stilisiert, nicht selten grotesk übersteigert werden; zum anderen eine abstrakte Hintergrundornamentik, in der verschiedenste Spiralformen dominieren. Besonders eindrucksvoll sind die oft finster blickenden Gestalten der Vorfahren. Die ausgestreckte Zunge, die Tätowierungen und die im Kriegstanz verrenkte Körperhaltung signalisieren Entschlossenheit und Mut eines großen Helden, dessen irisierende Augen aus Paua-Muscheln grimmig zu funkeln scheinen.

Ihre höchste Blüte erreichte die Schnitzkunst der Maori Ende des 18., Anfang des 19. Jahrhunderts; bis zu dieser Zeit wurden die Schnitzwerkzeuge aus hartem, nur auf der

Südinsel vorkommenden ›Greenstone‹ (Nephrit) hergestellt; für feinere Arbeiten verwendete man Obsidiansplit-
ter. Erst um die Mitte des 19. Jahrhunderts kamen im Ge-
folge der europäischen Einwanderung Stahlmeißel verstärkt in Gebrauch. Auch wenn die Schnitzer überwiegend
Holz bearbeiteten, so verstanden sie sich doch ebenso auf
den kunstvollen Umgang mit anderen Werkstoffen wie zum
Beispiel dem begehrten jadeähnlichen Greenstone. Aus ihm
wurden alltägliche Dinge, Handwerksgeräte und Keulen,

›Hei-tiki‹, Schmuckstück der Maori aus Nephrit

aber auch Schmuck gefertigt. Das berühmteste und charak-
teristischste Schmuckstück aus ›Grünstein‹ ist das ›Hei-
tiki‹, ein Anhänger in Form einer menschlichen Gestalt mit
grotesk verzerrten Gesichtszügen bei schräg abgewinkel-
tem Kopf, eine fast dämonisch anmutende Fratze. Heute
vielfach zum Touristensouvenir – nicht selten aus Plastik,
›made in Taiwan‹ oder in Idar-Oberstein gefertigt – degra-
diert, war es ursprünglich ein von Frauen getragenes
Fruchtbarkeitsamulett. Tiki ist in der Maori-Mythologie
der Schöpfer des ersten Mannes oder auch der erste Mann
selbst. In der Kunst personifiziert er das männliche Prinzip
schlechthin, so daß das Hei-tiki (hei bedeutet ›hängen‹ und
verweist auf die Verwendung des Schmucks) als Phallus-
symbol verstanden werden kann. Wegen der außerordentli-

chen Härte des Greenstone bedurfte es zwischen fünfhundert und tausend Arbeitsstunden, um besonders wertvolle Schmuckstücke dieser Art zurechtzuschleifen.

Nachdem sich der christliche Glaube in der Maori-Bevölkerung durchgesetzt hatte, lag es nahe, neben den Meeting-houses als den traditionellen gesellschaftlichen und kultischen Zentren im Leben der Maori auch Kirchen im klassischen Maori-Stil zu schmücken. Eine der schönsten und eindrucksvollsten des Landes ist die 1926 am East Cape fertiggestellte *St. Mary's Church* in **Tikitiki**. Die ›Kathedrale‹, wie die Angehörigen des Ngati-Porou-Stammes sie stolz nennen, wirkt von außen recht unscheinbar. Ihr Inneres hingegen mit den wunderschönen, durch geschmackvolle Paua-Intarsien gegliederten Schnitzereien an Altar, Kanzel, Kreuz, Orgel und Taufbecken, den zum dunklen Braun des Schnitzwerks reizvoll kontrastierenden hellen Wandpaneelen, die aus gefärbtem Flachs und Gräsern dekorativ zusammengefügt sind, und den farbig bemalten Dachsparren macht diesem anspruchsvollen Namen alle Ehre.

Malerische Flecken zu Füßen des heiligen Berges

Eine Fahrt zum East Cape und an der Ostküste weiter nach Süden ist nicht nur ein Ausflug in die vergangene und gegenwärtige Welt der Maori, sondern bietet auch eine reizvolle, unverwechselbare landschaftliche Szenerie: Zunächst die stille, ›unverbrauchte‹ Westseite des Kaps mit ihren kleinen Dörfern und alten, verfallenen Walfängerstützpunkten, in denen die Natur wieder das Regiment übernommen hat; dann die Nordseite mit ihren schroffen Steilküsten, auf deren östlichstem Punkt, dem schwer zugänglichen East Cape, sich der vor einiger Zeit vom flutumtosten, rauhen East Island hierher versetzte Leuchtturm erhebt; und schließlich die wieder etwas belebtere, offenere, vom Menschen ›gezähmte‹ Ostküste, die wegen der schützenden Barriere der Raukumara Range zu den sonnigsten und wärmsten Regionen des Landes gehört. Hier ist mit rund 39 Grad die höchste jemals in Neuseeland registrierte Temperatur gemessen worden, und die jährliche Durchschnittstemperatur liegt bei angenehmen 18 Grad. Die Berge treten hier weiter als auf der gegenüberliegenden Seite ins Innere zurück; mit ihren schroffen, gezackten Spitzen erinnern sie manchmal silhouettenhaft an die Dolomiten. Der **Mount Hikurangi** ist mit 1754 Metern der höchste nichtvulkanische Berg der Nordinsel – und der erste Punkt des Landes, der von den Strahlen der Morgensonne beschienen wird. Wie alle hohen Bergspitzen galt auch dieser Gipfel den Maori als ›tapu‹, dies um so mehr, als die Ngati Porou ihn als das in Stein verwandelte Kanu des mythischen Entdeckers Maui verehrten und ihm den Namen des heiligsten Berges von Hawaiki gaben, auf dem nach altem Glauben ewiges Licht und Leben herrschten und der Tod unbekannt war.

Zwischen der Range und dem Meer erstreckt sich hügliges, von Tausenden von Schafen übersätes Weideland, das manchmal mit fruchtbaren, für den Ackerbau genutzten Schwemmlandebenen abwechselt. Von besonderer Qualität sind die schönen, oft hinter den Hügeln etwas versteckt liegenden, wenig besuchten Strände dieses Landstrichs zwischen Tokomaru Bay und Gisborne. Die sonnenverwöhnten, goldfarbenen Sandbuchten, die von Steilküsten aus hellem Fels flankiert werden, sind meist nur auf holprigen Feldwegen zu erreichen, die sich über die Küstenhügel schlängeln und ab und zu von der Höhe herrliche Ausblicke auf die glitzernde, blaue Fläche des Pazifiks gestatten. *Anaura Bay* und der abgelegene *Waihau Beach* gehören zu diesen malerischen Flecken und, natürlich, die berühmte *Cook's Cove* bei *Tolaga Bay,* eine kleine, von steilen Felsen schützend eingerahmte, durch zwei vorgelagerte winzige Felseilande zum offenen Meer hin etwas abgeschirmte Bucht, in der Cook am 23. Oktober 1769 landete. Sie war der dritte Ankerplatz auf seiner ersten Entdeckungsfahrt – und ein äußerst eindrucksvoller, dessen natürliche Schönheit den auf der ›Endeavour‹ mitreisenden Künstler Parkinson zu der Äußerung veranlaßte: »Das Land ist angenehmer, als man beschreiben kann, und bei richtiger Kultivierung könnte man ein zweites Paradies daraus machen.« Ähnlich begeistert rief Cooks Botaniker Banks angesichts der natürlichen Brücken, die der ausgewaschene, von Löchern durchbohrte Fels eines der beiden Inselchen (›Hole-in-the Wall‹) geschaffen zu haben scheint, aus: »Um wieviel ist doch die reine Natur der Kunst in solchen Fällen überlegen!«

Poverty Bay – Die üppige ›Bucht der Armut‹ als historischer Schauplatz

Nur wenige Tage vorher und einige Dutzend Seemeilen weiter südlich hatte man sich erheblich weniger begeistert geäußert. Unter dem Datum des 11. Oktober trug Cook enttäuscht in sein Logbuch ein: »Um sechs Uhr morgens lichteten wir den Anker und fuhren aus der Bucht, welche ich ›Bucht der Armut‹ nannte, denn sie bot kein einzig Ding, wonach wir suchten.« ›Poverty Bay‹ heißt seitdem die Bucht, an der Gisborne liegt. Selten hat sich Cook auf seiner fünfeinhalbmonatigen Expedition um Neuseeland herum in der Namensgebung einer Landschaft so getäuscht: Die Fruchtbarkeit des ebenen Landes um Gisborne mit Zitrusfruchtplantagen, ausgedehntem Gemüse- und Weinanbau und das für Rinder- und Schafzucht genutzte hüglige Terrain stehen in krassem Gegensatz zur geographischen Bezeichnung ›Poverty Bay‹.

Was Cook und seine Männer angeht, so spiegelt diese Unmutsäußerung freilich die äußerst ernüchternde Erfahrung des ersten Landganges. Am 7. Oktober 1769 hatte der Schiffsjunge Nicholas Young das Festland erblickt: Ihm zu Ehren trägt seitdem das Vorgebirge aus weißem Felsgestein, das die Poverty Bay südlich begrenzt, den Namen **Young Nick's Head.** Kurz nach der Entdeckung hatte man bei *Kaiti Beach* den Fuß auf das neue Land gesetzt und war nur wenig später in eine erste Auseinandersetzung mit Maori geraten, bei der ein Eingeborener ums Leben kam. Am folgenden Tage ereignete sich ein weiterer, erneut blutiger Zwischenfall – das erste Aufeinandertreffen von Pakeha und Maori an der East Coast stand unter keinem günstigen Stern. An die Aufnahme wichtiger Versorgungsgüter und einen Tauschhandel war nicht zu denken. Unter diesen Umständen kann man Cook die Bezeichnung ›Bucht der Armut‹ nicht verdenken. Einige Wochen später jedoch stieß die Besatzung der ›Endeavour‹ in der ›Bay of Plenty‹ (›Bucht der Fülle‹) erleichtert auf erheblich freundlichere Ureinwohner.

Zur Erinnerung an den durch den Tod einiger Maori überschatteten, aber nichtsdestoweniger historischen Tag, an dem der erste Europäer hier neuseeländischen Boden betrat, sind in **Gisborne** mehrere *Cook-Denkmäler* errichtet worden; eines in der Nähe des Hafens auf der Kaiti Beach Road; dann ein zweites im Alfred Cox Park, das die kanadische Regierung als Ausdruck des Dankes beider Länder gegenüber dem großen Entdecker gestiftet hat; und schließlich als drittes das Cook Memorial auf dem *Kaiti Hill*. Von dort bietet sich ein prächtiger Panoramablick auf die Stadt und ihren Hafen, das umliegende Farmland und das Meer, dessen Wellen auf die Strände der Poverty Bay auslaufen, bis hin zu dem in der Ferne aufragenden Young Nick's Head.

In Gisborne verweist man nicht nur stolz auf den ersten Landgang Cooks, sondern wartet noch mit einem zweiten Superlativ auf: Wegen der Nähe zur internationalen Datumsgrenze, die nur zwei Grad weiter östlich auf dem 180. Längengrad verläuft, ist Gisborne die erste Stadt der Welt, die das Licht des neuen Tages erblickt. An den Ufern dreier Flüsse gelegen und deshalb innerhalb des Landes mitunter übertreibend ›Brückenstadt‹ genannt (die geographische Isolation Neuseelands scheint eine manchmal etwas naiv anmutende, aber recht liebenswerte Neigung seiner Einwohner zu überdimensionierten oder disproportionierten Metaphern und Vergleichen zu fördern; Bezeichnungen wie ›the world's greatest‹ oder ›the most expensive in the Southern Hemisphere‹ sollte man mit einer gesunden Portion an Skepsis begegnen), zieht Gisborne reichen wirtschaftlichen Nutzen aus der Fruchtbarkeit seiner Umgebung. Neben Betrieben der Lebensmittelverarbeitung, vor allem Konservenfabriken, hat in den letzten Jahren auch die von hier aus operierende Fischfangflotte hohe Zuwachsraten erzielt.

Von touristischem Wert ist über die historischen Reminiszenzen hinaus das *Poho-o-Rawiri meeting-house* am Fuße des Kaiti Hill, eines der größten Versammlungshäuser des Landes, dessen Schnitzereien im ›Institut‹ in Rotorua hergestellt worden sind. Daß Gisborne ebenso wie die gesamte East Coast ›klassisches‹ Maori-Land ist, beweist das schönste, mit kostbarstem Schnitzwerk verzierte Versammlungshaus Neuseelands, das aus Manutuke, einem Ort wenige Kilometer westlich von Gisborne, stammt. Es ist allerdings schon lange nicht mehr dort zu bewundern, sondern seit über hundert Jahren Prunkstück in der Maori collection des Nationalmuseums in Wellington, wohin es aus Denkmalschutzgründen im Jahre 1876 gebracht worden ist.

Den Abschluß der Poverty Bay im Süden bildet strenggenommen schon Young Nick's Head. Als markante geographische Grenze wird jedoch oft die abgelegene **Mahia Peninsula** angesehen, die der Mensch, bis auf ein paar gute Strände, weitgehend den Schafherden überlassen hat, die das unzugängliche Innere bevölkern. Auch wenn südlich der Halbinsel die langgezogene Hawke's Bay – von Cook 1769 zu Ehren des damals amtierenden Ersten Lords der Admiralität so benannt – beginnt, ändert sich die Landschaft nicht, so daß keine naturräumliche Trennlinie vorliegt. Prägend für diese Gegend, von relativ kleinen Küstenebenen wie um Wairoa abgesehen, ist die hüglige, manchmal fast bergige Landschaft, die zum Teil zur Viehzucht genutzt wird. Der meist in der Nähe der Küste verlaufende Highway 2 bietet eine Reihe schöner Aussichtspunkte auf die Poverty Bay und die in der Ferne aufragenden Bergketten im Landesinnern. Immer wieder erblickt man Aufforstungsgebiete mit Kiefernbeständen, deren dunkles Grün besonders im Sommer und Herbst, wenn die übrige Vegetation durch die starke Sonneneinstrahlung bei vergleichsweise geringen Regenfällen ausgedörrt ist, kräftige Farbtupfer inmitten einer bräunlich gefärbten Landschaft abgibt.

Bodenerosion an der Ostküste – Gefahren und Abhilfen

Diese Aufforstungsaktivitäten an der East Coast gehen nicht so sehr auf wirtschaftliche Überlegungen zurück, sondern entsprangen bitterer Notwendigkeit: Die Rodung des einst von dichtem Wald überzogenen Gebiets vom East Cape bis etwa zur Mahia Peninsula, das Verschwinden der Gestrüpp- und Farnvegetation, die weiter südlich dem Boden als Halt gedient hatte, und schließlich die Überweidung der in Grasflächen umgewandelten Landstriche führten vielfach zu einer bedrohlichen Bodenerosion. Kleine kahle Stellen auf den grünen Weideteppichen überall an der East Coast sind erste Anzeichen dafür. Perioden längerer Trockenheit und von Zeit zu Zeit heftige Regenstürme charakterisieren das Ostküstenwetter – eine fatale Kombination, die bei ungenügendem Halt des Mutterbodens zu lawinenartigen Erdrutschen führen kann.

Die schlimmste Naturkatastrophe dieser Art ereignete sich im Jahre 1938 im Hinterland von Gisborne, als dort ein dreitägiges Unwetter mit hohen Windgeschwindigkeiten und sintflutartigen Regenfällen niederging. Kleine Bäche schwollen zu reißenden Flüssen an; einer von ihnen, der gewöhnlich ein Fließvolumen von weniger als einem Kubikmeter in der Sekunde hatte, erreichte Spitzenwerte von 950 Kubikmetern. Millionen von Tonnen losgespülten Erdreichs setzten sich in der Umgebung von Whatatutu in Bewegung und ergossen sich in die Täler des Waipaoa River und seiner Nebenflüsse. Dieser sogenannte Tarndale Slip, eine Art ständigen Erdrutsches, setzte sich zwanzig Jahre lang mit unerbittlicher Konsequenz fort; er hob Flußbetten um Dutzende von Metern, begrub Weiden und Gebäude unter einer dicken Schicht von Geröll und Tonerde. Während an der Poverty Bay noch die Bulldozer dabei waren, den Schaden zumindest einzugrenzen, wurde das

Gebiet der Hawke's Bay zwei Monate später von ähnlichen Unwettern heimgesucht. Auch hier geriet an vielen Stellen die Erde ins Rutschen, wälzten sich Lawinen gelblichen Schlamms die Abhänge zahlreicher Hügel hinunter.

Unter dem Eindruck der Zerstörungskraft eines solchen Erdrutsches, der, einmal in Gang gekommen, kaum zu stoppen ist, begann man energischer als vorher, nach Mitteln und Wegen zu suchen, um der nunmehr als akute Gefahr erkannten Bodenerosion Einhalt zu gebieten – dies um so mehr, als ähnliche Probleme auch weite Gebiete der Südinsel gefährdeten. Die Aufforstung bereits betroffener und bedrohter Flächen mit der rasch wachsenden ›Pinus radiata‹ war eine der Möglichkeiten, dem Erdreich wieder Halt zu geben und das Abrutschen weiterer Bodenmassen zu verhindern. Tatsächlich sind dadurch die Wunden, die Erdrutsche und Erosion weiten Gebieten der Ostküste geschlagen hatten, zum Teil schon gut verheilt; so etwa beim Tarndale Slip, bei dem sich nur noch der ›Hauptrutsch‹ als graue Geröllwüste im ausgedehnten grünen Kunstwald zu beiden Seiten ausnimmt.

Als weitere erfolgreiche Maßnahme, die gleichzeitig dem Schutz vor Erosion und der Ertragssteigerung dient, hat sich nach dem Zweiten Weltkrieg das ›Aerial topdressing‹ als spezifisch neuseeländische Düngungsmethode durchgesetzt: Von kleinen, einmotorigen Flugzeugen aus werden die Weiden mit Kunstdünger, vor allem Phosphaten, und Kalk überzogen – eine besonders in schwer zugänglichem, hügligem Gelände äußerst effektive und kostengünstige Methode, das Wachstum des Grases zu beschleunigen und damit die Produktivität zu erhöhen. Außerdem können die so ›gestärkten‹ Weiden kräftige Regengüsse besser aufnehmen und damit das gefährliche schnelle Abfließen des Wassers von den Hügeln verhindern. Die Einführung des Aerial topdressing hing eng mit der höheren Zahl an verfügbaren Flugzeugen und Piloten nach dem Zweiten Weltkrieg zusammen. Erste, von der Regierung geförderte Versuche erwiesen sich als erfolgreich, und seit 1949 betreiben kommerzielle Gesellschaften das Düngen aus der Luft. Daß die

neue Methode geradezu eine Revolution in der Weidewirtschaft Neuseelands darstellt, die als zentraler ökonomischen Faktor des Landes unter starkem internationalem
Konkurrenzdruck auf eine ständige Optimierung des Ko-
sten-Nutzen-Verhältnisses geradezu existentiell angewiesen ist, zeigt die Statistik: vierzig Prozent der gesamten
Düngung geschieht heute aus der Luft, wobei zunehmend
auch Hubschrauber eingesetzt werden. Vor allem im Frühling und Herbst sieht man immer wieder, wie die vollbela-
denen – nicht selten überladenen – Flugzeuge von kleinen
Graspisten oder sogar von steilen Abhängen aus starten
und im Tiefflug eine weiße Wolke von Dünger und Kalk
hinter sich herziehen, die allmählich zerstäubt und langsam
auf den Boden niedergeht. Für den ökologisch sensiblen
Betrachter sicher kein begeisternder Anblick; aber angesichts der ökonomischen Zwänge der Farmer ein kaum
vermeidbares Verfahren, das zumindest im Kampf gegen
die Erosion zum Schutz der Umwelt beiträgt.

Es ist mehr als ein bloßer Zufall, daß einer der ersten
und sicherlich der weitblickendste Umweltschützer seiner
Zeit, der Farmer und Naturforscher William Herbert Guthrie-Smith (1868-1940), mehr als fünf Jahrzehnte im ero-
sionsgefährdeten Gebiet der Hawke's Bay gelebt hat. Vierzig Kilometer nördlich von Napier, am **Lake Tutira,** der
auf sein Betreiben zum Vogelschutzgebiet erklärt worden
ist, kaufte sich der gebürtige Schotte im Jahre 1882 eine
große Schaffarm. Mit feiner Beobachtungsgabe und analy-
tischem Blick registrierte er die Veränderungen, die sich
durch die Umwandlung der Landschaft und ihre landwirtschaftliche Nutzung allmählich vollzogen. Er erkannte die
Chancen, aber auch die Gefahren dieses Prozesses sehr
deutlich, vor allem die zunehmenden Indizien für eine be-
drohliche Bodenerosion. Seine Beobachtungen schrieb er
in ›Tutira – The Story of a New Zealand Sheep Station‹
(›Die Geschichte einer neuseeländischen Schafstation‹), einem der wenigen neuseeländischen ›Klassiker‹, minutiös
nieder. In dieser und anderen Veröffentlichungen setzte
sich Guthrie-Smith vehement für die Erhaltung der einhei-

mischen Tier- und Pflanzenwelt ein. Er war ein unerbittlicher Kritiker der sogenannten ›Acclimatization Societies‹, die sich die Einführung möglichst vieler Gattungen aus fremden, besonders europäischen Ländern nach Neuseeland zum Ziel gesetzt hatten. – »a sad, bad, mad, incomprehensible business« (»ein trauriges, schlechtes, verrücktes, unbegreifliches Unterfangen«) urteilte der kämpferische Schotte kopfschüttelnd angesichts der dadurch leichtfertig heraufbeschworenen Kaninchen-, Ratten- und Rotwildplagen sicherlich zu Recht. Nach seinem Tod ging ein Teil seines ehemaligen Farmgebiets als Stiftung in öffentlichen Besitz über; dieses auf der Ostseite des Lake Tutira gelegene hüglige Gelände ist durch eine Reihe schöner Spazierwege erschlossen. Auf der gegenüberliegenden Seite fällt in der Nähe des Farmhauses ein Flecken ›Native bush‹ inmitten der sonst gerodeten Landschaft ins Auge; dieser ›Fremdkörper‹ geht auf einen erfolgreichen Versuch des Naturforschers zurück, der seine Theorie bestätigen sollte, daß ein sich selbst überlassenes Stück Land wieder zu seiner ursprünglichen Vegetation zurückkehren werde.

Hawke's Bay – Die ›Fruchtschale Neuseelands‹

Kurz hinter Tutira steigt die Straße stark an; von ›Devil's Elbow‹, wie sich die Serpentine dort oben treffend nennt, genießt man einen weiten Blick auf Meer und Küste der Hawke's Bay, in der sich schroffe Felsformationen mit flachen Sandstränden abwechseln, von denen sich einige hervorragend zum Baden und Surfen eignen. Bald danach ist die Küstenebene erreicht, die sich um Napier und Hastings zu den fruchtbaren Heretaunga Plains weitet. Die einst sumpfige, von fünf größeren Flüssen durchzogene Ebene verfügt heute über die fruchtbarsten Böden des Landes. An der Trockenlegung der Heretaunga Plains und dem Bau des Highway 2 hatten insbesondere skandinavische Siedler, die in den siebziger Jahren des 19. Jahrhunderts nach Neuseeland einwanderten, großen Anteil. Im Süden der Hawke's-Bay-Region gründeten sie mit Dannevirke (hervorgegangen aus ›The Danes' Work‹) und Norsewood, das noch ein wenig skandinavisches Flair besitzt, zwei Städte im Landesinneren.

Die Heretaunga Plains beginnen dort, wo der Highway 2, der dem Verlauf der Ostküste folgt, auf den Highway 5 trifft. Der Highway 2 verbindet den Lake Taupo mit der East Coast und führt in seinem letzten Stück durch das Weinanbaugebiet des Eskdale Valley. Im Westen durch Bergketten geschützt, die zum Teil über 1500 Meter hoch aufragen, erfreut sich die Ebene eines warmen Klimas mit viel Sonnenschein. Das Motto, mit dem Napier um Touristen wirbt, trifft durchaus zu, denn ›A place in the sun‹ ist die Stadt allemal. Und das nicht nur in klimatischer Hinsicht, sondern auch als Mittelpunkt einer landwirtschaftlich reichen Region und ›Zwillingsstadt‹ des einige Kilometer landeinwärts gelegenen **Hastings,** das sich gleich hinter dem Ortsschild als ›The fruit bowl of New Zealand‹ vorstellt. Tatsächlich hat ›Wattie's‹, der größte Konservenhersteller des Landes, hier seinen Hauptsitz. Daneben haben sich weitere große Betriebe der Branche niedergelassen, so etwa der ›Apple and Pear Marketing Board‹ mit dem größten Kühlhaus Neuseelands. Welche Bedeutung Hastings als ›Fruchtschale‹ des Landes besitzt, läßt ein aufmerksamer Blick in die Konservenregale europäischer Supermärkte erkennen: Ein Großteil der aus Neuseeland importierten Obst- und Gemüsekonserven ist in Hastings abgepackt worden – und hat dann im Hafen von Napier seine lange Reise um den halben Erdball angetreten.

Auf dem *Te Mata Peak,* dem rund vierhundert Meter hohen ›Hausberg‹ von Havelock, dem Nachbarort von Hastings, begreift man, daß dieser Teil der Hawke's Bay zu den fruchtbarsten Landstrichen der Nordinsel zählt. An klaren Tagen tauchen in der Ferne die schneebedeckten Gipfel des Mount Ruapehu und als schützendes ›Naturbollwerk‹ die im Winter ebenfalls weiß leuchtenden Grate der Ruahine Range auf, die weiter zum Meer hin in von fetten Lämmern und Schafen bevölkertes hügliges Gelände ausläuft. Die Schwemmlandebene um Hastings und Na-

pier beeindruckt mit ausgedehnten Obstbaumkulturen,
Äckern, Weiden und Weinanbauflächen – dahinter die
Weite des Meeres, dessen Küste bis zur Mahia Peninsula
hin sichtbar ist. Mehr als die Hälfte der neuseeländischen
Birnen- und Äpfelproduktion konzentriert sich auf dem
Anbaugebiet der Hawke's Bay; daneben werden Pfirsiche,
Pflaumen, Nektarinen und in zunehmendem Maße auch
Südfrüchte und Kiwis angepflanzt, ebenso die verschieden-
sten Arten von Mais und Gemüse. Neben der Poverty
Bay, der Gegend um Auckland und der sonnenverwöhnten
Marlborough-Provinz im Norden der Südinsel ist die Haw-
ke's Bay eines der bedeutenden Weinanbaugebiete des Lan-
des, und eine Reihe von Gütern in Hastings lädt den Besu-
cher zum Probieren ein.

Fällt Hastings mehr durch die nüchterne Betriebsamkeit
einer wirtschaftlich prosperierenden Stadt auf, so besitzt
die etwa gleich große ›Rivalin‹ **Napier** – beide Städte haben
rund 50000 Einwohner – durch ihre Lage am Meer und
ihren Charakter als Badeort mehr Atmosphäre und Stil.
Prunkstück der durch viele Grünanlagen und Parks aufgelockerten Stadt ist die über drei Kilometer lange *Marine
Parade,* eine von majestätischen Norfolk-Fichten gesäumte
Strandpromenade mit Rasenanlagen, Blumenbeeten, Fontänen und der Statue der ›Meeresjungfrau‹ Pania, von der
die Maori-Mythologie eine ergreifende Romeo- und Julia-
Romanze zu erzählen weiß. Hier liegen die touristischen
Attraktionen der Stadt, das *Marineland,* dessen Hauptak-
teure Delphine und Seehunde sind, das *Hawke's Bay Aqua-
rium,* in dem auch Vertreter des in freier Natur äußerst
selten gewordenen Tuatara-›Drachens‹ zu bewundern sind,
und, mittlerweile in führenden Fremdenverkehrsorten des
Landes offenbar eine Notwendigkeit, ein *Kiwihaus.* Ganz
in der Nähe befindet sich *Hawke's Bay Museum and Art
Gallery,* als Provinzsammlung ein durchaus sehenswertes
Museum, das über Funde aus der voreuropäischen Zeit
und über die Entwicklung der Stadt informiert.

Eine Tonbildschau ist der düstersten Stunde in der Geschichte der Stadt gewidmet: dem furchtbaren Erdbeben,

das am 3. Februar 1931 über Napier und Hastings hereinbrach und über 250 Menschenleben kostete – gemessen an
der Zahl der Opfer die schlimmste Naturkatastrophe des
Landes seit der Zeit der europäischen Besiedlung. Ein großer Teil der Gebäude wurde damals zerstört. Auf ihrem
Schutt wurde ausgerechnet die Marine Parade errichtet.
Neben der destruktiven Wirkung brachten die unterirdischen Kräfte indes auch Neues hervor: Als Folge der Er-
schütterung hoben sich Teile des ehemaligen inneren Hafens. Auf dem neu entstandenen Festland liegen heute
ganze Stadtteile von Napier, unter anderem der Flughafen.
Auch wenn die Erinnerung an die Naturkatastrophe ver-
blaßt und Napier zu einem schmucken, von Touristen gern
besuchten Badeort am Gestade des Pazifiks aufgeblüht ist,
bleibt die Furcht, die Erde könnte hier eines Tages erneut
beben; denn die East Coast gehört zu den ›anfälligen‹
Regionen der Nordinsel, die nicht umsonst den Spitznamen
›The Woobly‹ (die Wacklige) trägt.

Attraktion auf steilen Klippen –
Die Tölpelkolonie von Cape Kidnappers

Rund zwanzig Kilometer südlich von Napier liegt, schon
von ferne als trotzig aufragende, die Schwingung der Bucht
geradezu abfangende und beendende Naturbarriere erkennbar, ein Vorgebirge aus sechzig bis neunzig Meter
hohen Sandsteinklippen: das **Cape Kidnappers,** zugleich
ein landschaftlicher Markstein und das Zuhause einer
weltberühmten Tölpelkolonie. Cape Kidnappers wurde es
von Cook genannt, weil Maori hier einst versuchten, einen
Jungen aus Tahiti von der ›Endeavour‹ zu entführen. Das
Kap ist der einzige Platz der Erde, an dem Tölpel auf dem
Festland nisten. Nach einer rund 3000 Kilometer langen
Reise von der Ostküste Australiens kommen jedes Jahr
Tausende der hübschen Vögel mit dem gelblichen Kopf
und dem schneeweißen Gefieder, das in schwarze Schwanz-
federn ausläuft, hierher, um sich zu paaren und pro Paar
ein einziges Ei auszubrüten. Seit 1933 unter Naturschutz

stehend, ist die Kolonie kontinuierlich angewachsen, und die Nistplätze wurden knapp. Heute drängen sich bis zu 4500 Vögel auf dem engen Raum des Vorgebirges und auf einigen benachbarten, ebenso vor feindlichen Tieren geschützten Felsinseln. Dicht an dicht hockt hier eine lärmende und übelriechende Gemeinschaft, deren Kot die ursprünglich braunen Klippen stellenweise schon weiß eingefärbt hat – trotzdem ein faszinierender Anblick, der schnell den Gestank und den langen, aber lohnenden Anmarsch über Sandstrände bei Niedrigwasser vergessen läßt. Während der Paarungszeit, des Nestbaus und der Eiablage ist ein Betreten der Kolonie nicht erlaubt. Für den Besuch bei den ›Gannets‹ von Cape Kidnappers eignen sich am besten November und Dezember; weniger Ausdauernden (vom Ausgangspunkt Clifton beträgt der Fußmarsch hin und zurück rund sechzehn Kilometer) stehen Jeeps für dieses einzigartige Safari-Abenteuer zur Verfügung.

Südlich von Cape Kidnappers erstreckt sich ein langer, goldener Sandstrand. **Waimarama Beach** ist, wenn auch auf schmalen, sich über die Küstenhügel windenden Zufahrtsstraßen, von Havelock North aus noch recht gut erreichbar. Je weiter man sich jedoch vom Zentrum der Hawke's Bay nach Süden in Richtung auf die rauhe Wairarapa Coast hin entfernt, desto mühsamer ist der Zugang zum Meer. Nur wenige Wege führen an die einsame Küste. Flache Sandstrände werden von unwirtlichen Klippen abgelöst, an denen sich die Wellen brechen und bei schwerer See mit lautem Getöse hohe Wasserfontänen an die Felswände emporschleudern. An solchen Tagen eine pazifische Impression, die dem Namen ›Stiller Ozean‹ keineswegs entsprechen will, wohl aber die kraftvolle Weite des gegen die Ostküste Neuseelands anbrandenden Meeres erahnen läßt, das über Tausende von Kilometern von keinem Land gezähmt wird, sondern erst im Süden Chiles eine ›gegenüberliegende‹ Küste findet.

LANDSCHAFT IM SCHATTEN
EINES BERGGIGANTEN – DIE WESTKÜSTE
DER NORDINSEL

Taranaki – Gedemütigter Herrscher
über ein grünes Reich

Annäherungen an einen Berggiganten. Zunächst die Perspektive vom Meer aus; zugleich die ›historische‹, jedenfalls aus europäischer Sicht: Sie beginnt mit einer verhinderten Entdeckung. Als Abel Tasman auf seiner Fahrt entlang der Westküste zum Nordkap die Gegend im Dezember
1642 passiert, notiert er nur: »Überall schönes, üppiges
Land.« Den Vulkan, der sich im Zentrum der halbkreisför-
migen Ausbuchtung zwischen der Süd- und der Nord-
Taranaki-Bucht erhebt, erwähnt Tasman mit keinem Wort;
offensichtlich war er in dichte Wolken gehüllt, als die
›Heemskerck‹ nahe an ihm vorbeisegelte. Erst 130 Jahre
später erfährt die europäische Welt, sofern sie sich für die
neuentdeckten Länder im südlichen Pazifik interessiert,
von der Existenz dieses Bergriesen an der Westküste der
Nordinsel Neuseelands. In seinen Logbuchaufzeichnungen
schildert Cook, deutlich unter dem Eindruck der imposan-
ten Schönheit des mächtigen Berges stehend, wie man an
einem »sehr hohen Berg« vorbeigefahren sei, der »vom
Aussehen sehr stark an den Gipfel von Teneriffa erinnert«.
Nach dem Ersten Lord der Admiralität nannte er den
Vulkan **Mount Egmont**. Dieser Name hat sich gegenüber
der Maori-Bezeichnung ›Taranaki‹ durchgesetzt, die indes
zum Namen der gesamten Region geworden ist.

   Zweite Annäherung – vom Land aus. Saftig grüne Weiden ringsum, durch mannshohe Hecken parzelliert und
aufgelockert, sanftes, weites Hügelland, auf dem hübsche

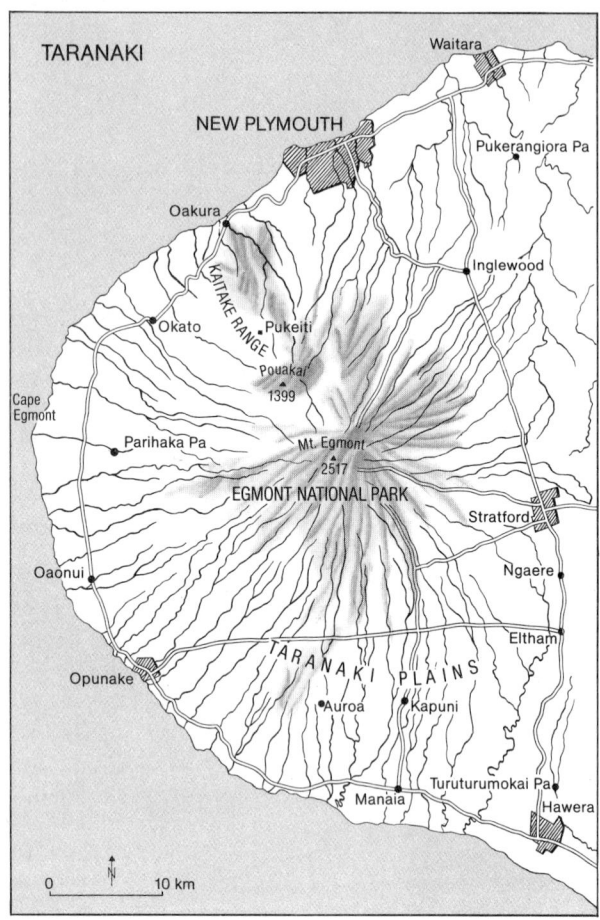

Farmhäuser wie Tupfer wirken; ein kraftstrotzender Gras-
teppich zu Füßen eines ebenso unvermittelt wie majestä-
tisch aufragenden Berges von gleichmäßiger Kegelgestalt.
Weithin der Blickfang, der ›Nabel‹ des Landes, das seine
Fruchtbarkeit den Lavaströmen verdankt, die sich von den
Flanken des Berges in die Ebene ringsum ergossen haben;

ein einsamer, aber gerade durch seine Isolation so imposanter, ehrfurchteinflößender ›Einzelgänger‹, dessen oft in Wolken gehüllter Gipfel von ewigem Schnee bedeckt ist. Mit 2518 Metern der zweithöchste Berg der Nordinsel, verdankt Mount Egmont seine Schönheit und Dominanz, die noch jeden Besucher von Taranaki in ihren Bann gezogen haben, der Tatsache, daß er nicht wie der Mount Ruapehu Teil eines größeren Gebirgsmassivs ist, sondern für sich allein wirkt – ein wahrer ›Monarch‹, der über ›seiner‹ Landschaft herrscht, indem er die Blicke geradezu magisch von allen Seiten auf sich zieht. Selbst der Wetterbericht von Radio Taranaki muß diesem Alleinherrscher seine Reverenz erweisen, indem er die im Zusammenhang mit Bergen ganz ungewohnte Singular-Form verwendet; so etwa in der winterlichen Skisaison bei der Feststellung, daß »some snow on the mountain« sei.

Nicht minder eindrucksvoll ist die dritte Annäherung: jene aus der Vogelperspektive. Vom Gipfel des Berges, noch besser vom Flugzeug aus erkennt man die konische Form des Vulkans. Sie wird am Südwesthang durch den kleinen Nebenkrater Fantham's Peak, benannt nach der ersten weiblichen Bezwingerin des Berges, leicht, im Nordwesten durch die bis knapp 1300 Meter hohen Spitzen der unmittelbar anschließenden Pouakai Range und ihren rund 700 Meter hohen ›Ausläufer‹, die Kaitake Range, etwas stärker beeinträchtigt. Was jedoch die Symmetrie besonders unterstreicht, ist der – bis auf das Gebiet der beiden eingeschlossenen Ranges – kreisrunde Zirkelschlag, der die Grenze des Egmont-Nationalparks exakt im Abstand von 9,6 Kilometern rund um den Gipfel zieht. Bei der Errichtung des Nationalparks im Jahre 1900 noch eine imaginäre Trennlinie, wurde sie durch die strengen Naturschutzbestimmungen innerhalb des Parks zur unübersehbaren Wirklichkeit. Während die unteren Abhänge des Vulkans von einem dichten dunkelgrünen, bisweilen von hellen Flecken durchsetzten Regenwald bedeckt sind, beginnt am Fuße des Vulkans, unmittelbar dort, wo der Nationalpark endet, das offene Weideland der Taranaki Plains. Durch diesen plötzlichen Kontrast wird die Insellage des Bergriesen noch zusätzlich betont – ein wildes, unverletzliches Natur-Eiland inmitten einer gezähmten Agrarlandschaft.

Bei klarem Wetter genießt man vom Gipfel herrliche Blicke auf das ausgedehnte Grün der Taranaki Plains und die unermeßliche Weite der Tasman-See, die kraftvoll gegen die meist steile Taranaki-Küste anbrandet; in der Ferne tauchen im Osten die ebenfalls schneebedeckten Höhen des Mount Ruapehu auf. 135 Kilometer Luftlinie trennen die beiden höchsten Berge der Nordinsel; eine Entfernung, die von gegenseitigem Respekt, aber auch von – nicht nur räumlicher – Distanz zwischen zwei Konkurrenten zu zeugen scheint, wenn man Ruapehu als Teil des gesamten Tongariro-Massivs versteht. So jedenfalls deutet es die Maori-Mythologie in ihrer unvergleichlich-genialischen Simplizität und Anschaulichkeit.

Damit die vierte, die mythologische Annäherung: In grauer Vorzeit drängten sich im Landesinneren viele Berge auf engem Raum. Sie alle waren männlichen Geschlechts, mit Ausnahme der lieblichen Pihanga unweit des heutigen Ortes Turangi. Im Werben um ihre Gunst gerieten die mächtigen Vulkane in Streit. Tongariro, der stärkste von allen, trug den Sieg davon, und seine einstigen Rivalen verließen im Schutze der Nacht gedemütigt und schmollend die Stätte ihrer Niederlage. Putauaki (Mount Edgecumbe) suchte in der sonnigen Bay of Plenty Zuflucht, während Whakaari (White Island) sogar das Festland verließ, um sich vor der Küste niederzulassen. Taranaki aber wandte sich nach Südwesten; auf seiner Wanderung hinterließ der Koloß eine breite Spur, das Bett des Wanganui River, bevor er seinen neuen Standort an der Westküste einnahm. Von dort blickt er stolz und einsam, grollend und sehnsüchtig zugleich auf seinen erfolgreichen Nebenbuhler, der seinerseits durch gelegentliche Rauch- und Ascheeruptionen, Drohgebärden eines eifersüchtigen Ehemannes, den einstigen Rivalen auf Abstand halten will. Von Zeit zu Zeit aber verhüllt Taranaki noch immer kummervoll sein Haupt. Er beweint seine unglückliche Liebe, sagen

die Maori von Taranaki, wenn der Berg im Nebel liegt –
wie an jenem Tage, als erstmals ein europäisches Schiff den
Bergmonarchen passierte, ohne daß seine Besatzung ihn
wahrnahm.

Vom aktiven Vulkan zum Nationalpark –
Die Metamorphosen des Mount Egmont

Vor rund 70000 Jahren, also in erdgeschichtlich jüngster
Zeit, entstanden, hat der Mount Egmont eine Reihe von
Metamorphosen durchgemacht, die je nach Intensität der
vulkanischen Tätigkeit das Aussehen des Berges erheblich
verändert haben. Seine heutige Gestalt erhielt er vermutlich
›erst‹ vor 20000 Jahren, ohne allerdings seine kraftvollen
Aktivitäten gänzlich eingestellt zu haben. Die letzte Eruption erfolgte im Jahre 1755 – ein kleiner Ausbruch, bei dem
die oberen Abhänge mit einer ›nur‹ zehn Zentimeter dicken
Ascheschicht überzogen wurden. Seitdem gilt er als ruhen-
der, aber noch nicht erloschener Vulkanriese.

Wie die meisten anderen hohen Berge, so wurde auch
Taranaki von den Maori-Stämmen, die in seinem Schatten
lebten, kultisch verehrt. Höhlen und Felsspalten an seinen
Flanken dienten als Begräbnisplätze für berühmte Häuptlinge. Der Gipfel des unheimlichen Vulkandoms aber galt
als absolut ›tapu‹; man vermutete dort geheimnisvolle Ungeheuer, deren Kontakt unbedingt zu meiden sei. Wie tief
dieser Glaube verwurzelt war, mußte Ernst Dieffenbach,
ein deutscher Naturwissenschaftler im Dienste der New
Zealand Company, in der Weihnachtswoche des Jahres
1839 erleben. Zusammen mit einem Bekannten nahm er
als erster Europäer die Gipfelbesteigung des Taranaki in
Angriff. In Höhe der Schneegrenze weigerten sich die
Maori-Führer weiterzugehen. Sie setzten sich hin, nahmen
ihre (christlichen) Gebetbücher heraus und fingen an zu
beten. Die beiden Pakeha mußten das letzte Stück bis zum
Gipfel allein zurücklegen.

Schon im vergangenen Jahrhundert wurde das Bergsteigen am Mount Egmont sehr populär. Heute ist der Vulkan

das beliebteste ›Objekt‹ ehrgeiziger Gipfelstürmer in Neuseeland: Jedes Jahr steigen mehrere hundert Wanderer zur Spitze des Berges auf, die von den Endpunkten dreier Zufahrtsstraßen aus (alle auf etwa neunhundert Meter Höhe gelegen) in vier- bis fünfstündigem Marsch zu erreichen ist. Als Lohn für den – nicht allzu – beschwerlichen Aufstieg winken prächtige Panoramen, bei klarer Sicht bis zu den Bergen im Norden der Südinsel.

Aber auch die weniger ambitionierten Besucher des **Egmont-Nationalparks** kommen auf ihre Kosten. Für Wintersportler stehen die oberen Abhänge des Berges neben den Pisten des ›Rivalen‹ Mount Ruapehu als Skigebiet zur Verfügung. Spaziergängern und Wanderern erschließt ein Netz von Wanderwegen die Wildnis des Parks. Je nach Höhe führen die Tracks durch dichten, von Moosteppichen überzogenen und epiphytendurchsetzten Regenwald, über Flächen harten Tussock-Grases, niedriges Gebüsch, Geröllfelder und reine Gebirgsbäche hinweg, an Wasserfällen, sumpfigen Wiesen und klaren Seen entlang, durch Schluchten und an bizarren Felsformationen vorbei. An freien Stellen hat man stets eine grandiose Aussicht auf die schneebedeckte Spitze des Berges und die weiten Weideflächen der Taranaki Plains, deren Grün saftiger und intensiver wirkt als im übrigen ›grünen‹ Neuseeland.

Gasfackeln über saftigen Weiden –
Die janusköpfige Wirtschaft von Taranaki

In der Tat ist **Taranaki** das Zentrum der neuseeländischen Milchwirtschaft. Die fruchtbaren vulkanischen Ascheböden und eine recht hohe Niederschlagsmenge, die der ›Monarch‹ ziemlich gleichmäßig an die Ebenen zu seinen Füßen verteilt, schaffen die Voraussetzungen für höchste Leistungen in der Molkereiproduktion. Wenn Taranaki die am dichtesten besiedelte ländliche Region des Landes ist (was freilich einem an mitteleuropäische Verhältnisse gewöhnten Betrachter nicht auffällt), dann liegt auch darin ein deutliches Indiz für die ungewöhnliche Ertragskraft eines Gebietes, das neben Waikato und Northland das einzige ist, in dem der Rinderzucht größere Bedeutung zukommt als der Schafzucht.

Vor dieser Blüte lag indes ein hartes Stück Arbeit. Da Taranaki weitab von städtischen Zentren lag, begann die Ansiedlung europäischer Farmer hier erst in den siebziger Jahren des 19. Jahrhunderts. Zunächst wurde das Gelände, das an die erste Straßenverbindung zwischen Inglewood und Hawera (heute der Highway 3) angrenzte, gerodet. Farmen wurden nur sehr zögernd angelegt, weil das Risiko wegen der großen Entfernungen zu den Absatzmärkten und eines noch unzulänglichen Verkehrsnetzes sehr hoch war. Die Pioniere der Taranaki-Landwirtschaft führten lange ein kärgliches, entbehrungsreiches Leben, und manch einen bewahrte in den achtziger Jahren nur ein unerwartetes, hohes Nebeneinkommen vor dem Bankrott: Ein chinesischer Kaufmann namens Chew Chong entdeckte einen auf den moderden Baumstämmen der gerodeten Flächen wuchernden, großen Pilz, das ›Judenohr‹ (Auricula polytricha), als Delikatesse, kaufte bei den Farmern große Mengen davon auf und exportierte sie als Trockenpilze mit stattlichem Gewinn in seine Heimat. Bei Chinesen in Neuseeland und Hongkong wird diese Pilzsorte heute noch sehr geschätzt.

Erst die Anlage von Wegen und Straßen und der Aufbau des ersten Kooperative-Systems von Milchbauern im Lande kurz nach der Jahrhundertwende legten die Grundlage für den soliden Wohlstand, dessen sich die Farmer von Taranaki in den folgenden Jahrzehnten erfreuten. Noch heute spiegelt das Muster der Straßen in der Ebene und um den Vulkan die Entwicklung deutlich wider: Um den Bau teurer Brücken nach Möglichkeit zu vermeiden, legte man die Straßen parallel zu den zahllosen Flüssen und Bächen an, die auf den Höhen des Mount Egmont entspringen und sich von seinen Abhängen hinab in die Taranaki Plains ergießen. Wie Speichen eines Wagenrades mutet das enggeknüpfte Verkehrsnetz von Taranaki an, wobei der Bergriese die Radnabe darstellt. Nur wenige, in der Anlage erheblich aufwendigere Querverbindungen gliedern dieses ungewöhnliche Netz, darunter der Highway 45, der die westliche Hälfte von Taranaki erschließt und gleichsam mit dem Highway 3 die lohnende, etwa 170 Kilometer lange Rundfahrt um den Mount Egmont ermöglicht – in einem gebührenden Abstand, der die beherrschende Stellung des Berges in ›seiner‹ Landschaft voll zur Geltung bringt.

Die offensichtliche Blüte des Landes läßt die Sorgen der Farmer in den Taranaki Plains und im ganzen Land erst bei näherem Hinsehen verstehen. Wie ihre Vorfahren vor hundert Jahren haben sie große Probleme, Käufer für ihre Produkte zu finden. Ein einschneidendes Datum auf dem Wege in diese Schwierigkeiten war der EG-Beitritt Großbritanniens im Jahre 1973. Bis dahin hatte der Agrarstaat Neuseeland 90 Prozent seiner Butter- und 75 Prozent seiner Käse-Exporte in England abgesetzt; auch bei Milchpulver und Kasein war das einstige Mutterland der Hauptabnehmer. Das änderte sich drastisch, als die Lieferkontingente, die die EG dem pazifischen Inselstaat zugestand, von Jahr zu Jahr geringer wurden. Insgesamt verlor Neuseeland innerhalb von zehn Jahren die Hälfte seines früheren Auslandsmarktes für Butter; beim Käse schrumpfte der Marktanteil sogar auf ein Siebtel – und das, obwohl Neuseeland seine Molkereierzeugnisse zur Hälfte des subventionierten europäischen Preises anbieten könnte.

Ist den neuseeländischen Produkten der Zugang zum EG-Markt mit seinem notorischen Butterberg schon weitgehend versperrt, so müssen sich die Neuseeländer auf den Weltmärkten noch zusätzlich mit der europäischen Konkurrenz auseinandersetzen. Wenn dort die Butter aus Europa zu Schleuderpreisen angeboten wird, kann man die Empörung verstehen, mit der zum Beispiel Taranaki-Farmer, die keinerlei staatliche Unterstützung erhalten, auf den unfairen Verdrängungswettbewerb der Europäer reagieren. Politiker in der Alten Welt mögen die Bemühungen und Beschwerden Neuseelands im Vergleich mit der gigantischen Agrarmarkt-Misere der EG als ›Kleinigkeit‹ abtun;

für ein Land mit gut drei Millionen Einwohnern, das auf Devisen aus dem Agrar-Export dringend angewiesen ist, um nicht zuletzt dafür Maschinen und Autos auch in Europa zu kaufen (zu Preisen im übrigen, die durch die Inflation gegenüber landwirtschaftlichen Erzeugnissen um ein Vielfaches gestiegen sind!), geraten solche Probleme leicht zu Existenzfragen. Reine Lippenbekenntnisse zum ›freien Welthandel‹ helfen jedenfalls den neuseeländischen Farmern wenig, ihre qualitativ vielfach besseren und noch dazu erheblich preiswerteren Produkte auf den internationalen Märkten abzusetzen.

Viele Zukunftshoffnungen Neuseelands verbinden sich gleichwohl mit Taranaki: Im Südwesten der Provinz sind bei *Kapuni* und beim Örtchen *Oaonui,* das unmittelbar an der Tasman-See liegt, Industriekomplexe entstanden, die in der ruhigen, grünen Agrarlandschaft ringsum neue Akzente setzen. Verzweigte Röhrensysteme, Raffinerietürme und Gasfackeln erklären, warum Taranaki den Beinamen ›Energiezentrum von Neuseeland‹ für sich beansprucht. Im Jahre 1959 wurde bei Kapuni erstmals ein ausgedehntes Erdgasfeld in über dreitausend Meter Tiefe gefunden. Auch Erdöl wird dort in vergleichsweise geringen Mengen gefördert und von New Plymouth aus zum großen Raffineriekomplex Marsden Point bei Whangarei in Northland verschifft. Ungleich reicher sind indes die Vorkommen an Erdgas, das über Pipelines in die städtischen Ballungsgebiete Auckland und Wellington geliefert wird.

Als noch ergiebiger erwies sich das ein Jahrzehnt später entdeckte Erdgasfeld auf dem Kontinentalschelf vor der Küste der südlichen Taranaki-Bucht. Es zählt mit über 140 Quadratkilometern Fläche zu den zwanzig größten Erdgasfeldern der Welt und wird das Land bis ins nächste Jahrhundert mit Gas versorgen. Von der Küste aus sieht man schemenhaft die Umrisse der Maui-A-Plattform, die sich 123 Meter über dem Meeresboden erhebt. Von hier wird das Gas nach Oaonui auf das Festland gepumpt. Die Erschließung und Weiterentwicklung des Maui-Feldes ist das teuerste jemals vom neuseeländischen Staat in Angriff

genommene industrielle Einzelprojekt. Angesichts der
Rohstoffarmut des Landes gewinnen die Öl- und Gasvor-
kommen von Taranaki besondere Bedeutung; nicht zuletzt
zielt der Ausbau der dort vorhandenen Förderkapazitäten
auf eine spürbare Verringerung der immer teurer gewordenen Erdöleinfuhren ab. Die Zahl der Autos, die eine kleine
Plakette mit den Kürzeln LPG und CNG tragen, nimmt
ständig zu: Erste Erfolge einer Energiepolitik, die sich bemüht, den Verbrauch importierten Rohöls und Benzins
durch gezielte Förderung der einheimischen Treibstoffe
›Liquified petroleum gas‹ (LPG) und ›Compressed natural
gas‹ (CNG) einzudämmen.

New Plymouth –
Rhododendren und Industrie am Fuße des Bergmonarchen

Das erste Kapitel der Erdölproduktion in Taranaki wurde
allerdings an einem anderen Schauplatz geschrieben:
Gleichsam auf der anderen Seite des Berges, nahe bei **New
Plymouth,** der einzigen Stadt der Region an der Küste
der Nord-Taranaki-Bucht, wurde schon im Jahre 1865 ein
Bohrturm errichtet – der erste im gesamten Britischen Empire, wie die Stadtchronik stolz verzeichnet. Die dort erreichte Förderkapazität blieb stets gering; 1972 wurde die
Produktion am Ngamotu-Strand ganz eingestellt, und nur
ein einziger Vertreter seiner Gattung erinnert noch heute
als Industriedenkmal daran, daß hier einst eine Reihe eher
kleiner Fördertürme mit dem Naturwahrzeichen von New
Plymouth, dem 165 Meter hohen ›Zuckerhut‹-Felsen Pari-
tutu, zu wetteifern schienen.

An seinem Fuße landeten im Jahre 1841 die ersten europäischen Siedler in Taranaki. Die Anfänge von New Plymouth, dessen Name auf die Heimat der englischen Pioniere
zurückgeht, verliefen zunächst enttäuschend. Das ehrgei-
zige Projekt der New Zealand Company wurde durch die
ansässigen Maori gehemmt, die nur sehr zögernd Land
verkauften; und so blieb das Wachstum der Stadt deutlich
hinter den Erwartungen zurück. Aus der Frühzeit des Ortes

haben sich immerhin zwei sehenswerte Gebäude erhalten: die *St. Mary's Church,* eine hübsche Steinkirche, von der allerdings nur noch der Baukern aus den Jahren 1845/46 datiert, auf deren Friedhof aber verwitterte Grabsteine von manchen Wechselfällen im Leben der Pioniere berichten; außerdem *The Gables,* das einzige erhaltene von vier Hospitälern, die Gouverneur Grey Ende der vierziger Jahre als ›Segnung‹ der europäischen Zivilisation für die Maori der Taranaki-Stämme bauen ließ; es ist ein kleiner, schlichter weißer Holzbau, der nach seiner Restaurierung in den *Brooklands Park* ›versetzt‹ wurde. Weitere Erinnerungen an die Stadtgeschichte und wichtige Exponate der Maori-Kultur von Taranaki, darunter schöne Steinskulpturen, beherbergt das *Taranaki Museum.*

Erst nach den Landkriegen stieg New Plymouth zum unbestrittenen Zentrum der Region auf. Heute wohnen in der Stadt, deren Hafen für die Wirtschaft Taranakis große Bedeutung besitzt, an die 50 000 Einwohner; viele von ihnen sind in den kleinen und mittleren Industriebetrieben beschäftigt, die sich hier im Bannkreis des Berggiganten angesiedelt haben, der sich majestätisch im ›Rücken‹ der Stadt erhebt. Den schönsten Ausblick auf den mächtigen Vulkan mit seiner schneebedeckten Spitze genießt man vom *Pukekura Park* aus. Will man im landschaftlich reizvollen Neuseeland überhaupt von Menschenhand angelegte Parks anschauen, dann gehört dieser mit seinen Teichen, Bächen und Wasserspielen inmitten einer üppigen, mitunter von Grasflächen unterbrochenen einheimischen Vegetation sicher zu den ersten Adressen.

Noch lohnender ist ein Besuch im *Pukeiti Rhododendron Park,* der rund 30 Kilometer südwestlich von New Plymouth am Rande des Egmont-Nationalparks liegt. Den privaten Initiatoren ist es hier gelungen, eine eindrucksvolle Symbiose von Natur- und Kultur-Garten entstehen zu lassen. Von dichtem, immergrünem Regenwald umsäumt und durchsetzt, sind hier herrliche Rhododendren- und Azaleenpflanzungen und -beete angelegt worden. Die kräftigen Rot-, Gelb-, Weiß- und Lilatöne der zahllosen

Rhododendronarten vereinigen sich, mitunter von gewaltigen alten Bäumen überschattet, mit den verschiedenen Grünabstufungen des neuseeländischen ›Native bush‹ zu einem zu allen Jahreszeiten sehenswerten, in den Frühlingsmonaten September bis Dezember aber besonders prachtvollen Farbenpotpourri; eine Insel der Gartenbaukunst, die sich harmonisch in die wilde natürliche Vegetation zwischen der Kaitake und der Pouakai Range einfügt.

Der Pukeiti Park ist das Prunkstück einer Landschaft, die sich ihres Reichtums an Rhododendren und Azaleen rühmt; überall in Taranaki gehören diese Ziersträucher mit ihrer Blütenpracht zum Landschaftsbild. Sie wachsen in Parks und Gärten, an Straßen und mitunter sogar als Weidenbegrenzung. Manche Arten erreichen die Höhe kleiner Bäume. Ein bekanntes ›Postkartenmotiv‹ sind die weitausladenden Rhododendron-Bäume im Zentrum des Städtchens *Inglewood;* Tausende von Blüten erzielen im Frühjahr vor dem Hintergrund des schneebedeckten Mount Egmont eine besonders spektakuläre Wirkung.

»Um nicht wie die Seevögel zu werden ...« – Der Ausbruch der Landkriege in Taranaki

Nicht immer freilich ist die Gegend um New Plymouth eine friedliche Park- und Weidelandschaft am Fuße des Vulkandomes gewesen. Gerade die Fruchtbarkeit des Bodens und die reichlichen Niederschläge, die das Wachstum der Rhododendren in Taranaki begünstigen, haben einst erheblich dazu beigetragen, daß hier die Landkriege ausbrachen, in denen sich im vergangenen Jahrhundert die europäischen Siedler und ein Großteil der Maori-Stämme gegenüberstanden. Der eigentliche Anlaß für den Ausbruch der Feindseligkeiten war allerdings beinahe austauschbar. Die Wurzeln des kriegerischen Konflikts lagen tiefer; sie gingen auf den Zusammenprall zweier grundsätzlich unterschiedlicher Mentalitäten und Einstellungen zur Nutzung des Landes zurück. Während sich die Maori seit Jahrhunderten damit begnügt hatten, kleine Flächen zu kultivieren, um dort intensiven Gemüse- und Fruchtanbau zu treiben und im übrigen durch Sammeln von Beeren und Wurzeln in den ausgedehnten Wäldern sowie durch Jagd und Fischfang die zum Leben notwendige Nahrung zu beschaffen, brannten die aus Europa eingewanderten Pioniere große Flächen von Wald, Gebüsch und Farnen nieder und säten Gras in der fruchtbaren Asche. In ihren Augen bedeutete Land ›Geld‹, die Maori dagegen sahen – und sehen zum großen Teil heute noch – darin Leben; eine weniger materielle Einstellung, die von größerer Ehrfurcht vor der Natur und den Ahnen, die auf diesem Land gelebt hatten, zeugt. Entsprechend unterschied sich ihr Eigentumsbegriff von dem der Weißen: Das Land gehörte prinzipiell dem ganzen Stamm und unterstand damit der Verfügungsgewalt des Häuptlings, auch wenn es schon seit Generationen einer einzelnen Familie anvertraut war.

Die Maori von Taranaki waren schon in den frühen Tagen der europäischen Einwanderung nach New Plymouth sehr zurückhaltend mit dem Verkauf von Ländereien gewesen. Je mehr sie in den fünfziger Jahren erkannten, daß ihr Einfluß immer stärker schwand und sich ihre traditionelle Lebensweise zugunsten der von den Pakeha eingeführten und als überlegen apostrophierten Normen und Werte veränderte – eine schmerzliche Erkenntnis für ein stolzes Naturvolk, das sich nach dem ersten Kontakt mit einer anderen Menschenrasse selbstbewußt als ›maori‹ (normal) empfand und sich diesen Namen als Unterscheidungsmerkmal gab –, desto nachdenklicher und unzugänglicher wurden sie für die Wünsche der Weißen: Die Maori weigerten sich, noch mehr Siedlungsland zu verkaufen. Zudem mußten sie feststellen, daß die von den Weißen gestellte Regierung in der Praxis zu wenig tat, um Recht und Ordnung zu wahren und den ersten Einwohnern des Landes Gerechtigkeit widerfahren zu lassen. Aus der wachsenden Unzufriedenheit entstand das ›King Movement‹ (Königsbewegung). Eine Reihe von Maori-Stämmen schloß sich zusammen und wählte einen ihrer Häuptlinge zum König.

In den Augen der europäischen Neuseeländer war das
ein eklatanter Verstoß gegen den Vertrag von Waitangi,
weil man die Wahl des Maori-Königs Potatau I. als Affront
gegenüber der Souveränität der englischen Krone wertete.
Besondere Brisanz erhielt der sich anbahnende Konflikt
aber dadurch, daß Anhänger des King Movement ihre
wichtigste Aufgabe darin sahen, den Widerstand gegen
Landverkäufe an Pakeha zu organisieren und auf eine
breite Basis zu stellen. Verkaufswillige Maori wurden nicht
selten unter Druck gesetzt; entsprechend stark ging in Taranaki das Angebot an Land zurück – bei gleichzeitig steigender Nachfrage.

Das Pulverfaß zum Zünden brachte eine Rede des neuen
Gouverneurs Browne in New Plymouth, in der er die Maori
zu größerer Verkaufsbereitschaft mahnte. Prompt bot ein
gewisser Teira, der mit dem Häuptling Wiremu Kingi pri-
vat im Streit lag, ›seine‹ Ländereien bei *Waitara,* nordöstlich von New Plymouth, der Regierung zum Kauf an.
Die parteiische Prüfung durch die Regierungsbeauftragten
ergab, daß Teira alleiniges Verfügungsrecht über das Land
habe – was Wiremu Kingi als Häuptling, der ein Pa auf
dem umstrittenen Land besaß, vehement bestritt. Nach
Maori-Tradition war er zweifellos im Recht; der völlig
überforderte und falsch beratene Gouverneur aber, der von
den komplizierten Eigentumsverhältnissen in der Maori-
Gesellschaft nichts verstand (und wohl auch nichts verstehen wollte), verhängte das Kriegsrecht über die Provinz,
als Kingi und seine Anhänger die Landvermesser am Betreten der Waitara-Ländereien hinderten.

»Dieses Land werden wir nicht in die Hände des Gouverneurs geben, damit wir nicht wie die Seevögel werden, die
auf einem Fels kauern: Wenn die Flut kommt, wird der
Fels vom Meer überspült, und die Vögel erheben sich in
die Luft, denn sie haben keinen Ruheplatz.« Mit diesem
Vergleich machte Wiremu Kingi, der jetzt seine offene Unterstützung für die ›Königsbewegung‹ erklärt hatte, die
Gründe der Auflehnung deutlich: Die Rebellen fürchteten,
durch den Landhunger der Pakeha immer weiter zurückge-

drängt und schließlich gänzlich ›überspült‹ zu werden. Daß der Aufstand von den fruchtbaren Böden Taranakis ausging, war alles andere als ein Zufall; ebensowenig, daß der Funke rasch auf das nördlich gelegene, ebenfalls mit ertragreichem Land gesegnete Waikato übersprang. Dorthin verlagerten sich in den sechziger Jahren zunehmend die Kriegshandlungen, nachdem Regierungstruppen 1863 in großer Zahl einmarschiert waren und der Kampf dadurch noch stärker entfacht worden war.

Kriegsschauplätze in bukolischer Umgebung

Taranaki war seitdem nur noch Nebenkriegsschauplatz. Gleichwohl erinnert eine Reihe historischer Stätten an die Landkriege, die hier ihren Ausgang nahmen. So die aufwendigen Feldschanzen und Laufgräben, die General Pratt über eineinhalb Kilometer hin bis an die palisadenbewehrte Grenze des **Pukerangiora Pa** ausheben ließ, in dem sich Wiremu Kingi mit seinen Kriegern verbarrikadiert hatte. Von ihrer hoch über den steil zum Waitara River abfallenden Felswänden gelegenen Festung aus – die Kulisse der ersten Kämpfe der Jahre 1860/61 ist noch heute landschaftlich äußerst eindrucksvoll – verhöhnten die Maori die auf Sicherheit ausgerichteten Schanzarbeiten Pratts. Die ›Eine-Meile-pro-Monat-Technik‹ des Generals wurde auch von den auf forschere Angriffe drängenden europäischen Siedlern verspottet, die sich freilich vorsichtshalber in den Schutz von New Plymouth geflüchtet hatten. Letztendlich gelang Pratt die Eroberung des Pa. Die in diesem Feldzug durchgeführten Schanzarbeiten – die umfangreichsten, die je ein englisches Heer auf neuseeländischem Boden verrichtet hat – sind recht gut erhalten und lohnen einen Besuch ebenso wie das mit schönen Schnitzereien verzierte *Manukorihi Meeting-house* von **Waitara,** das der Erinnerung an den bedeutenden Maori-Führer Sir Maui Pomare (1876-1930) gewidmet ist. Auch Wiremu Kingi, der energische Gegner des berüchtigten ›Waitara Land Deal‹, ist dort mit einem geschnitzten ›Porträt‹ verewigt.

Kriegerische Auseinandersetzungen gab es auch in Süd-Taranaki in der Nähe von Hawera. Um die dort beim **Turuturu Mokai Pa** während der ›Taranaki Campaigns‹ errichtete Feldschanze entbrannte 1868 ein kurzer, erbitterter Kampf, in dem die Weißen unter Verlusten schließlich die Oberhand behielten. Interessant ist die weitläufige Anlage des Pa wegen ihres guten Erhaltungszustandes, der noch die ringsum verlaufenden Gräben und die Überreste von Hütten und Vorratsbunkern erkennen läßt, die tief in die Erde gegraben worden waren. Diese Festung gehört zu den wenigen noch bestehenden Pa aus voreuropäischer Zeit; ihr Alter wird auf etwa vierhundert Jahre geschätzt. Die fast bukolisch anmutende Ruhe, die heute über der Anlage liegt und allenfalls durch das Blöken von Schafen unterbrochen wird, die dort auf dem mittlerweile üppig wuchernden Grasteppich weiden, hat die Erinnerung an das grausige Geschehen verdrängt, dem das Pa seinen Namen verdankt: Er bedeutet ›getrocknete Köpfe auf Pfählen‹ und geht auf einen Kriegsbrauch zurück, dem vor mehreren Jahrhunderten die Verteidiger der Festung zum Opfer fielen, als sie von einem rivalisierenden Stamm massakriert wurden. Auf der höchsten Stelle des einstigen Pa steht heute ein verwitterter geschnitzter Pfahl. Von Drahtgeflecht gegen allzu zudringliche Schafe geschützt, gilt er den Maori als ein unverletzliches Zeichen der Sühne und als Ausdruck des guten Willens gegenüber den Pakeha. Im Jahre 1938 zum siebzigsten Jahrestag des Kampfes um die Festung aufgestellt, soll er den Fluch von einem Ort nehmen, der mindestens zweimal in der Geschichte des Landes sinnloses Blutvergießen erlebt hat.

Als die Landkriege im Jahre 1872 mit der Niederlage der Rebellen zu Ende gegangen waren, stand die junge Kolonie vor einem Scherbenhaufen. Aus europäischer Sicht mögen die (geschätzten) Zahlen der zwischen 1841 und 1872 bei kriegerischen Handlungen ums Leben gekommenen Menschen eher niedrig erscheinen – 2000 Maori, 560 Pakeha und 250 auf ihrer Seite kämpfende Kupapa (›freundlich gesinnte Maori‹) –; angesichts der geringen Bevölkerungsdichte war das allerdings ein erheblicher Aderlaß. Überdies waren zahlreiche Sachwerte vernichtet, Häuser niedergebrannt, Felder verwüstet worden. Der Aufbau und die Entwicklung des Landes, wie sie vor allem die weißen Neuseeländer anstrebten, wurde durch die Landkriege empfindlich gestört und gehemmt. Beide Parteien mußten fortan mit der Hypothek dieses (faktischen) Bürgerkrieges leben. Mißtrauen und Bitterkeit waren die notwendigen psychologischen Folgen des Konflikts, die sich für die Maori durch ausgedehnte Landkonfiskationen noch verschärften. Spuren dieser Verbitterung haben sich bis in unsere Tage erhalten.

In Taranaki kam es in den siebziger und Anfang der achtziger Jahre noch zu Nachhutgefechten. In **Parihaka** auf der Westseite des Mount Egmont scharte der Prophet Te Whiti seine Anhänger um sich. Er wurde die Seele des gewaltfreien Widerstandes gegen die Ansiedlung weißer Kolonisten auf beschlagnahmtem Land in West- und Süd-Taranaki. In der Tradition des vom King Movement begründeten zivilen Ungehorsams stehend, verlegten sich seine Anhänger darauf, den Pakeha das Leben schwer zu machen, indem sie Vermessungsstangen aus dem Boden zogen, Zäune quer über das umstrittene Land anlegten oder die Felder europäischer Farmer umpflügten. Die Regierung beantwortete diese Protestaktionen mit zum Teil überzogenen Maßnahmen. Te Whiti wurde mehrfach zu Gefängnisstrafen verurteilt; im November 1881 marschierten Truppen ins Parihaka Pa ein, wo sie statt der angeblichen Befestigungsanlagen nur auf 25000 unbewaffnete Maori trafen, die keinerlei Widerstand leisteten. Von dem einstigen Ort ist nicht mehr viel erhalten; lediglich das Grabmal Te Whitis auf dem einsamen, weiten Marae, dem Forum seiner eindrucksvollen Beredsamkeit, erinnert an den ›Gandhi‹ der Maori-Bewegung.

Ein weiteres, indirektes ›Denkmal‹ seiner Aktivitäten sind die beiden kleinen, gut erhaltenen Blockhäuser sowie ein rekonstruierter Wachturm auf dem Golfplatz von **Manaia**, einem Ort in der Nähe von Hawera. Die Anlage,

1880/81 von Angehörigen der ›Armed Constabulary‹ errichtet, diente eher als Propaganda gegen die angebliche Bedrohung der Gegend durch Te Whiti, wurde aber wegen der Gewaltlosigkeit des Maori-Führers nie Schauplatz militärischer Konfrontationen. Im Unterschied zu dem einige Kilometer entfernten, nur noch durch eine Gedenktafel zu ›erkennenden‹ Schlachtfeld von **Te Ngutu-o-te-manu,** auf dem die britischen Truppen 1868 eine Niederlage erlitten hatten. In dieser Schlacht fiel auf der Seite der Pakeha auch der Major Gustavus Ferdinand von Tempsky, eine schillernde Gestalt der frühen Kolonialgeschichte Neuseelands. Einst preußischer Offizier, hatte es diesen Glücksritter und begabten Maler, von dem einige Bilder in der Turnbull Library in Wellington aufbewahrt werden, über Stationen in Südamerika bis ans andere Ende der Welt verschlagen, wo er im Schatten des in der Ferne aufragenden Mount Egmont seine letzte Ruhestätte gefunden hat.

Schroffe Klippen und tiefe Schluchten –
Die rauhe Schönheit des stillen King Country

Östlich und nördlich von Taranaki, einer der verkehrsmäßig am besten erschlossenen und landwirtschaftlich am intensivsten genutzten ländlichen Regionen des Landes, erstreckt sich das **King Country,** das in mancher Hinsicht einen krassen Gegensatz zur Weidelandschaft am Fuß des Mount Egmont darstellt. Im Westen von den stürmisch anbrandenden Wellen der Tasman-See bespült, die sich auf weiten Strecken ins Land hineingefressen und im Kampf der Elemente manchen Sieg in Gestalt eindrucksvoller Felsformationen und Höhlen davongetragen hat, wird es im Osten von den Vulkanriesen des Tongariro National Park und den sich nach Norden anschließenden unzugänglichen Graten der Hauhungaroa Range begrenzt, deren höchste Erhebungen über die Tausend-Meter-Marke hinausgehen. Das King Country weist schon durch diese Naturbarrieren eine gewisse Isolation auf, was freilich in einem von vielen Gebirgsketten gegliederten Staat wie Neuseeland, in dem kein Ort weiter als 110 Kilometer vom Meer entfernt liegt, nicht allzu außergewöhnlich ist. Wenn das von steilen Hügeln und tiefen Schluchten, forellenreichen Wasserläufen und großen Flächen von ›Native bush‹ geprägte, rauhe King Country heute noch abgelegen und ein wenig wild wirkt, ja hier und da den Eindruck eines vergessenen Landes macht, in das die moderne Zeit nur zögernd Einzug hält, so liegen die Gründe dafür vor allem in einer besonderen Epoche seiner Vergangenheit, der es auch seinen Namen verdankt: Rund zwei Jahrzehnte lang lebten hier der Maori-König und seine Gefolgsleute in einer bewußt gesuchten Abgeschlossenheit. Nach Norden trennte der Puniu River das ›Reich‹ des Maori-Königs von dem seiner britischen Gegenspielerin, im Süden war der Wanganui-Fluß Teil der ›Aukati‹-Grenze.

›Aukati‹, ›die nicht weggenommene Welt‹, war die bittere Bezeichnung für jenen Teil des Landes, der seinen einstigen Herren als letzte Zuflucht geblieben zu sein schien. Im Jahre 1864 tobte um das Pa von **Orakau** im Süden von Waikato, in das die Regierungstruppen in großer Zahl einmarschiert waren, das letzte Gefecht der Anhänger des King Movement. Umzingelt und einer gegnerischen Übermacht hoffnungslos unterlegen, beantworteten die Verteidiger der Festung die Aufforderung, sich zu ergeben, mit einem trotzigen »Niemals, niemals, niemals«. Sie setzten dieses legendär gewordene Wort auch in die Tat um, indem sich etwa die Hälfte der dreihundert Eingeschlossenen am dritten Tag der Belagerung in einem plötzlichen Ausfall in Sicherheit brachte: Die Krieger des Maori-Königs zogen sich in das zerklüftete, waldreiche Gebiet südlich von Waikato zurück.

Damit war der Kampf um die fruchtbaren Böden ihrer Heimat zu ihren Ungunsten entschieden; für ihr Refugium indes sollte das ›Niemals, niemals, niemals‹ lange Zeit gültig sein. Kaum ein Weißer wagte es, seinen Fuß auf das King Country zu setzen, geschweige denn an eine Ansiedlung in dieser Gegend zu denken. An den Aukati-Grenzen endeten Straßen und Eisenbahnlinien. Das unwegsame und

daher für die Guerilla-Taktik der Maori bestens geeignete
Land war fest im Griff des Maori-Königs, der sich **Te Kuiti**,
einen in einem weiten Tal gelegenen und von steilen Hügeln
umgebenen Ort, als ›Residenz‹ auserwählt hatte. Dort entstand in der Zeit des Exils im eigenen Lande ein sehenswertes Meeting-house mit prachtvollen Schnitzereien. Von einem gewaltigen Rhododendron-Baum überragt, gehört das
Versammlungshaus zu den schönsten aus dem 19. Jahrhundert. Siebzehn Jahre lang verschanzten sich der König und
seine Anhänger im King Country; erst der Friedensschluß
von Pirongia im Jahre 1881 beendete die Isolation der
Region.

Doch nur langsam fand das King Country wieder Anschluß an die Entwicklung der umliegenden Landschaften;
Pakeha zögerten, sich dort niederzulassen. Erste Rodungen
begannen, doch nicht überall wurde der Versuch, das
schwer zu zähmende King Country in Kulturland umzu-
wandeln, erfolgreich beendet. Manchmal kündet der ›un-
aufgeräumte‹ Charakter eines Landstriches von der Niederlage der Pioniere im Kampf gegen die Erosion und die
verkehrsgeographischen Standortnachteile. Symptoma-
tisch für die erheblich langsamere Erschließung des King
Country ist die Tatsache, daß das letzte Teilstück der Eisen-
bahnverbindung zwischen Wellington und Auckland erst
im Jahre 1908 fertiggestellt werden konnte.

Eine faszinierende Attraktion, geradezu das touristische
›Muß‹ des King Country sind die berühmten Höhlen von
Waitomo. Besuchern, die sie von Taranaki aus ansteuern,
bietet der Highway 3 zwischen New Plymouth und Te
Kuiti schöne und zumindest teilweise recht repräsentative
Eindrücke von der herben landschaftlichen Schönheit des
King Country. Der Übergang vom saftiggrünen, sanft ge-
wellten Weideland um Waitara und Urenui, dem Geburts-
ort des berühmten Maori-Führers und Polynesien-Speziali-
sten Sir Peter Buck (Te Rangi Hiroa, um 1877-1951), zu
höheren, von Waldflecken bedeckten Hügeln vollzieht sich
allmählich. Die Grasnarbe scheint dünner zu werden, hier
und da endet sie in kahlen Stellen, an denen der nackte

Fels zum Vorschein kommt. Vom *Mount Messenger* aus eröffnen sich Ausblicke auf die ursprünglich wirkende, rauhe Welt von Hügeln, deren bewaldete Spitzen bis zu mehreren hundert Metern aufragen, und auf Schluchten, die Bäche und Flüsse tief in den Fels gegraben haben. Warum das Land ein sicheres Refugium der Maori-Rebellen war und mancher Farmer im King Country resignierte, kann man sich hier gut vorstellen. Eine Alternative zur Straßenverbindung über den Mount Messenger ist der schöne, etwa zehn Kilometer lange Wanderweg zwischen Pukearuhe und *Tongaporutu*. Er führt am Rande der Steilküste entlang, deren markantesten Punkt die weißen Felsen von Parininihi bilden. Offenes Farmland und dichter Wald, Strände und Schluchten, Bachmündungen und Hügel wechseln miteinander ab; überall bieten die schroffen, von der Tasman-See ausgespülten Felsformationen die eindrucksvolle Kulisse. An Tagen mit klarer Sicht sind im Osten sogar die Gipfel des Tongariro-Nationalparks in der Ferne zu erkennen, während im Süden über Buchten und Vorgebirge hinweg die Kegelgestalt des Mount Egmont den Horizont beherrscht.

Auf der anderen Seite, ehe die Straße bei Tongaporutu die Küste erreicht und ihr einige Zeit lang folgt, fällt der Blick vom Mount Messenger herab auf die weite Fläche der Tasman-See. Ab und zu tauchen Farmen auf; kleine Orte sind nur dort entstanden, wo die Hügel an einer Flußmündung etwas weiter zurücktreten. Bei *Awakino* wendet sich die Straße abrupt dem Landesinneren zu, um sich durch die unverdorbene, waldreiche Wildnis der *Awakino Gorge* zu schlängeln – ein landschaftlicher Höhepunkt der Route, der durch den deutlichen Kontrast zur kurz vorher verlassenen Westküste zusätzlich an Reiz gewinnt. Die Anhöhe bei Mahoenui erlaubt eine weite Sicht auf die umliegende Landschaft, in der einige steile, vegetationslose Felswände das Grün des ›Bush‹ unterbrechen. Um *Te Kuiti,* die alte ›Hauptstadt‹ des Maori-Königs, die später als Camp beim Eisenbahnbau erstmals größere Bedeutung erlangte, nimmt die Zahl der Farmen wieder zu.

Die Kleinstadt empfiehlt sich als Ausgangsbasis für einen Besuch der zwanzig Kilometer nordwestlich gelegenen Höhlen von Waitomo.

Funkelnder Sternenhimmel über dunkler Grotte –
Die Glühwürmchen von Waitomo

Drei Höhlen sind es, denen Waitomo seine Stellung als eines der Tourismus-Zentren der Nord-Insel verdankt; ›nur‹ drei Höhlen, sollte man besser sagen angesichts der Tatsache, daß in einem Umkreis von fünfzig Kilometern noch mehrere hundert ›wilder‹ Höhlen liegen, die zum Teil sehr klein, zum Teil noch unerforscht und jedenfalls für Touristen nicht zugänglich sind. Mit dem Bau eines repräsentativen Hotels durch die staatliche ›Tourist Hotel Corporation‹ im Jahre 1908 begann die Erschließung dieses touristischen Juwels des King Country. Wo private Investoren das hohe Risiko gescheut hätten, da hat die THC-Gruppe in manchen Landesteilen erheblich zur Förderung des Fremdenverkehrs beigetragen, ja ihn wie im Fall von Waitomo erst in Gang gebracht. Mittlerweile drohen diese vor Jahrzehnten durch die Anlage von THC-Hotels etablierten touristischen Strukturen ein wenig zu verkrusten; sie stehen in Gefahr, die Aufmerksamkeit vor allem internationaler Besucher zu stark auf ein paar Zentren zu bündeln und dadurch die Vielfalt der landschaftlichen Schönheit Neuseelands und seiner natürlichen und von Menschenhand geschaffenen touristischen Attraktionen unangemessen zu verkürzen. Die übersteigerte Bedeutung Waitomos, vor allem im organisierten Fremdenverkehr, ist ein Beispiel dafür: Fast jede von Reiseveranstaltern angebotene Tour, wie kurz sie auch immer sein mag, hat die ›Caves‹ im Programm. Es wird dadurch der Eindruck erweckt, als sei ein Neuseeland-Aufenthalt ohne diesen Abstecher geradezu fahrlässig unvollständig. Keine Frage, daß die Höhlen sehenswert sind und der Besuch der reizvollen Glühwürmchen-Grotte ein unvergeßliches Erlebnis ist, das einen Umweg lohnt – aber eben nicht jeden Umweg.

George Bernard Shaw habe sie als achtes Weltwunder bezeichnet, wird dem Besucher in Waitomo berichtet. Der Beleg wird indes nicht mitgeliefert; und das wohl nicht aus bloßem Zufall.

Die größte und verzweigteste Kalkstein-Höhle des unterirdischen Wunderlandes, das sich unter den grünen Hügeln des King Country verbirgt, ist die **Ruakuri Cave.** Die eindrucksvollsten Teile der ›Höhle der Hunde‹ sind ein langer, enger ›Geistergang‹ und der ›Royal Court‹ mit seiner prächtigen Stalaktiten-Galerie, in der kräftige ›Zapfen‹ aller Größen sich mit zarten, hohlen Strohhalm-Stalaktiten zu einer dichten, überaus kunstvollen Gewölbedekoration vereinigen – eine wahrhaft königliche Halle. Noch großartiger und schöner ist die **Aranui Cave.** An den Wänden und Decken dieser Höhle, die mit ihren unterschiedlichsten Rot-, Gelb- und Brauntönen eine geradezu behagliche und doch ein wenig geheimnisvolle Wärme ausstrahlen, sind in Tausenden von Jahren phantasievolle Formationen von Stalagmiten und Stalaktiten entstanden; eine wunderbare Vielfalt natürlicher Kunstwerke, die die Vorstellungskraft des Besuchers beflügeln, ob er nun vor den ›zwei alten Maori-Frauen‹, der Silhouette von ›Sindbad dem Seefahrer‹ und dem Koloß der Höhle, einem sechs Meter langen und etwa zweieinhalb Tonnen schweren Stalaktiten, steht oder in den grandiosen ›Tempel des Friedens‹ eintritt. Über der abwechslungsreichen Szenerie dieser unterirdischen Kunsthalle liegt eine majestätische Stille, die durch die scheinbaren Störungen, das helle Klingen fallender Wassertropfen und das dumpfe, entfernte Grollen des Höhlenflusses, eher noch an Eindringlichkeit gewinnt.

Herrliche Kalksteinhöhlen wie Ruakuri und Aranui gibt es in vielen Gegenden der Welt. Das Einzigartige an Waitomo indes, das die Höhlen über die Grenzen des Landes hinaus berühmt gemacht hat, ist die Glühwürmchengrotte innerhalb der ausgedehnten **Waitomo Cave.** Die Höhle besteht gleichsam aus zwei Stockwerken, einem trockenen oberen Teil, von dem aus man sie betritt, und einer darunter liegenden Ebene, die mannigfache spektakuläre Gebilde

aus Kalkstein bereithält. Eindrucksvolle Beispiele für die
Kreativität der Natur sind die in hellem Glanz erstrahlende
›Kathedrale‹, die dunkelbraun ausgehöhlten ›Katakom-
ben‹, der ›gefrorene Wasserfall‹, der einem echten täu-
schend ähnlich sieht, oder eine gelblich-hellbraune ›Orgel‹,
deren zahllose ›Pfeifen‹ sich vom Boden bis zur Decke
erstrecken. Ganz in der Nähe erregt eine Kolonie kleiner
Strohhalm-Stalaktiten die Aufmerksamkeit des Besuchers,
›Mini-Ableger‹ ihrer älteren Verwandten, die für einen
Zentimeter Wachstum in Waitomo etwa acht Jahre be-
nötigen.

Der Höhepunkt der Cave liegt auf ihrer unteren Ebene,
dort, wo der Waitomo-Fluß ruhig durch die von ihm ge-
schaffene Höhle fließt. Das Eintauchen des Flusses in die
Kalkstein-Katakomben hat dem Ort seinen Namen gegeben; ›wai‹ ist das Maori-Wort für ›Wasser‹, und ›tomo‹
bedeutet ›Eingang‹; Waitomo meint also »das Wasser, das
durch ein Loch in den Boden fließt«. Gerade das schafft
den idealen Lebensraum für jene magisch leuchtenden,
winzigen Tiere, die sich hier zu Tausenden und Abertausenden niedergelassen haben.

Lautlos gleitet das Boot mit den Besuchern über die
schwarze Wasserfläche, an schroff gezackten Wänden vorbei, von denen sich ab und zu Wassertropfen lösen, die
beim Aufprall auf den Fluß die ehrfurchtgebietende Ruhe
für einen kurzen Augenblick unterbrechen. Über den Köpfen wölbt sich ein Millionen heller Punkte umfassendes
Firmament, Galaxien von Sternen gleich, die ein bläulich
schimmerndes Licht aussenden. Ein atemberaubender,
wunderschöner Anblick, wie die kleinsten Lebewesen die
dunkle, durch keine andere Lichtquelle beleuchtete Grotte
erhellen wie Gestirne das Himmelszelt.

Das ›Geheimnis‹ des Glühwürmchens mit dem wissenschaftlichen Namen *Arachnocampa luminosa* ist eine
Drüse am Unterleib, die das Licht produziert. Mit dem
europäischen Glühwürmchen, einem Käfer, ist der neuseeländische ›Glow-worm‹ nicht verwandt. Es ist vielmehr
eine Fliegenlarve, die ihr Licht zu einem erheblich nüchter-

neren Zweck einsetzt, als es die romantische Atmosphäre der Grotte vermuten läßt: Anders als dem Leuchtkäfer, der es als erotisches Signal verwendet, dient das Licht dem Glühwürmchen als todbringende Waffe im Kampf um die Nahrung. Der gesamte Lebensrhythmus des Glühwürmchens spielt sich in der Höhle ab. Zwei bis drei Wochen nach der Eiablage schlüpfen die Larven. In diesem Stadium, das neun bis zehn Monate dauert, kann die Larve fünf Zentimeter lang werden. Sie sitzt an der Decke und an den oberen Wänden der Höhle in einem spinnwebartigen Netz, von dem aus sie etwa hundert Fäden spinnt. Diese bis zu fünfzig Zentimeter langen, herabhängenden ›Lichterketten‹ werden den Insekten, die durch ihre Helligkeit angelockt werden, zum Verhängnis. Bei den in regelmäßigen Abständen angeordneten Verdickungen, die die Fäden wie Perlenschnüre erscheinen lassen, handelt es sich um die Tropfen einer klebrigen Flüssigkeit, die die erbeuteten Insekten nicht mehr losläßt. Hauptnahrung des Glühwürmchens sind Mücken und Moskitos, die, der Strömung des Flusses folgend, in die Höhle geflogen sind; darunter befinden sich auch die höchst unangenehmen neuseeländischen ›Sandflies‹, die jeder, der jemals von diesen Blutsaugern gepeinigt wurde, den Glühwürmchen gern als Beute überläßt.

Je nach Hungergefühl zieht die Larve den Faden mit dem gefangenen Insekt hoch, um es zu fressen oder für schlechte Zeiten aufzubewahren. Im übrigen hält man untereinander eine respektvolle Entfernung. Mindestens zwölf Zentimeter beträgt der Abstand zwischen den ›Netzen‹; nur so ist für jedes Tier ein ausreichender Lebensraum sichergestellt und der Gefahr eines gegenseitigen Auffressens vorgebeugt. Nach einem Dreivierteljahr beginnt die Verpuppung der Larve, und nach weiteren drei Wochen schlüpfen die erwachsenen, etwa zwei Zentimeter langen Fliegen. Die wenigen Tage, die sie noch zu leben haben, nützen sie für die Paarung und das Weibchen für die Eiablage. Anschließend sterben sie, da sie keinen Mund haben, an Auszehrung, oder fallen einer nachwachsenden

Generation zum Opfer, indem sie sich in den tödlichen Lichtschnüren der Larven verirren.

Die Grotte von Waitomo ist nur eine von zahlreichen im ganzen Land anzutreffenden Wohnstätten des neuseeländischen Glow-worm. Voraussetzung für eine Ansiedlung ist ein dunkler, windgeschützter und feuchter Lebensraum, wie ihn vornehmlich Flußhöhlen bilden. Die Glühwürmchen-Kolonie von Waitomo ist freilich mit Abstand die größte und damit eindrucksvollste; nirgendwo anders zieht das prächtige Schauspiel des unterirdischen Sternenfirmaments den Betrachter so in Bann wie in Waitomo. Allerdings sollte jeder Besucher die Stille respektieren, die die Tierchen gewöhnt sind, damit auch andere die Schönheit dieses Anblicks genießen können. Bei plötzlichem Lärm stellt sich bei ihnen eine Schockreaktion ein, die zum Erlöschen der Lichter führt. Und es dauert Stunden, bis sie ihr faszinierendes Licht wieder ›anzünden‹.

Landschaftlicher und politischer Epilog zum ›Königsland‹

Ist Waitomo sogar an das Netz der Eisenbahnbusse angeschlossen und ein Tagesausflug selbst vom zweihundert Kilometer entfernten Auckland aus dorthin möglich (wenngleich nicht unbedingt empfehlenswert), so strahlt die Landschaft westlich der Caves wieder die Ruhe des abgeschiedenen King Country aus. Ein Abstecher zum malerisch gelegenen, buchtenreichen **Kawhia Harbour** führt einige Kilometer hinter Waitomo an einer ›natürlichen‹ Brücke aus Kalkstein vorbei, die eine Spannweite von sechzehn Metern aufweist. An ihrer Unterseite wachsen einige Stalaktiten. Die Isolation der beschaulichen Dörfer am Kawhia Harbour, in denen die Zeit stillzustehen schien, ist erst in den letzten Jahren zunehmend aufgehoben worden, als man begann, die schwarzen Sandstrände bei Taharoa auszubeuten und das eingelagerte Eisenerz zu verhütten. Ein großer Teil der Eisenerz-Sände wird direkt nach Japan verschifft.

Gleichwohl gehört die Gegend mit ihren bizarren, verwitterten Felsformationen und Vorgebirgen, die aus dem Harbour aufsteigen, und den bewaldeten Höhen, die sich wie ein schützender Kranz um die weite Bucht legen, noch zu den zahlreichen unverdorbenen Naturlandschaften, die Neuseelands Stellung als ganz ›anderes‹ Reiseland begründen. Kawhia wird als der historische Landungsplatz des Tainui-Kanus betrachtet; der Maori-Mythologie zufolge wurde das Kanu an einem gewaltigen alten Pohutukawa-Baum am Strand von Kawhia festgemacht. Die Stätte galt lange Zeit als ›tapu‹; in einer flachen Höhle unter den Wurzeln des Baumes sitzend, leitete ein Priester die Kriegszeremonien, die hier abgehalten wurden. Neben der historischen Erinnerung bietet der Ort eine Besonderheit, die sonst nur noch die Coromandel-Halbinsel aufweist: Die auf dem Strande entspringenden **Te Puia Hot Springs** erlauben es den Badegästen bei Ebbe, sich ein eigenes, behagliches Thermalbad in den Sand zu graben.

Nicht immer allerdings besaß Kawhia den pittoresken Charme eines ›vergessenen‹ kleinen Ferienortes an der Westküste des King Country. Als bester Naturhafen der gesamten Küste verfügte der aufstrebende Ort einst über weitreichende Handelsbeziehungen. Von hier aus exportierte man Getreide nach Sydney, und sogar die kalifornischen ›Goldfelder‹ wurden mit Weizen und Obst versorgt, die aus Kawhia kamen. Der Niedergang des florierenden Exporthafens begann mit den Landkriegen, in deren Verlauf die hier ansässigen Europäer vertrieben wurden. Kawhia gehörte jetzt zum Refugium der Anhänger des King Movement und war für Pakeha unzugänglich.

Die Maori-Königsbewegung lebt allerdings nicht nur in dem historischen Namen ›King Country‹ weiter. Sie existiert immer noch, wenn auch nicht mehr als Rebellion und Herausforderung für die englische Krone, sondern als Vereinigung verschiedener Stämme, denen es um die Bewahrung der Maori-Kultur geht. Residenz der amtierenden Königin ist das in Waikato gelegene Ngaruawahia, wo einst im Jahre 1858 der erste Maori-König Potatau I.

gekrönt worden war. Das dortige Turangawaewae Pa am
Ufer des Waikato-Flusses ist für Pakeha nur an wenigen
Tagen des Jahres betretbar, ohne daß diese Beschränkung
einer ablehnenden oder gar feindlichen Haltung der
›Königstreuen‹ gegenüber Weißen entspringt. Wie sehr sich
die einstige Aufstandsbewegung in den Dienst der Verstän-
digung beider Rassen – bei gleichzeitiger Betonung der
eigenen Identität – gestellt hat, zeigen die zwei Besuche,
die die britische Königin Elisabeth II. ihrer Maori-Kollegin
in Ngaruawahia bisher abgestattet hat.

Zwischen pittoresk und wildromantisch –
Der Wanganui River vom ›zahmen‹ Unterlauf
bis zur ›Brücke nach nirgendwo‹

Südlich von Taranaki liegt die Region **Wanganui.** Auch sie
steht gleichsam im Schatten des Mount Egmont, wie es
bereits die Maori-Mythologie andeutet. Ihr zufolge ist das
Bett des Wanganui River, der der Landschaft den Namen
gegeben hat, nichts anderes als die Spur, die der Bergriese
auf seiner Wanderung vom Tongariro-Massiv zur Westküste hinterlassen habe. Von annähernd dreieckiger Gestalt,
die durch die Endpunkte Patea im Norden, Bulls im Süden
und Ohakune im Zentrum markiert ist, wird das Gebiet
von Wanganui durch den Fluß in zwei etwa gleich große

Zu den Farbtafeln

Hälften getrennt. Seine Bedeutung als Lebensnerv des Distrikts hat der Wanganui River eindeutig zugunsten des Highway 3 eingebüßt, der in der landwirtschaftlich genutzten, mit kleinen Orten besiedelten Küstenebene verläuft. Gleichwohl ist der ›Rhein des Maori-Landes‹, wie man ihn anschaulich, wenn auch mit einiger Übertreibung genannt hat, vor allem im Hinblick auf den Tourismus eine wichtige Verkehrsader geblieben.

In voreuropäischer Zeit, als an den Ufern des Flusses einige tausend Maori lebten, war der Wanganui eine wichtige Kanu-Route zwischen der Westküste und den zentralen Landschaften der Nordinsel. Er bot den hier lebenden Stämmen ertragreiche Fischgründe; am lohnendsten war der Aalfang. Im 19. Jahrhundert entstanden am Fluß Missionsstationen mit den klangvollen Namen *Atene* (Athen), *Korinti* (Korinth) und *Jerusalem,* heute hübsche kleine Siedlungen im entlegenen Hinterland, Zivilisationstupfer inmitten einer grünen, unverdorbenen Naturlandschaft, die die kurvenreiche Fahrt entlang dem Wanganui River zu einer der schönsten Nebenstrecken der Nordinsel macht. Vor allem das malerisch in einer Krümmung des Flusses gelegene Jerusalem ist ein beliebtes Ausflugsziel.

Wirkt die Landschaft am Unterlauf des Wanganui River mit den oft bis an den Fluß reichenden Weideteppichen auf weite Strecken noch lieblich und ›zahm‹, so wird die Szenerie hinter *Pipiriki* grandioser und wilder. Über zahlreiche Stromschnellen, durch enge Schluchten und von steilen, ›Bush‹-überwucherten Ufern flankiert, schlängelt sich der Wanganui durch die Wildnis an der Grenze zu Süd-Taranaki, die von vielen Nebenflüssen durchzogen wird. Diese prächtige Kulisse ist mit dem Wagen nicht zu erreichen, da die Straße bei Pipiriki eine scharfe Wendung nach Osten macht. Allein Kanu oder Jetboat erschließen dem Besucher diesen entlegenen, unbesiedelten Landstrich, der mit seinen in üppig wucherndes Grün gehüllten Hügeln einen gänzlich unberührten Eindruck macht.

In Wirklichkeit hat sich die Natur nur zurückgeholt, was ihr in der Zeit nach dem Ersten Weltkrieg entrissen

schien. Vom Landboom berauscht, hatten die Sied-
lungspioniere begonnen, das jungfräuliche Land zu roden,
es mit Gras einzusäen und für die Viehzucht zu nutzen.
Ein mühseliges Unterfangen fernab größerer Siedlungen –
mancher Pionier mußte sich von der nächstgelegenen Ei-
senbahnstation manchmal sieben Tage lang durch den
›Bush‹ kämpfen, um zu seinem ›Block‹ zu gelangen – und
in schwierigem Gelände, dessen Böden nicht gerade zu den
fruchtbarsten des Landes gehörten. Gleichwohl hatte die
harte Arbeit dieser Männer und Frauen bereits erste
Früchte getragen, als die große Weltwirtschaftskrise auch
Neuseeland erreichte. Der internationale Handel brach zusammen und mit ihm das äußerst stabile Preisgefüge, das
den neuseeländischen Farmern jahrzehntelang sichere Erlöse für ihre Produkte auf den Weltmärkten garantiert
hatte. Dieser rapide Preisverfall für Agrarprodukte und der
sinkende Wert des erworbenen Landes bei gleichzeitiger
Belastung durch Hypothekenschulden führten dazu, daß
die landwirtschaftliche Erschließung des Hinterlandes von
Pipiriki rasch scheiterte. Ein letztes, trotziges Relikt dieser
Zeit ist eine Betonbrücke über den Mangapurua Stream.
Von dichter Vegetation, darunter hohen Baumfarnen, ein-
geschlossen, behauptet sie sich als letzte Bastion der Zivilisation in einem mittlerweile wieder ganz an die Natur
zurückgefallenen Land; ihr Name ist passend gewählt:
Bridge to nowhere (Brücke nach nirgendwo).

Eine Reihe von Wanderwegen durchzieht diese einsame
Wildnis, so der ›Matemateaonga track‹ zwischen Ramanui
am Wanganui River und der ›Puniwhakau Road‹ in Ost-
Taranaki. ›Ort mit wenig Tageslicht‹ bedeutet dieser
Maori-Name (nach einer allerdings nicht ganz sicheren
Etymologie), womit der Charakter dieses Weges zutreffend
beschrieben ist: Kilometerlang wandert man unter einem
Baumdach, das sich nur von Zeit zu Zeit lichtet, um groß-
artige Ausblicke auf die dichte Regenwaldvegetation des
Wanganui River Scenic Reserve und bei guten Wetterver-
hältnissen auch auf die schneebedeckten Gipfel des Mount
Ruapehu freizugeben. Mit 42 Kilometern und einer Wan-

derzeit von etwa vier Tagen gehört der Matemateaonga track zu den längsten und lohnendsten, aber auch anstrengendsten Routen in dem ständig erweiterten Netz der › New Zealand Walkways. ‹ Die Anlage dieses › Walkway system ‹ wurde möglich, nachdem das Parlament Mitte der siebziger Jahre die gesetzlichen Voraussetzungen dafür geschaffen hatte. Die Wege führen über öffentliches und privates Land und werden von einer speziellen Kommission angelegt und instand gehalten. Ziel dieser Behörde ist es, den Neuseeländern und den ausländischen Besuchern die natürlichen Schönheiten des Landes auf Wegen von unterschiedlichster Länge – gerade auch in der Umgebung der Städte – näherzubringen und irgendwann einmal ein durchgehendes Netz von › Walkways ‹ von der Nordspitze der Nordinsel bis nach Southland im tiefen Süden der Südinsel fertigstellen zu können.

Ausgangspunkt einer Erkundung des Wanganui River mit dem Jetboat ist die 40 000-Einwohner-Stadt **Wanganui** an der Mündung des Flusses. Viele Parks, Blumenbeete und gepflegte Vorstadt-Gärten machen Wanganui zu einem freundlichen, ansehnlichen Ort. Als eine der frühesten, 1840 gegründeten, europäischen Siedlungen des Landes hat Wanganui vor allem den Touristen etwas zu bieten, die sich für die Maori-Kultur in Gegenwart und Vergangenheit interessieren. Das *Public Museum* verfügt über eine sehenswerte › Maori collection ‹, deren Prunkstück ein herrlich geschnitztes Kriegskanu aus dem frühen 19. Jahrhundert ist. Weitere Exponate führen in die Lebensweise der Maori in voreuropäischer Zeit ein und lassen ihr technisches Geschick bei der Vogeljagd und beim Fischfang gut erkennen. Sehenswert ist auch die im Vorort Putiki gelegene *St. Paul's Church,* die mit ihren kostbaren Schnitzereien und abwechslungsreichen, in unterschiedlichen Mustern und Brauntönen gewebten › Tukutuku ‹-Paneelen aus Flachs zu den schönsten Maori-Kirchen Neuseelands zählt. Die Altarpaneele tragen die Abendmahls-Inschrift » Kainga moku inumia « (» Iß und trink in meinem Namen «), an der Rückwand der Apsis ist der Maori-Name für Jesus

Kriegskanu der Maori

Christus, ›Ko-Ihu Karaiti‹, eingewebt. Die bauliche
Schlichtheit des kleinen Kirchenraums und die fast üppige
Fülle des harmonisch aufeinander abgestimmten Dekors
in Gestalt von Kunstwerken im traditionellen Maori-Stil
vereinigen sich hier zu einem besonders schönen Beispiel
unverwechselbarer Sakral-›Architektur‹ einer christlich gewordenen Maori-Gesellschaft.

Um ein Monument ganz anderer Art handelt es sich
bei der großen, zweitürmigen Kirche, die sich über den
Dächern des kleinen Ortes **Ratana** etwa zwanzig Kilometer
südlich von Wanganui erhebt. Sie ist das Wahrzeichen einer
christlichen Maori-Sekte, die der Prophet und Wunderhei-
ler T.W. Ratana im Jahre 1918 ins Leben rief. Mit seiner
Botschaft, die Maori seien ein auserwähltes Volk Gottes,
gewann Ratana unter seinen sozial unterprivilegierten
Landsleuten rasch viele Anhänger. In den dreißiger und
vierziger Jahren konnte die Ratana-Bewegung sogar vergleichsweise großen politischen Einfluß gewinnen, der sich
vor allem aus der Unterstützung der von ihr gestellten
Parlamentsabgeordneten für die Labour Party ergab.
Heute noch ist das ›Ratana-Movement‹ mit fast 40000
Mitgliedern die bedeutendste christliche Maori-Sekte des
Landes.

Den umfassendsten Panoramablick über die ganze Region ermöglicht der *Durie Hill* am Stadtrand von Wanganui: In breitem, trägem Strom wälzt der Wanganui River seine braunen Wassermassen zu Tal und mündet unweit der Stadt nach einem mäanderhaften, im Herzen der Tongariro-Bergwelt beginnenden Lauf von über dreihundert Kilometern Länge in die Tasman-See, deren Küste zwischen Foxton und Patea einen sanften, aus schönen Sandstränden geformten Bogen beschreibt. Vor allem auf dem rechten Ufer breitet sich das Häusermeer der Stadt aus, das sich dicht an die großen Bögen des Flusses anschmiegt. Nach Norden und Osten fällt der Blick auf das grüne Hügelland des Wanganui-Distrikts, über dem sich am Horizont bei klarer Sicht die Spitzen des Tongariro-Nationalparks erheben; im Westen ragt die kegelförmige Gestalt des ›Einzelgängers‹ Mount Egmont auf, der auch noch über das entfernte Wanganui zu gebieten scheint.

WINDY WELLINGTON –
DIE HAUPTSTADT UND IHR UMLAND

Hindernisse auf dem Wege zur Hauptstadt

Nach langen Diskussionen und zähem Ringen, das ein volles Vierteljahrhundert in Anspruch genommen hatte, war es endlich geschafft: Im Jahre 1865 löste Wellington die Kapitale des Nordens, Auckland, als Hauptstadt Neuseelands ab. Sie ist es heute noch, auch wenn die Rivalin mit deutlich mehr als doppelt so vielen Einwohnern wie den rund 320 000 von Wellington einschließlich Hutt Valley unbestritten die eigentliche Metropole des Landes geblieben ist.

Es war kein leichter Weg, den die ersten Wellingtonians zurückzulegen hatten, bis sie sich als Hauptstädter fühlen durften. Die Geschichte der europäischen Siedlung am Port Nicholson, dem großen, geschützten Naturhafen an der Südspitze der Nordinsel, begann 1839. In den Jahrzehnten zuvor hatten fast nur Walfänger als erste Pakeha die an den Küsten des Hafens lebenden Maori aufgesucht, um mit ihnen Handel zu treiben. Im August 1839 lief in Port Nicholson die von der New Zealand Company gecharterte ›Tory‹ ein, deren Passagiere ein anderes Anliegen hatten: Unter Leitung von Edward Gibbon Wakefield, dem Kolonisations-Theoretiker und Kopf der Company, verhandelte eine Delegation mit den Maori über den Kauf von Land, auf dem dann die Europäer mit Wellington eine ihrer ersten Städte aufbauten. Nach zähen, wochenlangen Debatten wurde man handelseinig: Ein Teil des Landes am Port Nicholson ging in den Besitz der Company über; bezahlt

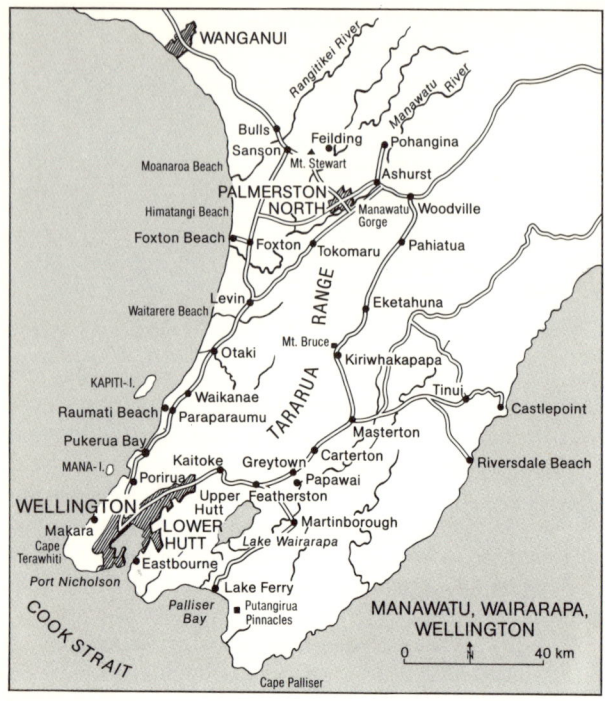

wurde mit Naturalien, begehrten Gebrauchsgegenständen
wie 120 Flinten, 21 Fäßchen Pulver, 100 Decken, je 10
Dutzend Scheren und Spiegel, 1000 Angelhaken, 6 Dutzend
Hacken, 50 Äxten und 48 Eisentöpfen. Überraschender-
weise fanden sich auf der Liste auch einige Produkte europäischer Verfeinerung: zwei Dutzend Taschentücher, sechzig rote Nachtmützen und ein Dutzend Regenschirme!

Ein halbes Jahr später, wenige Wochen vor der Unterzeichnung des Vertrages von Waitangi, gingen am Petone
Beach an der Nordseite des Hafens die ersten tausend
Siedler an Land. Viele dieser Pioniere fühlten sich in der
unwegsamen, zwischen Meer, Busch und Sümpfen gelegenen Wildnis geradezu ausgesetzt. Mühselige, entbehrungs-

reiche Rodungs- und Aufbauarbeit lag vor ihnen. So mancher Einwanderer hatte sich die Anlage von Farmen leichter vorgestellt, als es das steile, dicht bewaldete Hügelland in der Umgebung von Port Nicholson zuließ. Hinzu kamen rasch Unklarheiten hinsichtlich der Besitzverhältnisse; nicht wenige Pioniere mußten feststellen, daß das Land, das sie in England von der New Zealand Company erworben hatten, nach wie vor von den Maori beansprucht wurde.

Im Jahre 1855 erschütterte ein Erdbeben Wellington und das Wairarapa-Gebiet. Seine Auswirkungen waren indes eher konstruktiv als zerstörerisch: Das Hafenbett und die Küsten hoben sich um anderthalb Meter, so daß dadurch etwas mehr ebene Siedlungsfläche rund um Port Nicholson geschaffen wurde. Das Beben von 1855 vollendete in der Rongotai-Ebene zwischen der Hafenbucht Evans Bay und der zur Cook Strait hin sich öffnenden Lyall Bay das Werk eines Vorgängers: Auf dem neu entstandenen Land konnte später der Flughafen von Wellington gebaut werden.

Der Name der neuen Stadt war von Wakefield und den anderen führenden Köpfen der New Zealand Company nicht ohne Hintergedanken gewählt worden: Mit dieser Hommage an den Helden von Waterloo wollte man die Fürsprache des Herzogs von Wellington im britischen Parlament für die Kolonisationspläne der Gesellschaft erreichen. Allerdings hat der Herzog die nach ihm benannte künftige Hauptstadt nie selbst besucht. Wie erfolgreich jedoch Wakefields Plan war, zeigen die kritischen Anmerkungen des ›rasenden Reporters‹ Egon Erwin Kisch: »Wakefield, ein Meisterschelm der Propaganda, hat sogar den Herzog von Wellington, den Bezwinger Napoleons, bezwungen. Wakefield versprach dem alt und tattrig gewordenen Waterloo-Sieger, die Hauptstadt einer neuen Kolonie nach ihm zu nennen, falls er die Projekte der Wakefieldschen Schiebergesellschaft ›South Australian Company‹ vor dem britischen Oberhaus unterstützen werde. Der Eiserne Herzog unterstützte eisern, Wakefield bekam die Konzession, und Neuseelands Hauptstadt wurde Wellington getauft.«

Suprema a situ? – Nüchterne Wirklichkeit
hinter einem stolzen Wahlspruch

Daß ›seine‹ Stadt zur Kapitale der Kolonie wurde, hat Wellington allerdings nicht mehr erlebt. Er starb 1852, dreizehn Jahre, bevor die Company endlich ›ihre‹ Hauptstadt durchgesetzt hatte. ›Suprema a situ‹, ›die vorzüglichste von der Lage her‹, wählten die Wellingtonians damals als stolzes Motto für ihre Stadt. Was sicherlich insofern zutrifft, als Wellington an der Südspitze der Nordinsel gleichsam in der Mitte des Landes liegt. Und auch der hervorragende Naturhafen, über den die Stadt verfügt, scheint dieses Motto zu bestätigen. Allerdings ist die Einfahrt des Hafens nicht ohne Tücken: Untiefen und die zerklüftete, an Vorgebirgen reiche Südküste der Insel erschweren den Zugang zu Port Nicholson und machen ihn bei schwerer See zu einem etwas trügerischen Hafen.

Und schwere See ist in der oft sturmgepeitschten Cook Strait keine Seltenheit! Schaumkronen auf den Wellen in Port Nicholson lassen schon in der geschützten Bucht die steife Brise ›draußen‹ erkennen. Die Cook Strait wirkt, da sie die einzige nennenswerte Lücke in dem gebirgigen Rückgrat beider Inseln darstellt, wie ein natürlicher Windkanal, in den sich die Luftströmungen trichterartig hineinzwängen. Die klimatischen Verhältnisse haben der Stadt den Spitznamen ›windy Wellington‹ eingetragen. Die Hauptstädter ertragen den Wind, der des öfteren zu Störungen im Flugbetrieb führt, mit Gelassenheit. Auch wenn Wellington International Airport den größten Flugverkehr unter allen neuseeländischen Flughäfen aufweist – für die Piloten ist die Stadt keineswegs »suprema a situ«.

Für die Zufahrt auf dem Landweg gilt das in noch stärkerem Maße. Autobahnen und Eisenbahnlinien schlängeln sich zwischen Lower Hutt und Wellington kilometerlang dicht an den Bergen vorbei, die hier unmittelbar zum Hafen hin abfallen und außer diesen lebenswichtigen Kommunikationssträngen keine Bebauung des schmalen Ufers zulassen. Da es sich bei dieser Route um eine tektonisch aktive

Verwerfungslinie handelt, ist diese Konzentration recht bedenklich. Sollten diese (einzigen) Verkehrsverbindungen nach Norden durch ein Erdbeben unterbrochen werden – und Wellington ist die am stärksten bebengefährdete Stadt des Landes –, dann wäre die Metropole nur noch auf den ebenfalls anfälligen Luft- und Wasserwegen zu erreichen. Selbst das *Terminal* der Fährverbindung zur Südinsel, der wichtigsten Lebensader zwischen den beiden Teilen des Landes, ist aus Raumnot unmittelbar an dieser Verwerfungslinie errichtet worden, so daß eine Naturkatastrophe auch die Verbindung zwischen den beiden Inseln weitgehend unterbrechen würde. »Für den Mittelpunkt einer Nation«, so faßt der renommierte neuseeländische Geograph Kenneth B. Cumberland die bedenklichen Standortnachteile der Kapitale zusammen, »könnten die einzelnen Aspekte seiner natürlichen Lage kaum schlechter sein« – ein vernichtendes Urteil für die Aussagekraft des offiziellen Slogans der Stadt, der allerdings vor dem Zeitalter des Massenverkehrs ersonnen wurde.

Hafen, Hügel, Meer – Panoramen der Kapitale

Anders als die Stadt Auckland, die sich dank der natürlichen Beschaffenheit des Landes am Manukau Harbour bequem ausbreiten konnte, mußte Wellington in die Höhe wachsen, da ebenes Gelände kaum zur Verfügung stand. Am *Lambton Quay,* dicht hinter dem rührigen Hafen, dessen Kräne unverwechselbar zur Ansicht der Stadt gehören, wird diese Tendenz besonders augenfällig. In dichter Reihe erheben sich dort moderne Hochhäuser. Den Palästen des neuen ›rationalen‹ Zeitalters haben die stilvollen Häuser aus der Frühzeit der Stadt weichen müssen; Versicherungen, Banken und Verwaltungsgebäude sind dort zur größten Konzentration von Bürohäusern in Neuseeland emporgewachsen – freilich keine futuristisch anmutende, himmelstürmende Wolkenkratzer-Architektur im Stile amerikanischer Cities, sondern eher eine maßvolle, unspektakuläre Anhäufung nüchterner Zweckbauten aus Be-

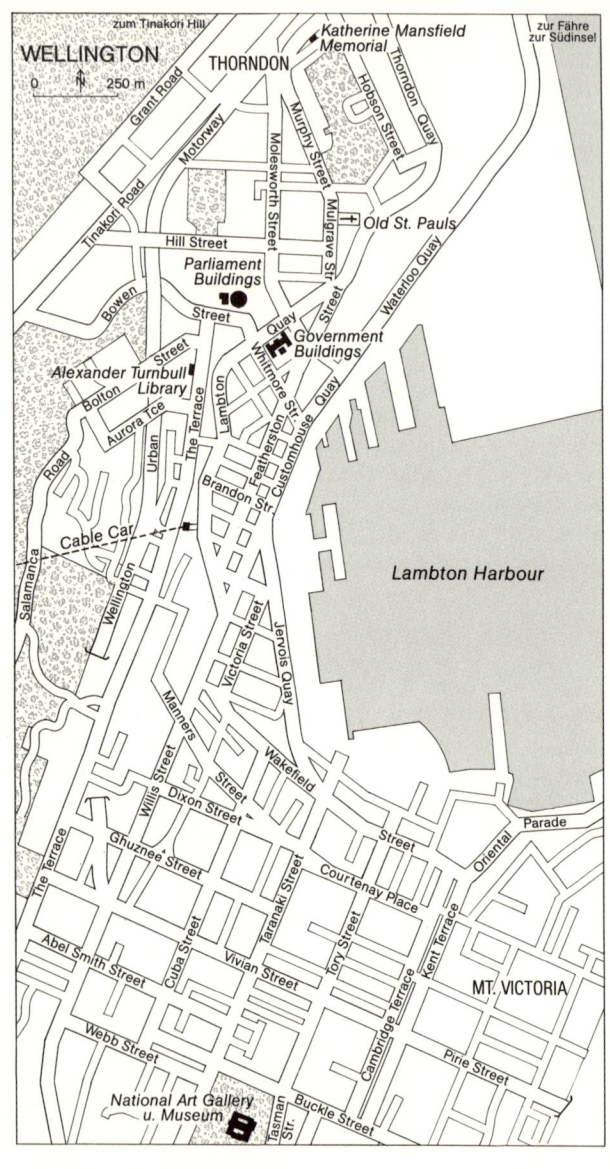

WELLINGTON

zum Tinakori Hill

THORNDON

zur Fähre
zur Südinsel

0   N   250 m

Grant Road

Motorway

Tinakori Road

Hill Street

Bowen

Street

Molesworth Street

Murphy Street

Mulgrave Str.

Katherine Mansfield
Memorial

Thorndon Quay

Hobson Street

Waterloo Quay

Old St. Pauls

Parliament
Buildings

Government
Buildings

Alexander Turnbull
Library

Bolton

Aurora Tce

Road

Urban

Street

The Terrace

Salamanca

Quay

Whitmore Str.

Featherston Str.

Customhouse Quay

Lambton

Brandon Str

Cable Car

Wellington

Victoria Street

Jervois Quay

Lambton Harbour

Manners

Wakefield

Street

Willis Street

Dixon Street

Street

Taranaki Street

Courtenay Place

Tory Street

Parade

Oriental

The Terrace

Ghuznee Street

Cuba Street

Vivian Street

Cambridge Terrace

Kent Terrace

MT. VICTORIA

Abel Smith Street

Webb Street

Buckle Street

Pirie Street

National Art Gallery
u. Museum

Tasman Str.

ton und Glas: die vom Hafen aus schon weithin sichtbare
Fassade von Wellington.

Viel anregender und hübscher ist dagegen der andere
Effekt des ›Höhen-Wachstums‹: Wellington ist eine Stadt
der Hügel, die sich steil von der Wasserfläche im Südwest-
Teil des Port Nicholson erheben und mit zahllosen Einfami-
lienhäusern übersät sind. Die kräftigen Farben der Dächer
ragen als bunte Tupfer aus der grünen Umgebung der
Gärten heraus, deren Pflege den Hauptstädtern ebenso am
Herzen liegt wie ihren Landsleuten in der Provinz. Welche
Bedeutung man in Neuseeland dem ›Gardening‹ beimißt,
zeigen, abgesehen von den praktischen Ergebnissen dieser
Liebhaberei, die vielen einschlägigen Bücher, die in jeder
neuseeländischen Buchhandlung eine eigene Abteilung bilden. Gleichgültig, ob es sich um die englische ›My-home-
is-my-castle‹-Tradition, eine auf ›Zähmung‹ ausgerichtete
besondere Naturverbundenheit in einem Lande voll wilder
Naturschönheiten oder eine aus beiden Quellen gespeiste
Haltung handelt, dieses Faible der Neuseeländer führt jedenfalls zu einer lebendigen Auflockerung der Stadtland-
schaft und schafft gerade in Wellington ein erfrischendes
Pendant zur sterilen Funktionalität des City-Kerns.

Viele Wellingtonians sind sich des Vorzugs ihrer auf
steilen Hügeln erbauten Stadt bewußt: Sie genießen prächtige Ausblicke auf den Hafen oder die offene See und die
unter ihnen liegenden Wohnviertel mit ihren freundlichen,
bisweilen noch mit geschmackvollen Elementen des Kolo-
nialstils verzierten Holzhäusern. Auch für den Besucher ist
es nicht schwierig, schöne Aussichtspunkte zu finden, von
denen aus ihm die Stadt und ihr buchtenreicher Hafen zu
Füßen liegen. Die aufregendsten Panoramen bietet der 255
Meter hohe *Tinakori Hill*. Leichter zu erreichen ist indes
der *Mount Victoria* (knapp zweihundert Meter hoch), der
sich südlich der Oriental Bay erhebt. Links vom Betrachter
erscheint die Skyline des Lambton Quay mit *Lambton
Harbour* und seinem Container-Terminal; ein wenig weiter
entfernt die Docks der *Rail Ferry*, in denen ein oder zwei
der grün-weiß gestrichenen großen Fährschiffe liegen, die

sich im Abstand von wenigen Stunden auf die dreieinhalb-stündige Überfahrt zur Südinsel begeben. Von dort folgt das Auge der *Hutt Road,* die dicht am Hafen entlang führt, um dann am Nordende des Port Nicholson in das eng bebaute Tal des Hutt River einzumünden. Rechts und ge-radeaus erstreckt sich die breite blaue Fläche des Port, aus der in der Ferne Somes Island herausragt, das aufgrund seiner isolierten Lage als Quarantänestation für einge-führte Tiere genutzt wird.

Mit San Francisco hat Wellington nicht nur die steilen Hügel und damit das Auf und Ab der Straßen gemeinsam; noch in einem anderen Punkte ähneln sich die beiden sonst sehr unterschiedlichen Metropolen: Eine ihrer beliebtesten touristischen Attraktionen ist das *Cable car.* In Wellington bringt der mit einer Seilwinde gezogene rote Wagen den Besucher in kurzer Zeit bei einer Steigung von fast zwanzig Prozent vom *Lambton Quay* nach *Kelburn.* Um diesen Stadtteil leichter erreichen zu können, wurde die Drahtseil-bahn im Jahre 1902 installiert. Von der oberen, 120 Meter hoch gelegenen Station hat man ebenfalls eine schöne Aus-sicht auf City und Hafen. Ganz in der Nähe beginnt das ausgedehnte Gelände der *Botanic Gardens,* des Stadtparks von Wellington.

Als Alternative oder besser als Ergänzung zum Blick aus der Höhe bietet auch der *Marine Drive* eine Reihe interessanter Ansichten von Wellington. Die Fahrt am Was-ser entlang läßt die natürliche Gliederung des Stadtgebietes durch Buchten und Hügel besonders deutlich werden, und sie vermittelt eine überraschende Vielfalt von Eindrücken: Die relativ dicht besiedelte *Oriental Bay* mit ihrer von Norfolk-Fichten bestandenen kleinen Promenade, die Evans Bay, den geschützten Segelhafen der Hauptstadt, die gegenüberliegende, kaum besiedelte Halbinsel mit dem von Kiefernwäldern umgebenen *Point Halswell* als Spitze, von wo aus Somes Island und die kleinen Orte auf der Ostseite des Port Nicholson näherrücken. Nur zögernd beginnt die Besiedlung wieder; wenige, an kleine Sandbuchten ge-schmiegte Häuser lassen die Nähe der Großstadt fast vergessen. Hinter dem Vorort Seatoun die ersten Blicke auf die Hafeneinfahrt und die Cook Strait, auf deren anderer Seite bald schemenhaft die – je nach Jahreszeit schneebedeckten – Berge der Kaikoura Ranges auf der Südinsel aufragen. Hier, im Südosten des Stadtgebiets am offenen Meer, ist das Wachstum der Hauptstadt spürbar abgeebbt; Badebuchten und felsige Küsten mit dichtbevölkerten Kolonien von Möwen, Reihern und Kormoranen geben dieser Gegend ihr Gepräge, und die Rückfahrt zum Stadtzentrum auf der *Happy Valley Road* führt durch kaum bewohntes, hügeliges Gelände. Es wird zum Teil als Weideland genutzt, zum Teil ist es mit Buschwerk überzogen, aus dem dichte Flecken von Stechginster herausragen, die Pflanzen-›Pest‹ Neuseelands, die auf eine gedankenlose Einführung europäischer Flora und Fauna im 19. Jahrhundert zurückgeht: Im feuchten, milden Klima Neuseelands gedieh der Ginster viel besser als in seiner englischen Heimat und entwickelte sich zu einer vor allem von den Farmern gefürchteten und heftig bekämpften Plage. Die unbebauten Hügel am Rande der Hauptstadt legen ein eindrucksvolles Zeugnis von der Vitalität dieses ›Supergorse‹ ab.

›Kiwitown Head Office‹ – Im Zentrum das Parlament

Eine besondere Atmosphäre oder gar ein weltstädtisches Flair strahlt Wellington nicht aus. Die Stadt ist Verwaltungs- und Regierungsmetropole. Viele ihrer Einwohner sind daher im öffentlichen Dienst beschäftigt, und eine weitere große Gruppe arbeitet in den Büros der größeren Unternehmen sowie der Gesellschaften und Verbände, die Wert darauf legen, in der Hauptstadt ihren Sitz oder zumindest eine Repräsentanz zu haben. Tagsüber herrscht lebhaftes Treiben in der City, nach Büroschluß dagegen, wenn Angestellte und Beamte in ihre Häuser in den Vororten zurückgekehrt sind, wird es im Stadtkern merklich ruhiger. Daß die City an den Wochenenden wie ausgestorben wirkt, ist keine Eigenart Wellingtons, sondern trifft auf alle Städte des Landes zu. Die Hauptgeschäftsstraßen neuseeländischer Kleinstädte, in ländlichen Gebieten oft die wochentags sehr belebten, verkehrsreichen Durchgangsstraßen, machen vor allem sonntags vielfach einen beklemmend menschenleeren, fast gespenstischen Eindruck. Das Wochenende gehört in Neuseeland der Familie, dem Wirtshaus und dem Sport (meist passiv vor dem Fernseher genossen); oder aber man nutzt es zu einer der vielen ›Outdoor activities‹, die vom Barbecue bis zum Segeln reichen. Das Flanieren in den Innenstädten jedenfalls ist der ›Kiwi‹ Sache nicht.

Der nüchternen Geschäftigkeit von ›Kiwitown Head Office‹ entspricht die geringe Zahl architektonischer Sehenswürdigkeiten. Zu ihnen gehören die im Jahre 1876 für die Diensträume der Regierungsangestellten errichteten *Government Buildings*. Sie zählen zu den größten Holzgebäuden der Welt und sind aus einheimischen Holzsorten, darunter auch dem mittlerweile seltenen Kauri, erbaut. Nicht weit davon entfernt erheben sich hinter einem kleinen Park mit der Statue Richard John Seddons, des um die Jahrhundertwende amtierenden, sehr populären Premierministers, die Parlamentsgebäude. Das ältere von ihnen, ein in den zwanziger Jahren aus Takaka-Marmor entstandener klassizistischer Bau mit einer Front aus ionischen Säulen, ist als Gegenstück zu der benachbarten *General Assembly Library* konzipiert, die als Paradebeispiel des neugotischen Stils der Viktorianischen Zeit gilt. Sie hat eine ähnliche Funktion wie die Bibliothek des amerikanischen Kongresses; von jeder in Neuseeland hergestellten Druckschrift erhält sie ein Belegexemplar. Außerdem beherbergt sie eine Reihe historischer Dokumente und ›kleiner‹ Andenken an die große Politik vergangener Jahrzehnte. Um so ein ›kleines‹ Andenken handelt es sich beispielsweise bei der Feder, mit der Premierminister William Massey den Versailler Vertrag 1919 unterschrieben hat – eine Reminiszenz an die wahrlich nicht unbedeutende geschichtliche Tatsache, daß Neuseeland als englisches Dominion 1914 automatisch, ohne Parlamentsdebatte und eigene Kriegserklärung, und mit weitgehender Unterstützung der öffentlichen Meinung in den Ersten Weltkrieg hineingezogen wurde. Rund 100000 Neuseeländer kämpften an der Seite der Briten, 16000 verloren dabei ihr Leben. In den Zweiten Weltkrieg trat Neuseeland, nachdem es 1931 unabhängig geworden war, aufgrund einer eigenen Kriegserklärung auf seiten Englands ein; über 11500 gefallene Soldaten hatte das Land in diesem Krieg zu beklagen.

Heute wird die Politik Neuseelands in den Sitzungssälen der *Parliament Buildings* gemacht. Das jüngere Gebäude, architektonisch eigenwillig und interessant, erscheint neben seinem älteren Bruder und der Library wie ein Fremdkörper. Es ist ein runder, sich nach oben stockwerkweise verjüngender moderner Bau, der wegen seiner unverwechselbaren Gestalt den passenden Spitznamen ›Beehive‹, Bienenstock, erhalten hat. Dieser Politik-›Dom‹ mit seinen großen Glasfassaden, die durch viele Vertikalstrebe gegliedert sind, ist das eigentliche Machtzentrum der neuseeländischen Demokratie. Im obersten Stockwerk befindet sich der Kabinettsaal, darunter das Büro des Premierministers, unter dem wiederum die Amtsräume der einzelnen Ministerien liegen.

Politik in einem unpolitischen Land – Parlament und Parteien in Neuseeland

Man hat Neuseeland oft mit der Schweiz verglichen, und das nicht nur wegen der alpinen Landschaft der Südinsel und der Naturschönheiten des ganzen Landes, sondern auch wegen seiner politischen und wirtschaftlichen Stabilität. Seit den frühen achtziger Jahren trifft das im ökonomischen Bereich angesichts hoher Arbeitslosigkeit und kräftiger Inflationssprünge nur noch bedingt zu. In politischer Hinsicht ist die ›Schweiz der Südsee‹ eine nach wie vor gefestigte Demokratie mit einer deutlich konservativen Grundströmung. Einen Hauch dieser traditionsbewußten politischen Solidität vermittelt ein Besuch im Parlament. Der Plenarsaal ist nach englischem Vorbild in zwei Hälften mit gegenüberliegenden Bänken unterteilt, so daß jedes

Mitglied des Hauses Blickkontakt zu seinen Kollegen hat. Mit seinen schwarzen Lederbänken für je zwei Members of Parliament, der in warmen Brauntönen gehaltenen Täfelung aus Rimu-Holz und dem grüngrundigen Teppichboden vermittelt es den Eindruck schlichter, gediegener Eleganz; die Hammelsprung-Abstimmung, der die Ausgänge für ›AYES‹ und ›NOES‹ (letzterer in aller Regel für die Abgeordneten der Opposition) dienen, wurde wie die übrigen Verfahren der parlamentarischen Geschäftsordnung aus dem einstigen Mutterland übernommen.

Einen Bruch mit dieser sonst in Ehren gehaltenen Tradition bedeutete die Abschaffung des ›Oberhauses‹ (Legislative Council) im Jahre 1950. Seitdem ist das knapp hundert Volksvertreter umfassende Repräsentantenhaus das einzige Gesetzgebungsorgan des administrativ ziemlich stark zentralistisch ausgerichteten Staates, der zwischen dem Parlament und den Organen des ›Local government‹ keine mittlere Ebene der politischen Entscheidung – analog etwa zu den Bundesländern der BRD – kennt. Die Abgeordneten werden in allgemeinen Wahlen für drei Jahre gewählt; vier Sitze sind für die Vertreter der Maori reserviert, die aus Gründen des Minderheitenschutzes auf getrennten Listen gewählt werden. Fünfundzwanzig Mandate entfallen auf die Südinsel; die Zahl der von der Nordinsel gestellten Parlamentsmitglieder ergibt sich durch die Relation der Zahl der Wahlberechtigten beider Inseln zueinander (in der Wahlperiode 1984/1987: 66 Sitze).

Das Mehrheitswahlrecht sorgt zwar stets für klare politische Kräfteverhältnisse im Parlament und erleichtert der stärksten Partei das Regieren; es begünstigt freilich die großen Parteien und hat praktisch zu einem seit Jahrzehnten bestehenden Zweiparteiensystem geführt, in dem die konservativere National Party und die sozialdemokratische Labour Party einander gegenüberstehen. Programmatisch haben sich die beiden Parteien insoweit angenähert, als beide sich klar zum Prinzip des Sozial- und Wohlfahrtsstaates bekennen. Während die Labour Party sich schon lange von umfassenden Sozialisierungsplänen verabschiedet hat, vertreten die Konservativen zwar einen liberaleren Kurs in der Wirtschaftspolitik, bestreiten jedoch nicht die Notwendigkeit staatlicher Eingriffe. Die erste reine Labour-Regierung amtierte von 1935 bis 1949; bei insgesamt deutlichem Übergewicht der National Party haben seitdem mehrere Regierungswechsel stattgefunden. Die einzige kleinere Partei, die sich als ›dritte Kraft‹ mit allerdings nur sehr wenigen Parlamentssitzen neben den großen behaupten konnte, ist die eher rechts stehende, vor allem von kleinen Farmern unterstützte Social Credit Party; sie benannte sich 1985 in New Zealand Democratic Party um. Die 1972 gegründete Values Party, die ›neuseeländischen Grünen‹, ist eine unbedeutende Splitterpartei ohne realistische Chance einer parlamentarischen Vertretung geblieben.

Hinsichtlich des Wahlrechtes ist die ›Schweiz der Südsee‹ erheblich liberaler als ihr europäisches Gegenstück: Neuseeland war das erste Land der Welt, das 1893 das Frauenwahlrecht einführte – auch wenn diese Entscheidung durch eine taktische Fehlkalkulation des damaligen Premiers Seddon begünstigt wurde. Obwohl er selbst ein Gegner dieser Neuerung war, zog er es vor, die Ablehnung der Vorlage dem Oberhaus als Schwarzen Peter zuzuschieben – und verrechnete sich dabei. Im Jahre 1974 wurde das allgemeine Wahlalter auf achtzehn Jahre gesenkt. Die Beteiligung an den Parlamentswahlen ist mit circa neunzig Prozent sehr hoch, ohne daß man daraus jedoch auf ein besonders ausgeprägtes politisches Engagement der Neuseeländer schließen sollte. Tatsächlich ist das Interesse an der Politik im allgemeinen eher mäßig, und die meisten ›Kiwis‹ hätten wohl nichts dagegen, als unpolitisch eingeschätzt zu werden.

Das Bild, das die Medien in dieser Hinsicht vermitteln, täuscht ein wenig. Zeitungen und Fernsehnachrichten neigen dazu, Kontroversen zu dramatisieren und eher alltäglichen Fragen der politischen Auseinandersetzung ein übertriebenes publizistisches Gewicht beizumessen. Die Berichterstattung über die internationale Politik ist dagegen in den meisten Blättern recht dürftig, so daß kritische Beobachter eine gewisse Neigung zur Selbstbespiegelung feststellen können. Man sollte freilich dabei nicht die isolierte geographische Lage des Landes übersehen, die eine solche Bündelung des Interesses auf den eigenen Staat und einen manchmal etwas naiv wirkenden Patriotismus offensichtlich begünstigt. Der ›Provinzialismus‹ der meisten Zeitungen des Landes läßt sich weitgehend mit dem begrenzten regionalen Verbreitungsgebiet erklären. Daß die neuseeländische Presse im Grunde besser als ihr Ruf im Ausland ist, wo man oft ohne ebenso kritischen Blick auf die eigene Medienlandschaft urteilt, können Touristen ohne großen Aufwand persönlich überprüfen: In den meisten Motels und guten Hotels gehört es zum Service, dem Gast ein kostenloses ›Morning paper‹ vor die Zimmertür zu legen.

Neuseeland hat als eines der ersten Länder schon 1936 Rundfunkübertragungen wichtiger Parlamentsdebatten eingeführt. So interessant der rhetorische Schlagabtausch zwischen Regierung und Opposition im Einzelfall sein mag, die wirklichen politischen Entscheidungen fallen kaum im Parlament, sondern stehen bereits vorher fest und werden am Ende der Debatte nur noch mit der Mehrheit der Regierungspartei sanktioniert. Zum wichtigsten Ort des politischen Meinungsbildungsprozesses hat sich der ›Party caucus‹ der Mehrheitspartei entwickelt, die Fraktionssitzung der Abgeordneten der Regierungspartei. Er tagt in der Regel während der Parlamentsperiode einmal wöchentlich in Wellington oder mitunter auch in anderen Städten des Landes. Parteidisziplin wird in Neuseeland groß geschrieben, und so ist dieses inoffizielle, von der Verfassung nicht vorgesehene Gremium zum eigentlichen Machtzentrum der neuseeländischen Demokratie avanciert.

Abschied und Anhänglichkeit –
Vom ›Bauernhof Englands‹
zum ›England des Südpazifiks‹

Das Parlament wird durch den Governor-General einberufen. Er vertritt die englische Königin, das Staatsoberhaupt Neuseelands, und wird auf Vorschlag der Regierung für fünf Jahre in sein Amt berufen. Die von ihm zu Beginn einer Legislaturperiode verlesene Thronrede ist nichts anderes als die Regierungserklärung des Vorsitzenden der Mehrheitspartei; schon damit wird deutlich, daß sich die Aufgaben des Governor-General im wesentlichen in Repräsentationspflichten erschöpfen, sein politischer Einfluß gering ist und die ihm zugestandenen Rechte hauptsächlich formaler Natur sind. Insofern ist er, was seine tatsächliche Macht angeht, für das Königreich Neuseeland – nach den komplizierten Verfassungsverhältnissen und der Rechtsprechung des obersten neuseeländischen Gerichtshofes gibt es neben der britischen Krone eine separate neuseeländische, die ›nur‹ in Personalunion miteinander vereint sind – ein ziemlich getreues Abbild der von ihm vertretenen Monarchin, deren politische Handlungen im eigenen Land ja auch hauptsächlich nur auf Weisung der Regierung zustande kommen.

Die enge Verbundenheit der einstigen Kolonie, des späteren Dominions und des heutigen Mitglieds im Britischen Commonwealth mit dem englischen Mutterland spiegelt sich im politischen System des Landes wider, aber auch in der Anhänglichkeit der überwiegenden Mehrheit der Neuseeländer an die englische Königsfamilie und nicht zuletzt in einem bemerkenswerten Touristen-Strom der ohnehin reiselustigen ›Kiwis‹ nach Old England. Diese Verbundenheit zeigt sich auch auf der Nationalflagge: Sie hat im linken oberen Feld den Union Jack und rechts vier fünfzackige rote Sterne, das Kreuz des Südens, auf blauem Grund. Eine ähnliche Verbindung zwischen Symbolen des europäischen Traditionsstranges und solchen der ›Neuen Welt‹ in der Südsee weist auch das neuseeländische Wappen (›New Zealand Coat of Arms‹) auf. Auf zwei Farnblättern stehen sich links eine Frau europäischer Abstammung mit einer Landesflagge und rechts ein in sein traditionelles Gewand gehüllter, auf einen Speer gestützter Maori-Priester gegenüber. Der Schild zwischen den beiden zeigt auf fünf Feldern das Kreuz des Südens, eine Weizengarbe, drei Schiffe, ein Schaffell und zwei gekreuzte Hämmer: Symbole für Ackerbau, Handel, Viehzucht und Bergbau, zentrale Bereiche der Ökonomie und Garanten für den Wohlstand des Landes. Den oberen Abschluß bildet die englische Eduardskrone. Inoffizielle, aber häufig gebrauchte Embleme sind einerseits der Kiwi und andererseits ein Blatt des Silberfarns, das zum Beispiel bei internationalen Wettkämpfen von neuseeländischen Sportlern auf schwarzem Dress getragen wird.

Außenpolitik ›made in Wellington‹ beruht nach wie vor auf engen Bindungen zum Mutterland England und den im Commonwealth zusammengeschlossenen Staaten. Diese ›europäische‹ Orientierung an einem Staat, der fast zwanzigtausend Kilometer entfernt auf der entgegengesetzten Seite der Weltkugel liegt, mag auf den ersten Blick befremden; tatsächlich aber entspricht sie der durch und durch englischen Mentalität eines Großteils der Neuseeländer, die man mitunter als ›englischer als die Engländer‹ bezeichnet hat. Und das in mancher Hinsicht nicht zu Unrecht, spürt man doch vor allem in der Provinz noch hier und da einen Hauch von Viktorianischem Zeitalter – im Positiven wie im Negativen: Beschaulichkeit neben Antiquiertheit, Prüderie neben lebendiger Tradition, ein bißchen Nostalgie, ein bißchen ungekünstelte ›heile Welt‹. Der unbestimmte, nicht exakt belegbare Eindruck des Besuchers aus Übersee, daß an manchen Plätzen des Landes die Welt jedenfalls noch ein wenig mehr in Ordnung sei als anderswo – obwohl dieses Klischee bei nüchterner Betrachtung kein stichhaltiges Beurteilungskriterium sein kann – speist sich vor allem aus dem Charme einer liebenswürdigen, eigenwillig-britischen Antiquiertheit.

Jahrzehntelang fühlten sich die englischstämmigen Neuseeländer auch noch nach der Unabhängigkeit als ›Briten der Südsee‹; das Land exportierte den überwiegenden Teil seiner Agrarprodukte nach Britannien und galt dank der Erfindung des Kühlschiffes als Bauernhof Englands. Die pazifische Umgebung spielte für Neuseeland in dieser Zeit kaum eine Rolle; auch die Politiker gaben sich wenig Mühe, engere Kontakte zu den pazifischen Nachbarn zu knüpfen. Das sollte sich im Dezember des Jahres 1941 in wenigen Tagen dramatisch ändern. Der erfolgreiche japanische Überfall auf Pearl Harbor schockierte nicht nur die Amerikaner, sondern traf in gleicher Weise die Neuseeländer, zumal die Japaner in den nächsten Tagen zwei große britische Kriegsschiffe im Pazifik versenken und im Februar 1942 die englische Festung Singapur erobern sollten. Damit war für Neuseeland die ernste Gefahr eines möglichen japanischen Angriffs heraufbeschworen, dem man wenig hätte entgegensetzen können.

Unter dem Schock dieser Befürchtungen begannen sich die Politiker erstmals intensiver für die Nachbarschaft im pazifischen Becken zu interessieren. Der nach dem Kriege mit den USA und Australien geschlossene ANZUS-Verteidigungspakt richtete sich zunächst gegen Japan. 1954, zwei Jahre später, war Neuseeland Gründungsmitglied des Südostasienpaktes Seato. Das Land wurde sich allmählich seiner geopolitischen Lage bewußt und orientierte sich entsprechend um. Trotzdem bedeutete der EG-Beitritt Englands im Jahre 1973 eine weitere scharfe Zäsur. Sie beschleunigte den Prozeß einer Standortveränderung und einer neuen Identitätsfindung der Neuseeländer; denn der Verlust traditioneller Absatzmärkte verstärkte den Zwang, nach neuen Partnern Ausschau zu halten.

Mittlerweile hat Neuseeland zusammen mit Australien, dem ›Bruderland‹ auf der anderen Seite der Tasman-See und engstem politischen und wirtschaftlichen Partner, die Führungsrolle im südpazifischen Raum übernommen. Es leistet den kleinen Inselstaaten des Pazifiks großzügige Entwicklungshilfe und setzt sich tatkräftig für engere politische und wirtschaftliche Beziehungen zwischen den Staaten der Region ein. In der Bewegung zugunsten einer atomwaffenfreien Zone im Südpazifik ist Neuseeland zur führenden Kraft aufgestiegen. Beide großen Parteien sind sich in der energischen Ablehnung der französischen Atomversuche auf dem Muroroa-Atoll einig, so daß hier trotz Regierungswechseln die Kontinuität in der Außenpolitik gewahrt bleibt. Allerdings hat die Weigerung der 1984 gewählten und

1987 bestätigten Labour-Regierung, atomgetriebenen amerikanischen Kriegsschiffen das Anlaufen neuseeländischer Häfen zu erlauben, auch zu erheblichen Unstimmigkeiten mit den eigenen Verbündeten und mittlerweile zum faktischen Ausschluß Neuseelands aus dem ANZUS-Pakt geführt. Zum neuen Kurs der neuseeländischen Außenpolitik gehört auch die stärkere Zusammenarbeit mit den asiatischen Staaten; angesichts der allgemeinen Erwartungen, daß hier noch ein großer, rasch expandierender Zukunftsmarkt liege, ist diese Entscheidung sicher nicht falsch. Die ersten Früchte dieses außenpolitischen Umdenkens konnte das Land bereits ernten: Japan, der einstige Kriegsgegner und potentielle Angreifer, wurde in den letzten Jahren einer der bedeutendsten Handelspartner Neuseelands.

Heimatstadt Katherine Mansfields –
Wellington kulturell

Unweit des Regierungsviertels steht, sich fast ein wenig unter den beiden mächtigen Bäumen an seinen Seiten dukkend, die von außen eher unscheinbare *Old-St.-Paul's-Kirche*. Ein Besuch der schlichten, kleinen Holzkirche, deren früheste Teile auf das Jahr 1868 zurückgehen, lohnt sich wegen ihres kunst- und geschmackvoll gestalteten Innenraumes. Als »Triumph der gotischen Architektur, auf das Baumaterial Holz und die Bedingungen im kolonialen Neuseeland abgestimmt«, rühmt der ›New Zealand Historic Places Trust‹, der die Kirche vor einiger Zeit restaurieren ließ, diesen ungewöhnlichen Sakralbau. Gewiß ein wenig emphatisch, doch kann man sich der ruhigen, warmen Ausstrahlungskraft der hölzernen Täfelung und des Gebälks aus dunkelbraunem Holz, dessen Bögen der gotischen Linienführung folgen, kaum entziehen. Auch die unauffällig in die Paneelierung integrierten Fenster mit den kräftigen und doch unaufdringlichen Farben der Glasmalereien tragen in ihrer harmonischen Abstimmung auf die Holzarchitektur zur beeindruckenden Atmosphäre des Raumes bei.

An kulturellen Institutionen weist Wellington nur eine überragende Besonderheit auf: die *Alexander Turnbull Library*. Ursprünglich aus einer privaten Büchersammlung hervorgegangen, hat sich die Bibliothek in erster Linie wegen ihrer umfangreichen Bestände zur Geschichte Neuseelands und des pazifischen Raumes einen bedeutenden Ruf erworben. Das historisch wichtigste Dokument der Sammlung ist das Original des Vertrages von Waitangi, die Geburtsurkunde des modernen Neuseeland. Die Turnbull Library wird hauptsächlich von Wissenschaftlern benutzt, steht jedoch auch der Allgemeinheit offen, der sie eine kleine Wechselausstellung interessanter Exponate vor allem zur Entdeckungs- und Frühgeschichte des Landes bietet.

Ergänzungen dazu halten *National Art Gallery* und *National Museum* bereit, die in einem Gebäude untergebracht sind. Das National Museum verfügt über eine Maori-Sammlung mit einigen besonders schönen Stücken, unter denen die Schnitzereien eines Versammlungshauses aus der Mitte des 19. Jahrhunderts und eines Kriegskanus herausragen. Eine instruktive Ausstellung gibt Auskunft über das Leben in der Hauptstadt der Kolonie um 1900. Ansichten von neuseeländischen Landschaften und Städten des 19. Jahrhunderts vermittelt eine Reihe von Bildern und Wasserfarbzeichnungen in der Kunstgalerie, deren Sammlungen schwerpunktmäßig neuseeländischen Malern gewidmet sind.

Während in diesen Museen die Erinnerung an manchen durchschnittlichen Künstler wachgehalten wird, ehrt die Stadt eine ihrer bedeutendsten Töchter, wenn nicht die berühmteste überhaupt, außergewöhnlich zurückhaltend: Das *Katherine Mansfield Memorial* besteht aus einer nichtssagenden kleinen Parkanlage im Stadtteil *Thorndon* nahe am Motorway und einer von ihrem Vater gestifteten Gedenkplatte. Katherine Mansfield, die 1888 in Wellington als Tochter eines vermögenden Bankiers zur Welt gekommene Schriftstellerin mit dem bürgerlichen Namen Kathleen Middleton Murry, geb. Beauchamps, ist die beherr-

Katherine Mansfield (1888-1923)

schende Persönlichkeit der neuseeländischen Literaturgeschichte. Berühmt wurde sie vor allem durch ihre Kurzgeschichten, in denen sie Kindheitserinnerungen und Jugendeindrücke aus der bürgerlichen Welt der kolonialen Hauptstadt um die Jahrhundertwende literarisch verarbeitet hat. Zu ihren bekanntesten Short stories, die in diesem Milieu angesiedelt sind, gehören ›Prélude‹, ›Das Gartenfest‹ und ›Das Puppenhaus‹. Freilich hat Katherine Mansfield, die 1923 an Lungentuberkulose starb, nur etwa die Hälfte ihres kurzen Lebens in ihrer Heimatstadt zugebracht. Noch vor ihrem zwanzigsten Geburtstag verließ sie Neuseeland im Jahre 1908 für immer, nachdem sie wenige Jahre zuvor Europa während eines mehrjährigen Bildungsaufenthalts kennen- und schätzengelernt hatte.

Sie, die sich bald in London und Paris in ein bohemienhaftes Leben stürzen sollte, litt an der Kulturlosigkeit der Gesellschaft in ihrer Heimat, die sie als zu wenig anregend, als zu grob und materialistisch empfand. In der Tat setzte man in der jungen Kolonie vor allem in den ersten drei Jahrzehnten des 20. Jahrhunderts andere als geistige Prioritäten, und Katherine Mansfield war nicht die einzige Künstlerin und Intellektuelle, die glaubte, in Neuseeland nicht frei atmen zu können. Sie litt unter dieser beengenden

Atmosphäre und setzte sich in ihrem Werk kritisch mit ihr auseinander. Mit zunehmendem zeitlichen Abstand urteilte sie indes nachsichtiger und bekannte in einem Brief an ihren Vater: »Je länger ich lebe, um so mehr kehre ich nach Neuseeland zurück. Ich danke Gott, daß ich in Neuseeland geboren wurde. Ein junges Land ist wirklich ein Erbe, obwohl man Zeit braucht, um das zu erkennen. Neuseeland steckt mir in den Knochen.«

Wie sehr ihr Neuseeland, wie sehr ihr gerade Wellington ›in den Knochen steckte‹, zeigen die vielen meisterhaften Geschichten, zu denen die Erfahrungen und Erlebnisse ihrer Jugend den Stoff lieferten. Eine Passage aus der Erzählung ›Der Wind weht‹, in der zwei Geschwister davon träumen, ihre Stadt zu verlassen, illustriert das ambivalente Verhältnis der Schriftstellerin zu ihrer Heimatstadt:

»›Schau mal, Bogey! Schau, da drüben!‹

Ein großer schwarzer Dampfer mit einer langen, wirbelnden Rauchfahne und hellen Bullaugen, mit Lichtern überall, sticht in See. Der Wind kann ihn nicht aufhalten; er durchfurcht die Wellen und steuert auf das offene Tor zu, zwischen spitzen Klippen hindurch, auf Fahrt nach … Was ihn so ungeheuer großartig und geheimnisvoll macht, sind all die Lichter … Zweie sind an Bord und lehnen sich Arm in Arm über die Reling.

›… Wer sind sie?‹

›… Bruder und Schwester.‹

›Schau mal, Bogey, dort liegt die Stadt! Sieht sie nicht klein aus? Das ist die Uhr auf dem Postamt, die zum letztenmal schlägt. Und dort ist die Esplanade, wo wir an dem Tag, als es so windig war, spazierengingen, erinnerst du dich? An jenem Tag hatte ich in der Klavierstunde geweint – vor so vielen Jahren! Leb wohl, kleine Insel, leb wohl! …‹

Jetzt streckt die Finsternis eine Schwinge über das stürmische Wasser. Sie können die zwei nicht mehr sehen. Lebt wohl, lebt wohl! Vergeßt nicht! … Aber das Schiff ist fort. Der Wind – der Wind!«

Eine eigenwillige, differenzierte Hommage an ›windy Wellington‹: aber doch eine, die ein wenig mehr sichtbare Anerkennung der Stadt und ihrer Bewohner für ihre große Tochter erwarten ließe, »who during her short life achieved great distinction as an authress« (»die während ihres kurzen Lebens große Anerkennung als Schriftstellerin erreichte« – Text der Gedenktafel).

Ländlicher Südwesten – Manawatu und seine Hauptstadt Palmerston North

Das von Meer und Bergen umgebene ›Nadelöhr‹ Wellington kann man mit dem Wagen nur auf zwei Straßen verlassen und erreichen. Der Highway 1 verläuft in nordwestlicher Richtung und erreicht kurz nach Porirua, einer schnell und lieblos gewachsenen Vorstadt von Wellington, die ihre Größe nur dem Raummangel der Kapitale verdankt, das Meer. Hier verläuft er eine Zeitlang nahe am Wasser, bis sich die Küstenebene, hinter der die Tararua Range mit bis zu 1500 Meter hohen Bergen aufragt, allmählich weitet. Kurz zuvor erlaubt der Anstieg der Straße vor Pukerua Bay einen herrlichen Panoramablick, der von den Bergen der Südinsel im Westen über die in blau-weißem Gebrodel gegen die Steilküste anbrandende Tasman-See bis zu der zwischen Felsformationen und Sandstränden abwechselnden Küstenlinie reicht. Das vorgelagerte **Kapiti Island,** früher eine wichtige Basis für die im Gebiet der Cook Strait sehr regen Walfänger und heute ein wichtiges, nur mit besonderer Erlaubnis zu erreichendes Vogelschutzgebiet, ragt trotzig aus der oft rauhen Tasman-See heraus; die mit über fünfhundert Metern höchste Erhebung der Insel diente einst den Walfängern als guter Aussichtspunkt, um die Wanderungen der Wale zu beobachten.

Daß die Kapiti Coast von der Hauptstadt und ihren ›Trabanten‹-Städten nicht allzu weit entfernt ist, lassen die im Sommer recht belebten Strände der kleinen Orte erkennen; hier hat sich mancher Wellingtonian ein Ferienhaus gebaut. An Wochenenden mit schönem Wetter herrscht hier ein für neuseeländische Verhältnisse ziemlich lebhafter Verkehr, der freilich nach Norden zu rasch abnimmt. Ein lohnender Abstecher ist **Otaki,** dessen in der Mitte des vergangenen Jahrhunderts gebaute und später teilweise erneuerte *Rangiatea Maori Church* mit ihren kunstvollen Schnitzereien und Tukutuku-Paneelen zu den eindrucksvollsten Maori-Kirchen des Landes zählt.

Allmählich verbreitert sich die Küstenebene; zahlreiche, auf den Höhen der Tararua Range entspringende Flüsse durchziehen sie und schaffen zwischen der von breiten Sanddünen beherrschten Küste und dem zur Gebirgskette hin sanft ansteigenden, grünen Hügelland eine fruchtbare Region. Der größte Fluß, der sich im Nordosten von Palmerston North eine enge, landschaftlich schöne Schlucht durch die waldreichen Berge gegraben hat, ist der Manawatu River, nach dem die Gegend, die im Norden an den Wanganui-Distrikt angrenzt, benannt ist.

Grüne, manchmal an Irland, manchmal an Schleswig-Holstein erinnernde Weideflächen mit Rinder- und Schafherden geben Manawatu sein Gepräge; es ist eine weiche, milde Landschaft, wie man sie vielfach an der Westküste der Nordinsel findet, keine spektakuläre freilich wie das Land am Fuß des Vulkanriesen Mount Egmont, mit dem sie sonst manches gemeinsam hat; sicherlich auch keine, die wegen ihrer Reize eigens einen Besuch wert wäre. Eher eine undramatische, ›alltägliche‹ Gegend, die indes vor allem im warmen Licht des Spätnachmittags einen friedlich-idyllischen Charme entfaltet.

Wie sehr Manawatu mit Viehzucht und Ackerbau verbunden ist, wird in Anmerkungen zu zwei sehr unterschiedlichen Orten der Region deutlich. **Palmerston North,** mit über 65 000 Einwohnern zu den zehn größten Städten des Landes zählend, ist die Hauptstadt des Distrikts. Auf dem rechten Ufer des Manawatu River gelegen, bietet sie dem Touristen wenig Sehenswertes. Die Stadt ist jedoch Sitz einer Reihe von wichtigen landwirtschaftlichen Forschungsanstalten. So wird vor allem in der Faculty of Agricultural and Horticultural Sciences der *Massey University*

Forschungsarbeit geleistet, die für die ständige Verbesserung und Angebotserweiterung der neuseeländischen Agrarproduktion unerläßlich ist – ein Land, das seine Devisen zum überwiegenden Teil aus dem Export landwirtschaftlicher Erzeugnisse bezieht, kann sich in der scharfen Wettbewerbssituation auf dem Weltmarkt keinen Stillstand erlauben.

Die Massey University ist aus dem 1928 gegründeten Massey Agricultural College hervorgegangen. Zu den bedeutendsten Leistungen dieses Instituts gehören die Neuzüchtungen zweier Schafarten durch die Forscher Dry und Peren. Die nach ihnen benannten Kreuzungen Drysdale und Perendale sind aus dem Erscheinungsbild des ›Schaflandes‹ Neuseeland nicht mehr wegzudenken; der gewaltige Siegeszug der Perendales sichert dieser Art hinter den ›traditionellen‹ Romneys mittlerweile den zweiten Platz in der Statistik der Bestandszahlen.

Ein anderer Hinweis auf die landwirtschaftliche Bedeutung Manawatus ist ein witziges Wortspiel, das sich mit dem Örtchen **Bulls** verbindet. Zum Pech seiner Einwohner bedeutet dieser Ortsname ›Bullen‹. Bulls, das inmitten fruchtbarer Weiden am Rangitikei River liegt, ist damit »der einzige Ort auf der Welt, wo man von Bullen Milch bekommen kann« (»where you can get milk from bulls«). Das Wortspiel paßt deshalb so gut, weil die Weiden um Bulls mit Rinderherden übersät sind; ganz Neuseeland schmunzelt darüber – nur in Bulls findet es wenig Anklang.

Gezähmte Hügel, ungebärdige Küste – Wairarapa, das Land der ›glitzernden Wasser‹

Südöstlich von Manawatu liegt – als pazifisches Gegenstück im Süden der Nordinsel – die Landschaft Wairarapa. Zumindest eines hat sie mit Manawatu gemeinsam: das Fehlen besonderer landschaftlicher Höhepunkte und gleichzeitig eine nicht reizlose ›Normalität‹. Der Tourist erlebt Wairarapa vorwiegend auf der Fahrt von oder nach Wellington. Hinter **Lower** und **Upper Hutt,** die sich zu bedeutenden Zentren der Leichtindustrie entwickelt haben, klettert der Highway 2 in die Berge hinauf – durch die zerklüftete, schluchtenreiche Wildnis der südlichen Tarahua Range in zahlreichen Kehren bis zur Paßhöhe von immerhin über 550 Metern. Jenseits der Berge erstreckt sich einige Kilometer südlich von Featherston der große **Lake Wairarapa,** dem die Region den Namen verdankt. Die ›glitzernden Wasser‹ sind indes nur wenige Meter tief und können im Sommer an einigen Stellen zu Fuß durchquert werden. Im Februar und im März, zur Zeit der Aalwanderung, kommen Maori aus dem ganzen Land hierher, um von ihrem traditionellen Fischfangrecht Gebrauch zu machen.

Die ebenen Flächen von Wairarapa in den Flußniederungen gehören vor allem den Rindern, während das Hügelland die Domäne der genügsameren Schafe ist. Welche Bedeutung die Schafzucht in dieser Gegend hat, zeigt ein Wettbewerb, der in **Masterton,** dem Hauptort der Region, zu Hause ist. Dort treffen sich alljährlich im März die tüchtigsten Schafscherer des Landes, um in der ›Golden-Shears‹-Konkurrenz die Besten zu ermitteln. Das ist keineswegs der einzige Wettkampf dieser Art in Neuseeland, wohl aber der älteste und dank internationaler Beteiligung vor allem aus dem rivalisierenden ›Schafland‹ Australien der bedeutendste. Ein Stück nördlich von Masterton liegt in unmittelbarer Nähe des Highway 2 eine besondere, man ist versucht zu sagen: typisch neuseeländische Art von ›Rastplatz‹, der zu einem Spaziergang durch die Vogelwelt des Landes einlädt: das **Mount Bruce Bird Sanctuary,** ein kleiner, in dichtem ›Native bush‹ angelegter Vogelpark. Die Pazifikküste Wairarapas ist von großer landschaftlicher Schönheit: Eine rauhe, manchmal abweisende Felsküste, die nur gelegentlich durch Sandstrände unterbrochen wird. Der meistbesuchte Badeort in diesem abgelegenen und verkehrstechnisch schwer erreichbaren Landstrich ist **Riversdale Beach.** Das Ende der Küstenlinie bildet das sturmgepeitschte **Cape Palliser,** im 19. Jahrhundert bis zum Bau eines Leuchtturms ein gefürchtetes Vorgebirge, das man-

chen Schiffsuntergang erlebt hat. Cape Palliser ist der süd-
lichste Punkt und der würdige Abschluß der Nordinsel, die
eine solche Fülle an Naturschönheiten besitzt, daß sie nur
hinter *eine* andere Insel zurücktreten muß: die Südinsel
Neuseelands.

Licht über den Marlborough Sounds

»Es herrschte Dunkelheit vom ersten Zeitalter zum zehnten, bis hin zum hundertsten und tausendsten Zeitalter, und die Erde und der Himmel lagen eng umschlungen, und zwischen ihnen lagen ihre Kinder, die das Licht nie gesehen hatten. Nach langer, langer Zeit wurden die Kinder von Himmel und Erde jedoch unzufrieden mit ihrem Dasein und begannen, sich untereinander zu beraten. ›Laßt uns darüber nachdenken, was wir mit Rangi und Papa tun sollen!‹, sprachen sie. ›Wäre es wohl besser, die Eltern zu töten, oder sollen wir sie bloß auseinanderzwingen?‹ Tumatauenga, das wildeste unter den Kindern und Gott des Krieges, schlug vor, die Eltern zu töten. Tane-mahuta aber, der Gott der Wälder und aller Geschöpfe des Waldes, sprach als nächster: ›Ich bin anderer Meinung. Es ist besser, sie voneinander zu trennen! Der Himmel soll weit über uns sein und die Erde unter uns. Der Himmel kann uns fremd werden, die Erde aber soll uns nahe bleiben und unsere Mutter sein, die uns hegt und pflegt.‹

Nach endlos langer Zeit schritten die Kinder von Rangi und Papa zur Tat.« Nachdem seine Brüder vergeblich versucht hatten, die Eltern zu trennen, »war die Reihe an Tane-mahuta: Langsam, ganz langsam richtete er sich auf und stemmte sich zwischen die Eltern – doch immer noch bewegten diese sich nicht. Tane ruhte eine Weile lang aus, und dann versuchte er es aufs neue: seinen Kopf und seine Schultern preßte er gegen seine Mutter, die Erde, und mit

den Beinen und Füßen stieß er den Vater Stück für Stück
nach oben. Die Sehnen, die Rangi und Papa verbanden,
dehnten und dehnten sich, schließlich rissen sie, und Tanes
Eltern schrien auf in ihrem Schmerz: ›Warum nur tut ihr
euren Eltern das an? Warum nur trennt ihr uns?‹ Doch
Tane stemmte sich weiter mit aller Kraft zwischen sie und
ruhte erst, als der Himmel hoch oben über ihm war und
die Erde tief unter ihm.

Sein Werk war vollbracht, und Licht fiel auf alle
Kreaturen:

Das Licht von Ra, der Sonne

das Licht von Marama, der Mondin

das Licht von Whetu, dem Stern

Atarapa, das Licht der Morgendämmerung

Atahikurangi, das Licht des hellen Tages.«

Selbst wenn der Ursprung der Maori-Schöpfungsge-
schichte, wie er hier in den ›Märchen aus Neuseeland‹
(Köln 1985) berichtet wird, nicht im Norden der neuseeländischen Südinsel liegt, kann man sich die **Marlborough
Sounds** doch gut als Hintergrund für diese mythologische
Erzählung vorstellen; dort, wo Meer und Land sich zu
einem spielerisch-heiteren Labyrinth von Buchten und Hügeln, überfluteten Tälern und kleinen Inseln, engen Verzweigungen und phantasievoll gezackten Halbinseln ver-
schlingen, wo das klare Blau des Wassers in immer wieder
neuen Variationen und Formen auf das kräftige Grün der
Vegetation trifft – und wo das Licht als drittes entscheiden-
des Element zu Wasser und Land tritt, verändernd, verstär-
kend und mildernd, ausgleichend, akzentuierend und re-
gierend durch Stärke und Schwäche; eine elementare Kraft,
die diese grandios-friedvolle Landschaft der Sounds intensiver und genuiner zu prägen scheint als andere Gebiete.
Ob Atahikurangi, das Licht des hellen Tages, die tiefblaue
Fläche der vielarmigen Sunde mit gleißender Helle überflutet und die felsigen Konturen der gezackten Hügelkämme
in der Ferne scharf hervortreten läßt, ob Maramas, der
Mondgöttin, Strahlen auf dem nächtlich ruhigen Meer
hell glitzern, das ringsum von den mannigfach gestalteten,

schwärzlichen Silhouetten der Vorgebirge und Felswände begrenzt wird, ob sich im fahlen Lichte Atarapas, der Morgendämmerung, der herbstliche Nebel über einer kleinen Bucht allmählich zu lichten beginnt und die Umrisse der dort vertäuten Segelboote schemenhaft erkennen läßt, oder Ra, die Sonne, Land und See in goldenes Abendlicht taucht, das sich warm und weich im Blattwerk des dichten Buschwaldes bricht und das Gelb der kleinen, zwischen dunkle Felsen und grüne Hänge eingebetteten Sandstrände in sanfter Intensität aufleuchten läßt – stets erweist sich das Licht nicht nur als allgemein lebensspendende Macht, sondern zugleich als schöpferischer Gestalter stimmungsvoller landschaftlicher Schönheit.

Labyrinth von Wasser und Land – *Eine liebliche, friedvolle Sundlandschaft*

Eine Vorstellung von der beeindruckenden Schönheit der abwechslungsreichen Welt der Marlborough Sounds an der Nordostspitze der Südinsel gewinnt jeder, der mit dem Fährschiff von oder nach Wellington reist. Die Fähre gleitet knapp ein Drittel der gut dreistündigen Überfahrt durch die ruhigen Gewässer des Tory Channel und des **Queen Charlotte Sound,** an felsigen Inseln und steilen, buschbewachsenen oder als Weideland genutzten Hügeln vorbei. Ab und zu taucht ein Farmhaus auf, das sich über einer der zahllosen Buchten erhebt, und immer wieder zweigen vom Hauptsund enge Nebenarme ab, in deren Ausbuchtungen Segel- und Motorboote auf dem nahezu unbewegten Wasser dümpeln. Schließlich kommt **Picton** in Sicht, die hübsche, am Fuße bewaldeter Hügel liegende Kleinstadt am Ende des Queen Charlotte Sound, die seit 1962 das Fährterminal der Südinsel beherbergt. Trotz des angewachsenen Eisenbahn- und Straßenverkehrs ist Picton ein beschaulicher Fremdenverkehrsort und empfehlenswerter Ausgangspunkt für die touristische Entdeckung der Marlborough Sounds geblieben. Die kleine, von einigen Palmen bestandene Strandpromenade des Ortes, der die Marina

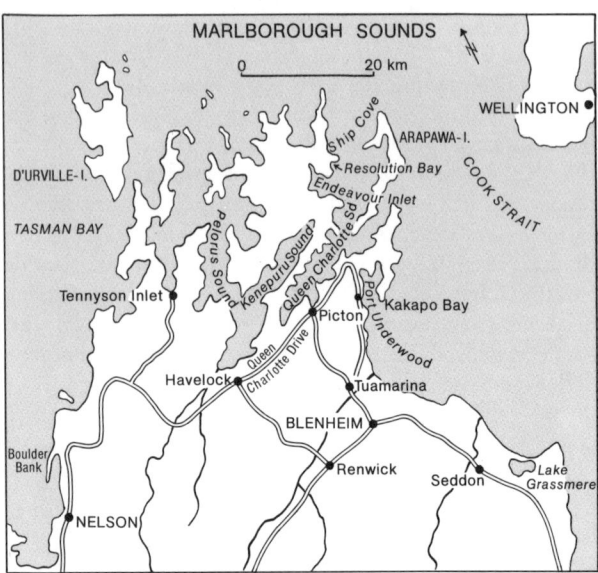

für kleinere Schiffe vorgelagert ist, liegt in einiger Entfernung vom Fährhafen, so daß ein großer Teil der übergesetzten Wagen am Ortskern vorbei in Richtung Süden fährt.

Erstaunlich wenige Besucher machen in Picton Rast und nutzen die Gelegenheit, die Sounds von hier aus zu erkunden. Auch im Programm vieler Reiseveranstalter sucht man einen Abstecher in die Marlborough Sounds vergeblich; manchem Touristen, der sich in die Obhut einer organisierten Rundfahrt begeben hat, entgeht dieses landschaftliche Juwel an der Nordspitze der Südinsel. Und das nicht, weil die Sounds nicht mit den anderen Höhepunkten des Landes konkurrieren könnten, sondern vor allem aus Zeitmangel: Nur wer ein paar Tage investiert, kann wirklich tiefer in die Vielfalt und Schönheit dieses Labyrinths aus Wasser und Land eindringen – sei es auf einem der von Picton und Havelock aus angebotenen mehrstündigen Bootsausflüge oder mit dem Postschiff durch die Buchten und Seitenarme der Sounds, sei es mit dem Auto auf den gewundenen

Straßen der Halbinseln, auf denen das langsame Voran-
kommen den Genuß der herrlichen, schnell wechselnden
Panoramen steigert und manch verträumte Bucht zur Rast
einlädt; oder sei es zu Fuß auf einem der Wanderwege, die
durch die fast unberührte, friedvolle Landschaft führen,
deren Geheimnis in dem aufregenden Wechselspiel von
Licht, Meer, Fels und Vegetation liegt.

Lohnende Ziele, die die landschaftlichen Reize mit dem
geschichtlichen Hintergrund der Marlborough Sounds verbinden, sind **Ship Cove** und die benachbarten Buchten, die
durch einen Wanderweg miteinander verbunden sind. Ihre
Namen, ›Resolution Bay‹ und ›Endeavour Inlet‹, deuten
schon auf den historischen Kontext hin: In Ship Cove
betrat James Cook auf seiner ersten Weltreise im Jahre
1770 erstmals den Boden der neuseeländischen Südinsel.
Hier fand er einen geschützten Ankerplatz, wo er sein
Schiff wieder instandsetzen lassen und Vorräte und frisches
Wasser an Bord nehmen konnte. Er benannte den Sund,
der sich von dort bis zum vierzig Kilometer entfernten
Picton erstreckt, nach der Gattin des seinerzeit regierenden
englischen Königs Queen Charlotte Sound. Aber nicht nur
das: Wenige Tage später hißte er auf der kleinen Felsinsel
Motuara Island gegenüber von Ship Cove den Union Jack
und nahm damit die Südinsel »im Namen und zum Nutzen
seiner Majestät« symbolisch in Besitz. Auf das Wohl des
Königs trank man anschließend noch eine Flasche Wein.
Das englische Parlament dachte freilich anders darüber;
es wies den von Cook formulierten Herrschaftsanspruch
schlicht zurück.

Gleichwohl ist Cook auf seinen beiden weiteren Weltrei-
sen immer wieder in die Marlborough Sounds zurückgekehrt. Er liebte diese Oase der Ruhe um so mehr, als sie
unmittelbar an die gefürchtete Cook Strait angrenzt. Hier
können Stürme bis zu Spitzengeschwindigkeiten von 240
Kilometern in der Stunde toben, die selbst den Kapitänen
der großen modernen Fährschiffe das Leben schwer machen. Der Queen Charlotte Sound wurde für Cook, der
hier zwischen 1770 und 1777 nicht weniger als fünfmal vor

Anker ging, zum Ruhe- und zugleich zum Ausgangspunkt
für seine Reisen in die weite Welt des Pazifischen Ozeans.

Was die Sounds für den berühmten Entdecker so attrak-
tiv machte, fasziniert heute noch: Der oft ungeheuer starke
Kontrast zwischen der sturmgepeitschten, aufgewühlten
Cook Strait und der ruhigen, bisweilen unbewegt daliegenden blauen Fläche der geschützten Buchten und Arme der
Marlborough Sounds. Und doch ist es dasselbe Meer, dessen Temperament sich so unterschiedlich darstellt. Vor
Jahrmillionen hat es die Täler überflutet und ragt seitdem
mit drei langen Fingern, dem Queen Charlotte Sound, dem
Kenepuru Sound und dem Pelorus Sound, in die Nordostspitze der Insel hinein. Da es sich um ein ›ertrunkenes
Flußsystem‹ handelt, aus dem nur noch die einstigen Berge
als Inseln, Hügel und Vorgebirge herausragen, kann man
nicht von echten ›Fjorden‹ sprechen. Das mindert freilich
weder ihren Reiz, noch beraubt es die Südinsel einer bedeutenden Landschaftsform, findet sich doch in der grandiosen Fjordlandschaft im Südwesten das ›echte‹ Gegenstück
zu den Marlborough Sounds am gegenüberliegenden Ende
der Insel.

Idyllische Buchten, sonnenüberflutete Meeresarme,
hinreißende Ausblicke – Wege durch die Welt der Sounds

Eine der malerischsten, landschaftlich reizvollsten Straßen
Neuseelands ist der **Queen Charlotte Drive** von Picton
nach Havelock. In unzähligen Windungen folgt er der
buchtenreichen Küstenlinie. Er führt durch dichte Vegetation, in der wahre Baumfarn-Haine gelegentlich einen au-
ßergewöhnlichen Blickfang bieten. Die großen Wedel der
Farne filtern das Licht der Sonne; der ständige Wechsel von
Licht und Schatten, die Sicht auf die sonnenüberfluteten
Meeresarme, auf denen sich im Sommer Segelschiffe tummeln, der Blick zurück auf die Weite des Queen Charlotte
Sounds, auf dem ein großes Fährschiff langsam dahinglei-
tet, das rasche, nur Sekunden dauernde Erfassen einer kleinen sandigen Bucht, an der ein, zwei Ferienhäuser stehen

oder lediglich ein Bootssteg die Existenz solcher Domizile verrät, der Wandel der Vegetation von Weideflächen über Kiefernpflanzungen bis zu selbstregeneriertem Buschwald: All das macht diese Route zu einem Naturerlebnis, dessen spektakuläre Panoramen lange im Gedächtnis haftenbleiben.

Man hat versucht, die aus den blauen Wassern der Marlborough Sounds aufsteigenden Hügel landwirtschaftlich zu nutzen. Große Flächen der ursprünglichen Bewaldung sind diesen Kultivierungsbemühungen zum Opfer gefallen. Aber das Land hat sich zur Wehr gesetzt; Schäden durch Erosion führten vielerorts dazu, daß die Farmen wieder aufgegeben wurden. Dort hat in den letzten Jahrzehnten ein neuer Vegetationsteppich aus Buschwerk und Farn die ehemaligen Weiden überwuchert; auch Bäume sind allmählich nachgewachsen. Diese natürliche Decke in unterschiedlichen Grüntönen bildet einen lebendigeren Kontrast zur Bläue der Meeresarme als das vergleichsweise uniforme Grün der von Menschenhand geschaffenen Weiden. Am ursprünglichsten hat sich die Landschaft am **Kenepuru Sound** und in der Gegend des **Tennyson Inlet** am Westende der Marlborough Sounds erhalten, wo ansehnliche Flecken alten Baumbestandes stehengeblieben sind.

Die Farmer haben sich allmählich aus dem Land zwischen den Meeresarmen zurückgezogen und Erholungssuchenden und in kleiner Zahl auch Zivilisationsmüden Platz gemacht. In abgeschiedenen, traumhaften Lagen, oft nur vom Wasser aus erreichbar, liegen in vielen Buchten Häuser mit kleinen gepflegten Rasenflächen und einem Bootshaus oder -steg. Die meisten von ihnen sind Ferienhäuser, die sich gut in ihre natürliche Umwelt einpassen und das Landschaftsbild nicht stören. Ihre Besitzer kommen häufig nur für wenige Wochen im Jahr von Wellington herüber, um sich im sonnigen Klima der Sounds fernab der ›Zivilisation‹ zu erholen und die reichhaltigen Wassersportmöglichkeiten zu nutzen. Vor allem für Segler sind die Marlborough Sounds ein wahres Dorado, in dem sie wochenlang kreuzen und immer neue Buchten, Arme und Ankerplätze

Ein ›Kannibale‹ aus früheren Zeiten

entdecken können – bei einer Küstenlinie von rund 1500 Kilometern nichts Erstaunliches.

So bereitet es auch im Hochsommer, wenn die Sounds durch den Zustrom der Urlauber etwas belebter sind als in der restlichen Zeit des Jahres, keine Schwierigkeiten, noch ruhige, einsame Plätze zu finden. Nur drei Prozent der Neuseeländer leben in Marlborough und Nelson, den beiden nördlichen Provinzen der Südinsel. Das war nicht immer so, galten doch in den Tagen der ersten Walfänger in den Jahrzehnten vor der Mitte des 19. Jahrhunderts ausgerechnet die Marlborough Sounds als ›Wiege der Zivilisation‹ auf der Südinsel – einer Zivilisation indes, die angesichts der ungehobelten Umgangsformen und des rauhen Tons in den Camps der Walfänger diesen Namen nur verdient, wenn man übermäßigen Alkoholkonsum als Ausdruck zivilisierter Lebensweise interpretiert.

Aber immerhin war Te Awaiti, die auf Arapawa Island am Tory Channel gelegene Walfängerbasis, im Jahre 1840 mit 240 Bewohnern der größte Ort der Südinsel. Von dort aus hatte John Guard, einer der frühesten Walfänger und Pioniere der Südinsel, sein Camp nach Port Underwood, dem geschützten Kanal an der Ostseite der Sounds, verlegt. Auf den Hügeln oberhalb von **Kakapo Bay,** zu denen heute in der Dunkelheit die Lichter von Wellington hinüberfun-

keln, errichtete er seine Beobachtungsstation. Die Route
von Picton nach Blenheim über Port Underwood ist zwar
erheblich länger und mühevoller als die direkte Verbindung
über den Highway 1, aber wegen ihrer landschaftlichen
Schönheit und der atemberaubenden Ausblicke auf die
Sounds und die Cook Strait ungleich lohnender. Wie sich
die Zeiten in den Sounds geändert haben, zeigt sich in
Kakapo Bay auf eine fast unglaubliche Weise. Vor hundert-
fünfzig Jahren als Schauplatz von Kannibalenfesten und
lärmerfülltes, dreckiges Walfängercamp übel beleumdet
und mit Kororareka in der Bay of Islands um den wenig
schmeichelhaften Titel ›Höllenloch des Pazifiks‹ wett-
eifernd, ist Kakapo Bay heute einer der vielen schönen,
friedlichen Flecken, die für die Sounds so typisch sind.
Weich laufen die Wellen auf das leicht gekrümmte Gestade
der stillen Bucht; der helle Strand trennt das Blau des
Wassers von dem Grün der kleinen Küstenebene, auf der
sich die wenigen, von den Ahnen des legendären John
Guard bewohnten Häuser vor dem Hintergrund der bewaldeten Hügel verteilen: Eine abgelegene Idylle, in der die
Zeit stehengeblieben zu sein scheint, während sich tatsächlich ein grundlegender, glücklicher Wandel vollzogen hat.

Walfang an der Küste von Neuseeland

Nach der kurvenreichen Fahrt entlang der Küste von Port Underwood eröffnet sich plötzlich dem Blick die weite **Wairau-Ebene,** die im Süden von den Gebirgszügen der Kaikoura Range begrenzt wird. Es ist ein fruchtbares, sonniges und mit Ausnahme des Hochsommers grünes Land im Mündungsgebiet des Wairau River und seiner Nebenflüsse. Kein Wunder, daß es bei den landhungrigen europäischen Pionieren, die Anfang der vierziger Jahre des 19. Jahrhunderts unter Leitung der New Zealand Company allmählich in die nördlichen Gebiete der Südinsel einzuwandern begannen, sehr begehrt war. Wie in anderen landwirtschaftlich interessanten Regionen, so kam es auch in dieser zu blutigen Zusammenstößen mit den Maori. Schauplatz des berüchtigten, wenngleich von den Pakeha unangemessen hochgespielten Wairau-›Massakers‹, bei dem zweiundzwanzig Weiße und sechs Maori ums Leben kamen, war das Örtchen Tuamarina. Hier mündet die Nebenstrecke über Port Underwood wieder auf den Highway 1.

Im Zentrum der Wairau Plain liegt inmitten von Weingärten und Obstplantagen das freundliche Städtchen **Blenheim,** seit einiger Zeit die Provinzhauptstadt von Marlborough. Ein Stück weiter südlich geht die Ebene schon wieder in eine sanfte, gleichsam ondulierte Hügellandschaft über, die wie das Präludium zu den hoch aufragenden Gipfeln der unzugänglichen Kaikoura Range wirkt. Dort befinden sich am **Lake Grassmere** die einzigen Salinen des Landes. Das in flache Becken gepumpte Meerwasser verdunstet unter Einwirkung einer besonders intensiven Sonneneinstrahlung, der auch das nahe Blenheim seinen Ruhm als ›Sunshine Capital‹ von Neuseeland verdankt. Daß das nicht nur ein Werbeslogan im Dienste des Fremdenverkehrs in der Provinz Marlborough ist, belegen Statistiken, die in Blenheim über viele Jahre hinweg die meisten Sonnenstunden registrierten. Nur eine jenseits der Richmond Range weiter im Osten gelegene Stadt kann mit Blenheim um den Titel der Sonnenmetropole Neuseelands konkurrieren: **Nelson,** das sich selbst, ähnlich forsch – aber nicht zu Unrecht! – als ›The Sunshine City‹ vorstellt.

Das milde, sonnige Klima verdanken Nelson und der fruchtbare Küstenstreifen am Südufer der Tasman Bay den Gebirgszügen, die sie nach Westen und Süden gegen Kaltlufteinbrüche wirkungsvoll abschirmen. Die Ostküste der Bucht und das sich anschließende d'Urville Island halten dagegen die Stürme ab, die über der Cook Strait zu toben pflegen. So trifft Ferdinand von Hochstetters fast schwärmerische Beschreibung der klimatischen Vorzüge aus dem Jahr 1863 auch heute noch unverändert zu: »Nelson erfreut sich … einer wohltuenden Windstille, die, verbunden mit einem heiteren, nur selten getrübten Himmel, das Klima zum angenehmsten und schönsten an den Gestaden Neu-Seelands macht.« Der österreichische Forscher war so begeistert, daß er sogar den Aufstieg der Stadt zur Kapitale des Landes für denkbar hielt. Jedenfalls besitze Nelson, so Hochstetter, »am meisten natürliche Anwartschaft, dereinst den gouvernementalen Mittelpunkt eines großen blühenden Neu-Seeland zu bilden«.

Das hat die Sunshine City nicht erreicht; wohl aber ist die zu Ehren des Siegers von Trafalgar benannte Stadt zum Mittelpunkt eines florierenden Distrikts geworden, der neben seinem landwirtschaftlichen Reichtum auch über großartige landschaftliche Reize verfügt. Nelson liegt in einem schmalen, hügligen Küstenstreifen zwischen der bewaldeten Bryant Range und dem Meer, das in Gestalt der Tasman-Bucht in weiter Krümmung in das Land einschneidet. Über die blaue Bucht mit dem Hafen und die grüne Küstenebene hinweg blickt die Stadt auf die in der Ferne aufragenden 1600 Meter hohen, einige Monate lang schneebedeckten Tasman Mountains. Die Ausrichtung nach Westen bringt stimmungsvolle Sonnenuntergänge mit sich. In naher Umgebung der Stadt finden sich zahlreiche schöne, sichere Sandstrände, deren bekanntester **Tahunanui Beach** im Westen ist. Nördlich des Stadtgebiets erstreckt sich

parallel zur Küste über einige Kilometer hinweg ein unge-
wöhnlicher natürlicher Wellenbrecher: Die sogenannte
Boulder Bank, die bei Flut überspült ist, während bei Niedrigwasser ein schlammiger Wattstreifen zum Vorschein
kommt.

Die natürlichen Vorzüge der Stadt werden durch die
vielen Parks und gepflegten Vorgärten ergänzt, in denen
selbst im Winter eine große Zahl von Pflanzen blüht; so
beispielsweise im *Isel Park* manch prachtvoller Rhododen-
dron- und Azaleenstrauch. Unter den riesigen, alten Bäumen des Parks wirkt das zweistöckige, anmutige *Isel Cot-
tage* aus der Mitte des 19. Jahrhunderts fast zierlich. Nur
wenige Schritte vom ›historischen‹ Isel House, das sich der
größte Grundbesitzer der Gegend einst erbauen ließ, liegt
das *Nelson Provincial Museum,* dessen Sammlungen in
erster Linie die ursprüngliche Lebensweise der Maori im
Norden der Südinsel und die europäische Frühgeschichte
der Gegend illustrieren. Das bedeutendste Gebäude der
Stadt ist die *Christ Church Cathedral;* durch ihre erhöhte
Lage oberhalb der belebten Haupteinkaufsstraße *Trafalgar
Street* beherrscht sie das Zentrum von Nelson, ohne indes
architektonisch besonders aufzufallen. Außerhalb Neuseelands wurde die Stadt durch den im nahegelegenen Bright-
water geborenen Kernphysiker Ernest Rutherford (1871–
1937) bekannt. Im Jahr 1908 Nobelpreisträger für Chemie,
nannte er sich nach seiner Erhebung in den Adelsstand
Baron Rutherford of Nelson.

Spuren deutscher Besiedlung – Weinberge und Fruchtgärten um Nelson

Kaum ein Ortsname in Neuseeland ist deutschen Ursprungs. Um so auffälliger sind die Bezeichnungen ›Neu-
dorf‹ und ›Ranzau Road‹ im Gebiet südwestlich von Nelson. Sie bewahren die Erinnerung an die erste organisierte
Einwanderung deutscher Siedler, die unter keinem günstigen Stern stand. Die von der New Zealand Company ange-
worbenen Auswanderer verließen ihre Heimatstadt Ham-

burg auf zwei Schiffen und kamen ausgerechnet 1843, im Jahr des Wairau-›Massakers‹, in Nelson an. Entsprechend schwierig gestaltete sich die Aufbauarbeit im Gebiet des heutigen **Hope** (früher: Ranzau) und bei **Upper Moutere,** an dessen deutsche Vergangenheit nur noch einige verwitterte, deutschsprachige Grabinschriften auf dem kleinen Friedhof an der *St. Paul's Lutheran Church* erinnern. Der letzte Gottesdienst in deutscher Sprache fand hier im Jahre 1907 statt. Einige der Einwanderer von 1843 waren Weinbauern gewesen, deren mitgeführte Rebstöcke auf der Überfahrt aber zugrunde gegangen waren. Viele Jahrzehnte später hatte ein ebenfalls deutschstämmiger Winzer mehr Erfolg: Auf den grünen, sonnenbeschienenen Hügeln oberhalb des Moutere River wächst ein guter Wein, der sich auf dem neuseeländischen Markt ohne Mühe absetzen läßt.

Wein ist, jedenfalls was die Menge anbetrifft, ein eher ›neues‹ landwirtschaftliches Erzeugnis Neuseelands. Zwar hatte schon James Busby, der erste offizielle Vertreter Englands, in dessen Haus der Vertrag von Waitangi abgeschlossen wurde, Ende der dreißiger Jahre des vergangenen Jahrhunderts Weinbau betrieben, und in den folgenden Dezennien hatten in verschiedenen Regionen Einwanderer aus allen europäischen Weinanbauländern Rebstöcke angepflanzt, doch ist der Weinkonsum erst in den letzten Jahrzehnten stark angestiegen. Wegen der größeren Nachfrage wurden die Anbauflächen ständig erweitert. Neben die Hauptanbaugebiete im trockenen Osten der Nordinsel sind zunehmend Marlborough sowie in geringerem Umfang eben auch das Hinterland von Nelson getreten; selbst die Umgebung von Christchurch hat sich jüngst zu einem – noch bescheidenen – Weinanbaugebiet entwickelt. Beliebte Rebsorten im Norden der Südinsel sind Müller-Thurgau, Riesling, Sauvignon Blanc und verwandte Arten. Die oft fruchtigen Weine Neuseelands an europäischem Geschmack zu messen, fällt schwer. Manches deutet freilich darauf hin, daß die guten Tropfen des jungen Weinlandes im Südpazifik noch viele Freunde gewinnen können, auch wenn fraglich ist, ob sie sich international gegen die Kon-

kurrenz aus den etablierten Weinländern der Welt durch-
setzen können.

Bei den traditionellen Agrarprodukten, die unter der
warmen Sonne der Provinz Nelson reifen, steht das außer
Frage. Von Richmond bis Motueka erstreckt sich ein einziger großer Fruchtgarten entlang der Südküste der Tasman
Bay. Dichte Reihen von Apfel- und Birnbaumplantagen
beherrschen die Waimea-Ebene und vereinen sich im Frühling zu einem Blütenmeer vor der prächtigen Kulisse der
in der Ferne aufragenden schneebedeckten Berge. Gemüse-
felder und lange Hecken von Himbeeren und Boysenbeeren
wechseln mit den Obstbaumkulturen ab, während das hüglige Hinterland von Weiden mit fetten Schafen und Rindern
überzogen ist. Inmitten von Hopfen- und Tabakfeldern
liegt am gegenüberliegenden Ende der Bucht die Kleinstadt
Motueka, in die zur Erntezeit Hunderte von Saisonarbeitern strömen. Unter der Last von Äpfeln und Birnen, Toma-
ten und Kiwis, Bohnen und Beeren biegen sich die Bretter
der Verkaufsstände, von denen aus Gemüse und Obst im
Herbst direkt an die Vorbeireisenden verkauft werden.

Takaka Hill – Unwirtlicher ›Marmorberg‹ über anmutigen Küsten

Hinter Riwaka endet das flache Land; es weicht einer
hügligen Landschaft, die bereits gebirgige Züge aufweist.
Die Straße windet sich steil den **Takaka Hill** hinauf bis zu
dem fast achthundert Meter hohen Paß. Fast hinter jeder
Kehre eröffnet sich ein neuer atemberaubender Ausblick:
Tief unten stoßen das in der Sonne glitzernde Blau der
ruhigen Tasman-Bucht und die grünen Flächen der Küstenebene aufeinander – statt des vielerorts in den Marlborough Sounds zu beobachtenden Kontrasts zwischen Meer
und herbem, ungezähmt wirkendem Buschwald das nicht
minder eindrucksvolle Wechselspiel zwischen der Bläue
der See und einem gleichsam kultivierten Grün, das der
Wildnis einst durch den Fleiß der frühen Siedler abgerun-
gen worden ist. Nach Süden hin dehnen sich die bewalde-

ten Höhen des Nelson State Forest Park aus, und auf der anderen Seite des Passes ergeben sich von der Höhe aus weitere prachtvolle Panoramablicke auf das halbrunde Becken der Golden Bay, auf die das allmählich sich weitende Takaka-Tal mit seinen saftiggrünen Weiden, dem dichten Buschwerk und Wald der angrenzenden Höhenzüge zuführt. In der kälteren Jahreszeit sind die verschneiten Gipfel der bis zu 1700 Meter hohen Berge im Westen ein zusätzlicher Schmuck – insgesamt ein überwältigender Rundblick über die Strände der Golden Bay bis zur menschenleeren, unzugänglichen Bergwelt im Nordwesten.

In seltsamem Gegensatz zu den lieblichen, fruchtbaren Ebenen und der kraftvollen Vegetation der Berge ringsum steht das unwirtliche, kahle Gelände auf den oberen Abhängen des Takaka Hill. Nackte Felsbrocken, durch niedrige Büsche voneinander getrennt, ragen aus dem Boden und bilden eine Art Steinwüste, die sich so gar nicht in die anmutige Umgebung einfügen will. Es ist freilich ein ganz besonderer Fels, der sich hier so unansehnlich zur Schau stellt: Neben Granit besteht er aus verwittertem Marmor, dem der Takaka Hill den Beinamen ›Marble mountain‹ verdankt. Der hauptsächlich bei Kairuru gebrochene, hellgraue Marmor von Takaka wurde unter anderem beim Bau der Parliament Buildings in Wellington und der ›Kathedrale‹ von Nelson verwendet. Einen Einblick in das ›Innenleben‹ des Marmorberges ermöglicht ein Besuch der *Ngarua-Höhle* mit ihren bizarren Gebilden aus Stalagmiten und Stalaktiten oder die Fahrt auf der holprigen *Canaan Road,* die vom Highway 60 abzweigt und durch eine ›Wüstenei‹ von Marmorbrocken bis zu einem großen, von 60 Meter hohen Marmorwänden gesäumten Einbruch von 370 Meter Tiefe, dem *Harwood's Hole,* führt.

Ngarua Caves und Harwood's Hole liegen schon im Gebiet des Abel-Tasman-Nationalparks, der sich östlich des Higway 60 bis zum Meer erstreckt. Als im 19. Jahrhundert die Straßenverbindung zwischen Motueka und Takaka geplant wurde, schwankte man eine Zeitlang zwischen der Route über den ›Marmorberg‹ und einer zwar dreimal so langen, aber bautechnisch günstigeren Trasse an der Küste entlang. Zum Glück entschieden sich die Planer für die erste Lösung, denn dadurch blieb die Ursprünglichkeit der herrlichen Küstenlinie erhalten, die zu den landschaftlichen Höhepunkten nicht nur des Parks, sondern der ganzen Insel gehört.

Gleichklang der Natur – Goldene Strände vor türkisblauem Meer im Abel-Tasman-Nationalpark

Goldgelbe Sandstrände, gleichsam eingelagert in eine schroffe zerklüftete Felsküste, geben diesem Vorgebirge aus Granit und Marmor zwischen der Tasman Bay und der Golden Bay sein Gepräge und machen den mit Abstand kleinsten Nationalpark des Landes zu einem der faszinierendsten und eigenwilligsten. Traumhafte, oft nur ein paar Dutzend Meter lange Strände, deren warmer Goldton mit dem Türkis des Meeres unter den Strahlen der Nachmittags- und Abendsonne eine romantische Atmosphäre zaubert, schmiegen sich in sanfter Rundung an die buchtenreiche Küste. Dichter Buschwald hat sich über die Vorgebirge, nicht selten auch über die bizarren Felsformationen mit Bögen, Höhlen und natürlichen kleinen Tunnels gelegt und schließt die Strände mit seinem grünen Dickicht zum Land hin ab. Halbinseln und kleine vorgelagerte Eilande, Sandbänke und Wattflächen, die den vielen im Park heimischen Wasservögeln reichlich Nahrung bieten, Klippen und Buchten mit oftmals ganz überraschend auftauchenden einsamen Badestränden – in diesem bunten Nebeneinander von Fels, Wald, Strand und Meer liegt der einzigartige Reiz dieser Küstenlandschaft. Bei aller Vielfalt strahlt sie indes eine Harmonie aus, die sich aus der Intensität der einander kontrastierenden und doch sich wechselseitig ergänzenden Farben ihrer Elemente und der Ruhe ihrer Komposition speist – Ruhe deshalb, weil im Gegensatz zu anderen Nationalparks Neuseelands kein Element besonders hervorsticht. Nicht das Grandiose einer einzigen Naturerscheinung, seien es gewaltige Gletschermassen, majestätische Alpengipfel, eine ehrfurchtgebietende Fjordlandschaft oder ein riesiger Vulkan wie Mount Egmont, macht die Eigenart des Abel-Tasman-Parks aus, sondern der sanfte Gleichklang, zu dem sich die einzelnen Noten dieser Naturkomposition verbinden.

Die großartige, unzerstörte Küste des Parks findet ihre angemessene Fortsetzung in dem landeinwärts gelegenen hügligen Gelände, das auf weite Strecken in den Schatten einer dichten Vegetation getaucht ist. Farnbäume und Nikaupalmen sind die auffallenden Schmuckstücke der üppigen Flora, die sich in drei bis vier Stockwerken zu einem von Schlingpflanzen durchsetzten Ensemble unterschiedlicher Grüntöne vereinigt. Klare Bäche, die mitunter in Kaskaden und kleinen Wasserfällen in die Tiefe stürzen, durchziehen den Park, um an einer kleinen geschützten Bucht in die Tasman-See zu münden, deren Wellen ruhig auf dem Strand auslaufen.

Wer den Park auf einem der herrlichen Wanderwege durchstreift, nimmt kaum noch wahr, daß die Anlage dieses Naturschutzgebietes auch ein ökologisches Experiment gewesen ist. Erst im Jahre 1942 wurde die Errichtung des Abel-Tasman-Nationalparks beschlossen, und erst seit dieser Zeit konnte sich die Natur von den tiefen Wunden erholen, die ihr der Mensch ein Jahrhundert lang zugefügt hatte. Im Unterschied zu den meisten anderen Nationalparks, die der Erhaltung einer noch weitgehend unberührten Naturlandschaft dienen, wurde mit diesem Park gewissermaßen nachträglich ein Gebiet in der Hoffnung auf ›Genesung‹ unter Schutz gestellt. Denn auch hier waren die frühen Pioniere an Land gegangen, hatten den Wald gerodet, das Buschwerk verbrannt, Zäune gezogen und Gras gesät. Daß hier einst Holzmühlen und Farmen betrieben wurden und in der weit ins Land einschneidenden, seichten Bucht von Awaroa ein Ort lag, in dem Schiffe gebaut und von dem aus Holz bis nach Australien exportiert wurde, davon künden heute nur noch ganz wenige Spuren. Wegen des unfruchtbaren, für Ackerbau und Vieh-

zucht nicht geeigneten Granitbodens des ›Marmorberges‹
verließen die Menschen diesen Landstrich allmählich wieder und machten damit die Anlage eines Nationalparks
erst möglich – ein Wagnis, das, wie sich heute zeigt, von
der Natur aufs großzügigste belohnt worden ist.

Nur in den Wochen des Hochsommers kehren die Menschen in großer Zahl in die mittlerweile so veränderte
Landschaft zurück, um Urlaub zu machen. Dann herrscht
nicht nur an der Bucht von *Kaiteriteri* bei Motueka, einem
noch außerhalb des Parks gelegenen ›Vorposten‹ der goldenen Sandstrände, der indes selbst zu den berühmtesten
Stränden Neuseelands zählt, reges Treiben, sondern auch
am *Totaranui Beach,* dem Hauptquartier des Parks, wo
ein ›Campground‹ für fast tausend Besucher zur Verfügung
steht. Mitte Februar schwillt der Urlauberstrom wieder
kräftig ab, und Einsamkeit und Ruhe kehren in die entlegenen Buchten zurück. Für Wanderer wurde ein Netz unterschiedlich langer Wege angelegt, vom lohnenden, eindrucksvoll in die Natur des Parks einführenden Spaziergang zwischen dem Visitors' Centre und der kleinen
Anapai Bay bis hin zum mehrtägigen ›Coast track‹, auf
dem man entlang der großartigen Küste die natürlichen
Schönheiten dieses Gebiets am intensivsten genießen kann.
Die Route ist auch in den Wintermonaten reizvoll, wenn
die Stille über den menschenleeren Wäldern und Stränden
nur durch das Gezwitscher der Vögel unterbrochen wird.
Viele der vorher weitgehend verschwundenen Arten wie
das neugierige Weka (Waldhuhn) und der langbeinige
Austernfischer sind zurückgekehrt, nachdem das Gebiet
zum Nationalpark erklärt worden war.

Von der ›Mörderbucht‹ zur Golden Bay –
Erinnerungen an den Entdecker Neuseelands
und den ›Goldrausch von Collingwood‹

Der Park ist nach dem niederländischen Seefahrer Abel
Janszoon Tasman (1603-1669) benannt, der im Dienste der
holländischen Ostindien-Gesellschaft den Auftrag erhalten

Zeichnung Tasmans von der Westküste Neuseelands

hatte, Erkundungsfahrten in dem bis dahin unerforschten
Südmeer durchzuführen. Mit den Schiffen ›Heemskerck‹
und ›Zeenhaen‹ stach er am 14. August 1642 in Batavia,
dem heutigen Djakarta/Indonesien, in See. Vier Monate
später gelangte er nach der Entdeckung Tasmaniens, das
er Van-Diemens-Land taufte, zur Westküste der Südinsel
Neuseelands. Er folgte der Küstenlinie und fuhr am
18. Dezember 1642 in die Golden Bay ein, wo er bei Tarakohe auf der Ostseite der Bucht Anker werfen ließ.

Von hier aus wollte er das neuentdeckte Land erkunden.
Das undurchsichtige Verhalten der Maori, die sich den
beiden Schiffen mehrmals mit ihren Kanus näherten, riet
zur Wachsamkeit. Trotz der von Tasman ergriffenen Vorsichtsmaßnahmen gelang es den Eingeborenen am nächsten Tage, ein Ruderboot der Holländer anzugreifen. Vier
Weiße kamen bei dieser ersten Begegnung zwischen Maori
und Pakeha ums Leben. Resigniert verzichtete Tasman auf
die geplante Erkundung des Landes und gab Befehl, die
Bucht zu verlassen. In sein Logbuch notierte er enttäuscht:
»Wir lichteten den Anker und gingen unter Segel, denn
wir waren überzeugt, daß man mit diesen Leuten keine
Freundschaft schließen und dort weder Wasser noch Proviant holen konnte.«

Zur Erinnerung an den fatalen Zwischenfall gab Tasman
dem Schauplatz der Auseinandersetzung den Namen
›Mörderbucht‹. Diese wenig schmeichelhafte Bezeichnung
haftete der Bucht rund dreihundert Jahre lang an, lediglich
variiert durch den kaum freundlicheren Namen ›Massa-
kerbucht‹, den ihr der französische Seefahrer d'Urville ver-
liehen hatte. Erst 1857 wurde sie in **Golden Bay** umgetauft –

nicht, wie man denken könnte, wegen ihrer schönen Strände und der ›Goldstrände‹ des heutigen Tasman-Nationalparks, sondern wegen der Goldfunde bei Collingwood, die einen ersten kurzen, aber höchst intensiven Goldrausch auf der Südinsel ausgelöst hatten. Daß die Neuseeländer 1942 zum dreihundertsten Jahrestag der Entdeckung den Beschluß faßten, einen neu zu schaffenden Nationalpark nach Tasman zu benennen, ist sicher eine angenehmere Erinnerung an den historischen Tag als jene, die sich so lange mit der Bezeichnung ›Bucht der Mörder‹ verbunden hatte. Nur eine schlichte weiße Gedenkstele zeugt in dieser friedlichen Gegend davon, daß das erste Aufeinandertreffen von Europäern und Maori unter Blutvergießen verlief; die Stele steht auf einer Anhöhe bei Tarakohe, von der aus man das weite Rund der im Westen

Zeichnung Tasmans

durch das langgezogene, gelb schimmernde Farewell Spit abgeschlossenen Golden Bay überblickt – eine Hommage an Abel Tasman, »der Neuseeland entdeckte ... und an einige andere Seeleute des Schiffes, die von den Eingeborenen getötet wurden.«

Die Tage, als Tausende von Glücksrittern auf der hastigen Suche nach schnellem Reichtum in das Land an der Küste der Golden Bay strömten, sind längst vorbei. Nach nur wenigen Monaten war der Spuk des Goldfiebers vorüber. Seitdem ist die Golden Bay wieder eine freundliche, ruhige Gegend, deren Bewohner vor allem von der Rinderzucht leben. Touristische Attraktionen sind neben dem nahe gelegenen Abel Tasman Park, als dessen westliches Eingangstor Takaka gelten kann, die **Pupu Springs,** die größte Quelle des Landes mit einem Ausstoß von über zwei Milliarden Litern Wasser pro Tag.

Eine Sehenswürdigkeit besonderer Art ist die 36 Kilometer lange und 800 Meter breite Landzunge am westlichen Ende der Bucht, das von Cook bei seiner Abreise 1770 von Neuseeland so genannte **Farewell Spit.** Sie besteht vorwiegend aus bis zu zwanzig Meter hohen, zum Teil mit Gras und niedrigen Pflanzen bewachsenen Sanddünen. Im Laufe der Jahrtausende hat die vorherrschende Westwindströmung riesige Mengen von Flugsand von der Westküste der Südinsel hierher geweht und diese gewaltige ›Sandbank‹ aufgebaut, die sich allmählich verbreitert und irgendwann einmal die Westseite der Golden Bay verlanden lassen wird. Farewell Spit ist ein bedeutendes Vogelschutzgebiet, in dem man bis zu hundert Vogelarten gezählt hat; darunter im neuseeländischen Spätfrühling und Sommer auch Tausende von Zugvögeln, die sich hier nach einem Flug von 12 000 Kilometern aus ihrer sibirischen oder alaskanischen Heimat zum Überwintern niederlassen. Die Fahrt auf der Landzunge mit dem eigenen Wagen ist nicht gestattet; von Collingwood aus werden aber organisierte Tagesausflüge mit Geländewagen angeboten, die bis zum Leuchtturm auf der Spitze des Spit führen.

Auf schmalem Pfad durch unberührte Wildnis – *Der legendäre Heaphy Track*

Collingwood ist auch der Ausgangspunkt für eine ganz andere, im Tal des Aorere River beginnende Tour: den legendären **Heaphy Track,** der zu den beliebtesten, schönsten und herausforderndsten Wanderstrecken Neuseelands gehört: Eine 77 Kilometer lange, durch weite, unwegsame Wildnis führende Verbindung zwischen der Golden Bay und der Westküste. Seinen Namen hat dieser Track von

Charles Heaphy (1820-1881), einem begabten Maler im
Dienste der New Zealand Company, dessen Aquarelle
heute wertvolle Dokumente zum Aussehen der Landschaften und ersten Orte im Neuseeland der vierziger und fünfziger Jahre des 19. Jahrhunderts sind. Heaphy unternahm im
Jahre 1846 gemeinsam mit Thomas Brunner und wenigen
Maori-Begleitern zwei bedeutende Expeditionsreisen in
der Provinz Nelson. Als erste Weiße drangen die beiden
Europäer in die Wildnis am Buller River vor und erforsch-
ten auf einem zweiten mühseligen Marsch die Westküste
der Südinsel von Cape Farewell bis in die Nähe des heutigen Hokitika, nicht zuletzt, um Möglichkeiten für Siedlungen auszukundschaften. Auch wenn es Heaphy damals
noch nicht wagte, die direkte Route quer über die Berge
zu nehmen und nur die Strecke an der Küste zwischen
Heaphy Bluff und Karamea gleichsam seinen Spuren folgt,
so trägt der Track doch mit Recht den Namen dieses
Pioniers.

Vier bis sechs Tage dauert die Wanderung auf dem Heaphy Track. Sie führt über steile, bewaldete Berge, über
reißende Flüsse und Bäche, die auf schwankenden Draht-
seilbrücken überquert werden, durch dichten Wald und
über bültgrasbewachsene Hochebenen und an der Westküste über felsübersäte und sandige Strände. Der schmale,
von den Rangern des Nelson State Forest Park instand
gehaltene Weg durchzieht eine unberührte Wildnis, in der
sich seit den Tagen Heaphys nichts geändert zu haben
scheint. Die einzigen Oasen einer bescheidenen Zivilisation
sind die in regelmäßigen Abständen angelegten Hütten, in
denen ein Paar Dutzend Wanderer übernachten können.
Ansonsten ist man – auch mit Nahrungsmitteln – auf sich
selbst angewiesen; ein anstrengendes, der launischen Witterung ausgesetztes Unternehmen, für dessen Mühsal indes
die mannigfachen natürlichen Schönheiten und abwechslungsreichen Ausblicke bei diesem großen Naturabenteuer
entschädigen: der Wechsel der Landschaftsformen von der
Küstenebene bis zu 1200 Meter hohen Bergen ebenso wie
die unterschiedliche Vegetation, die vom undurchdringli-

chen Regenwald an der ›nassen‹ Westküste mit farnbestandenen Tälern und wunderschönen Hainen der Nikau-Palme und Berghängen voll rot blühender Rata-Bäume über große Bestände silbrigblättrigen Scheinbuchen-Waldes bis zu den weiten, offenen Flächen des rötlich schimmernden Tussock-Grases reicht, in die sich im Sommer die Blüten von Orchideen, Lilien und vielen anderen Blumen mischen.

Die Wanderung auf dem Heaphy Track ist gewiß ein unvergeßliches, tiefes Naturerlebnis; es kann freilich auch seine unangenehmen Seiten haben. Das zeigt eine Passage aus dem Bericht eines Mannes, der es wissen mußte: Charles Heaphy. Eine Woche Dauerregen an der Westküste dämpfte seine Naturbegeisterung:

»Geh in den ›Bush‹, wenn du dich am Anblick der Natur in ihrer lieblichsten Form, frisch und schön, erfreuen willst. Wo ihr Kleid am grünsten und üppigsten ist, unveränderlich und echt. Schlafe am Ufer eines dahineilenden Flusses, dessen Ungestüm donnernd verhallt, und träume davon, ihn am Morgen zu überqueren, wenn du gesund und gestärkt die Ruhe genossen hast. Steh auf beim ersten Licht des Tages, fache dein Feuer wieder an, und du wirst, in deine Decke gehüllt, den Luxus des Ausruhens stärker empfinden als an jedem anderen Ort, und heiße den neuen Tag als deinen Freund und Reisebegleiter willkommen. Steige über den hohen Berg oder dringe in den dunklen, unerforschten Wald ein, wenn du Aufregendes erleben willst; willst du ruhig genießen, dann beobachte die Wasservögel am See oder die Papageienschar, wie sie im Blattwerk der Uferbäume miteinander schwatzt. – Und wenn du ein unvergleichliches Klima wünschst, dann geh nach Kawatiri; bau dir eine 6 mal 4 Fuß große Hütte, breite deine Decke auf dem Boden aus, trockne deine Kleider nach und nach, werde blind durch den Rauch, der dir zusammen mit Hagel und Regen in die Augen treibt, amüsiere dich eine Woche lang mit dem Essen von Farnwurzeln und – wünsche dir nichts sehnlicher, als bei Kaffee und Toast an deinem Kamin in Nelson zu sitzen.«

Schlanke Seen in dunkelgrünem Waldkleid –
Der Nelson Lakes National Park

Solche Erfahrungen hat Heaphy nicht nur an der Westküste gemacht, sondern wahrscheinlich auch im zweiten Nationalpark in der Provinz Nelson, in den er und seine Begleiter ebenfalls als erste Europäer vorgedrungen waren: im **Nelson Lakes National Park** im voralpinen Hinterland der Provinzhauptstadt. Von der Sonne weit weniger verwöhnt als die Küsten im Norden und statt dessen des öfteren in Wolken, Regen oder Nebel gehüllt, trägt diese Landschaft auf die ihr eigene Art zur blau-grünen Symphonie der Natur im nördlichen Teil der Südinsel bei. Im Aufeinandertreffen zweier intensiver Farbtöne, dem tiefen Blau der beiden schlanken Seen im Mittelpunkt des Parks und dem kraftvollen Grün des dichten Regenwaldes, der die Ufer der Seen säumt, liegt der entscheidende Beitrag des Nelson-Lakes-Gebiets zur landschaftlichen Szenerie des Großraumes.

Lake Rotoiti und **Lake Rotoroa,** acht und fünfzehn Kilometer lang, liegen in engen Tälern, die einst von Gletschern ausgefräst worden sind. Die überwiegend steil und abrupt vom Ufer aufragenden Bergwände erinnern an diese Entstehungsgeschichte. Die Seen selbst liegen auf einer Höhe von rund sechshundert beziehungsweise siebenhundert Metern und werden ringsum von hohen Bergen eingerahmt, deren höchste die meist schneebedeckten, bis zu 2300 Meter hohen Gipfel der Travers Range im Süden sind. Die dicht bewaldeten, nur auf dem Kamm kahlen und unwirtlichen Spitzen der Arnaud Range begrenzen den Park auf der Ostseite. Schroffe Berge, dunkle Wälder, klare Gebirgsbäche und tiefe Täler charakterisieren diese Gebirgslandschaft, deren Juwelen die beiden stillen Seen sind.

Lake Rotoiti, an dessen Ufer **St. Arnaud,** das Visitors' Centre des Parks, liegt, ist der belebtere See. Im Unterschied zu seinem weiter westlich gelegenen, schwerer zugänglichen Bruder ist er für Wasserski und schnelle Motorboote freigegeben. Besucher, die Ruhe und Abgeschiedenheit lieben, bevorzugen den Lake Rotoroa. Im Winter werden die Hänge des Mount Robert über dem Westufer des Rotoiti-Sees gerne von Skifahrern aus Nelson und Blenheim genutzt.

Wie in allen Nationalparks des Landes gibt es auch im Nelson-Lakes-Park schöne Spazier- und Wanderwege. Sie erschließen dem Besucher die vorwiegend aus verschiedenen Arten von Scheinbuchen bestehenden Wälder mit ihren weichen üppigen Moosteppichen. Willkommene Begleiter sind die zahlreichen Vögel, die den Wanderer wie der hübsche, nach aufgescheuchten Insekten schnappende *Fantail* unermüdlich umschwirren, ihn wie der kleine, unauffällig grün gefiederte *Rifleman* – ein nur in Neuseeland vorkommender Verwandter des Zaunkönigs mit einem ganz schwachen, hohen Stimmchen – aus gebührendem Abstand vorsichtig beäugen oder aber ihn mit einem prächtigen, vielstimmigen Chor erfreuen, dessen unbestrittene Konzertmeister der von weitem schwarz aussehende, durch zwei weiße Federbäuschchen an der Kehle gut zu erkennende *Tui* und der kleinere, grüngelb gefiederte *Bellbird* sind. Beide gehören zur Familie der Honigsauger, und beide sind ausgezeichnete Gesangssolisten. Der Tui allerdings verfügt über das erheblich größere Stimmrepertoire von glockenähnlichem Trillern über kehliges Glucksen und Gurgeln bis hin zu metallischem Krächzen, während der Bellbird den melodischeren, an weiche Glockentöne erinnernden Gesang besitzt, der in der Dämmerung aus vielen kleinen Kehlen ertönt und die feuchten, dunklen, duftenden Wälder mit dem Zauber einer friedlichen Abendstimmung erfüllt.

GREENSTONE, GEISTERSTÄDTE, GLETSCHER — DIE GRÜNE, EINSAME WEST COAST

Land hinter den Bergen —
Ein friedlicher › Wilder Westen ‹

»Do not adjust TV — 165 km to our nearest electrician«
(» Stellen Sie das Fernsehgerät nicht selbst ein — 165 km bis
zum nächsten Elektriker «): Diese freundliche Bitte eines
Motelbesitzers in Fox Glacier an seine Gäste wirft ein
bezeichnendes Licht auf den unverwechselbaren Charakter
der ebenso eigenwilligen wie landschaftlich reizvollen Region, die sich über eine Länge von fünfhundert Kilometern
und eine Breite von durchschnittlich vierzig bis fünfzig
Kilometern an der Westküste der Südinsel erstreckt. Die
West Coast ist eine der isoliertesten und menschenärmsten
Gegenden des Landes, ein langer, schmaler Grünstreifen,
eingeklemmt zwischen den hoch aufragenden, schneebedeckten Gipfeln der Südalpen im Osten und der wilden,
gegen eine oft zerklüftete Felsküste anbrandenden Tasman-
See im Westen.

Nur wenige Verkehrsverbindungen durchbrechen die
natürliche geographische Isolation Westlands, und selbst
die können durch schwere Regenfälle oder Schnee unterbrochen werden. Die Route entlang dem reißenden, tiefen
Buller River, dessen blaugrüne Wassermassen sich auf ihrem Weg ins Meer durch zwei grandiose, von hohen, dicht
bewaldeten Felswänden geformte Schluchten stürzen,
kann bei starkem Regen durch Erdrutsche oder Hochwas-
ser vorübergehend unpassierbar werden. Die beiden von
Canterbury aus über die Alpen führenden Paßstraßen stel-

len zwar nach europäischen Maßstäben mit Höhen von maximal 863 und 945 Metern keine ernsthaften Barrieren dar, in der fast unbesiedelten Bergwelt der neuseeländischen Alpen und dem entsprechend geringen Verkehrsaufkommen können sie bei Neuschnee jedoch nur langsam geräumt werden. Die landschaftlich reizvollere Alternative zu der erst 1937 fertiggestellten Straße über den *Lewis Pass* ist die weiter südlich gelegene Route über *Arthur's Pass,* die in engen, steilen Windungen durch die spektakuläre *Otira Gorge* zur West Coast hinabführt; eine Strecke mit prachtvoller alpiner Szenerie, für deren leicht abenteuerlichen Charakter die Tatsache spricht, daß sie für Wohnwagen nicht befahrbar ist. Die erste zuverlässige, vom Wetter weitgehend unabhängige Verbindung der West Coast mit dem ›anderen‹ Neuseeland war der im Jahre 1923 fertiggestellte, acht Kilometer lange Eisenbahntunnel zwischen Arthur's Pass und Otira. Als letzte Straße wurde 1965 die *Haast Pass Road* eröffnet, die den Süden von Westland mit Otago verbindet. Erst durch diese nach dem deutschen Geologen Haast benannte, mit 564 Metern niedrigste Paßstrecke über die Alpen wurde die Isolation des Küstenstreifens im Süden überwunden; erst seitdem ist es möglich, die West Coast in nur einer Richtung zu bereisen. Schließlich die *West Coast Road* selbst: Die klimatischen Bedingungen und das unwegsame Terrain führen mitunter zu kurzzeitiger Blockierung durch Erdrutsche, Überflutung oder Unterspülung.

Die Abgeschiedenheit und die geringe Besiedlung Westlands haben die hier wohnenden Menschen geprägt. Ein starker Individualismus zeichnet sie aus, der sich aus dem Bewußtsein speist, in einer so ›anderen‹, abgeschlossenen Landschaft zu leben, und aus dem Bekenntnis zu dieser Landschaft, die es einem nicht leicht macht. Ein Hauch von ›Frontier‹-Mentalität liegt noch über der West Coast; auch im Denken der übrigen Neuseeländer ist sie so etwas wie die letzte Herausforderung einer ungezähmten Natur an den Menschen. Selbst wenn dabei eine gehörige Portion nostalgischer Romantik mitschwingt, haftet diesem Teil des Landes das Image des ›Wilden Westens‹ an, eines Landes hinter den Bergen, in dem das Unwahrscheinliche Realität ist, in dem kauzige Originalität sich mit hinterwäldlerischer Mentalität verbindet, in dem, kurz gesagt, die Uhren noch ein wenig anders gehen als im übrigen Land. Diese Vorstellungen bestätigen sich bei aller Übertreibung und Einseitigkeit doch immer wieder überraschend, sei es durch das wenig gepflegte Erscheinungsbild mancher Farm, sei es durch die selbst für neuseeländische Verhältnisse bemerkenswerte Einsamkeit einer auf weite Strecken noch urtümlich anmutenden grünen Naturlandschaft, sei es durch eine besondere Herzlichkeit und Hilfsbereitschaft von Menschen, denen man es anmerkt, daß sie ein stärkeres gemeinsames Band zusammenhält, als es in anderen Regionen der Fall ist. Entgegenkommenden Autofahrern freundlich zuzuwinken, ist in den wenig bevölkerten Teilen der Südinsel ein üblicher Brauch, der allmählich in Vergessenheit gerät; an der West Coast ist er noch weit verbreitet. Selbstverständlicher als anderswo grüßen sich Touristen gegenseitig auf Spaziergängen und Wanderungen und bleiben stehen, um ein paar Worte miteinander zu wechseln. Offenbar schlägt dieser so friedliche ›wilde‹ Westen, in dem Hektik und nüchterne Geschäftigkeit noch weitgehend unbekannt sind, auch den nur vorübergehend hier weilenden Besucher rasch in seinen Bann. Auch die Achtung vor einer überwältigend prachtvollen, aber doch Respekt erheischenden Natur, die sich einer allzu weitgehenden Domestizierung entzieht, schafft eine unausgesprochene Gemeinsamkeit.

Dunkles, rauhes Land –
Fundstätte des kostbaren Grünsteins

Der Charakter Westlands als einer rauhen, kaum besiedelten Gegend, in der die Natur, nicht der Mensch das Regiment führt, wird mit Ausnahme weniger Jahre auch von seiner geschichtlichen Entwicklung bestätigt. Die wenigen Maori, die sich hier im 14. Jahrhundert anzusiedeln began-

nen, taten das vornehmlich aus einem Grund: In den Flußbetten des Arahura und des Taramakau River, die nördlich
von Hokitika ins Meer münden, war der begehrte Greenstone zu finden. Der *Pounamu,* wie die Maori die Nephrit-
Jade nannten, war wegen seiner Schönheit, Härte und
Unverwüstlichkeit geschätzt. Auf der Nordinsel galt er als
ausgesprochener Luxusartikel, den die Westküsten-Maori
gegen Lebensmittel und Gebrauchsgegenstände eintausch-
ten. Sie brachten den wertvollen Stein, der zu wunderschönen Schmuckstücken wie den berühmten Tikis, aber auch
zu gewaltigen Kriegskeulen (Patu) verarbeitet wurde,
hauptsächlich als Rohmaterial über gefährliche Bergpfade
nach Canterbury. Einige der heute ausgebauten Alpenpässe
gehen auf jahrhundertealte Greenstone-Routen zurück.
Vom Osten der Insel wurde das edle Gestein über Raukawa
(Cook Strait) auf die Nordinsel gebracht, wo es weiteste
Verbreitung fand. Welchen Wert der Greenstone darstellte,
verrät eine Maori-Bezeichnung für die Südinsel: ›Te Wai-
pounamu‹ bedeutet ›Wasser des grünen Steins‹.

Neben den Fundorten bei Hokitika gab es nur noch im
weiter südlich gelegenen Fiordland Pounamu-Vorkommen.
Weil die dort entdeckte Nephrit-Jade jedoch weicher war,
galt sie als zweite Wahl. Noch heute kann man im Geröll
der beiden ›Jade-Flüsse‹ mit einigem Glück auf Green-
stone-Brocken stoßen, die für Ungeübte wegen ihres unscheinbaren graugrünen Rohzustands allerdings sehr
schwer zu erkennen sind. Die drei Jadefabriken in Hokitika, die den Greenstone überwiegend zu – im Vergleich
mit der Maori-Zeit meist weniger kunstvollem – Schmuck
verarbeiten, warten heutzutage freilich nicht auf Hochwas-
serperioden, bis die Fluten des Arahura ›Nachschub‹ aus
den Bergen hinunterwälzen, sondern lassen große Blöcke
aus einer Höhe von rund tausend Meter per Hubschrauber
zur nächsten Straße transportieren. Im Zeitalter der Technik und des Tourismus kommt man mit dieser Methode
sehr viel rationeller, wenn auch weniger ›romantisch‹ an
den kostbaren grünen Stein, der bei ausländischen Besuchern sehr beliebt ist.

Jahrhundertelang blieben die hier siedelnden Maori in ihrer Einsamkeit ungestört. Im Jahre 1846 lebten an der West Coast in fünf Orten nur rund hundert Menschen. Es dauerte lange, bevor die ersten Europäer diese unwirtliche, für den Ackerbau offenkundig wenig geeignete Küste zu erforschen begannen. Schon Tasman und Cook hatten sich gehütet, in diesem dicht bewaldeten Gebiet, das zudem kaum über brauchbare natürliche Häfen verfügte, an Land zu gehen. Es war zwar die West Coast, die Tasman am Mittag des 13. Dezember 1642 als ersten Punkt des neu entdeckten Landes erblickte – »wir sichteten eine große Landmasse mit starker Bodenerhebung«, notierte er in sein Logbuch und gab damit die erste Beschreibung der Südalpen –, doch beschränkte er sich darauf, »so nahe an der Küste entlangzufahren, daß wir dauernd die Brandung des Meeres am Land beobachten konnten«, und erst von der Golden Bay aus einen, gescheiterten, Landgang zu versuchen. Auch Cook, der die Westküste im März 1770 vom Meer aus erkundete und kartographierte, unternahm keinen Versuch, an Land zu gehen.

Heaphy und Brunner waren die ersten Europäer, die von 1846 bis 1848 einen Teil der Westküste unter großen Strapazen und Entbehrungen erkundeten. Wie die wenigen Nachfolger, die sie in den nächsten Jahren fanden, folgten sie schmalen Maori-Pfaden; oft genug mußten sie mit rasch aus Flachs und Rata-Ästen improvisierten Leitern felsige Vorgebirge überwinden oder auf ebenso eilig zusammengebauten Flößen aus Flachs gefährliche Klippen umschiffen. Ähnlich schwierig gestaltete sich die Nahrungsbeschaffung; ein im grünen Dickicht gefangenes Weka (Waldhuhn) galt diesen Pionieren schon als Delikatesse. Die Schilderungen, die sie bei ihrer Rückkehr in die ›Zivilisation‹ von Westland gaben, waren so ungünstig und entmutigend, daß außer ein paar Wal- und Robbenfängern kein Europäer Neigung verspürte, sich in diesem rauhen Küstenstrich niederzulassen. Das Fazit, das C. W. Hursthouse in seinem 1861 erschienenen Buch ›Neuseeland, das Britannien des Südens‹ zog, entsprach dem allgemeinen Urteil der Pakeha über die West Coast: »Eine dichtbewaldete alpine Wildnis, ein wildes, dunkles Land, ruhig, einsam und öde.«

Eine Beschreibung, die im ganzen auch heute noch gültig ist – sollte man meinen. Tatsächlich aber treffen die meisten dieser Adjektive erst eineinviertel Jahrhunderte später *wieder* auf die Westküste zu! Denn nur drei Jahre nach der Veröffentlichung des Buches von Hursthouse sollte sich das Erscheinungsbild der West Coast binnen kürzester Zeit von Grund auf verändern: Im Jahre 1864 begann die ›Goldene Zeit‹ von Westland.

Zu den Farbtafeln

17 Regenwald-Dschungel im Westland-Nationalpark

18 Pohutu-Geysir in Whakarewarewa, Rotorua

19 Orakei Korakao bei Rotorua auf der Nordinsel

20 Milford Sound mit dem Mitre Peak

21 Künstlicher Wald (pinus radiata), Kaingaroa State Forest

22 Lake Benmore mit Benmore Dam, im Hintergrund Mount Cook

23 Pancake Rocks bei Punakaiki

24 Touristenboot auf dem Milford Sound

Goldrausch an der West Coast –
Ökonomischer Segen, ökologischer Fluch

Im Juli 1864 wurde – Ironie des Schicksals! – ausgerechnet am Greenstone Creek, einem der Nebenflüsse des Tarama-kau River, der erste größere Goldfund gemacht. Das war das Startzeichen für eine wahre Invasion von Menschen, wie sie die Westküste vorher und nachher nicht mehr erlebt hat; eine kurze, fieberhafte Zeit des Rausches setzte ein, der wie ein unheimlicher, von magischen Kräften ausgelö-ster Spuk über die stille Landschaft hereinbrach, um we-nige Jahre später ebenso spukhaft und rasch wieder zu vergehen. Dreihundert Menschen wohnten damals an der Westküste; Monate später waren es tausend, wieder Mo-nate später fünfzehntausend. Eine endlose Karawane von Glücksrittern strömte mit Packtieren, auf Pferden oder zu Fuß, mit Rucksäcken schwer beladen, in das ›Gelobte Goldland‹. Das Goldfieber ließ sie alle Mühen ertragen und die natürlichen Hindernisse, die einer Besiedlung der West Coast zuvor im Wege gestanden hatten, scheinbar mühelos überwinden.

Zelt- und Hüttenstädte schossen wie Pilze aus dem Bo-den. Überall an Flußufern, wo das angeschwemmte Erd-reich goldhaltig zu sein versprach, entstanden primitive Camps, von denen viele nur mit Wohlwollen als Siedlungen bezeichnet werden konnten. Vom Meer aus sah man an der Küste zwischen Greymouth und Hokitika lange Reihen von Zelten; nachts erhellten die zahllosen Feuer der Gold-gräber die einst als so dunkel verrufene West Coast. **Hoki-tika,** vorher ein unbedeutendes Nest, schwoll binnen dreier Monate auf eine Stadt mit fünftausend Einwohnern an und rühmte sich seiner 99 Hotels. Noch heute ist Hokitika die ›Hauptstadt‹ von Westland, aber mit der Boomstadt der sechziger Jahre des 19. Jahrhunderts hat der ruhige, ein wenig langweilig wirkende 3500-Seelen-Ort nur noch den Namen gemeinsam, wenn man Julius von Haasts anschau-liche Schilderung der Atmosphäre in der Zeit des Goldrau-sches liest:

»Die eine halbe Meile lange Hauptstraße bestand schon aus einer großen Zahl von Läden, Hotels, Banken und Absteigen, und sie erschien als ein Ort von fast unbeschreiblicher Unruhe und Geschäftigkeit. Da gab es Juweliere und Uhrmacher, Ärzte und Friseure, Hotels und Billardsäle, Eß- und Schlafhäuser. Karren wurden be- und entladen, Schafe und Rinder in die Höfe getrieben; es wurde geschrien und geläutet, daß die Vorübergehenden taub davon wurden.«

Das einzige, was heute noch, sehr entfernt und indirekt, an die lärmerfüllte, hektische und schmutzige Hauptstadt der Westküsten-Goldfelder erinnert, ist die *St. Mary's Catholic Church* aus dem Jahre 1914. Die Tatsache, daß hier eine für die Westküste auffällig große und noch dazu katholische Kirche gebaut wurde, erklärt sich aus der großen Zahl der irischen Einwanderer, die seinerzeit als Goldgräber an die West Coast gekommen und zum Teil nach dem Ende des ›Spuks‹ im Lande geblieben waren. Die meisten von ihnen gehörten zu den fast 16 000 Männern, die zwischen 1865 und 1867 von den erschöpften australischen Goldfeldern in das neue Dorado geströmt waren. Der berühmteste dieser Einwanderer sollte Jahrzehnte später Richard Seddon werden; er hatte sich zunächst in Australien als Goldgräber versucht, war dann dem zweifelhaften Ruf der Westküste gefolgt und dort zum Laden- und Hotelbesitzer in Kumara aufgestiegen. Schließlich ging er in die Politik: Von 1892 bis 1906 war ›King Dick‹ Premierminister Neuseelands; eine ungewöhnliche Kolonial-Karriere, in der die Westküste eine nicht unbedeutende Zwischenstation gewesen war.

Die Goldfelder Westlands, deren Zentrum zwischen den einstigen Boomstädten Greymouth und Hokitika lag, die sich aber vom Buller-Gebiet im Norden bis Okarito im Süden – heute eine verträumte, idyllisch an einer Lagune gelegene Feriensiedlung, einst eine Stadt von mehreren tausend Einwohnern und drei Dutzend Hotels – entlang der ganzen Küste erstreckten, erwiesen sich als außerordentlich ergiebig. Im Jahre 1866 wurden hier 23 Tonnen Gold geschürft; in den zwanzig Jahren zwischen 1865 und 1885 addierte sich die Gesamtmenge des geförderten Goldes zur respektablen Summe von 4,5 Millionen Unzen. Niemand hätte es zuvor für möglich gehalten, daß diese entlegene, menschenabweisende Provinz sich jemals solche Schätze entreißen lassen würde; schon gar nicht die hier ansässigen Maori, die ihr Land zwischen Alpen und Tasman-See im Jahre 1860 für lächerliche dreihundert Pfund an den Beauftragten der Kolonialregierung verkauft hatten.

Dem volkswirtschaftlichen Nutzen, den die Ausbeutung des angeschwemmten Goldes in Westland mit sich brachte, standen freilich auch erhebliche Schäden durch die bedenkenlosen Eingriffe in die Natur entgegen. Es lag im Wesen des Goldrausches, daß man sich darüber wenig Gedanken machte; mit den Folgen dieses Raubbaus, der Zerstörung von Wäldern, dem unkontrollierten Abschütten von Abraum auf großen Flächen und dem Durchwühlen ganzer Täler, mußten nur die wenigen Siedler fertig werden, die nach dem Goldboom hier bleiben sollten, während der Großteil der Diggers zu den nächsten nationalen oder internationalen Goldfeldern weiterziehen würde. Das empfindliche ökologische Gleichgewicht der West Coast, einem wegen der hohen Niederschläge besonders anfälligen Gebiet, wurde so an manchen Stellen gestört. Die Folgen zeigen sich, verstärkt durch die Umweltsünden in späteren Jahrzehnten, zum Teil noch heute in Form von Pakihi-Flächen. Unter Pakihi-Böden versteht man unfruchtbare, nährstoffarme Podsol-Böden, auf denen nur niedrige Farne, Moose und andere anspruchslose Pflanzen gedeihen. Trostlos wirkendes Pakihi-Land findet man vor allem in der Umgebung von Westport sowie in der schmalen Küstenebene zwischen Westport und Greymouth.

Man bemüht sich mit mäßigem Erfolg, diese öden Flächen zu kultivieren, um sie landwirtschaftlich nutzen zu können. Nicht zuletzt diese Experimente haben aber gezeigt, daß der beste Schutz vor einer weiteren Podsolierung darin besteht, überhaupt nicht oder nur mit größter Behutsamkeit in die natürliche Waldvegetation der West Coast

einzugreifen. Um so mehr ist zu hoffen, daß allzu weitreichende Pläne der Forstwirtschaft, große Waldgebiete abzuholzen, um sie mit schnell wachsender Pinus radiata zu
bepflanzen, an dem Widerstand der Umweltschützer scheitern werden. In der Tat wäre es eine schlimme Umweltsünde, die für Westland zum Glück noch immer charakteristischen dichten Regenwälder zu vernichten und sie durch
hier absolut landschaftszerstörende, eintönige Nutzholz-
Kunstwälder zu ersetzen. Im Unterschied zum 19. Jahrhundert wären solche Verfehlungen nicht einmal zum Teil mit
mangelnder Erfahrung und Nichtwissen im Hinblick auf
die negativen Folgen zu entschuldigen. Außerdem würde
sich der kurzfristige wirtschaftliche Nutzen durch die unvermeidlichen Einbußen im Fremdenverkehr, der hier gerade wegen der noch weithin urwüchsigen, ungezähmten
Natur-Szenerie die einzige Wachstums-›Industrie‹ darstellt, auf Dauer nicht auszahlen.

Romantik des Verfalls – Von glänzenden
Boomstädten zu überwucherten Ghost towns

Wie ein Sturm fegte der Goldrausch in den sechziger und
siebziger Jahren des 19. Jahrhunderts über die West Coast
hinweg. Sobald sich das Schürfen nicht mehr lohnte, verlie
ßen die Goldgräber ebenso schnell und in Massen, wie sie
gekommen waren, ihre Siedlungen. Zurück blieben wahre
Geisterstädte, in denen die Einwohnerzahl binnen einiger
Monate von mehreren tausend auf wenige hundert zurückging. Und vielerorts zogen auch noch die letzten Siedler in
den folgenden Jahren aus den rasch verfallenden, verwahrlosten Städten aus. Stille und Einsamkeit legten sich wieder
über die verlassenen Schauplätze eines fieberhaften, hektischen Booms, der nur wenige Jahre lang mit elementarer,
eruptionsartiger Kraft über die dafür denkbar ungeeignete
Landschaft zwischen Tasman-See und Alpenkette hereingebrochen war.

Inzwischen liegen die meisten Stätten des Goldrausches
im ›Bush‹ versteckt, sind von dichter Vegetation überwach-

sen oder von unansehnlichen Pakihi-Steppen überzogen.
Verrostete Maschinenteile, verrottendes Holz, überwucherte Friedhöfe, deren Grabsteine oftmals von Unglücks-
fällen und Gewalttaten im harten Leben der Goldgräber
berichten, in den Fels gehauene Stollen und hier und da
noch verfallene Ruinen von Hotels, in denen einst mancher
Digger sein schnell erworbenes Vermögen ebenso schnell
beim Trinken, Spielen und Wetten wieder verloren hat,
sind die einzigen Spuren jener Boomstädte – romantisch-
pittoreske Überreste in einer grünen Umwelt, die den
Triumph der Natur über den kurzatmigen, nur auf raschen
Gewinn bedachten ›Gestaltungswillen‹ des Menschen zu
bezeugen scheinen.

Ein Hauch von Melancholie liegt über diesen lieblos im
Stich gelassenen Geisterstädten, von denen einige in der
Buller-Gegend um Reefton schon so weit überwuchert
sind, daß keine Straßen, sondern nur noch schmale Pfade
zu ihnen führen. Eine Ausnahme bildet nur **Waiuta**, das
schon zur ›Ghost town‹ herabgesunken war, als man zu
Beginn unseres Jahrhunderts eine neue Goldader entdeckte. Einige Jahrzehnte lang kam so wieder Leben in den
Ort, bis ihn nach der Stillegung der Mine im Jahre 1951
zum zweiten Mal das gleiche Schicksal ereilte.

Leichter erreichbar sind andere Geisterstädte Westlands,
die unmittelbar an der am Meer entlang führenden Durchgangsstraße, dem Highway 6, liegen. Wer einen überzeu-
genden Beleg für die Richtigkeit des lateinischen Sprich-
wortes ›sic transit gloria mundi‹ sucht, sollte nach **Charleston** fahren. Der 25 Kilometer südlich von Westport
gelegene Ort ist heute ein trauriges, aus wenigen weit ver-
streuten Häusern bestehendes Nest, in dem keine drei Dutzend Einwohner leben. Ein einziges Hotel, dessen Schank-
stube vergilbte Photographien aus der Zeit des Goldrausches schmücken, ist übriggeblieben – eines von ehemals
hundert! Außer einigen verwitterten Grabsteinen auf den
beiden Friedhöfen erinnert nichts mehr daran, daß Charleston einst eines der belebtesten Zentren der ›goldenen Ära‹
war. Zwölftausend Menschen lebten in dieser Stadt, die

über ein eigenes Amtsgericht, ein Krankenhaus, eine Braue-
rei und sogar ein Theater verfügt hat. Außer der Erinnerung und ein paar schäbigen Überresten hat sich buchstäblich nichts aus jener ›großen‹ Vergangenheit erhalten, als
Charleston mehr Einwohner hatte als jede heutige Stadt
an der West Coast.

Ähnlich verhält es sich mit **Barrytown,** einem Örtchen
auf halber Strecke zwischen Westport und Hokitika, in
dem nur noch der anspruchsvolle Name ›All-Nations-
Hotel‹ aus einer Zeit stammt, als Goldgräber und Abenteu-
rer aus vielen Ländern sich hier ein kurzes Stelldichein
gaben. Eine Reihe verfallener Goldstädte entdeckt man
auch im Hinterland von Kumara in den Tälern des Tarama-
kau und des Arahura. **Kumara** selbst verdankt sein Überleben hauptsächlich seiner Lage an der wichtigen Alpen-
straße über Arthur's Pass. Dem aufmerksamen Beobachter
entgeht jedoch nicht, daß der Ort schon bessere Zeiten
gesehen hat. Für viele Reisende, die aus dem Osten kommen, ist Kumara die erste ›echte‹ Westküstensiedlung jenseits der Alpen. Einladender als dieses etwas vernachlässigt
wirkende Dorf, das indes ein wenig authentische ›Frontier‹-Atmosphäre der West Coast vermittelt, sind die schon
ein gutes Stück früher beginnenden grasbewachsenen
Randstreifen zu beiden Seiten der Straße, die dieser Route
und vielen anderen Strecken in Westland einen geradezu
parkähnlichen Charakter verleihen; es ist, als rolle die
›feuchte‹ Westküste statt des üblicherweise roten einen zu
ihr passenden grünen Teppich zu Ehren ihrer Gäste aus.

Das südlich von Hokitika gelegene **Ross** war einst Zentrum der reichen Ross-Goldfields. Hier wurde ›The
Honourable Roddy‹ gefunden, das mit fast hundert Unzen
schwerste jemals in Neuseeland entdeckte Nugget. Das
Prachtstück erhielt rasch seinen Spitznamen und diente
eine Zeitlang als lokale Attraktion, ehe es die Regierung
kaufte und dem englischen König Georg v. schenkte. Auch
Ross ist nur noch ein Schatten der einstigen Boomstadt;
die Bürgerschaft ist auf ein paar hundert Personen zusam-
mengeschrumpft, unter denen sich wie an anderen Orten

Westlands und Otagos noch einige wenige Goldgräber befinden. Ein kleines Museum, ein paar Dutzend überwucherte Gräber und ein Wanderweg, der an einigen im Busch versteckten Überresten des Goldbergbaus vorbeiführt, erlauben einen Blick in die Vergangenheit einer Stadt, in der immerhin bis in die dreißiger Jahre unseres Jahrhunderts in nennenswertem Umfang Gold gefunden worden ist.

Die Romantik des Verfalls mag die Phantasie mancher Besucher von Geisterstädten gerade deshalb beflügeln, weil der Unterschied zwischen den einst hektisch pulsierenden, von Menschen überfüllten Metropolen der Goldzeit und den stillen, öde und unbewohnt daliegenden heutigen Ghost towns so kraß ist. Das **West Coast Historical Museum** in Hokitika mit seinen Sammlungen, die sich vor allem der Zeit des Goldrausches widmen, bietet zusätzliches Anschauungsmaterial. Noch authentischer wirkt **Shantytown** (›Hüttenstadt‹), ein als touristische Attraktion konzipiertes Modelldorf einer typischen ›historischen‹ Westküsten-Goldstadt, das sich unweit von Greymouth inmitten schöner, urtümlicher Vegetation erhebt. Shantytown hatte an dieser Stelle keine echte Vorgängerin, vermittelt aber mit ihrem Golden Nugget Hotel, dem General Store, der eigenen Lokalzeitung, Bank, Kirche, der Coronation Hall und nicht zuletzt dem Zuchthaus einen guten Eindruck davon, wie mancher Ort Westlands in den Tagen des Goldrausches ausgesehen haben mag – allerdings gewiß nicht so aufgeräumt, sauber und geradezu adrett, wie sich die Rekonstruktion präsentiert. Für den, der persönlich in die Fußstapfen der Goldgräber-Pioniere treten will, hält dieses Freilichtmuseum ein besonderes Angebot bereit: Für eine geringe Gebühr kann man sich als Goldwäscher betätigen und mit etwas Glück und Geschick ein bißchen Goldstaub auf dem Boden seiner Pfanne ansammeln, einen winzigen Rest jener Goldvorkommen, deren Entdeckung die West Coast vor gut einem Jahrhundert unsanft, aber nur vorübergehend aus ihrem Dornröschenschlaf gerissen hat.

Nach dem Abklingen des Goldbooms wandten sich die Zurückgebliebenen im nördlichen Teil der Westküste und vor allem im Gebiet von Buller dem Abbau eines anderen, des schwarzen, Goldes zu. Trotz ihrer ungünstigen Lage fernab der Verbraucherzentren erwies sich eine Ausbeutung der Kohlefelder nordöstlich von Westport und Greymouth sowie eines kleineren Feldes bei Reefton jahrzehntelang als gewinnbringend, weil die West Coast über die qualitativ beste Kohle des Landes, eine hochwertige bituminöse Fettkohle, verfügt. Lange Zeit war die Kohleförderung das eigentliche wirtschaftliche Rückgrat von Westland. Mittelpunkt des Kohlereviers ist **Westport,** dessen Hafen vorwiegend für die Verschiffung der Kohle ausgebaut wurde. Auch wenn von dort aus Kohle nach Japan und Korea exportiert wird, ist der Kohleabbau an der West Coast wegen allgemein zurückgegangener Nachfrage in eine schwere Strukturkrise geraten. Eine Reihe von Zechen wurde geschlossen, die Zahl der Arbeitsplätze im Bergbau ist zurückgegangen und mit ihr auch die Einwohnerzahl in Westland, das unter einer schleichenden Auszehrung an Menschen ›leidet‹.

Andererseits können die Zeiten, in denen Gold und Kohle für einen unverhältnismäßig raschen wirtschaftlichen Aufschwung sorgten, kein vernünftiger Gradmesser für die Zukunftsperspektiven sein. Die natürlichen geographischen und klimatischen Bedingungen der West Coast setzen einer ökonomischen Weiterentwicklung enge Grenzen; ja sie lassen den ›Niedergang‹ der Region als natürlich und sogar als wünschenswert erscheinen, wenn man an die ökologischen Belastungen einer dem Charakter des Landes nicht entsprechenden wirtschaftlichen Ausbeutung denkt. Selbst im Forstwesen, das neben der Kohle die wichtigste Säule der Ökonomie Westlands darstellt, hat sich allmählich die Einsicht durchgesetzt, daß es zu schade um die jahrtausendealten schönen Regenwälder wäre, sie ungehemmt kommerziell auszubeuten. Nur eine behutsame Nutzung, die auf das ökologische Gleichgewicht achtet und von einer Wiederaufforstung mit einheimischen Baumarten begleitet wird, ist verantwortbar und zugleich längerfristig sinnvoll.

Es hängt sehr vom Standpunkt des Betrachters und seinen Vergleichsmaßstäben ab, ob er Westland als ›im Verfall begriffene‹, gar als ›sterbende‹ oder als sich erholende, zu sich selbst zurückfindende Region einschätzt. Ein Fortschrittsbegriff jedenfalls, der sich vorwiegend an ökonomischer Expansion, am Ausbau der Infrastruktur und an steigenden Einwohnerzahlen orientiert, läßt sich auf diese Gegend kaum anwenden; eher ist zu überlegen, ob sich hier nicht in der Erhaltung einer noch auf weite Strecken intakten Naturlandschaft mit riesigen Waldflächen ein Fortschritt ganz anderer Qualität manifestiert. Es ist ein unschätzbarer Vorteil dieses insgesamt so gering bevölkerten Landes, daß es sich auch diesen ›rückwärts‹ gewandten, nur scheinbar paradoxen Fortschritt konservierender Art leisten kann angesichts des vergleichsweise geringen wirtschaftlichen Potentials, das durch eine ›Weiterentwicklung‹ freigesetzt würde. Neuseeland war noch vor ein paar Jahrhunderten von einer fast durchgängigen Walddecke überzogen; Westland ist eine der wenigen Regionen, in denen ohne empfindliche ökonomische Einbußen die Chance besteht, diesen einstigen Charakter des Landes wenigstens in einer Landschaft, die dafür wie geschaffen ist, zu erhalten.

Es ist ein vielfältiger, üppig wuchernder, immergrüner Mischwald, der die West Coast je nach Bodenbeschaffenheit, Höhenlage und Breitengrad in unterschiedlicher Zusammensetzung beherrscht. Das Dach dieses in mehreren Stockwerken angeordneten Urwaldes bilden meist endemische Steineiben-(Podocarpus)Arten. Unter ihnen ist der *Rimu* (Dacrydium cupressinum) mit seinem hellgrünen Blattwerk, von dem die kleinen, nadelförmigen Blätter büschelartig herabhängen, der dekorativste. Wie die meisten Vertreter seiner Art wächst er langsam, erreicht aber

im Laufe der Jahrzehnte stattliche Höhen bis zu dreißig
Meter und einen Stammdurchmesser bis zu 1,50 Meter.
Auf steinigen Böden gedeiht der *Totara* (Podocarpus totara) gut, ein Baum mit einem großen, rundlichen Wipfel
und kleinen, dichten Blättern. Der Riese unter den Bäumen
der West Coast ist der *Kahikatea* (Podocarpus dacrydioi-
des), eine majestätische Pinienart mit hellem Stamm und
konischer Gestalt, die bis zu sechzig Meter Höhe erreicht.
Da der Kahikatea sehr feuchten Boden braucht und viele
moorige Niederungen am Rande der Flußbetten trockenge-
legt und in Weiden umgewandelt wurden, gehört der mit
der Kauri-Fichte Northlands verwandte Gigant mittlerweile auch schon fast zu den gefährdeten Bäumen. Ein
prächtiger, gut zugänglicher Kahikatea-Wald umsäumt den
im Glacier National Park gelegenen Lake Mapourika.
    Für auffällige Farbtupfer im grünen Dickicht des West-
küsten-Regenwaldes sorgen die beiden *Rata*-Arten (Metrosideros robusta und umbellata), die im Sommer mit ihrer
rötlichen beziehungsweise scharlachroten Blütenpracht die
Wildnis mit hell lodernden Feuern anzuzünden scheinen.
Ein prächtiges Schauspiel bieten etwa die von ›südlichem‹
Rata bestandenen Abhänge der Otira-Schlucht im Dezember und Januar, bisweilen auch noch einige Wochen später,
während weiter südlich die rot blühenden Wipfelkronen
des ›nördlichen‹ Rata vor der Kulisse der weißen Eismassen
der tief in den Regenwald hinabfließenden Gletscher ein
besonders malerisches, farbintensives Bild abgeben. Diese
Rata-Art beginnt ihr Leben übrigens als Schmarotzer-
pflanze auf den höheren Ästen anderer Bäume, um dann
im Laufe der Zeit ihre Luftwurzeln bis zum Boden wachsen
zu lassen und ihren Wirtsbaum allmählich zu erdrosseln.
Zu den typischen Bäumen Westlands gehört auch der *Kamahi* (Weinmannia racemosa); er trägt in dem sonst eher
dunklen, von unauffällig blühenden Bäumen geprägten
Mischwald mit seinen auffälligen weißlichen Blütenstän-
den zur Auflockerung bei.
    Unter dem schützenden Dach der hohen Bäume, bei
denen Rimu und Kahikatea gleichsam das oberste und

Rata und Kamahi das zweite Stockwerk bilden, verbergen sich Baumfarne und Büsche, Dornsträucher und Bodenfarne. Lianen und Schlingpflanzen bilden ein dichtes, fast undurchdringliches Dickicht, wahre Girlanden wasserspeichernder Epiphyten hängen von Astgabeln und Stämmen herab; die Äste der großen Bäume sind mit Moos-, Farn- und Flechtenteppichen überzogen, und ein nicht minder weiches, ungemein vielfältiges Pflanzenpolster bedeckt Felsen, Baumstümpfe, Unterholz und Boden.

Entstanden ist diese geradezu verschwenderisch anmutende grüne Wildnis durch die hohen Niederschläge, für die die Westküste bekannt, oder eher berüchtigt ist. Man muß sich jedoch darüber im klaren sein, daß diese grandios-ungezähmte Naturlandschaft ohne die durchschnittlich 170 Regentage pro Jahr so keinen Bestand hätte. Die feuchten, von der Tasman-See heranziehenden Westwinde prallen auf das Bollwerk der Südalpen, das unweit der Küste wie eine gewaltige Wand aufragt; und die reichlich von ihnen mitgeführten Wolken regnen vorwiegend über Westland ab. Die West Coast verzeichnet deshalb ›stolze‹ Niederschlagswerte zwischen zweitausend und dreitausendfünfhundert Millimetern pro Jahr, die noch zunehmen, je näher man der Gebirgskette kommt.

Das intensive Wachstum des Regenwaldes auf der Westseite der Alpenbarriere wird zudem durch milde Temperaturen in den kälteren Monaten gefördert. An der Küste sind Frosttage selten, allerdings sind auch die Sommer relativ kühl: Insgesamt ein recht ausgeglichenes, ozeanisches Klima, dessen einziges Extrem die üppigen Niederschlagsmengen sind. Regenwetter über mehrere Tage hinweg kann zu jeder Jahreszeit auftreten. Ein Wechsel zwischen leichtem Nieseln und wahren Sturzbächen, die den himmlischen Schleusen entströmen, ist keine Seltenheit und eine eher ungemütliche Einführung in das – nicht auf die Westküste beschränkte – Phänomen des ›Heavy rain‹. Auf der anderen Seite registrieren die Meteorologen durchschnittlich 1800 Sonnenstunden im Jahr, was angesichts der hohen Niederschläge doch sehr respektabel und ein

Indiz dafür ist, daß sich das Wetter in diesem eigenwilligen, rauhen Landstrich rasch ändern kann. Den beruhigenden Angaben in offiziellen Touristen-Prospekten, an der West Coast regne es hauptsächlich nachts, sollte man indes mit Skepsis begegnen. Jeder Besucher von Westland muß mit dem Regen ebenso wie mit den Myriaden höchst unangenehmer Sandflies rechnen; beide gehören zum Wesen dieser schwierigen, herausfordernden Gegend, deren herausragende landschaftliche Schönheiten nicht zuletzt auf ihren besonderen klimatischen Bedingungen beruhen.

Berge und Urwälder, Flüsse und Felsküste – Die prachtvolle Szenerie der West Coast Road

Nur eine einzige Straße führt an der Westküste entlang: die abwechslungsreiche West Coast Road, die, oftmals wie eine Schneise der Zivilisation durch die dichten Urwälder geschlagen, hier an schroffen, vom ewigen Anbranden einer stürmischen Tasman-See zerklüfteten Küsten entlangführt, dort wieder Ausblicke auf ruhigere, sandige Buchten eröffnet, mal von erdrutschverdächtigen Felswänden begrenzt wird, mal durch breite, von vielarmigen, geröllbeladenen Alpenströmen durchflossene Flußebenen führt, die als Weideland in der Rinderzucht genutzt werden, dann wieder, von saftiggrünen Grasrändern und mauerartig zu beiden Seiten aufragendem Regenwald umschlossen, in kilometerlange Naturreservate eintaucht, an stillen Seen vorbei, in denen sich die schneebedeckten Berge der Südalpen spiegeln, über einspurige, Schluchten und klare Gebirgsbäche überspannende Brücken, in kurvenreicher Streckenführung dicht bewaldete Berge hinauf und hinunter – und immer wieder mit neuen Panoramen einer gewaltigen landschaftlichen Szenerie verwöhnend, zu der sich Berge und Meer, Wälder und Flüsse, Gletscher und Seen in gedrängtem Nebeneinander verbinden. Urwüchsigkeit, Einsamkeit und eine ungemein klare, saubere Luft machen die unverwechselbare Eigenart der Landschaft aus, die die West Coast Road zwischen Westport und Haast durchmißt.

Besonders eindrucksvoll ist die Route, die hinter Hokitika beginnt. Dann sind die drei ›großen‹ Zentren der West
Coast mit jeweils ein paar tausend Einwohnern passiert,
und nur noch wenige winzige Dörfer unterbrechen die
Wildnis von Zeit zu Zeit. Eine herausragende Sehenswürdigkeit unter den vielen landschaftlichen Höhepunkten der
Westküstenstraße liegt allerdings weiter nördlich zwischen
Westport und Greymouth. Dort erstrecken sich bei Punakaiki die **Pancake Rocks,** eine Reihe eigenartiger Felsformationen, die tatsächlich wie Stapel aufeinandergetürmter
Pfannkuchen erscheinen. Entstanden sind diese interessanten Kalksteintürme vor rund dreißig Millionen Jahren auf
dem Boden des Meeres, wo sich unzählige kleine Skeletteile
von Tieren und herabsinkendes Plankton unter dem Druck
des Wassers zu hartem Gestein verdichteten. Durch eine
Hebung des Meeresbodens gelangten die so zusammengepreßten Felsen irgendwann über die Wasseroberfläche und
wurden einem nachhaltigen Erosionsprozeß durch Wind
und Wetter ausgesetzt. Weil dabei die weicheren Schichten
schneller ausgewaschen wurden, konnten diese seltsamen
Pfannkuchen-Dome entstehen, die bis zu dreißig Meter
hoch über der Brandung der Tasman-See aufragen.

Der **Dolomite Point,** an dessen Küste die Pancake Rocks
liegen, weist außerdem noch ein paar attraktive ›Blow-
Holes‹ auf. Aus ihnen schießen bei günstigen Bedingungen,
Flut und möglichst starkem Westwind, der die Wogen der
See mit Vehemenz in die unterirdischen Hohlräume
peitscht, hohe Fontänen weiß schäumenden Salzwassers
empor; die ›Blaslöcher‹ dienen dann den zusammengepreßten, von Felswänden umschlossenen Wassermassen,
die zum Teil unter enormem Druck entweichen, als natürliche Ventile. Große Flächen des von hohen Flachsstauden
überzogenen Vorgebirges sind unterspült. An einigen Stellen hat der Fels schon vor den unablässig anbrandenden
Wellen kapituliert; tiefe Spalten und Einbrüche sind die
Ergebnisse solcher Felsstürze. Tief unten tost und brodelt
das Wasser, und entfernt-dumpfes oder gefährlich nahes
Grollen steigt aus dem großen ›Surge Pool‹ auf, wenn die

Wellen hineinschießen und sich an seinen Wänden brechen. Es ist, als wollte das Meer bei Punakaiki seine ständige Präsenz und Stärke unüberseh- und unüberhörbar demonstrieren und die Tasman-See eindringlich unter Beweis stellen, daß sie eine der wilden, kraftvollen Naturgewalten ist, unter deren rauhem Regiment die West Coast steht.

Zwischen schäumender Tasman-See und schneebedeckter Alpenbarriere – Die spektakuläre Kulisse des Westland-Nationalparks

Unumstrittener Höhepunkt der an prächtiger landschaftlicher Szenerie gewiß nicht armen Westküste ist der **Westland National Park.** In diesem 1960 errichteten Nationalpark verdichten sich die vielen natürlichen Schönheiten der Region auf vergleichsweise kleinem Raum zu einem grandiosen Ensemble. Das wohl eindrucksvollste Panorama dieser Vielfalt bietet sich dem Besucher von **Gillespies Beach** aus, einem wilden Küstenstrich, dessen schwarzer Sandstrand im Norden in ein felsübersätes, von einer anschnlichen Seehundkolonie bewohntes Gestade übergeht. Verrostete Überreste eines Baggers und ein kleiner, von Pflanzen und Sträuchern fast zugedeckter Friedhof sind die einzigen Spuren einer Zeit, als der heute verlassene Strand von Hunderten von Goldgräbern bevölkert war. Daß die letzten Goldgräber hier bis 1945 gearbeitet haben, spiegeln bei genauerem Hinschauen die Vegetation der dünenartigen kleinen Hügel, die den Strand begrenzen, und der sumpfige Streifen dahinter wider: Der einstige Wald wurde gerodet, und an seiner Stelle sind mannshohe Flachsstauden, Ginster und anderes Gebüsch nachgewachsen. Der dichte Gürtel einer charakteristischen ›Nachwuchs‹-Flora ist als Folge der grundlegenden Eingriffe des Menschen in die ursprüngliche Natur der West Coast entstanden.

Hier indes hat diese auf engen Raum beschränkte Veränderung auch etwas für sich: Sie erlaubt vom Strand aus einen weiten Blick über die ganze West-Ost-Erstreckung des Parks, wie er zuvor nur von einem an der Küste entlangfahrenden Schiff aus möglich war. Hinter dem schmalen Streifen Buschwerk erhebt sich ein dunkler, hoher Regenwald mit riesigen Rimu-Bäumen und einer Vielzahl üppig wuchernder Schmarotzerpflanzen. Das schattige Dach dieser undurchdringlichen grünen Barriere schirmen die weit ausladenden Wedel mächtiger Baumfarne zusätzlich gegen das Licht ab. In der Ferne erheben sich über dem Regenwald-Dschungel majestätisch die schneebedeckten, zerklüfteten Gipfel der Südalpen in einer langen, steil aufragenden Gebirgsfront, die die Enge und Isolation der Küstenebene Westlands ebenso nachdrücklich hervorhebt, wie sie auf ihren unerbittlichen Herrschaftsanspruch über das Land zu ihren Füßen zu pochen scheint. Nur gut dreißig Kilometer Entfernung liegen zwischen der Küste und den bis zu 3500 Meter hohen Bergspitzen – eine für Westland typische Szenerie, deren einschüchternd-bedrohliche Wildheit durch den starken Kontrast zwischen dem üppigen Grün des Regenwaldes und dem kalten Weiß des ewigen Schnees auf der gezackten Silhouette der Bergriesen zugleich unterstrichen und gemildert wird.

Ein überwältigendes, aber doch auch ehrfurchtgebietendes Panorama, das sich hier dem Betrachter eröffnet! Man kann nachempfinden, warum die West Coast den Entdeckern und Pionieren, die sie vom Meer aus in ähnlicher Weise sahen, wenig einladend, ja geradezu abschreckend erschien. Cook beispielsweise, dessen Augenmerk sich ja nicht vornehmlich auf die landschaftliche Schönheit des von ihm wiederentdeckten Landes gerichtet hatte, sprach von »einer unwirtlichen Küste, deren Beachtung sich, abgesehen von ihrer nackten, unfruchtbaren und schneebedeckten Bergkette, nicht lohnt«. Anschaulich beschreibt Julius Haast diese ›Unwirtlichkeit‹ der dunklen Wälder Westlands in einem Bericht über seine Forschungsexpedition Mitte der sechziger Jahre des 19. Jahrhunderts: »Wer die subalpine Vegetation von Neuseeland nicht gesehen hat, kann sich nicht vorstellen, wie schwierig es ist durchzudringen. Die Buschvegetation ist oft so dicht, daß man buchstäblich auf den Büschen gehen muß, wobei man natürlich durchbricht und sich nur mit größter Mühe und Anstrengung aus den Ästen und Zweigen wieder losmacht. Dies ist namentlich da der Fall, wo der Wind die Büsche alle nach einer Richtung geneigt hat, so daß man beschnittene Buschhecken zu sehen glaubt.«

Mächtige Eisströme in immergrüner Bergwildnis – Fox- und Franz-Josef-Gletscher als Höhepunkte des Parks

Dutzende von Gletschern fließen von den Bergen der Südalpen hinab; allein im Westland-Nationalpark tragen sechzig einen eigenen Namen. Die größten und spektakulärsten, wahre Perlen des Parks, sind der **Fox-** und der **Franz-Josef-Gletscher.** Inmitten dieser alpinen Kulisse setzen die beiden, die ein in mancher Hinsicht ungewöhnliches Zwillingspaar abgeben, unverwechselbare Akzente. Viele Besucher unternehmen nur ihretwegen einen Abstecher an die entlegene West Coast.

Die beiden weißen, von türkis-blauen Adern durchzogenen Eisströme beginnen ihren Weg auf rund 2600 Meter hoch gelegenen Schneefeldern. Von dort wälzen sie sich etwa dreizehn Kilometer lang steil bergab, um zwischen dicht bewachsenen Felswänden zu enden und in milchigfarbene Gletscherflüsse überzugehen. Die Gletscherzungen reichen bis auf eine Höhe von ungefähr dreihundert Meter hinab; Fox Glacier und Franz Josef Glacier gehören damit zu den bedeutendsten Gletschern der Welt, die so weit in gemäßigte Breiten vordringen. Dank dieses Superlativs sind die Gletscher-›Terminals‹ für Besucher gut zugänglich. Hinzu kommt die ungewöhnliche ›Sauberkeit‹ dieser beiden zur Westküste hinabfließenden Gletscher. Sie sind im Unterschied etwa zu vielen Gletschern auf der Ostseite der Alpen, die in einem gewaltigen, unansehnlichen Schuttbett enden, bis zur Zunge hinunter weitgehend geröllfrei. Schließlich sind die Eismassen in Täler eingebettet, deren Abhänge von üppiger Regenwald-Vegetation überzogen sind und in die hier und da Wasserfälle hinabstürzen, während die alles beherrschenden, schneebedeckten Gipfel der Alpen den oberen Abschluß des grandiosen Panoramas bilden. Bei klarem Wetter, wenn sich ein wolkenloser, blauer Himmel über dieser Kulisse wölbt, hat man eine alpine Bilderbuch-Landschaft von einzigartiger Schönheit vor sich.

Wer freilich dieses Schauspiel erleben will, muß Glück haben oder geduldig sein. Denn die besonderen klimatischen Bedingungen der West Coast wirken sich hier am Rande der Berge naturgemäß sehr stark aus. Die Niederschlagsmenge am Fuße der Gletscher beläuft sich im Jahr auf durchschnittlich fünf Meter; in der Höhe, wo die Gletscher unter dem Druck der zusammengepreßten Schneemassen entstehen, steigt die jährliche Niederschlagsmenge auf acht bis zehn Meter an. Dabei liegt die Schneegrenze in den Sommermonaten bei 2100 bis 2400 Metern; im Winter sinkt sie auf 1200 bis 1300 Meter.

Die Annalen der Meteorologen verzeichnen hier im touristischen Herzen des Parks – tatsächlich liegt sein geographischer Mittelpunkt weiter im Süden in dem für den normalen Besucher unzugänglichen Hochalpengebiet – ein extrem launisches Wetter. Daß die Gletscherflüsse sich nach heftigen Regenfällen in reißende Ströme verwandeln können, die ihre breiten, geröllbeladenen Flußbetten zur Gänze überfluten, erkennt man an den Beschädigungen der Zufahrtsstraßen zu den Gletscherzungen. Die heftigste Sturzflut ereignete sich im Dezember 1965, als nach schweren ununterbrochenen Regenfällen von 280 Millimeter Ergiebigkeit etwa eine Million Kubikmeter Eis von der Zunge des Franz-Josef-Gletschers abbrach und sich in den Waiho River ergoß. Die ›rauchenden Wasser‹ waren damals auf ihrer gesamten Länge von zwanzig Kilometern bis zur Mündung in die Tasman-See mit Eisbrocken übersät. Der Name des Flusses spielt auf den oft zu beobachtenden Dampf über dem Fluß an, der durch den Temperaturunterschied zwischen dem eiskalten Wasser und der warmen Luft entsteht.

Entscheidenden Einfluß haben die klimatischen Verhältnisse auch auf die Gletscher selbst, auf die Dicke ihres Eises und vor allem ihre Länge. Die verschiedenen Endmoränen, die man auf den Zufahrtstraßen passiert, deuten eine allmähliche Schrumpfung der Gletscher an. Beobachtungen am Franz-Josef-Gletscher weisen auf einen fast dramatischen Rückgang der Gletscherzunge im Laufe der letzten hundert Jahre. Sie liegt heute etwa einen Kilometer weiter landeinwärts als zum Zeitpunkt der ersten schriftlichen Aufzeichnungen. In manchen Jahren verlieren die Gletscher zwischen zweihundert und dreihundert Meter Länge. Allerdings wurde die allgemeine Entwicklung bisweilen unterbrochen, wenn die Gletscher wieder weiter in die Täler hinabflossen. Die Klimatologen sind sich uneinig, ob die Erhöhung des Kohlendioxyd-Gehaltes in der Atmosphäre und damit eine allgemeine Erwärmung für den Rückzug der Westküsten-Gletscher verantwortlich sind oder ob eine zyklische Abfolge zwischen Eis- und Zwischeneis-Zeiten das Phänomen erklären kann. Sicher ist, daß sich eine geringere Niederschlagsmenge auf den oberen Schneefeldern erst Jahre später an den Gletscherzungen auswirkt: Bei einer Fließgeschwindigkeit von rund zwei Metern pro Tag dauert es zwischen drei und fünf Jahren, bis der einstige Schnee als Eis am Ende des Gletschers ankommt.

Am Anfang einer intensiven Erforschung der Gletscher und ihrer Eigenschaften standen die Aufzeichnungen des deutschen Geologen Julius von Haast. Als erster Europäer erkundete er diese Region der neuseeländischen Alpen, kartographierte sie und sammelte erste wissenschaftliche Daten über die beiden Gletscher-›Zwillinge‹. Aber er war nicht nur der nüchterne Wissenschaftler, sondern auch ein begeisterter Entdecker, der Sinn für die Schönheit dieser wilden Landschaft hatte und sie anschaulich beschreiben konnte. Daß er sich in diesem Teil der ›Neuen Welt‹ im Südpazifik besonders an die Bergwelt Europas erinnert fühlte, lag nahe; wohl auch deshalb benannte er den einen der beiden von ihm entdeckten Gletscher zu Ehren des damals im ›Alpenland‹ Österreich regierenden Kaisers Franz Josef II.

Der von Haast ursprünglich ›Albert‹ getaufte Gletscher
erhielt einige Jahre später den Namen des neuseeländischen Ministerpräsidenten Fox. Wie groß der Anteil an
Bergsteigern und Pionieren aus den deutschsprachigen
Ländern der europäischen Alpen an der Erforschung der
Southern Alps war, bezeugen neben ›Franz Josef‹ weitere
geographische Namen im Gebiet des Westland National
Park: Mount Haast natürlich, aber auch Mount Haidinger
(nach einem österreichischen Geologen benannt) sowie die
nach Schweizer Bergführern benannten Mount Anderegg,
Almer Glacier und Melchior Glacier und schließlich so
unerwartete Bezeichnungen wie Bismarck Peaks, Mount
Moltke und sogar Unser Fritz Falls.

Vom Gletscherflug zum ›Blick der Blicke‹ –
Wege zu den Naturschönheiten des
Westland-Nationalparks

Ausgangspunkte für die Erkundung des Parks sind die beiden kleinen, zwanzig Kilometer voneinander entfernten
Orte **Franz Josef** und **Fox Glacier.** Sie liegen an der West
Coast Road unmittelbar am Rande der Berge und nur
wenige Kilometer von den Gletscherzungen weg. Zur Küste hin öffnet sich die Landschaft hinter den beiden Dörfern
mit den breiten Flußbetten des Waiho und des Cook River
und dem gerodeten Uferstreifen. Obwohl auch hier wie in
anderen Flußebenen Westlands ein paar Farmer Viehzucht
betreiben, sind Franz Josef und Fox Glacier reine Frem-
denverkehrsorte mit einigen Motels und Hotels, wenigen
Geschäften und ein paar Buchungsstellen von Touristikun-
ternehmen sowie je einem Visitors' Centre für den Nationalpark. Franz Josef, das hübschere, etwas gepflegter wirkende Dorf – wobei man an der West Coast noch weniger
als im gesamten jungen Land traditionell gewachsene,
gepflegte Urlaubsorte europäischen Zuschnitts erwarten
darf –, verfügt darüber hinaus in der kleinen *St. James
Church* über eine besondere Attraktion: durch das Fenster
hinter dem Altar eröffnet sich einer der herrlichsten, in

Werbebroschüren übertreibend als »world famous« gepriesenen Blicke auf die Südalpen. Der Blick, der ursprünglich auch den Gletscher umfaßte, ist heute durch die dichter gewordene Vegetation und den Rückgang des Eises begrenzter.

In der Umgebung der beiden Ortschaften gibt es viele lohnende Ziele und Spazier- und Wanderwege, die in die Naturschönheiten des Parks einführen. An erster Stelle steht natürlich der Gang zu den beiden Gletscherzungen. Auch Gletscherwanderungen sind unter Anleitung erfahrener Führer möglich. Eine großartige Aussicht belohnt den Betrachter nach einer mehrstündigen Wanderung auf den 1300 Meter hohen *Alex Knob,* die zunächst durch dichten Regenwald und auf dem letzten Stück über alpine Tussock-Flächen führt: der Franz-Josef-Gletscher in seiner vollen Pracht mit den gewaltigen Eismassen, die sich von den Schneefeldern unterhalb der Berggipfel zu Tale wälzen. Noch eindrucksvoller wirken diese Eisflüsse, die an manchen Stellen geradezu kaskadenartig in die Tiefe zu stürzen scheinen, aus der Vogelperspektive. Ein Flug mit dem Hubschrauber oder Kleinflugzeug über die Gletscher, vielleicht mit Landung auf einem Schneefeld in 2500 Meter Höhe, wird von beiden Orten aus angeboten und gehört bei klarem Wetter zu den Höhepunkten des in Neuseeland recht populären Flightseeing.

Der Westland National Park ist für seine von dichtem Wald umgürteten dunklen Seen bekannt, auf deren Wasseroberfläche sich die schneebedeckten Berge der Alpen spiegeln. Der berühmteste ist der **Lake Matheson** in der Nähe von Fox Glacier; sein ruhiges Wasser reflektiert ein wunderschönes, wie gemalt wirkendes Abbild des ihn umgebenden Buschwaldes, der von den zwei höchsten Gipfeln der Südalpen, Mount Cook und Mount Tasman, überragt wird. Vom Pfad um den See genießt man diesen nicht zu Unrecht als ›the View of Views‹ gerühmten Blick in verschiedenen Variationen.

Lake Matheson liegt unweit der Straße, die nach Gillespies Beach führt. Nach einigen Kilometern kann sich der

Blick auf die barrierenartige Bergkette der Südalpen immer
freier entfalten. Besonders bei Sonnenuntergang bietet das
alpine Panorama mit dem weiß leuchtenden Eisfluß des
Fox Glacier im Mittelpunkt ein stimmungsvolles Schauspiel, von dem schon Haast tief beeindruckt war: »Jeden
Moment ergaben sich wieder neue Veränderungen; die
Schatten wurden länger und dunkler, und während die
unteren Bereiche schon in tiefpurpurnen Schatten getaucht
waren, erstrahlten die Gipfel noch in einer intensiven rosi-
gen Färbung.«

Besichtigenswerte Ziele an der Küste sind **Gillespies
Beach** und **Okarito,** die ehemalige Goldgräberstadt nördlich von Franz Josef Glacier, deren verlassene Lagune mit
den umliegenden Wäldern zum Lebensraum für eine kleine
Kolonie weißer Reiher geworden ist, die nach ihrer Einführung aus Australien nur hier heimisch wurden. Von Gilles-

James Cook und seine Begleiter auf der Jagd nach Walrössern,
der größten Robbenart

pies Beach aus führt ein anstrengender, aber landschaftlich herrlicher Track zu einer großen Robbenkolonie. Hier
finden sich in den Wintermonaten bis zu fünfzehnhundert
Robben ein, hauptsächlich Bullen und Jungtiere, die aus
den weiter südlich gelegenen Brutgebieten kommen, während im Sommer nur ein bis zwei Dutzend Tiere auf dem

felsübersäten Strand liegen. Nur durch strenge Schutzbestimmungen ist das Überleben dieser Robbenart, des
Australischen Seebären (Arctocephalus forsteri), gewähr-
leistet, die seit dem Ende des 18. Jahrhunderts durch eine
ungehemmte Jagd berufsmäßiger Robbenfänger an den
Küsten Neuseelands und der subantarktischen Inseln fast
schon ausgerottet schien.

Gewöhnlich hat der Besucher nicht die Zeit, das abwechslungsreiche Natur-Angebot des Parks intensiv zu
nutzen, sondern widmet seine Aufmerksamkeit hauptsächlich den beiden prächtigen Gletschern. Wenigstens eine
Ergänzung bietet indes die Fahrt auf der West Coast Road
zwischen Fox Glacier und Haast. Immer wieder großartig
sind die Blicke von den breiten Flußtälern auf die Alpen.
Ein Höhepunkt dieser Strecke ist der idyllisch gelegene
Lake Moeraki; auch er ein ›Spiegel‹ der Berge, die sich
über einem üppigen Regenwald-Dickicht erheben. Neben
Bergen und Wäldern erspäht man immer wieder die blaue
Fläche der Tasman-See, deren Wellen sich an steilen Felskü-
sten und Vorgebirgen schäumend brechen oder auf kleinen
Sandstränden friedlich auslaufen – insgesamt eine landschaftlich spektakuläre Route durch die Wildnis Süd-West-
lands, die der Highway bei Haast verläßt, um im Tal des
Haast River bis zum Paß anzusteigen: der Grenze zwischen
der trockeneren, ›braunen‹ Landschaft im Osten der Alpen
und der nassen, ›grünen‹ West Coast.

NATIONALPARKS IN
DER GRANDIOSEN BERGWELT
DER SÜDALPEN

Weißes Bollwerk zwischen dem ›grünen‹ Westen
und dem ›braunen‹ Osten –
Die ungezähmten Southern Alps

» Mit Bewunderung betrachtete ich die über alle Beschreibung großartige Gebirgswelt um mich. Gehüllt in feier-
liche, silberne Schneemäntel, thronten ringsum die Patriar-
chen der Alpen mit ehrwürdigen Häuptern und lang herab-
wallenden Bärten. Nur der Donner der Lawinen und der
melancholische Ruf des Nestorpapageis unterbrach die
Stille der jungfräulichen Natur, und ein Gefühl von Ehrfurcht und heiliger Scheu überkam mich, wenn ich dachte,
daß da, wo ich stand, in dieser einsamen Wildnis, noch nie
zuvor ein menschlicher Fuß gestanden. «

Julius von Haasts begeisterte Beschreibung der neuseeländischen Alpen ist mit Ausnahme der letzten Worte auch
rund 130 Jahre später noch gültig. Gewiß, alle Gipfel der
Bergriesen sind mittlerweile schon mehrfach bezwungen,
die Berge genau kartographiert und geologisch erforscht
worden, doch ändert das nichts an der unberührten, wilden
Erscheinung einer praktisch menschenleeren Bergwelt. Wer
hier eine Art Kopie der europäischen Alpen mit schmuk-
ken, in Hochtälern gelegenen Dörfern, mit bewirtschafte-
ten Almen, mit Sennhütten, gar mit Schlössern und Burgen
auf steil aufragenden Felszinnen erwartet, sieht sich
getäuscht: Diese in zwei Jahrtausenden gleichsam domesti-
zierte Bergwelt Mitteleuropas, in der Natur und Zivilisation eine ansprechende Symbiose eingegangen sind, hat in

Neuseeland kein Pendant, ja nicht einmal einen höchst bescheidenen Abglanz. ›Kulturlosigkeit‹ ist die negative Charakterisierung der Südalpen. Die positive heißt: Hier erstreckt sich eine erhabene, wahrhaft jungfräuliche Gebirgswildnis mit ihrem Hauptkamm über viele hundert Kilometer parallel zur Tasman-See, eine ›kompromißlose‹ Naturlandschaft, in der das kleine Arthur's Pass Township der einzig ständig bewohnte Alpenort ist.

Strenggenommen reichen die Südalpen (Southern Alps) von Arthur's Pass bis Haast Pass; angemessener ist es jedoch, sie als Main Divide (Hauptwasserscheide) zu definieren, die sich fast über die gesamte Länge der Südinsel zieht. Mit rund achthundert Kilometern Nord-Süd-Ausdehnung sind die neuseeländischen Alpen um etwa ein Drittel kürzer als ihr europäisches Gegenstück. Sie sind auch erheblich schmaler, wobei Ost- und Westseite sich wie zwei völlig unterschiedliche Welten gegenüberliegen.

Ein scharfer Kontrast, den jede Überquerung der Südalpen deutlich werden läßt: Im Westen fallen die Berge schroff zur Küste hin ab; sie sind von üppigem Regenwald überzogen, durch den sich kurze Flüsse zur Tasman-See hinunter stürzen. Nach Osten dagegen ist ein stark gegliedertes, nach Süden breiter werdendes Bergland dem Hauptmassiv vorgelagert, und die Abhänge sind nur strekkenweise bewaldet. Als Folge erheblich geringerer Niederschläge im Regenschatten der Berge dominieren braunes Grasland und niedriges, vielfach stachliges Gestrüpp; längere Gebirgsströme wälzen sich durch breite, tief eingeschnittene Täler und die Canterbury-Ebene dem Pazifik zu.

Zwischen dem ›grünen‹ Westen und dem ›braunen‹ Osten ragt die weiße Bergbarriere auf, die sich vor etwa zehn Millionen Jahren zu bilden begann. Noch immer ist diese alpine Verwerfungslinie gewaltigen Kräften ausgesetzt. Daß der Auffaltungsprozeß noch lange nicht abgeschlossen ist, haben geologische Forschungen in Süd-Westland ergeben, wo die Alpen in den letzten zehntausend Jahren um respektable hundert Meter höher geworden sind. Allerdings liegen die ›Auftriebs‹-Kräfte in heftigem Wettstreit mit der Erosion, die ihnen beharrlich entgegenarbeitet: Die scharfen Grate, die gezackte Silhouette der Bergkette, die schuttbedeckten Gletscherenden und die geröllbeladenen Flußbetten bezeugen ihre intensive Nagetätigkeit.

Aorangi, der ›Wolkenstecher‹ –
Der höchste Berg Neuseelands
und ›sein‹ Nationalpark

Das Herz der Alpen liegt im **Mount-Cook-Nationalpark,** dem ›Zwillings‹-Park von Westland. Dort erhebt sich der ›Wolkenstecher‹ Aorangi mit seiner gewaltigen Felsmasse und seinem zeltförmigen Gipfel, mit 3764 Metern der höchste Berg Neuseelands. 1851 erhielt er den englischen Namen **Mount Cook;** eine verdiente Ehrung für den großen Seefahrer, dessen Wiederentdeckung Neuseelands für die europäische Geschichte des Landes so entscheidend war.

Um den Mount Cook herum gruppieren sich zahlreiche weitere Dreitausender. Die Namensliste der höchsten Berge des Landes liest sich wie der Auszug aus einem gesamteuropäischen Adreßbuch: An zweiter Stelle steht Mount Tasman (3497 m); es folgen Mount Dampier (3440 m), Mount Silberhorn (3279 m), Mount Lendenfeldt (3201 m), Mount Hicks (3183 m), Torres Peak (3163 m), Mount Teichelmann (3160 m) usw. Insgesamt sind es knapp zwanzig Bergspitzen über 3000 Meter, die sich dichtgedrängt um den Bergmonarchen scharen, der sie mit seinem mächtigen, von ewigem Schnee und Eis gekrönten Haupt deutlich überragt.

Mount Cook war bereits sehr früh das Ziel ehrgeiziger Bergsteiger. Den ersten Versuch, ihn zu erklimmen, unternahmen im Jahre 1882 zwei Engländer; kurz bevor sie den Gipfel erreichten, mußten sie wegen schlechten Wetters umkehren. Zwölf Jahre später waren drei Neuseeländer erfolgreicher: am Weihnachtstag des Jahres 1894 wurde der Bergriese von ihnen zum ersten Mal bezwungen. Der bekannteste Bergsteiger nach ihnen war der Neuseeländer

Sir Edmund Hillary. Hier im Hochgebirge um Mount Cook begann er in den Jahren nach dem Zweiten Weltkrieg mit dem Bergsteigen. Die Bewältigung des höchsten Gipfels der Südalpen sollte aber nur das Vorspiel für seinen Triumph im Himalaja-Gebirge sein, wo er zusammen mit seinem Sherpa im Jahre 1953 als erster den Mount Everest bezwang, das ›Dach der Welt‹, das mehr als doppelt so hoch ist wie das ›Dach Neuseelands‹.

Erstaunlich früh entstand 1885 am Fuße des Mount Cook eine winzige Oase der Zivilisation in Gestalt eines Gasthauses, das Bergsteigern und Forschern als Basis für ihre Unternehmungen im Gebiet des heutigen Nationalparks diente. An die Stelle dieses Gasthauses, der Keimzelle des heutigen Touristendorfes Mount Cook, ist das gediegene THC-Hotel ›Hermitage‹ getreten. Ein Motel, ein paar Chalets, eine Jugendherberge sowie Postamt, Tankstelle, zwei Läden und das Visitors' Centre des Nationalparks bilden zusammen mit dem Hotel **Mount Cook Village,** von dem jede Erkundung des alpinen Parks ihren Ausgang nimmt.

Einen eindrucksvollen Überblick über die stark vergletscherte Bergwelt um den ›Wolkenstecher‹ erhält man durch einen Flug mit kleinen Maschinen. Aus der Vogelperspektive erkennt man die relative Enge der Main Divide, in der sich die Dreitausender- und Zweitausender-Gipfel – von der zweiten Kategorie gibt es innerhalb des Parks nicht weniger als rund 140 – gleichsam zu einer gigantischen Phalanx zusammendrängen; im Westen dagegen kommt schon die Tasman-See in Sicht. The Hermitage verfügt über den Luxus eines eigenen Flugfeldes, das einige Kilometer entfernt im Tal des Tasman River liegt und sogar im Linienverkehr angeflogen wird. Wenn es die Witterung erlaubt, starten in den Wintermonaten von dort aus Flugzeuge, die Skifahrer auf die Schneefelder der nahen Gletscher in 2500 Meter Höhe bringen. Wie das an Beliebtheit zunehmende Heli-skiing ist diese Methode eine spektakuläre Alternative zum konventionellen ›Aufstieg‹. Auch wenn diese Art der Beförderung den Naturschützern bedenklich erscheinen mag, schont sie auf der anderen Seite die Landschaft insofern, als sie keine weitergehende touristische Infrastruktur etwa in Gestalt von Seilbahnen und Liften erforderlich macht. Außerdem ist die Zahl der Skifahrer, die von diesem Angebot Gebrauch machen (können), recht klein, was ihnen natürlich freie Fahrt auf den traumhaften Pisten in jungfräulichem Schnee über eine Länge von dreizehn bis fünfzehn Kilometern garantiert.

Zu ausgedehnten Bergwanderungen lädt eine Reihe von Tracks ein. Verglichen mit den europäischen Alpen, ist freilich das Gebiet um Mount Cook noch nahezu unerschlossen; nur wenige Hütten bieten Schutz und Übernachtungsmöglichkeit. Die anspruchsvollste und gleichzeitig abwechslungsreichste Route ist der *Copland Track,* der den Mount-Cook- und den Westland-Nationalpark miteinander verbindet. Zunächst am Hooker River und dann am gleichnamigen Gletscher entlangführend, überwindet er die Main Divide auf dem 1830 Meter hohen, von zwei Bergriesen eingerahmten Copland Pass. Von dort bietet sich bei gutem Wetter ein eindrucksvolles Panorama mit dem Mount-Cook-Massiv und dem Eisstrom des Hooker Glacier im Osten, der sich an seiner Westflanke zu Tal wälzt; im Westen wird der schmale Regenwald-Streifen der West Coast durch die Tasman-See begrenzt, deren blaue Fläche in der Ferne silbrig schimmert. Vom Paß klettert der Weg in Serpentinen hinunter, um in die grüne Wildnis an den Ufern des Copland River einzutauchen. Weniger bergerfahrene Wanderer sollten diese und andere schwierige, von The Hermitage ausgehende Gebirgstouren nur in Begleitung von Führern unternehmen, die von Mount Cook Village aus auch organisierte Ausflüge und Bergsteigertouren anbieten.

Unter den kürzeren Wanderstrecken des Parks ist der Weg zum *Kea Point* ein Erlebnis. Er führt über Grasflächen, die im Frühling und Sommer mit blühenden Alpenblumen durchsetzt sind, und durch dichte, niedrige Gebüsch-Vegetation zu einem Aussichtspunkt, von dem aus der Mueller-Gletscher zu überblicken ist. Hinter ihm erhebt sich der schneebedeckte Mount Sefton, ein weiterer Dreitausender

(3157 m) und gleichsam der stets präsente Hausberg des Village. Auf der gegenüberliegenden Seite ragen jenseits des Hooker Valley Aorangis drei Spitzen empor, deren niedrigste mit den beiden anderen durch einen eineinhalb Kilometer langen Gipfelgrat verbunden ist.

Der Tasman-Gletscher – Silberstraße im Schatten eines wuchtigen Monarchen

Zu den beeindruckendsten Einzelbildern, aus denen sich die Landschaftskomposition des Hochgebirges zusammensetzt, gehört neben Mount Cook der gewaltige **Tasman-Gletscher**. Mit bis zu drei Kilometern Breite und einer Länge von 28 Kilometern ist dieser Eisfluß, in den seitlich zahlreiche kleinere Gletscher einmünden, der längste Gletscher Neuseelands; er gehört darüber hinaus zu den ausgedehntesten Gletschern der Erde, wenn man die Polargebiete außer acht läßt, und übertrifft sämtliche Gletscher der europäischen Alpen an Länge. Aber auch er konnte sich der allgemeinen Rückzugs-Entwicklung seit Beginn unseres Jahrhunderts nicht entziehen. Die Fließgeschwindigkeit des Eises liegt bei dreißig bis vierzig Zentimeter pro Tag an der Oberfläche; die Dicke der Eismasse beträgt durchschnittlich vierhundert Meter; bei *Ball Hutt,* bis wohin eine Schotterstraße am Unterlauf des Gletschers entlangläuft, wurden sogar sechshundert Meter gemessen.

Auf dieser *Ball Hutt Road,* deren oberer Teil im Winter gesperrt ist, kann man die Zunge des Tasman-Gletschers gut erreichen; der Gletscher endet in einer Geröllmoräne, aus der die bläulich-weißen Eisspalten nur schwach hervorschimmern. Anders als in diesem grauen Schuttmantel präsentiert sich der Tasman-Gletscher eine Strecke talaufwärts; dort ist er als eine mächtige, zwischen die hohen Bergwände förmlich hineingeschnittene Silberstraße zu überblicken, die sich in sanfter, weiter Kurvung in die Tiefe ergießt. Ein dramatisches Schauspiel, das allenfalls durch den etwas oberhalb von Ball Hutt in den Tasman-Gletscher mündenden Hochstetter Icefall übertroffen wird: rund tau-

send Meter tief stürzen dort die Eismassen von der Ost-
flanke des Mount Cook hinunter, ein chaotischer, von
tiefen Spalten durchzogener und von bizarren Formationen
geprägter regelrechter Eisfall von ehrfurchtgebietender
Größe und Großartigkeit.

Vor rund 17 000 Jahren erstreckte sich der Tasman-Gletscher noch Dutzende von Kilometern weiter nach Südosten; er hat das breite Tal geschaffen, das heute der an der
Gletscherzunge entspringende Tasman River durchströmt.
Die einstige Endmoräne wirkte nach dem Rückzug der
Eismassen wie ein natürlicher Damm, der das Gletscher-
wasser des Tasman River aufstaute; so entstand der **Lake
Pukaki,** ein von zwei Bergketten eingerahmter, langgezoge-
ner See von herrlicher türkisblauer Farbe. In ihm spiegelt
sich bei klarem, windstillem Wetter die wuchtige, pyramidenförmige Felsmasse des Mount Cook, der das allmählich
sich verengende Tal im Norden majestätisch abschließt.
Die dominierende Stellung dieses neuseeländischen Olymp
wirkt gerade aus der Entfernung besonders eindrucksvoll;
die Fahrt auf dem oberhalb des Lake Pukaki verlaufenden
Highway 8 bietet immer wieder Gelegenheit, diese prachtvolle Szenerie zu genießen. Am stimmungsvollsten ist die
Atmosphäre kurz nach der Morgendämmerung, wenn die
ersten Strahlen der Sonne die vereisten Osthänge des Bergriesen mit zartem Rosa übergießen, um einige Minuten
später auch die gut tausend Meter niedrigeren Spitzen der
Ben Ohau Range mit ihrem Licht zu erfassen, während See
und Tal noch in ruhiges Halbdunkel gehüllt sind.

Türkisfarbene Wasser, goldbraunes Tussock-Land
und ein millionenfach funkelndes Firmament –
Stimmungsvoller Lake Tekapo

Gleichen Ursprungs wie der Lake Pukaki sind die beiden
anderen Gletscher-Seen im **Mackenzie-Land** am Rande der
Alpen: der **Lake Ohau,** der sich, durch die Ben Ohau Range
von ihm getrennt, im Süden fast parallel zum Pukaki-See
erstreckt, sowie der weiter nördlich liegende ›Bruder‹ **Lake**

Tekapo. Auch er besitzt jene milchige Türkis-Farbe, die von den im Wasser schwimmenden, vom Godley-Gletscher herabgeschwemmten Felspartikeln stammt und sich mit den goldbraunen, fast baumlosen Tussock-Flächen ringsum und dem Weiß der in der Ferne aufragenden Berge zu einem Landschaftsgemälde von großer Farbintensität und herb-pittoresker Schönheit verbindet. Im Sommer wird diese Palette durch die kräftigen Farben der Lupinenblüten ergänzt, die große Flächen des Seeufers bedecken.

Am Südende des über zwanzig Kilometer langen Sees liegt der aufstrebende Ort Lake Tekapo. Nur wenige hundert Einwohner leben hier ständig, aber die Zahl der Besucher, die am Tekapo-See ihren Urlaub verbringen oder für einen Tag Rast machen, steigt kontinuierlich an. Der Stolz des Dorfes ist die aus grauen Natursteinen gebaute *Church of the Good Shepherd* am Ufer des Sees, aus deren Altarfenster der Lake und die hinter ihm aufsteigenden Alpen zu sehen sind. Ganz in der Nähe des Kirchleins steht ein nicht alltägliches Denkmal: ein Schäferhund aus Bronze – eine eigenwillige Hommage an die Leistung jener noch heute unentbehrlichen Hunde, »ohne deren Hilfe die Beweidung des gebirgigen Landes unmöglich wäre«.

In der Tat ist das weite, trockene Mackenzie-Hochland nur für eine extensive Weidewirtschaft geeignet. Die großen Schafherden, die ohne die lebhafte Meute der ›Working dogs‹ nicht zu kontrollieren wären, brauchen in dieser wenig fruchtbaren Gegend riesige Weideflächen. Nicht nur hier gehören die Kleinlaster der Farmer, von deren Ladefläche zwei, drei Hunde auf Pfiff hinabspringen und zu einer wohlorganisierten ›Treibjagd‹ auf die versprengten Herden losstürmen, zum alltäglichen Bild. Die Schaffarmen (stations) liegen weit auseinander, und nur selten lockern grüne Baumreihen, hinter denen die Gebäude eines Hofes sich vor dem Winde schützen, das Braun der Landschaft auf. Der Name dieser von Schafen bestimmten Region ist im übrigen nicht unpassend: er geht auf James McKenzie zurück, einen berühmt-berüchtigten schottischen Viehtreiber aus dem letzten Jahrhundert, der in Neuseeland durch den

Diebstahl einer tausendköpfigen Schafherde und einer Reihe raffinierter Gefängnisausbrüche von sich reden machte. Um ihn rankt sich manche phantasievolle Legende.

Die Gegend um den Lake Tekapo erfreut sich einer außerordentlich trockenen, reinen Luft und einer ungemein klaren Atmosphäre, die selten von Wolken getrübt wird. Entsprechend überwältigend ist das nächtliche Firmament aus ungezählten, bläulich funkelnden Sternen und Sternnebeln, das sich über dem einsamen Mackenzie Country wölbt und selbst in einer Neumondnacht die ruhig daliegende Fläche des Tekapo-Sees noch ein wenig erhellt. Wegen dieser günstigen Bedingungen wurden auf dem Gipfel des benachbarten Mount John eine Sternwarte sowie eine amerikanische Satellitenstation gebaut.

Weniger romantisch als der millionenfach glitzernde Sternenhimmel über Lake Tekapo ist der große Wasserkraftwerk-Verbund, der das Erscheinungsbild des Mackenzie Country in den letzten Jahrzehnten deutlich verändert hat. Kanäle, Dämme und ein künstlicher See, Lake Benmore, sind entstanden, und alle drei Gletscher-Seen wurden in dieses riesige Projekt einbezogen. Die ›Zentrale‹ des Upper Waitaki Power Development Scheme ist **Twizel,** das in der Ebene am Rande der Ben Ohau Range Ende der sechziger Jahre regelrecht aus dem Boden gestampft wurde. Die langen Reihen der transportablen Einfamilienhäuser und Einmannbaracken dieser künstlichen Stadt, die in ihren Hochzeiten mehrere tausend Arbeiter und Angestellte des Kraftwerk-Unternehmens beherbergte, sollen nach Abschluß der Arbeiten wieder verschwinden; für die voralpine Landschaft des Mackenzie Country wäre das gewiß kein Verlust.

Arthur's-Pass-Nationalpark – Alpine Schönheit zu beiden Seiten einer Paßstrecke

Das Gebiet um Mount Cook ist sicher die eindrucksvollste alpine Region des Landes. Neben dem Mount-Cook- und dem Westland-Nationalpark wurden noch zwei weitere

Landschaftsschutzgebiete in den Alpen eingerichtet, die einen Ausflug lohnen: Der weiter südlich gelegene Mount Aspiring National Park und der **Arthur's Pass National Park** an der Nordgrenze des Alpengebiets, der leichter zugänglich ist. Man kann ihn, da er sich um den wichtigsten Alpenpaß herum auf einer Fläche von 100000 Hektar erstreckt, mit Wagen und Eisenbahn erreichen. Benannt ist er nach dem Feldmesser Arthur Dobson, der als europäischer ›Entdecker‹ des Passes gilt. Auf seine Erkundungs- und Vermessungsarbeit stützte sich der Bau der Straße, die 1865 in weniger als einem Jahr fertiggestellt wurde und Canterbury mit dem damals ›goldenen‹ Westland verband. Der höchste Punkt der 160 Kilometer langen Strecke zwischen Springfield und Kumara ist übrigens nicht Arthur's Pass selbst, sondern der rund zwanzig Meter höhere Porter's Pass, zu dem die Straße von der Canterbury-Ebene aus in Serpentinen steil hinaufklettert.

Anders als im Mount-Cook-Gebiet sind die Ostabhänge der Alpen hier dicht bewaldet. Von den goldbraunen Tussock-Flächen des ausgedehnten Waimakariri-Tals, durch das sich der auf den Höhen des Parks entspringende Fluß in breitem, grauem Kiesbett schlängelt, steigen von fern grünblau schimmernde Wälder die Flanken der Berge empor. Es sind große Bestände des dunklen ›Mountain beech‹, einer Scheinbuchen-Art, die ihr Revier ebenso wie ihre Verwandten aus der Familie der Nothofagen ungern mit anderen Bäumen teilt. »Die Götter des Scheinbuchen-Waldes«, hat der neuseeländische Naturforscher Guthrie-Smith einmal gesagt, »sind eifersüchtige Götter, die auf dem einmal von ihnen gewählten Boden andere Pflanzen neidisch beäugen.« Die gleichmäßig bewachsenen Hänge der Berge an der Ostgrenze des Arthur's-Pass-Nationalparks, auf denen der Wald nur durch von Lawinen gerissene oder von Bergbächen grabene Schneisen unterbrochen wird, bestätigen diese Feststellung. Bis zu einer Höhe von 1100 Meter ziehen sich die Wälder hinauf; sie bilden damit für die tiefer gelegenen Bergflanken einen wertvollen Erosionsschutz. Ein besonders hübscher natürlicher Farbkontrast entsteht in der kälteren Jahreszeit, wenn über dem dunklen Waldteppich die weißen Flächen der schneebedeckten Bergspitzen um so heller erstrahlen.

Landschaftliche Schönheit beruht oft auf ausgeprägten Kontrastwirkungen. Damit geizt auch dieser alpine Nationalpark nicht, dessen Westseite auf die eher ruhig-beschauliche Monokultur der Beech-Wälder im Osten mit der verschwenderischen, geradezu aufregenden Fülle des Regenwaldes antwortet; eines höchst komplizierten, floristisch ungemein abwechslungsreichen Urwaldes, dessen ungeordnete Wildnis die Ostseite der Main Divide kultivierter und gleichsam aufgeräumter erscheinen läßt, als sie es in Wirklichkeit ist. Ein Eindruck, der nicht zuletzt durch das Gegenüber zweier Landschaftsformen verstärkt wird, die der Highway 73 durchschneidet: Da steht der weiten Talebene des Waimakariri River im Osten, die durch das Halbrund der hinter ihr aufsteigenden Berge kaum eingeengt zu werden scheint, die enge, steile *Otira Gorge* im Westen gegenüber, eine grandiose, von steilen Felswänden eingerahmte Schlucht, durch die sich die Straße in abenteuerlichen Kehren nach Westland hinunterwindet.

Zwischen diesen beiden so unterschiedlichen Seiten liegt das gebirgige Zentrum des Parks. Im Bealey Valley liegt auf 740 Meter Höhe, auf allen Seiten von tausend Meter höheren Bergen umgeben, das kleine **Arthur's Pass Village.** Hier leben hauptsächlich Angestellte der Eisenbahn, die hinter dem Örtchen in den Otira Tunnel eintaucht, Park Rangers und einige Geschäftsleute. Das touristische Angebot, auch Übernachtungsmöglichkeiten, ist eng begrenzt; nicht so die Gelegenheiten, den Park aktiv durch Gebirgswanderungen, Bergsteigen oder auch nur kürzere Spazierwege zu erkunden. Die meisten gehen vom ›Village‹ aus; dort befindet sich auch das Park Headquarters. Zu den lohnendsten Kurz-Zielen gehören *Devil's Punchbowl,* ein 130 Meter tief herabstürzender Wasserfall, die Wanderung zur Paßhöhe, von der aus sich prächtige Ausblicke auf die Otira-Schlucht auftun, und der *Bealey Valley Walk* zum Fuß des Mount Rolleston, der mit einer Höhe von 2271

Metern der höchste vom Zentrum des Parks aus sichtbare
Berg ist. Zwei etwas höhere Alpengipfel liegen an der
südöstlichen Peripherie des Schutzgebietes; sie sind nur für
den Besucher erreichbar, der sich für einen der längeren,
über Flüsse und Schluchten, an Seen, Gletschern und
Schneeflächen vorbeiführenden Tracks entscheidet, die die
alpine Wildnis weit weg von der Arthur's Pass Road durchziehen.

Einsame Bergwelt um Mount Aspiring – Schauplatz aufsehenerregender Rotwild-Jagden

Der abgelegenste und verkehrsmäßig am wenigsten erschlossene Alpenpark ist der **Mount Aspiring National
Park.** 160 Kilometer lang und rund 32 Kilometer breit,
umfaßt diese Gebirgswildnis den südlichsten Teil der Main
Divide. Mit knapp 300 000 Hektar ist er der zweitgrößte
Nationalpark des Landes, übertroffen nur von dem sich
im Süden anschließenden Fiordland Park. Sein unüberseh-
barer Mittelpunkt ist der gebieterisch aufragende Mount
Aspiring, dessen von ewigem Schnee bedeckter Gipfel als
einziger Berg der Alpen außerhalb der Mount-Cook-Re-
gion die Dreitausend-Meter-Grenze, wenn auch nur um
wenige Meter, übersteigt. Tititea, ›der hoch glänzende
Berg‹, streckt sein Haupt stolz aus der ihn umgebenden
Gletscher- und Bergwelt empor; seine pyramidenförmig-
dominierende Gestalt hat ihm den Beinamen ›Matterhorn
von Neuseeland‹ eingetragen.

Lange Zeit war das Gebiet um Mount Aspiring Terra
incognita. Erst gegen Ende des 19. Jahrhunderts begann
man, sich um diesen Teil der Alpen zu kümmern. Die erste
erfolgreiche Besteigung des Mount Aspiring fiel ins Jahr
1909. Noch in den dreißiger Jahren gab es hier weiße
Flecken auf der Landkarte, bis eine intensivere Erforschung
und Kartographierung einsetzten. Noch immer gehört der
Park zu den unzugänglichsten Gegenden Neuseelands, und
das Visitors' Centre liegt bezeichnenderweise in **Wanaka**
weit außerhalb der Parkgrenzen.

Wer die Einsamkeit und Großartigkeit dieser alpinen Landschaft mit ihren bewaldeten Berghängen, ihren langen, grünen Tälern, den schroffen Graten ihrer metallischblau schimmernden Felswände und ihren klaren Gebirgsbächen und Seen genießen will, dem stehen vor allem auf der Ostseite des Parks einige ausgedehnte Tracks zu Verfügung, die zu den schönsten Gebirgswanderungen des Landes zählen. Einen flüchtigeren Eindruck vom abwechslungsreichen Naturangebot dieses Nationalparks vermittelt eine Fahrt über die **Haast Pass Road.** Die Straße windet sich durch die Nordflanke des Parks und gestattet von Zeit zu Zeit prachtvolle Ausblicke auf entfernte Bergspitzen, um dann an der Westseite des Hauptkamms wieder in den üppigen Regenwald oder zwischen Bergwände einzutauchen, von denen sich Wasserfälle herabstürzen oder breite Vorhänge tausender und abertausender Wassertropfen lautlos über die moos- und flechtenüberzogenen Felsen niederrieseln. Die ›weinenden Wände‹, wie sie genannt werden, erstarren an Frosttagen mitunter zu herrlichen Eisformationen, und Blätter, Stengel und Moospolster sind mit dichten, durchsichtigen Eismänteln umhüllt. Hinter dem Paß kommt man auf die trockenere Ostseite mit weiten, grasbewachsenen Tälern, über denen in der Ferne schneebedeckte Berggipfel aufragen.

In den späten siebziger Jahren dröhnten über der stillen, menschenleeren Bergwelt des Mount Aspiring und des benachbarten Fiordland-Nationalparks erstmals die Rotorblätter von Hubschraubern. Schüsse knallten durch die Luft, die von waghalsigen Jägern von Helikoptern aus abgegeben wurden. Die Jagd mit dem Hubschrauber hatte begonnen, eine neue, spektakuläre Variante im erbitterten Kampf gegen eine Plage, von der die gesamte Alpenwelt und andere gebirgige Landschaften der Südinsel bedroht waren: eine zu starke Population von Rotwild, Bergziegen und Gemsen, die hier in ihrem neuen Lebensraum prächtig gediehen waren.

Angefangen hatte alles in der zweiten Hälfte des 19. Jahrhunderts. Damals wurde an zahlreichen Plätzen des Alpenraums und des ihm vorgelagerten High country eingeführtes Wild freigelassen. Die ersten Aussetzungen fielen schon in die fünfziger Jahre, und die unheilvollen ›Acclimatization Societies‹ sorgten dafür, daß weitere ›exotische‹ Tiere aus Europa, Asien, Nord- und Südamerika ins Land gebracht und ausgesetzt wurden. Als eine der letzten Arten kamen 1907 acht Gemsen nach Neuseeland – ein wohlgemeintes Geschenk des Kaisers Franz Joseph, der ebensowenig wie diejenigen, die die Tiere im Gebiet um Mount Cook freiließen, daran dachte, daß spätere Generationen darin ein Danaergeschenk erblicken würden.

Wie unüberlegt diese unkontrollierte Einführung von Rot- und Damwild, von Gemsen und Himalaja-Ziegen, von Wildschweinen, Wieseln, Opossums und manchen anderen Tieren in ein Land war, in dem zuvor zwei Fledermaus-Arten die einzigen einheimischen Säugetiere gewesen waren, zeigte sich nach ein paar Jahrzehnten. Da das Wild keine natürlichen Feinde hatte, vermehrte es sich rapide und breitete sich im gesamten Bergland aus. Die Schäden an Wäldern und Alpenwiesen waren enorm. Die Tiere zerstörten vielerorts durch ihr Äsen und Rupfen die dünne Pflanzendecke, fraßen die Schößlinge ab und zertrampelten den Waldboden. Die Folge war eine starke Zunahme der gefährlichen Erosion. Hinzu kam die Erbitterung von Hochlandfarmern, die das Wild als ärgerlichen Nahrungskonkurrenten für ihre Schafe und Rinder ansahen.

Die ersten warnenden Stimmen, die auf die sich abzeichnende katastrophale Entwicklung aufmerksam machten, erschollen schon vor dem Ersten Weltkrieg. Aber erst im Jahre 1930 setzte die Regierung sämtliche Schutzbestimmungen für das Wild außer Kraft. Kurze Zeit später begann man mit der Organisation regelrechter Vernichtungsaktionen; an dem Programm, das eine drastische Bestandsdezimierung zum Ziel hatte, beteiligten sich Hunderte von Berufs- und Gelegenheitsjägern. Es galt, der Rotwild- und Gemsen-›Pest‹ Einhalt zu gebieten. Ein Vorhaben, das allmählich gelang: Die Wild-Populationen kamen langsam wieder unter die Kontrolle der Menschen, die sich ange-

sichts des Ursprungs dieser Plage in der Rolle von Zauber-
lehrlingen fühlen mußten. Als sich schließlich Wildbret in
europäischen Ländern, besonders auch in der Bundesrepublik, als schmackhafte Delikatesse durchsetzte, für die gute
Preise gezahlt wurden, lohnte in den unwegsamen Wildnis-
gebieten der Südalpen, Fiordlands und des Hinterlandes
von Nelson selbst der aufwendige Einsatz von Hubschraubern zur Jagd und zum Abtransport der erlegten Tiere.

Mittlerweile scheint man die ›Schädlinge‹ einigermaßen
im Griff zu haben; darunter aus europäischer Sicht so
schützenswerte Arten wie die Gemse, die in ihrer Heimat
zu den bedrohten Tierarten gehört, in den Southern Alps
dagegen von jedem, der eine Jagdlizenz besitzt, geschossen
werden darf. Die deutliche Dezimierung des Wildbestandes
hat bereits zu einer Erholung der Wälder und der Alpenblu-
men-Vegetation geführt. Besonderer Nutznießer dieser
Entwicklung ist hoffentlich der ›Ranunculus lyallii‹, eine
hübsche, weiß blühende Alpenblume, die besser unter ihrem ›poetischen‹ Namen *Mount Cook lily* bekannt ist. Mit
einem Blütendurchmesser von bis zu sechs Zentimetern ist
sie die größte Butterblume der Welt – und leider auch die
Leib- und Magenspeise des Rotwildes. Gemeinsam mit
den anderen meist weiß- und gelbblütigen Alpenblumen,
darunter den kraftvollen *Berg-Gänseblümchen* (Celmisia
verbascifolia) und dem *Neuseeland-Edelweiß* (Leucogenes
grandiceps), verwandelt sie die grünen Gras- und bräunlichen Tussock-Flächen der Hochtäler im Frühling und Sommer in üppig blühende Bergwiesen oder bringt etwas Farbe
in die grauen Geröllfelder von Gletschern und Flüssen.

König und Clown der Südalpen – Der Kea-Papagei

Die auffälligste Erscheinung in der Flora und Fauna der
Alpen ist der Kea-Papagei, der den überaus treffenden
wissenschaftlichen Namen ›Nestor notabilis‹ trägt. Durch
sein Verhalten bestätigt dieser muntere Geselle das gesamte
Bedeutungsspektrum des Adjektivs ›notabilis‹ von ›bemerkenswert‹ über ›auffallend‹ bis ›berüchtigt‹. Über den Kea

könnte man unter der alliterierenden Überschrift ›König, Clown und Killer der Südalpen‹ Seiten schreiben.

Bemerkenswert ist sein Äußeres: ein bis zu fünfzig Zentimeter großer Papagei mit dunkelgrünem Federkleid, mit scharfem, nach innen gekrümmtem Schnabel und zwei hellwachen Augen. Im Flug wird die prächtig rote Unterseite seines Gefieders erkennbar. Auffallend ist sein Verhalten allemal: Er ist ein ungeheuer neugieriger, zugleich recht zutraulicher Vogel, der die Besucher seines Reichs an vielen landschaftlich sehenswerten Orten zu erwarten scheint. Ob auf dem Weg zur Gletscherzunge der beiden Westland-Gletscher, ob auf den Aussichtspunkten am Rande der Bergstraße durch die Otira Gorge, ob am Homer Tunnel in Fiordland, Kea-Papageien, oft in Gruppen von vier, fünf Vögeln, sind schon zur Stelle, um die menschlichen Gäste zu begrüßen, sie durch ihre Clownerien zu erfreuen und ihre Autos, ihr Gepäck und sie selbst aus nächster Nähe in Augenschein zu nehmen und alle (mehr oder weniger) beweglichen Dinge auf ihre Eßbarkeit hin zu überprüfen. Keas interessieren sich für die Gummiabdichtungen der Autofenster, für Spiegel und Scheibenwischer; sie schauen prüfend in Wagen und Campmobile hinein und sind gern bereit, ein geöffnetes Fenster zu nutzen, um in unbeaufsichtigten Augenblicken das Wageninnere zu inspizieren, wobei eine solche Untersuchung der Wirkung eines Orkans von mittlerer Stärke gleichkommt.

Auch Camper und Wanderer wissen von immer wieder neuen Streichen dieser gar nicht so arglosen Alpenclowns zu erzählen: Zelte üben eine besondere Anziehungskraft auf die Keas aus, und mancher nichtsahnende, vom Marsch ermüdete Benutzer einer Berghütte wurde erschreckt, als ein Bergpapagei das Dach als Rutschbahn benutzte. Wie sehr schließlich Schuhbänder die Keas faszinieren, sollte jeder wissen, der im Gebirge der neuseeländischen Südinsel unterwegs ist.

Es gibt unzählige Berichte über die beinahe pathologische Neugierde dieser Vögel und ihr ulkig-dreistes Verhalten, das sich vermutlich aus der Notwendigkeit erklärt, einen recht kargen, unwirtlichen Lebensraum vorwiegend in Höhen über sechshundert Meter sehr genau auf seine Ernährungsmöglichkeiten hin untersuchen zu müssen. Schon die europäischen Erforscher der Alpen haben anschaulich beschrieben, wie unterhaltsam die Begleitung von Keas in der einsamen Gebirgswildnis sein kann. So erzählt A. P. Harper, der als erster den Fox Glacier in den neunziger Jahren des 19. Jahrhunderts näher erkundete, wie ihn ein Trupp Keas bei seinem Pionierunternehmen ›unterstützte‹:

»Immer wenn ein Kea erscheint, sind wir auf einen guten Spaß vorbereitet, weil ihr Verhalten drollig ist und ihre unaufhörliche Konversation miteinander ausdrucksvoll genug ist, um uns verstehen zu lassen, was sie meinen. Ich habe beträchtliche Erfahrung mit diesen Vögeln gehabt, aber niemals zuvor und nachher habe ich eine so ungemein lustige Prozession wie an jenem Morgen gesehen: Die Keas hatten sich auf dem Eis niedergelassen und begannen nun, mir in einer langen, ungeordneten Reihe zu folgen – etwa fünfzehn an der Zahl. Anzuschauen, wie diese fünfzehn wie an einer Schnur gezogen hinter mir her hüpften, als ob ihr Leben davon abhing, mich im Auge zu behalten, war unglaublich komisch. Später wurden sie auf zudringliche Weise neugierig, und ich konnte kaum eine Aufnahme machen, weil sie so darauf versessen waren, den Namen des Herstellers auf meiner Kamera festzustellen ...«

Berüchtigt: Dieses Attribut verdanken die Keas weniger ihrer Neigung, das dankbare Publikum ihrer Streiche und Zudringlichkeiten durch kleinere Eigentumsdelikte zu schädigen, sondern ihrem offenbar etwas gespannten Verhältnis zu den Schafen des Hochlandes. Es ist nicht ausgeschlossen, daß die ›Könige der Alpen‹ diese Eindringlinge, die sich vor noch nicht eineinhalb Jahrhunderten in ihrem Hoheitsgebiet breitgemacht haben, nicht gerade mögen. Seit Jahrzehnten tobt auf der Südinsel ein entsprechend erbittert geführter Streit zwischen Kea-Freunden und Kea-Gegnern über die Frage, ob die Papageien mitunter lebende Schafe angreifen, sie mit ihrem scharfen Schnabel verletzen und dadurch Blutvergiftungen verursachen, die sie in den Augen ihrer Feinde zu Schafmördern werden lassen. Während zahlreiche Farmer des High country Stein und Bein schwören, daß Keas ihren Herden auf diese Weise erhebliche Verluste zugefügt hätten, verweisen Vogelfreunde diese Berichte ins Reich der Legende. Aus der Tatsache, daß Keas sich vom Fleisch verendeter Schafe ernähren, dürfe nicht geschlossen werden, daß sie auch gesunde Tiere heimtückisch überfielen, argumentieren sie. Folgerichtig hält der ›New Zealand Wildlife Service‹ den Klagen der aufgebrachten Farmer in einer Broschüre trotzig die Parole entgegen »Keas need your help«.

Diese Diskussion, so scheint es dem Außenstehenden, hat Züge eines grotesken Ideologiestreites angenommen. Vielleicht sind jene Verfechter einer ausgewogenen Position im Recht, die die These vertreten, unter den vielen tausend Bergpapageien gebe es einige wenige, die einen ausgeprägten Killerinstinkt entwickelt hätten und denen es ausgesprochen Freude bereite, geräuschlos in der Dunkelheit über arglose Schafe hereinzuschweben, auf ihnen zu landen und sie mit einem wohlgezielten Schnabelhieb zu Tode zu erschrecken. Zuzutrauen wäre solch eine Verirrung dem einen oder anderen Vertreter dieser aufgeweckten Papageien, die eigentlich immer den Eindruck erwecken, als führten sie irgendetwas im Schilde; doch sollten solche Einzelfälle nicht dazu verleiten, die gesamte Spezies als Killer-Brut an den Pranger zu stellen. Der Kea ist und bleibt vielmehr der König der Southern Alps, der in einer Nebenrolle seinen eigenen Hofnarren spielt. Und wem er wirklich einmal Schaden zufügt, der sollte daran denken, daß dieser König sein Regiment über das voralpine und alpine Bergland schon erheblich länger ausübt, als diejenigen, die ihm manchmal seinen Lebensraum streitig machen wollen – Mensch *und* Schaf.

DIE EBENE, DAS HIGHLAND,
DIE METROPOLE — CANTERBURYS
WECHSELNDES ANTLITZ

*Von mächtigen Bergen
flankiert – Die Hummerküste von Kaikoura*

Die Südinsel Neuseelands hat zwei ganz unterschiedliche
Gesichter. Dem ungezähmten, fast menschenleeren ›wilden‹ Westen steht der gut erschlossene, kultivierte Osten
gegenüber, der für neuseeländische Verhältnisse relativ
dicht besiedelt ist. Zugespitzt formuliert, kann man den
landschaftlichen Gegensatz dieser beiden durch die Alpen
voneinander getrennten Seiten auf einen knappen Nenner
bringen: Im Westen herrscht die Natur über den Menschen,
im Osten dagegen hat sich der Mensch die Natur untertan
gemacht. Wie alle Kurzformeln ist auch diese natürlich
eine im Detail fragwürdige Verallgemeinerung, als grober
Unterscheidungsraster indes eine ganz brauchbare, da anschaulich-prägnante Charakteristik.

Eine Ausnahme dazu bildet allerdings der Nordosten.
Dort verlagert sich das gebirgige Rückgrat der Insel an die
Pazifik-Seite. Zwischen der Lewis Pass Road im Süden
und dem sonnigen Blenheim im Norden erstreckt sich die
doppelte Gebirgskette der Kaikouras, eine mächtige Barriere, deren höchste Gipfel knapp unter der Dreitausend-Meter-Grenze liegen. Die Seaward Kaikoura Range fällt
steil zum Meer hin ab, so daß hier streckenweise eine
schroffe Felsküste entstanden ist, an der sich Straße und
Eisenbahnlinie – diese mit einer Reihe von Tunnels – kurvenreich entlangwinden. Mitunter treten die Berge ein kleines Stück zurück, um einer wenige hundert Meter breiten

Küstenebene Platz zu machen, die als Weide für Rinder und Schafe genutzt wird. Aufgelockert wird die nur von wenigen Menschen bewohnte, überwiegend mit Buschwerk bewachsene, felsige Küste hier und da von niedrigen Dünen, Kiefernwäldern und schwärzlichen Sandbuchten – eine abwechslungsreiche Route am Rande des Pazifischen Ozeans, die gelegentlich in Flußtälern auch weite Blicke auf die hohen Berge der Kaikouras eröffnet.

Die Gegend ist für eine Spezialität bekannt, die ihr und den Gebirgszügen den Namen gegeben hat: Kaikoura bedeutet ›Hummer-Essen‹; und in der Tat bietet die felsige Pazifik-Küste den wohlschmeckenden Krebstieren einen idealen Lebensraum. Fischer, deren Häuser ab und an in einsamen Buchten auftauchen, sorgen dafür, daß auch der zweite Teil des Namens (in der Maori-Sprache ist es der erste) zu seinem Recht kommt: Die **Kaikoura Coast** ist einer der bedeutenden Hummerfanggründe des Landes. In den Monaten der Fangsaison wird den Reisenden an Straßenständen eine wahrhaft nicht alltägliche, aber durchaus erschwingliche Reiseverpflegung angeboten: ›Cooked crays‹ (gekochte Hummer).

Wer Hummer im Schnellimbiß für stillos hält, dem bieten Restaurants im Ort **Kaikoura** eine etwas gediegenere Atmosphäre, um ›Crayfish‹ zu speisen. Das Städtchen ist malerisch auf der kleinen Kaikoura-Halbinsel gelegen, die ein Stück in den Pazifik vorspringt. Nur im dahinterliegenden Land weitet sich die Küstenebene. Das ermöglicht einen herrlichen Panoramablick von der mit Norfolk-Fichten bestandenen Strandpromenade des Ortes und anderen Punkten der Halbinsel quer über die je nach Sonneneinfall türkis- bis tiefblaue Meeresbucht zu den grünen Feldern der Küstenebene und den unvermittelt aufragenden Bergen der See-Kaikouras, die fast das ganze Jahr über schneebedeckt sind.

Ein Umwandern der Halbinsel auf dem höheren ›Clifftop walk‹ oder dem auf Meereshöhe verlaufenden ›Shoreline walk‹ lohnt sich bei gutem Wetter allemal; prächtige Ausblicke auf das Meer, eine felsige Küste, die von einer

Robbenkolonie und zahlreichen Seevögeln bewohnt wird, und die Zweieinhalbtausender der Kaikoura Range lassen die ungemein pittoreske Lage dieser einst dem Festland vorgelagerten Insel immer wieder deutlich werden.

Auf diesem Wege kommt man am belebten Kai des Ortes vorbei, an dem die Fänge der von hier aus operierenden Fischfangflotte angelandet werden. Viele Einwohner Kaikouras verdienen ihren Lebensunterhalt mit Hummer- und Fischfang, und ein Großteil der von Neuseeland vor allem in die USA ausgeführten Hummerschwänze wird hier für den Export abgepackt. Nur die wenigsten Konsumenten dürften freilich wissen, welch eindeutiger Aufforderung zum genüßlichen Verzehr des Inhalts die Angabe des Abpackortes ›Kaikoura‹ auf der Dose gleichkommt.

Vom wogenden Tussock-Meer zum agrarischen Flickenteppich – Die Canterbury Plains als Kornkammer Neuseelands

Nach Süden zu treten die hohen Berge allmählich weiter in das Landesinnere zurück. Sie machen so dem Hügelland von North Canterbury Platz, das vorwiegend als Weideland für Schafe genutzt wird. Kurz hinter Waipara, wo die Lewis Pass Road auf den Highway 1 mündet, beginnen die Canterbury Plains, mit rund 190 Kilometern Länge und 40 Kilometern Breite die größte Ebene Neuseelands. In einem Land, dessen Territorium nur mit weniger als einem Viertel unter zweihundert Meter Meereshöhe liegt, ist eine solch ausgedehnte Küstenebene eine bemerkenswerte Landschaft. Und eine ungewöhnlich fruchtbare dazu: Die Canterbury Plains sind die Kornkammer Neuseelands; hier werden etwa zwei Drittel des gesamten Getreides angebaut, das für den Eigenbedarf nötig ist.

Es ist ein riesiges Mosaik aus grünen, braunen und gelben Rechtecken, das eine ›gemischte‹ Landwirtschaft aus Ackerbau und Viehzucht über das ebene Land gelegt hat, von schnurgeraden Straßen durchzogen und von langen Hecken und Baumreihen unterteilt. Freundliche, vielfach aus Holz gebaute Farmhäuser setzen bunte Akzente; am Rande größerer Straßen, vor allem am Highway 1, der an der Küste entlangführt, liegen kleine Städte. Man merkt es der Gegend und ihren Orten an, daß der Sand- und Tonboden der Plains gute Erträge abwirft. Dem größten Problem der Farmer, einer geringen Niederschlagsmenge im Regenschatten der Alpen, begegnet man erfolgreich mit einem umfangreichen künstlichen Bewässerungsprogramm. In keiner anderen Provinz des Landes gibt es annähernd so viele künstlich bewässerte Farmen.

Die vielen auf den Höhen der Alpen entspringenden Flüsse haben diese Ebene in Jahrmillionen aufgeschwemmt. Die größten von ihnen sind Ströme, die die Plains in breiten Flußbetten von West nach Ost durchfließen. Im Sommer ragen riesige Geröllmassen heraus, zwischen denen sich das Wasser der Flüsse in zahlreichen Armen seinen Weg sucht; zur Zeit der Schneeschmelze in den Bergen aber verwandeln sich Waimakariri, Rakaia und Rangitata, um nur die größten zu nennen, in gefährliche, reißende Gebirgsströme, aus denen die Geröllbänke kaum noch herausschauen. Mehrere hundert Meter lange Brücken mußten gebaut werden, um diese einzigen, aber gewaltigen Verkehrshindernisse der Canterbury-Ebene zu überwinden. Den frühen Siedlern stellten sich die Ströme als Barrieren in den Weg, deren Überquerung ziemlich riskant war: Daß in Neuseeland die Leute nur durch Ertrinken oder Trunkenheit ums Leben kämen, war ein beliebtes Bonmot in der frühen Kolonialzeit. Es ist natürlich cum grano salis zu verstehen, wirft aber doch ein bezeichnendes Licht auf die Gefahr, die von den rasch anschwellenden Flüssen Canterburys ausging.

Das Gesicht dieser Landschaft hat sich grundlegend verändert, seit die ersten europäischen Siedler sie im Jahre 1850 betreten haben. Von den Höhen der Port Hills von Lyttelton herab muß sich ihnen ein großartiger Anblick geboten haben: Eine weite, fast baumlose Ebene mit großen Flächen braunen, wogenden Tussock-Grases, aufgelockert hier und da durch sumpfige, von Flachs und Farnen bestandene Flecken, und dahinter die sich in der Ferne auftürmende Bergwand der Südalpen. »Üppige Grasflächen von unermeßlicher Ausdehnung, wie man sie sich als Schaf- und Viehweiden nicht besser wünschen konnte«, schwärmte Samuel Butler; und dies in einer der wenigen landwirtschaftlich noch nicht genutzten großen Ebenen der Welt, deren Urbarmachung gute Erträge versprach.

Flachsgebüsch in Neuseeland

Eben daran machten sich die Pioniere mit großem Elan. Die größeren, harten Tussockgras-Sorten wurden von Schafen nicht gefressen. Um sie zu beseitigen und gleichzeitig die stachligen Aciphylla-Stauden (Prickly Spaniards) zu vernichten, an deren Dornen sich die Pferde immer wieder verletzten, wurde das Land in Brand gesetzt. Die Zeitgenossen berichten von riesigen Feuersbrünsten, die sich, vom Wind angefacht, über Kilometer erstreckten und von Christchurch aus in allen Richtungen weithin zu sehen waren. Auf den so ›bereinigten‹ und kultivierten Flächen begann man mit der Schafzucht. Binnen eines Jahrzehnts stieg die Zahl der Schafe auf den Canterbury Plains von wenigen hundert auf eine Dreiviertelmillion an.

Als in den sechziger Jahren wegen der Bevölkerungszunahme in der jungen Kolonie eine stärkere Nachfrage nach

Lebensmitteln einsetzte, begannen viele Farmer mit der Umstellung auf Getreide- und Gemüseanbau. So erhielten die Canterbury Plains, mittlerweile bis zu den Vorbergen der Alpen zur Gänze nutzbar gemacht, allmählich ihr heutiges Gesicht: Goldgelbe Weizenfelder neben grünen Weiden, Viehfutterflächen neben braunen Ackerböden. Aus dem einstigen Tussock-Meer ist ein gigantischer agrarischer ›Flickenteppich‹ mit unzähligen rechteckigen Mustern geworden.

Steinzeitmenschen verändern das Landschaftsbild – Höhepunkt und Niedergang der Moa-Jäger-Kultur

Diese Umwandlung in der zweiten Hälfte des 19. Jahrhunderts war freilich nicht die erste radikale Veränderung des Landschaftsbildes durch Menschenhand; die hatte sich bereits sechs bis acht Jahrhunderte vorher vollzogen. Einst

Moa (ausgestorben) und Kiwi

bedeckten nämlich ausgedehnte Matai- und Totara-Wälder einen Großteil der Ebene. In diesen Wäldern und im aufgelockerten Busch- und Grasland der Umgebung lebten mehrere Dutzend Arten von Moas. Unter diesem Sammelbegriff werden flugunfähige Vögel zusammengefaßt, deren einziger überlebender und enger Verwandter der Kiwi ist. Manche Moa-Spezies erreichten eine Körpergröße bis zu drei Metern; im Aussehen glichen diese Tiere am ehesten den australischen Emus.

Die Moas waren offensichtlich eine leichte Beute für die frühen Einwohner des Landes, die seit etwa 800 nach Chr. hier lebten und sich hauptsächlich vom Fischfang und der Moa-Jagd ernährten. Aus dem Balg der Moas fertigten sie ihre Kleidung, die Knochen der erlegten Tiere dienten ihnen als Werkzeuge – von Nadeln über Speerspitzen bis zu Angelhaken –, und selbst die teilweise riesigen Eier der Moas wurden als Wasserbehälter benutzt. Die spätere Bezeichnung Moa-Jäger-Kultur unterstreicht die Bedeutung der Moas im Leben der Eingeborenen. Wissenschaftler ziehen allerdings im Hinblick auf diese Epoche den Begriff »archaische ostpolynesische Kultur Neuseelands« vor, eine Vorstufe der ›klassischen‹ Maori-Kultur (17. und 18. Jahrhundert), deren Schwerpunkt im Unterschied zur Moa-Jäger-Zivilisation auf der Nordinsel lag.

Man schätzt die Zahl der um 1250 an der Ostküste der Südinsel lebenden Moa-Jäger auf 10000. Sie waren es, die wohl durch vorsätzlich gelegte Brände, die vermutlich hier und da ihrer Kontrolle entglitten sind, die großen Waldbestände der Canterbury Plains zerstört haben. Drei bis vier Millionen Hektar Wald wurden vernichtet, und an seine Stelle traten die baumlosen Tussock-Flächen, die die ersten europäischen Siedler vorfanden: Für eine Steinzeitkultur eine bemerkenswert einschneidende Landschaftsveränderung, die sich bitter rächen sollte: Die gewaltigen Brände hatten nicht nur viele Nester und Eier der Moas zerstört, sondern ihnen auch einen Teil ihrer Weidegründe geraubt. Dies und die intensive Jagd führten zum Aussterben der Moas. Gegen das ›Raubtier‹ Mensch hatten die archaisch

Felsbilder aus der Epoche der ›archaischen, ostpolynesischen Kultur Neuseelands‹

anmutenden Vögel keine Chance; über vierzig Moa-Arten wurden binnen weniger Jahrhunderte ausgerottet, und die letzten Moas haben höchstens bis zum Ende des 16. Jahrhunderts überlebt – wenn man so will, die erste vom Menschen ausgehende ökologische Katastrophe in einem Land, das von weiteren derartigen Fehlentwicklungen in der Frühzeit der europäischen Besiedlung nicht verschont bleiben sollte. Die Folgen der Eingriffe in die gewachsene Natur bekamen die Moa-Jäger selbst zu spüren. Mit der ständigen Verringerung der Nahrungsgrundlage verfiel allmählich diese frühe neolithische Kultur der Südinsel. Wie sich der Übergang zur ›klassischen‹ Maori-Kultur gestaltete, ist zur Zeit noch eine Frage, auf die die Völkerkundler mit einer Reihe Hypothesen reagieren, aber noch keine schlüssige Antwort geben können.

High country – Poesie einer konkreten Utopie

Canterbury – das sind nicht nur die ausgedehnten Plains entlang dem Pazifischen Ozean. Zu Canterbury gehört auch das Bergland, an dessen Fuß sich die Ebene gleichsam bricht, eine Gebirgsbarriere, die als stetes, in der Ferne aufragendes Pendant den Kontrast bewirkt, der allein dieser Region etwas landschaftlich Spektakuläres verleiht. Nur so wird die Monotonie der Ebene durchbrochen, die sich da an sich wenig aufregend ausbreitet, an den Flanken aber durch zwei gewaltige Naturerscheinungen begrenzt wird, in die sie als friedliches, ruhiges Mittelstück einer umfassenderen Landschaftsszenerie eingebettet ist: Die weite Fläche des Pazifiks im Osten und die schneebedeckte Hochgebirgskette der Südalpen im Westen.

Die Geschichte der europäischen Pioniere im voralpinen High country ist auch ein wenig die Geschichte der zu kurz Gekommenen. Die Ebene war binnen weniger Jahre an Farmer ›vergeben‹, die sich um ein Stück des fruchtbaren Bodens beworben hatten. Rasch hatte sich die Besiedlung bis zum Fuße der Berge ausgebreitet, und wer später nach Canterbury kam, mußte sich mit dem weniger attraktiven, gebirgigen Hinterland begnügen, um dort auf großem Areal eine Schaffarm zu betreiben. So entstanden die ›High country stations‹, die für die neuseeländische Südinsel so charakteristisch sind. Erstaunlich ist, daß sich diese Farmen im Hochland von Canterbury nicht nur eng mit den Anfängen der europäischen Landwirtschaft in Neuseeland verbinden, sondern daß ausgerechnet auch die Literaturgeschichte Neuseelands hier ihren Ausgang nimmt.

Einer der ›zu spät Gekommenen‹ war der vierundzwanzigjährige *Samuel Butler,* der im Jahre 1860 in Lyttelton neuseeländischen Boden betrat. Der junge Engländer war mit einem eher prosaischen Vorhaben in die ferne Kolonie im Südpazifik gekommen: Er wollte dort durch die Bewirtschaftung einer Farm sein Vermögen mehren, was ihm auch tatsächlich gelang; nach knapp vier Jahren, als er Neuseeland wieder verließ, hatte er sein Kapital verdoppelt.

Butler mußte rasch feststellen, daß Land nur noch im abgelegenen und vergleichsweise unwirtlichen High country zur Verfügung stand. Unverdrossen machte er sich auf, das gebirgige Terrain zwischen den Oberläufen der großen Flüsse auf brauchbares Farmland hin zu erforschen. Am Forest Creek, einem Nebenfluß des Rangitata, wurde er nach einigen Monaten fündig; von dort ritt er mehrmals nach Christchurch, um sich im Grundbuchregister als Eigentümer mehrerer ausgedehnter Parzellen eintragen zu lassen – einmal sogar in einem legendären Wettritt mit einem Konkurrenten, der ebenfalls seinen Anspruch auf einen Teil des Landes geltend machte, aber unterlag.

Am Fuße der bis zu 2500 Meter aufragenden Two Thumb Range baute Butler sein Farmhaus. Er nannte seine ›Station‹ ›Mesopotamia‹, ›Land zwischen den Flüssen‹ Forest Creek, Rangitata und Bush Stream. Seine Erfahrungen legte er in anschaulichen Berichten an seine Familie dar, die sie unter dem Titel ›A First Year in Canterbury‹ (1863) herausgab. In diesem Buch, das er selbst übrigens nicht schätzte, beschreibt Butler realistisch und lebendig das Leben und die Arbeit auf einer Pionier-›Station‹ im Hochland von Canterbury.

Literarische Berühmtheit erlangte Butler freilich nicht durch diese Veröffentlichung, sondern durch seinen satirischen Roman ›Erewhon‹, der 1872, acht Jahre nach seiner Rückkehr aus Neuseeland, erschienen ist. ›Erewhon‹ ist eine glänzende Satire auf das Viktorianische England, eine beißende Kritik an den Werten der zeitgenössischen Gesellschaft und eine geistreiche Parodie auf ihr Verhältnis zu Religion, Technik, Kriminalität und Geschäftstüchtigkeit.

Zwar siedelt Butler das Land und seine Bewohner in einem utopischen Erewhon – Erewhon ist das Anagramm von ›Nowhere‹ (Nirgendwo) – an, doch verweist die landschaftliche Szenerie unverkennbar auf Neuseeland. Erewhon, so berichtet der Erzähler, liege hinter einer zweiten gewaltigen Bergkette, hinter dem großen Zentralmassiv, das noch niemand überquert habe: »Was steckte wohl dahinter? Ah, wer hätte das zu sagen vermocht! Kein Mensch auf der ganzen Welt hatte auch nur die entfernteste Ahnung – außer denen, die selber auf der anderen Seite lebten – falls es dort überhaupt Menschen gab ...«

Geographisch würde man Erewhon in Westland ansiedeln, dem Land jenseits der Main Divide. Als Butler in Neuseeland lebte, war die West Coast noch Terra incognita; insofern bot sie sich als fiktiver Lebensraum der Erewhonier an. Mit dem wirklichen Westland aber hat

Erewhon außer seiner isolierten Lage keine Übereinstimmungen. Anders dagegen die Landschaftsschilderungen des Ostens im ersten Kapitel des Romans: Sie gehören zu den eindrucksvollsten und treffendsten Beschreibungen von Canterbury. Einfühlsam schildert Butler das High country um Mesopotamia:

»Die Landschaft war denkbar großartig. Wie oft habe ich am Berghang gesessen und über die hügligen Weiden hingeschaut (...). Jenseits der Hügellandschaft war eine Ebene, die sich zu einem gewaltigen Fluß hinuntersenkte, an dessen anderem Ufer sich wieder hohe Berge erhoben, die noch nicht ganz schneefrei waren; schaute man den Fluß hinauf, der sich in vielen Verzweigungen durch eine etwa drei Kilometer breite Talsohle wand, so erblickte man die zweite große Bergkette, mit einer engen Schlucht, aus welcher der Fluß hervortrat. Ich wußte, daß dahinter noch eine weitere Bergkette lag, die jedoch nicht zu sehen war, außer von einem bestimmten Punkt fast zuoberst auf meinem eigenen Berg; von dort aus sah ich jeweils, wenn der Himmel wolkenlos war, einen einzigen, verschneiten Gipfel (vermutlich Mount Cook, der Verf.) unendlich weit weg und wohl so hoch wie nur irgendein Berg der Welt. Nie werde ich die ungemeine Einsamkeit dieser Landschaft vergessen – nur das kleine Anwesen in der Ferne gab Kunde von Menschenwerk – das Unermeßliche von Berg und Hochebene, Fluß und Himmel; die wunderbaren Lichteffekte – manchmal schwarze Berge gegen weißen Himmel, manchmal, nach einem Kälteeinbruch, weiße Berge gegen schwarzen Himmel – zuweilen durch ein Gewoge von Wolken gesehen, und dann wieder, was am schönsten war, stieg ich im Nebel den Berg hinan, gelangte darüber hinaus und hatte, wenn ich noch höher hinaufgekommen war, ein Meer von weißer Watte unter mir, aus dem zahllose Bergkuppen wie Inseln herausragten.

Ich bin wieder dort, während ich dies schreibe; mir ist, als sähe ich die Berge, die Hütten, die Hochebene und das Flußbett vor mir – diese Einöde, wo das Wildwasser sich eingegraben hat, das man von ferne tosen hört. Oh, wunderbar, wunderbar, so einsam und feierlich, mit dem schwermütigen Gewölk über allem, und weit und breit nichts, was die Stille störte, außer am Berghang ein Lämmchen, das sich verlaufen hat und blökt, als breche ihm das kleine Herz entzwei.«

Landschaft und Stimmung des High country von Canterbury: Sie bilden nicht nur den äußeren Rahmen dieses großen satirischen Romans, sondern waren auch Teil der künstlerischen Inspiration, die ihn hervorgebracht hat. Ob ›Erewhon‹ ohne Butlers Neuseeland-Erfahrung jemals geschrieben worden wäre, ist eine müßige Spekulation; daß das Werk ohne diesen Hintergrund so nicht entstanden wäre, läßt sich mit Gewißheit sagen. Wer die einsame, gleichzeitig weite und enge Welt des High country kennt, wird das bestätigen, und wer die etwas mühevolle – allerdings durch organisierte Fahrten von Christchurch aus erleichterte – Anfahrt nach Mesopotamia nicht scheut, wird diesen ›literarischen Schauplatz‹ kaum verändert vorfinden.

Hügel, Schafe und Wildbäche – Impressionen aus der Pionierzeit im ›Hochland‹

Etwa zur selben Zeit wie Butler lebte *Lady Barker* als Frau eines Schaffarmers im bergigen Hinterland von Canterbury. Ihr Mann besaß dort am Selwyn River in der Nähe des Lake Coleridge eine viertausend Hektar große ›Station‹. Was sie dort sah und erlebte, hat Lady Barker in einer Reihe von Büchern sehr lebendig beschrieben. Zum Klassiker der frühen Kolonialzeit Neuseelands wurde ihr erstes Werk ›Station Life in New Zealand‹, das 1870 erschien, mehrere Auflagen erlebte und sogar ins Deutsche und Französische übersetzt wurde. Die unternehmungslustige Verfasserin schildert darin die neue Gesellschaft der jungen Kolonie aus der Sicht einer Aristokratin ohne Überheblichkeit und zugleich sehr plastisch und realistisch.

Das Buch besteht aus 25 an ihre Schwester gerichteten Briefen, in denen Lady Barker alle Aspekte des ›Station life‹ beschreibt. Die lebhafte, streckenweise geradezu spannende Darstellung ist noch heute lesenswert. Und das nicht nur für den historisch Interessierten, sondern auch, weil manches von dem, was sie schildert, auch heute noch auf eine Schaffarm im High country zutrifft: Vom Scheren der Schafe in Akkordarbeit über die Abgeschiedenheit des ›Station life‹ bis hin zu den Unbilden des Wetters, die den Farmern das Leben schwermachen können. Die Beschreibung des großen Schneesturms von 1867 und seiner verheerenden Folgen gehört zu den dramatischen Höhepunkten der Darstellung. Tausende von Schafen wurden damals allein auf ihrer Farm von den Schneemassen erdrückt oder von den reißenden Fluten der angeschwollenen Gebirgsbäche mit fortgerissen. Trotz dieser schlimmen Erfahrungen in einem rauhen, schwierigen Land sind Lady Barkers Schilderungen doch auch von einer tiefen Zuneigung zu den Bergen und Hügeln, Seen und Flüssen, der kargen Vegetation und dem weiten Himmel erfüllt, der sich über das High country wölbt.

Auch wenn Lady Barker wie Samuel Butler nur wenige Jahre in Neuseeland blieb, hat man sie doch mit einigem Recht als »erste führende Gestalt der neuseeländischen Literaturgeschichte« bezeichnen können. Der Abschied von dieser ›Neuen Welt‹ fiel ihr nicht leicht; die kontrastreiche Landschaft von Canterbury mit ihrem Relief von der Ebene über die ersten Hügel des High country bis zur hoch aufragenden Alpenkette hatte sich ihr tief eingeprägt. So klingt die folgende Strophe der ›Farewell Verses‹, die ihr berühmtes Buch beschließen, wie eine Liebeserklärung an die herbe Natur des Voralpenlandes:

> *Float out from the harbour and highland*
> *That hides all the region I know,*
> *Let me look a last time at the island*
> *Well seen from the sea to the snow.*
> *The lines of the ranges I follow,*
> *I travel the hills with my eyes,*
> *For I know where they make a deep hollow,*
> *A valley of grass and the rise*
> *Of streams clearer than glass.*

Der Hafen, von dem aus Lady Barker Neuseeland verließ, war **Port Lyttelton,** und das Highland, das den Blick auf die Plains und die Berge versperrte, waren die Port Hills, die den Hafen auf allen Seiten bis auf die schmale Einfahrt umgeben. Es sind schroffe Bergwände mit gezackten Spitzen, die bis zu fünfhundert Meter Höhe vom Meer aus aufragen: Krater-Ränder eines erloschenen Vulkans haben einen der besten Naturhäfen des Landes geschaffen.

So einladend dieser geschützte Hafen war, so hinderlich und geradezu abschreckend waren die steilen *Port Hills* für die frühen Kolonisten. Sie mußten sich auf einem Pfad die Hügel hinaufquälen, um von dem Paß (320 m) herab den ersten weiten Blick auf die Ebene von Canterbury genießen zu können. Ein überraschenderer landschaftlicher Kontrast als der zwischen dem engen, von Bergen eingekesselten Hafen-Rund und der ausgedehnten, durch keine Anhöhe, ja kaum durch einen Baum unterbrochenen ebenen Fläche auf der anderen Seite ist kaum denkbar.

Das verkehrsgeographische Hindernis der Port Hills führte dazu, daß sich Lyttelton in den ersten Jahren fast ebenso schnell entwickelte wie Christchurch. Erst eine kühne technische Tat sicherte den Aufschwung Christchurchs, der heute mit rund 320 000 Einwohnern drittgrößten Stadt Neuseelands, in der vier von zehn Bewohnern der Südinsel leben: Zwischen 1861 und 1867 wurde ein Eisenbahntunnel durch das harte Basaltgestein des vulkanischen Felsens zwischen Lyttelton und Christchurch gehauen – ein ehrgeiziges und kaum für möglich gehaltenes Projekt in einer Provinz, die damals gerade 15 000 Köpfe zählte. Erst 1964 wurde diese wichtige Verkehrsverbindung durch einen Straßentunnel ergänzt.

Die 782 ›Pilger‹ allerdings, die im Dezember 1850 mit den legendären ›First Four Ships‹ in Lyttelton ankamen, mußten noch die Strapazen einer Wanderung über die Hafenhügel auf sich nehmen. Die Bezeichnung ›Pilger‹ und der ehrfürchtige Respekt, der bei der Erwähnung der fast in eine mythisch-weihevolle Sphäre gerückten ›ersten vier Schiffe‹ mitschwingt, deuten es an: Christchurch sollte eine ganz besondere Siedlung in der neuen Kolonie werden. Unter den Auspizien der ›Church of England‹ gegründet, sollte eine anglikanische Gemeinschaft, in der Kirche und Gesellschaft in enger Partnerschaft stünden, ein Modell verwirklichen, das in der ›dekadenten‹ Alten Welt nicht erreichbar erschien. Der Name der neuen Stadt mochte programmatisch verstanden werden; tatsächlich hat er einen sehr prosaischen Ursprung. John Robert Godley, als Beauftragter der New Zealand Company der ›Vater von Canterbury‹, benannte die Siedlung nach dem College, an dem er einst studiert hatte.

Nach Wakefield, dem Direktor der Company, sollten die Canterbury-Pioniere »nicht nur eine nette, sondern auserwählte Gesellschaft englischer Menschen sein«. Und diese ›englischen Menschen‹ sollten so unkolonial wie möglich sein, statt dessen so nahe am englischen Mutterland, wie es die Verhältnisse erlaubten. Geplant war eine Art Hauptstadt des ›Britanniens des Südens‹, eine durch und durch englische Stadt, die die guten Seiten englischer Zivilisation und Tradition nachahmen und die negativen Entwicklungen nach Möglichkeit vermeiden sollte – eine Vision, die sich nur sehr bedingt erfüllte. Obwohl sich Godley in seiner Abschiedsrede im Jahre 1852 sehr zuversichtlich gab, »daß wir hier einen Ableger der Church of England erfolgreich gepflanzt haben«, stellte sich schnell heraus, daß die anglikanisch-religiöse Ausrichtung der neuen Siedlung immer mehr an Kraft verlor und binnen weniger Jahre stillschweigend aufgegeben wurde.

Englischer als England? –
Christchurch, die Metropole des Südens

Nicht so freilich das betont englische Image von **Christchurch,** das sich jahrzehntelang großer Beliebtheit erfreute. Es half den Slogan von ›der englischsten Stadt Neusee-

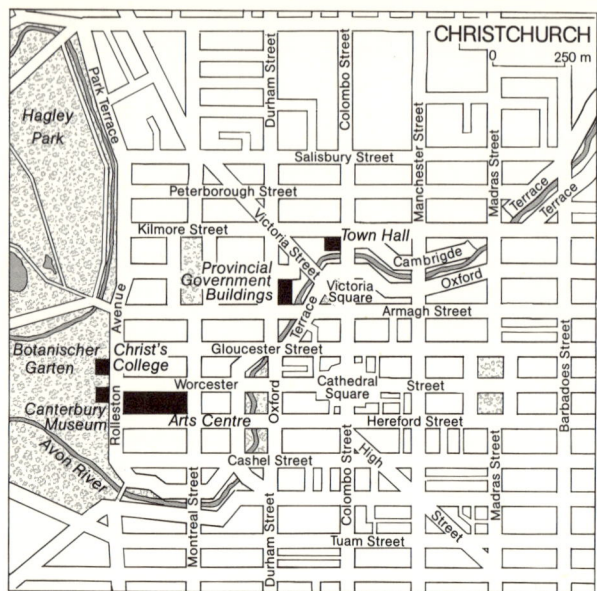

lands‹ prägen, ja warf hier und da die Frage auf, ob Christchurch gar ›englischer als England‹ sei.

In solchen Charakteristiken steckt ohnehin oft Klischee-
haftes. Selbst wenn man davon absieht, ist es eigentlich
nur das ›historische‹ Zentrum um die aus weißem und
grauem Stein gemauerte *Kathedrale,* das dieses englische
Erscheinungsbild ausmacht. Der *Cathedral Square,* der vor
einigen Jahren für den Verkehr weitgehend gesperrt wurde,
ist das Herz der Stadt. Diese lebhafte, freundliche Fußgän-
gerzone zu Füßen der neugotischen Hauptkirche, mit Bäumen und Blumenkübeln, Obst- und Blumenständen lädt
zum Flanieren ein. Eine *Speaker's Corner* zieht wie ihr
Vorbild im Londoner Hyde Park Menschentrauben an,
sobald ein stadtbekanntes Original dort auftritt. In der
Nähe der Kathedrale liegen weitere Gebäude, die in den
ersten Jahrzehnten der Stadt im neugotischen Stil entstanden sind und jene Würde und Gediegenheit ausstrahlen,

die so spezifisch englisch sind: Die einstigen Bauten der University of Canterbury, die heute als *Arts Centre* mit Galerien, Theater, Kino und Kunstgewerbe-Läden genutzt werden, das *Christ's College,* dessen Traditionalismus nicht zuletzt in den schwarzen Schuluniform-Anzügen seiner Zöglinge zum Ausdruck kommt, und vor allem die *Provincial Government Buildings* aus der ersten Hälfte der sechziger Jahre des 19. Jahrhunderts. Hier war früher die Provinzregierung von Canterbury untergebracht, bis sie 1876 im Zuge der Auflösung aller Provinzen abgeschafft wurde. Der repräsentativste Teil dieses Architektur-Komplexes aus Stein- und Holzbauten ist das *Provincial Council Chamber.* Die bemalte Decke spannt sich als Tonnengewölbe über den Versammlungsraum, dessen helle Wände durch mannigfache Bögen, Strebpfeiler und Scheinarkaden gegliedert sind: Im ganzen ein würdevoller Raum, in dem die warmen Farben von Mobiliar sowie Wand-, Decken- und Fensterdekor ein vornehmes Gegengewicht zur Nüchternheit der Steinarchitektur bilden.

Der zweite Mittelpunkt der Innenstadt neben dem Cathedral Square ist der *Victoria-Platz,* dem das marmorne Standbild der Königin, eine von vielen Statuen bedeutender Persönlichkeiten in Christchurch, gleichsam präsidiert. Ihm gegenüber steht die 1972 eröffnete *Town Hall,* ein moderner Mehrzweckbau, dessen großes Auditorium rund zweieinhalbtausend Zuschauern Platz bietet.

Einen wesentlichen Teil ihres Charmes verdankt die Stadt indes dem Avon River, der sich durch Vororte und Zentrum schlängelt. Seine grünen Uferstreifen mit Eichen und über dem Wasser hängenden Weiden, Blumenbeeten und Rasenanlagen, die den sanft dahinfließenden Fluß säumen, wirken im hektischen Verkehr der City wie eine friedliche Oase. Rings um eine große Schleife des Flusses erstreckt sich der *Hagley Park,* die zweihundert Hektar große grüne Lunge der Stadt, die Spaziergängern und Sportlern aller Art reichlich Erholungsmöglichkeiten bietet. Die auf dem Gelände des Parks liegenden *Botanic Gardens* gehören zu den schönsten und vielseitigsten des Landes. Eine Reihe

weiterer Parks lockert das Stadtbild auf und bringt Abwechslung in das monotone Schachbrettmuster der Straßen
und Häuserblocks. Dies und die gepflegten Gärten der
Wohnviertel, die sich im Süden bis zu den Port Hills hinauf-
ziehen, haben Christchurch den Beinamen Garden City
eingetragen – ähnlich wie die Bezeichnung ›englischste
Stadt Neuseelands‹ ein schablonenhaftes Etikett, wenn
auch ein etwas treffenderes.

Einen Besuch lohnt das *Canterbury Museum,* dessen
erster Direktor der deutschstämmige Geologe Julius von
Haast war. Haasts Theorien zu den Moas waren zwar
ausgesprochen falsch und verhinderten jahrzehntelang
richtige Schlußfolgerungen; gleichwohl legte er den Grund-
stock zu den beachtlichen Sammlungen des Museums zur
Moa-Jäger-Kultur. Ein weiterer Schwerpunkt ist die Ant-
arktis-Abteilung, deren Exponate einige Südpol-Expeditio-
nen des 20. Jahrhunderts anschaulich in Erinnerung rufen.
Daß diese Ausstellung in Christchurch beheimatet ist, ist
nur folgerichtig: Die Stadt war und ist Ausgangspunkt
zahlreicher Forschungsreisen in die viertausend Kilometer
entfernte Eiswüste um den Südpol. Von Christchurch aus
starten heutzutage die meisten Versorgungsflüge nach
McMurdo, der wichtigsten amerikanischen Basis in der
Antarktis. Lyttelton war vor Dunedin auch der letzte Hafen, an dem die ›Terra Nova‹ anlegte, die einen der berühmtesten Polar-Forscher zu seiner letzten, fatalen Südpol-
Expedition brachte: Kapitän R.F. Scott. Ihm zu Ehren
wurde in der City eine Statue errichtet, die von den besonderen Beziehungen zwischen Christchurch und dem gefro-
renen Kontinent zeugt.

Akaroa – Französisches Flair
im Umkreis einer englischen Stadt

Der landschaftlich eindrucksvollste Ausflug in die nähere
Umgebung von Christchurch ist eine Fahrt auf der *Summit
Road.* Sie eröffnet von den Höhen der Port Hills hinab
prächtige Blicke auf das ausgedehnte Weichbild der Stadt

vor dem Hintergrund der weiten Ebene und der hoch aufragenden Alpenkette. Im Nordosten bildet das Meer die Grenze; die hellen, langen Sandstrände zu beiden Seiten von New Brighton ragen als schmale Landzunge in die Gezeitenlagune hinein, die durch die Hafen-Hügel von Lyttelton getrennt ist. Nach Süden zu blickt man auf den tief unten liegenden, buchtenreichen Meeresarm des Lyttelton Harbour; und schließlich kommt die glitzernde Fläche des sehr flachen Lake Ellesmere in Sicht, der durch das langgestreckte Kaitorete Spit vom Pazifik getrennt wird.

Als Halbinsel von fast runder Gestalt, in deren Küste zahllose Buchten wie Speichen eines Rades einschneiden, ist die schwachbesiedelte **Banks Peninsula** der Metropole der Südinsel vorgelagert. Mit ihren hohen Hügeln, die die Höhe europäischer Mittelgebirge erreichen, wirkt sie gegenüber der Canterbury-Ebene wie ein geologischer Fremdkörper, der sich so gar nicht in das Landschaftsbild einpassen will. In der Tat ist das Felsgestein der steilen Abhänge vulkanischen Ursprungs. Ähnlich wie Lyttelton Harbour ist auch Akaroa Harbour, der als langer Meeresarm bis in die Mitte der Halbinsel vordringt, ein einstiger Vulkankrater. Ihren Namen hat die Peninsula von Joseph Banks, einem Naturwissenschaftler, der Cook auf seiner ersten Reise begleitete; in Cooks Logbuch ist sie noch als Bank's Island verzeichnet. Neben Stewart Island, das Cook umgekehrt als Halbinsel aufnahm, ist das der einzige gravierende Fehler auf der ansonsten hervorragenden Neuseeland-Karte, die der große Seefahrer bei der Umseglung der beiden Inseln angefertigt hat.

In den kleinen Orten der Banks-Halbinsel leben überwiegend Farmer, deren Schafherden die Abhänge der steilen Hügel beweiden. Im Sommer locken einige schöne, geschützte Strände Besucher aus dem nahen Christchurch auf die Peninsula. Der malerisch an einer kleinen Bucht des großen Meeresarmes gelegene Ort **Akaroa** ist ein beliebtes Ziel auch von Tagesausflüglern. Er wurde schon 1840, also ein Jahrzehnt vor Christchurch, als französische Walfängerbasis gegründet. Die einzige französische Kolonie des Landes zu sein, hat diesem kleinen Flecken eine etwas ungerechtfertigte Publizität eingetragen. Denn die französische Atmosphäre, die Akaroa angeblich noch immer ausstrahlt, besteht aus nicht viel mehr als ein paar französischen Restaurant- und Hotelnamen sowie der Ersetzung von ›street‹ durch ›rue‹ auf einigen Straßenschildern. Auch die liebevolle Restaurierung eines aus zwei Räumen bestehenden Häuschens aus der französischen Zeit Akaroas kann nicht darüber hinwegtäuschen, daß die alten ›Cottages‹ in der Nähe des Ortskerns Akaroa eher als ein Dorf aus spätviktorianischer Zeit erscheinen lassen. Offensichtlich pflegt man äußerlich das französische Image aus Gründen der Werbewirksamkeit, während sich Akaroa bei genauem Hinsehen eigentlich nur als netter, aber wenig spektakulärer Urlaubsort mit zahlreichen Ferienhäusern präsentiert.

White Stone City und Riesenfindlinge –
Steinerne Besonderheiten im grünen Nord-Otago

Die Konzeption Canterburys als Klein-England im Südpazifik wirkt wie die englische Antwort auf ein Konkurrenzunternehmen, das zwei Jahre früher in der weiter südlich gelegenen Region Otago begonnen hatte: Dort sollte nach dem Willen der Gründungsväter ein neues Schottland entstehen. Hier wie da war der Einfluß der Kirche stark; in Otago war es die Free Church of Scotland, die in der entfernten Kolonie eine auf geradezu calvinistische Wertvorstellungen wie Frömmigkeit, Aufrichtigkeit und Fleiß verpflichtete Gesellschaft aufbauen wollte. Man dachte an eine Gemeinschaft schottischer Bauern, deren Hauptstadt Dunedin den alten Namen von Edinburgh trug.

Auch wenn das schottische Flair Otagos weitgehend verflogen ist, erinnert ein Teil der Landschaft an die Heimat der frühen Siedler: die grünen Küstenstreifen von Otago und Southland, die von Schafen und Rindern überzogenen, manchmal in milchige Nebel getauchten Hügel an den Gestaden des Pazifiks haben es den Pionieren des Südostens sicher erleichtert, sich hier rasch heimisch zu fühlen.

Die Grenze zwischen Canterbury und Otago bildet der breite Waitaki River. In seinem Deltagebiet wird die Küstenebene noch einmal weiter, nachdem sie sich hinter Timaru, dem ›Endpunkt‹ der Canterbury Plains, verengt hat. Bald danach beginnt das sanfte Hügelland von North Otago, dessen grüne Wellen unmittelbar auf die blauen des

Stillen Ozeans treffen oder an einigen Stellen auf schöne, ruhige Sandstrände auslaufen.

Die nördlichste, mit rund 14000 Einwohnern zweitgrößte Stadt Otagos ist **Oamaru.** Wegen des Kalksteins, der in der Nähe gebrochen wird, wird sie auch ›White Stone City‹ genannt. Obwohl flächen- und einwohnermäßig größer als andere ländliche Zentren, kann Oamaru von der Anlage her noch als typische ›Kiwitown‹ gelten: Hauptachse und Geschäftszentrum ist die breite, durch einen kombinierten Grün- und Parkstreifen unterteilte Durchgangsstraße. An ihr liegen Geschäfte, Hotels, Verwaltungsgebäude und Banken. Die über die Bürgersteige vorgebauten Schutzdächer sind praktisch, aber nicht immer schön anzusehen. Lediglich einige größere repräsentative Bauten unterbrechen diese charakteristischen Fronten. Dabei nehmen sich die aus hellem Oamaru-Stein errichteten klassizistischen Fassaden zweier Banken und des Gerichts mit ihren korinthischen Säulen und den steinernen Verzierungen des Gebälks recht merkwürdig in diesem provinziellen Ambiente aus – Extravaganzen in einer sonst ganz auf Funktionalität ausgerichteten Versorgungsstadt des ländlichen Umfeldes.

Der Charme solcher Städtchen wie Oamaru liegt in jener Mischung aus Antiquiertheit und Provinzialismus, die sich etwa in den Schaufensterauslagen mancher Geschäfte spiegelt und für einen Moment das Gefühl aufkommen läßt, als wehe hier noch ein Hauch der ›heilen‹ Viktorianischen Zeit. Schaut man sich das betriebsame Herz einer solchen Service-Stadt und ihre ›Benutzer‹ jedoch genauer an, so tritt neben den Eindruck vordergründiger Geschäftigkeit noch ein zweiter, nur scheinbar widersprüchlicher: der einer gewissen Geborgenheit, die ›Kiwitown‹ ihren Einwohnern und Besuchern vermittelt.

Der südlich von Oamaru gelegene kleine Fischerort Moeraki weist eine geologische Besonderheit auf: Auf dem Strand liegen, zum Teil im Sand eingegraben und bei Flut von den Wellen des Meeres umspült, kreisrunde Findlingsblöcke, die sogenannten **Moeraki boulders.** Mehrere Tonnen schwer und mit einem Durchmesser bis zu vier Metern muten sie wie gigantische Spielzeuge von Riesen an, deren mit gelblichen Kalkkristallen ausgefüllte Risse die grauen Kugeln wie echte Bälle erscheinen lassen. Entstanden sind diese ungewöhnlichen Formationen vor rund sechzig Millionen Jahren auf dem Meeresboden, wo sich um einen Kern herum Kalkablagerungen bildeten. Die Maori-Mythologie berichtet freilich viel anschaulicher von der Entstehung der Boulders: Ihr zufolge sind es versteinerte Nahrungskörbe und Kumara-Töpfe, die beim Schiffbruch des legendären Araiteuru-Kanus an der nahegelegenen Steilküste über Bord fielen und am Strand von Moeraki angeschwemmt wurden.

Dunedin – Eine ›schottische‹ Stadt mit gediegener Atmosphäre

Im grünen Küstenstreifen Otagos liegt auch **Dunedin,** die Kapitale der Region und mit rund 120000 Einwohnern die zweitgrößte Stadt der Südinsel. Das ›neuseeländische Edinburgh‹ rühmt sich seiner schönen Lage: Zwischen Meer und Hügeln eingezwängt, schmiegt es sich um den südlichen Teil des Otago Harbour, eines langgestreckten, fast schlauchförmigen Meeresarmes, der den einzigen guten Naturhafen Otagos bildet. Vom *Signal Hill* herab genießt man das beste Panorama auf das abwechslungsreiche Weichbild der Stadt mit seiner natürlichen Gliederung durch die enge, blaue ›End‹-Bucht des Harbour und die hinter dem schmalen Zugang zur Otago-Halbinsel sich erstreckende silbrig schimmernde Fläche des offenen Meeres sowie die steilen Anhöhen. Diese stellten zunächst ähnlich wie in Wellington erhebliche Barrieren für die weitere Ausdehnung der jungen Stadt dar; ›gezähmt‹ wurden sie durch die Einrichtung von Cable cars, die den berühmten Vorbildern von San Francisco nachgebaut wurden und bis Ende der fünfziger Jahre in Betrieb waren. Eine der Strecken hatte immerhin eine Steigung von fünfundzwanzig Prozent.

Das Herz der Stadt ist das *Octagon,* eine achteckige kleine Parkanlage, durch die allerdings ein Großteil des Verkehrs von Dunedin brandet. Auch die *Princes Street* durchschneidet dieses belebte Zentrum. Als Haupteinkaufsstraße und zentrale Achse der 1848 gegründeten Stadt ist sie nach ihrem ›Gegenstück‹ im schottischen Edinburgh benannt. Beherrscht wird das Octagon durch die *St. Paul's Cathedral,* das aus Oamaru-Stein gebaute architektonische Wahrzeichen des Zentrums, das sich über einer hohen Treppenflucht erhebt.

Dunedin besitzt eine Reihe weiterer repräsentativer Bauten: angefangen von der ebenfalls aus Oamaru-Stein errichteten, älteren *First Church* über den Hauptbahnhof aus dem Jahre 1904, dessen für eine Provinzstadt fast üppige Ausstattung den – mittlerweile enttäuschten – Glauben an eine große Zukunft der neuseeländischen Eisenbahnen widerspiegelt, bis zu Einrichtungen des höheren Bildungswesens mit ihrem gediegen-vornehmen Äußeren wie der *Otago's Boys' High School* und vor allem dem alten Universitätsgebäude. Dessen schöner Uhrenturm und die Lage auf einem Rasen-Campus an den Ufern des Leith Stream tragen wesentlich zu der stimmungsvoll-beschaulichen Atmosphäre bei, die von dieser ältesten und noch immer hoch angesehenen Universität Neuseelands ausgeht. Allerdings mußte auch die *University of Otago* der stürmischen Entwicklung auf dem Bildungssektor Tribut zollen: Die mo-

Zu den Farbtafeln

25   Post Office in Ponsonby, Auckland

26   Typische Holzhäuser an der Constable Street in Newton-Wellington

27   Moderne Hochhäuser im Zentrum von Wellington

dernen Betonbauten der letzten Jahrzehnte beeinträchtigen die Wärme und Ausstrahlungskraft des älteren Teils. Ein architektonisches Juwel besonderer Art ist schließlich das zu Anfang des Jahrhunderts erbaute ›Patrizier‹-Haus *Olveston*. Die Besichtigung dieses Herrensitzes mit kostbarem Interieur vermittelt einen Eindruck vom Leben der wohlhabenden Oberschicht Dunedins, die sehr auf europäische, vor allem auf englische Wohnkultur fixiert war.

Auch wenn das vollmundige Etikett ›Viktorianischste Stadt der Welt‹ mit der Realität wenig zu tun hat und sich die einstige schottische Atmosphäre weitgehend in Vordergründigem erschöpft, so gehört Dunedin doch zu den Städten Neuseelands, die eine ausgeprägtere Individualität besitzen. Es ist nicht leicht, dieses spezifische Ambiente, das sich mehr dem Gefühl mitteilt, in Worte zu fassen. Am ehesten läßt es sich mit Begriffen wie Solidität, Gediegenheit und Offenheit beschreiben. Obwohl Dunedins Funktion als Hauptstadt für das weite ländliche Um- und Hinterland überall zu spüren ist, haftet der Stadt nicht jener Hauch von Provinzialität an, wie er in diesem Umfeld und unter neuseeländischen Bedingungen zu erwarten wäre.

Ein wichtiger Grund dafür ist in der Vergangenheit zu suchen. Zur Blütezeit der ›Otago goldfields‹ war Dunedin das führende Wirtschafts- und Finanzzentrum des ganzen Landes. Nachdem Anfang der sechziger Jahre des 19. Jahrhunderts der Goldrausch im Südosten der Insel eingesetzt hatte, nahm Dunedin als Kapitale der damals auch einwohnermäßig an der Spitze liegenden Provinz eine stürmische Entwicklung. Der Wohlstand der Stadt gründete sich auf das Clutha-Gold, das gleichsam in reichen Strömen vom Landesinneren an die Küste floß und der geschäftstüchtigen Hafenstadt ein dauerhaftes ökonomisches Fundament sicherte.

Daß Dunedin auch nach dem Abklingen des Goldfiebers eine wohlhabende Stadt blieb, erklärt sich nicht nur mit dem Gewerbefleiß und der sprichwörtlichen schottischen Sparsamkeit der zweiten Siedlergeneration, sondern auch mit einer für die gesamte Kolonie segensreichen technischen ›Revolution‹, die in Dunedin, genauer gesagt in **Port Chalmers** ihren Ausgang nahm. Von dem hübschen Hafenort einige Kilometer weiter nördlich stach im Februar 1882 der Dampfer ›Dunedin‹ mit einer besonderen Ladung in See: An Bord waren 130 Tonnen Gefrierfleisch, das 98 Tage später in gutem Zustand in London ankam und auf dem englischen Markt hohe Preise erzielte. Die Erfindung des Kühlschiffes war für Neuseeland von größter wirtschaftlicher Bedeutung, weil sie eine einträgliche Möglichkeit eröffnete, die hohen Überschüsse an Lammfleisch, Butter und Käse im Mutterland abzusetzen und die eigenen landwirtschaftlichen Kapazitäten erheblich auszuweiten. Wenn Canterbury-Lamm in England seit dem Ende des 19. Jahrhunderts zu einer begehrten Fleischspezialität wurde, so nur deshalb, weil die erfolgreiche Fahrt der ›Dunedin‹ diese neue Epoche eingeleitet hatte. Und natürlich zogen auch die Farmer und Exporteure in Otago und Southland ihren Nutzen aus dieser Entwicklung. Die großen Containerschiffe, die an der langen Sand-Nehrung des Otago Harbour vorbei Port Chalmers anlaufen, können heute ein Vielfaches an Ladung aufnehmen.

Albatrosse, Pinguine und Robben –
Die großartige Otago-Halbinsel

Eine lange, schmale Halbinsel trennt den Otago Harbour vom offenen Meer: die vielgesichtige Otago Peninsula, die auf engem Raum viel Sehenswertes birgt. Sie ist gewissermaßen die geschichtliche Keimzelle Otagos; hier siedelten die ersten Bewohner des Landes, deren Spuren sich in einer Reihe von Fundorten erhalten haben, die über die ganze Halbinsel verstreut sind. Interessante Exponate aus der Moa-Jäger- und der späteren ›klassischen‹ Maori-Kultur aus dem Otago-Gebiet, darunter auch der Peninsula, beherbergt das *Otago Museum* in Dunedin. Die ersten Europäer kamen im frühen 19. Jahrhundert auf die Halbinsel; vor allem die Robbenjäger- und Walfänger-Basen an der Küste sorgten dafür, daß die Landzunge nördlich von Du-

nedin zu einem der führenden ›Zentren‹ europäischer Besiedlung in Neuseeland aufstieg. Den Robbenjägern und
Walfängern folgten die Farmer. Die langen Trockenstein-
Mauern, die sich heute noch über die hüglige Landschaft
der Peninsula ziehen, erinnern an die schottischen Pioniere,
die sie vor mehr als hundert Jahren aufgeschichtet haben.
Der Goldrausch im Landesinneren förderte auch die Landwirtschaft auf der Halbinsel; um Absatzmärkte brauchten
sich die Farmer nicht zu sorgen. Ein Denkmal der Prosperität jener Zeit ist das wenig geschmackvolle *Larnach Castle,*
das freilich in den Augen der Neuseeländer zu den Attraktionen der Otago Peninsula gehört. Der Bankier W. J. M.
Larnach, der einige Jahre zuvor während des Goldrausches
als Direktor der Bank of Otago nach Dunedin gekommen
war, hatte sich das aufwendig-repräsentative ›Schloß‹ 1871
erbauen lassen.

Erheblich reizvoller als dieser zweifelhafte architektonische Stolz der Halbinsel ist ihre landschaftliche Schönheit.
Viel trägt der Kontrast zwischen dem friedlichen, von Schafen übersäten, grünen Hügelland und der herben, unwegsamen Pazifik-Küste dazu bei: Zum offenen Meer hin eine
wilde, zerklüftete Küste mit steilen Felswänden von bis
zu zweihundert Metern Höhe, die nur ab und zu von
Sandstränden gezähmt wird, zum Otago Harbour hin dagegen eine sanftere, geschützte Küstenlinie mit zahlreichen
Buchten, bunten Ferienhäusern und kleinen Ortschaften.
Durch diese manchmal fast mediterran-pittoresk anmutende landschaftliche Szenerie schlängelt sich die Küstenstraße, stets mit dem Blick auf den Meeresarm, die kleinen
Inseln fast genau in seiner Mitte und die gegenüberliegende
Küste, während im Süden je nach Fahrtrichtung das Häusermeer von Dunedin immer mehr verschwindet oder nä-
herrückt. Noch dramatischere Panoramen vermittelt die
Highcliff Road, die zwischen Portobello und Dunedin
landeinwärts verläuft: Von der Höhe herab überblickt man
die grünen Weiden der Halbinsel, die zu beiden Seiten
in die blaue Meeresfläche münden; eine eindrucksvolle
›Grat‹-Strecke, die die prachtvolle Vielfalt dieser Gegend

deutlich werden läßt, in der sich Natur- und Kulturlandschaft zu einer geglückten Symbiose verbunden haben.

Dieses dichte Nebeneinander von Natur und Kultur, das für die Otago Peninsula insgesamt so charakteristisch ist, wird auf überraschende Weise an ihrem nördlichsten Punkt besonders augenfällig. **Taiaroa Head,** das wellenumtoste Vorgebirge an der Spitze des Otago Harbour, krönte einst ein palisadenbewehrtes Maori-Pa. In einer nationalistisch-hysterisch aufgepeitschten Spannungssituation zwischen Rußland und England, in der man eine Expansion des Zarenreiches (!) befürchtete, wurde es 1884 zur Festung mit unterirdischen Gängen und Magazinen ausgebaut. Heute ist es von rund zwei Dutzend äußerst exotischer Gäste bewohnt, die sich sonst nicht so dicht an menschliche Siedlungen heranwagen: von *Königsalbatrossen.* Das erste Paar dieser größten Seevögel, deren Flügelspannweite drei Meter betragen kann, ließ sich hier im Jahre 1920 nieder. Vor einigen Jahrzehnten wurde das Gelände abgesperrt und der Zugang zur Brutkolonie kontrolliert; seitdem ist die Zahl der seltenen Gäste allmählich, aber kontinuierlich angestiegen.

Von einem verdeckten Beobachtungsstand aus können Besucher das aufreibende Geschäft der Brut und der Aufzucht der Albatros-Küken mit dem Fernglas beobachten. Der Brutzyklus dauert von der Ankunft der paarungsbereiten Eltern im September bis zum Flüggewerden der Küken im August oder September des folgenden Jahres. Dazwischen liegen eine elfwöchige Brutzeit und die mehrere Monate dauernde Aufzucht des Kükens, die für die Eltern äußerst strapaziös ist: Einige Wochen vor dem Flüggewerden hat das träge im hohen Gras liegende Küken mit zwölf Kilogramm fast das doppelte Körpergewicht der erwachsenen Albatrosse erreicht. Erst wenn sie wieder kräftig ›abgespeckt‹ haben, starten die jungen Albatrosse zu ihrem ersten Flugversuch – ebenso ungelenk und tolpatschig wie ihre Eltern, um dann indes ebenso elegant und ausdauernd wie jene durch die Lüfte zu schweben. Wegen der anstrengenden Fütterung legen die Königsalbatrosse nur ein einzi-

ges Ei und sind im Jahr darauf ›brutfrei‹. Erst im übernäch-
sten Jahr kehren sie und zum Teil auch die hier zur Welt
gekommenen Jungtiere nach Taiaroa zurück in eine Brutkolonie, in der immerhin schon über 150 Albatrosse aufge-
zogen worden sind – und das beinahe in Sichtweite der
Großstadt Dunedin.

Neben der kleinen Kolonie der Königsalbatrosse bevölkern andere Seevögelarten die Otago Peninsula. In den
Klippen der Pazifik-Küste nisten Hunderte von Kormoranen; zwei dieser belebten, lärmenden und übel riechen-
den Felswände gehören direkt zu Taiaroa Head. Etwas
weiter entfernt kann man ein weiteres faszinierendes Naturschauspiel erleben: Hinter der **Penguin Bay,** einer von
Felsen umschlossenen kleinen Bucht, erhebt sich ein steiler,
von wenigen Büschen bewachsener sandiger Abhang. Von
ihm rutschen morgens einige Dutzend *Pinguine* hinab, um
den Tag über im Meer zu jagen und am späten Nachmittag
wieder an Land zu watscheln und den überaus mühevollen
Aufstieg zu ihren Nestern in Angriff zu nehmen. Dieses
eindrucksvolle Spektakel des ebenso kraftvoll wie unbehol-
fen wirkenden Landgangs der Pinguine aus der Ferne zu
verfolgen, gehört sicher zu den Höhepunkten eines Besuches auf der Otago Peninsula. Die *Robbenkolonien,* auf
die man dort außerdem an einigen Stellen stößt, erscheinen
dagegen kaum noch als Besonderheit – ein nicht ganz
zutreffender Eindruck, wenn man bedenkt, daß diese Tiere
im letzten Jahrhundert gnadenlos gejagt und beinahe ausgerottet worden sind. Aber immerhin ein beruhigendes
Indiz dafür, daß sich mittlerweile ein recht stabiles Gleichgewicht zwischen Natur und Zivilisation auf der abwechslungsreichen Otago-Halbinsel eingependelt hat.

Weiter Himmel über goldenem Tussock-Teppich –
Die herbe Schönheit Central Otagos

Ganz anders als der grüne Küstenstreifen präsentiert sich
das Hinterland der Provinz. Central Otago: Das steht weithin für ödes, trockenes Land, von goldgelben bis braunen

Tussock-Flächen überzogen, auf den ersten Blick oft unwirtlich anmutend; eine abgelegene, menschenleere Einöde zwischen den großen Seen im Westen, die genaugenommen noch dazugehören, und dem feuchteren, einladenderen Gestade des Pazifiks im Osten. Eine wesentliche Ursache für diesen ausgeprägten Gegensatz zwischen der Küste und dem Hinterland liegt in den klimatischen Verhältnissen. Zentralotago hat, soweit man bei den schmalen neuseeländischen Inseln überhaupt davon sprechen kann, ein kontinentales Klima. Nirgendwo im Lande sind die Temperaturunterschiede so ausgeprägt wie hier: Trockene, heiße Sommer und kalte Winter mit strengem Frost sind die klimatischen Eckwerte dieser Landschaft; dazu kommt eine geringe Niederschlagsmenge, die sich lähmend auf die Vegetation auswirkt und für das braune, verdorrte Antlitz der Region mitverantwortlich ist.

Gleichwohl hat auch diese Landschaft ihren eigentümlichen Reiz, ihre besondere Poesie, die sich aus der Intensität weniger Farbkontraste, einer gewissermaßen asketischen Strenge ihres Erscheinungsbildes und nicht zuletzt ihrer Ruhe ausstrahlenden Einsamkeit speist. Eine beeindruckende Route, auf der sich dem Besucher diese Eigenart anschaulich mitteilt, ist die Lindis Pass Road, der Highway 8 zwischen Omarama und Cromwell, dessen höchster Punkt der knapp tausend Meter hohe **Lindis-Paß** ist. Von dort aus genießt man einen herrlichen Ausblick auf die Hügel und Bergketten ringsum. Dicke Büschel von Tussock-Gras leuchten golden im Sonnenlicht und lassen, als endloser Teppich über Berg und Tal hingebreitet, die Landschaft sanfter und weicher erscheinen, als es die Monotonie der Dürre vermuten läßt. Dieses weite, fast unbesiedelte bräunliche Tussock-Land, durch das sich die Straße wie eine schmale, leicht verwundbare Bresche der Zivilisation windet, hat nichts Bedrohliches, Abschreckendes an sich. Nur wo sich die Flüsse enge Schluchten durch den Fels gegraben haben und sich schäumend durch unwirtliche, von steilen Abhängen flankierte Steinwüsten ergießen, wirkt das Land abweisend, ja geradezu feindlich. Nicht so indes im Gebiet des Lindis-Passes: Ab und zu stößt man dort auf riesige Schafherden, die sich über mehrere Hügel verteilt haben und in der bräunlichen Umgebung erst bei näherem Hinsehen zu erkennen sind. Sie beleben das Bild, lassen die Umgebung friedlicher, undramatischer erscheinen.

Über dem Goldbraun des Tussock-Teppichs wölbt sich ein stahlblauer Himmel, der mitunter durch langgezogene, schön geformte einzelne Wolken aufgelockert wird: Eine Farbkomposition, die die Weite des Raumes geradezu plastisch unterstreicht und an den ›Big sky‹ in den Landschaften des amerikanischen Westens erinnert. In den kälteren Monaten des Jahres erfährt das gerade in seiner Beschränkung auf drei Grundtöne so eindrucksvolle Bild der natürlichen Farbkontraste eine weitere Bereicherung. Dann bedecken dicke, glitzernde Schneehauben die Bergspitzen, während die tiefer gelegenen Tussock-Flächen nur leicht mit Schnee überzuckert sind – an klaren, sonnigen Wintertagen, die die herbe Schönheit dieser Landschaft zur vollen Entfaltung bringen, ein hinreißender Anblick.

Kaninchen und Goldrausch –
Die Verödung einer Landschaft

Die ausgesprochenen Ödlandgebiete und stark erosionsgeschädigten Flächen Zentralotagos, die man bisweilen passiert, gehen weniger auf die natürlichen klimatischen Bedingungen als auf direkte beziehungsweise indirekte Einwirkungen von Menschenhand zurück. »Die Einführung und Verbreitung von Kaninchen«, so urteilt ein neuseeländischer Biologe, »stellt eines der entmutigendsten Kapitel in der Geschichte der Südinsel dar«. In der Tat gehört Otago zu den Gebieten des Landes, die am meisten von der Kaninchenplage heimgesucht worden sind.

Die Aussetzung einiger Tiere in Southland am Anfang der siebziger Jahre des 19. Jahrhunderts war einer der schwersten und folgenreichsten Eingriffe des Menschen in das ökologische Gleichgewicht des Landes. Zu diesem katastrophalen Schritt führte vermutlich vor allem der Wunsch, sich eine bequeme Frischfleischquelle zu sichern. Zunächst praktisch ohne natürliche Feinde, vermehrten sich die Kaninchen mit atemberaubender Geschwindigkeit. Der Clutha River wurde rasch ›bezwungen‹, und das Tussock-Land von Central Otago erwies sich als günstiger Lebensraum. Die Kaninchen fraßen ganze Gebiete leer, unterhöhlten Abhänge und verseuchten mit ihrem Urin die Böden in solchem Ausmaß, daß selbst die Luft danach stank. Riesige Flächen wurden binnen kurzem in Halbwüsten verwandelt; Wind, Regen und Frost taten das Ihre, um die so vorbereiteten Böden mit ihrer unbarmherzigen Erosionstätigkeit weiter anzugreifen. Manche Gebiete, die erst ein oder zwei Jahrzehnte zuvor für die Viehzucht kultiviert worden waren, mußten von den Farmern wieder aufgegeben werden.

Auch wenn sich der Vernichtungsfeldzug der Kaninchen nach Norden fortsetzte, blieb Zentralotago ein von ihnen besonders bevorzugtes Territorium. Die Anstrengungen, mit denen man gegen die Kaninchen-›Pest‹ ankämpfte, reichten von der ebenfalls nicht problemlosen Aussetzung von Wieseln und Hermelinen über endlose Schutzzäune bis hin zu Fallen, Gift und gigantischen Abschußzahlen. Als großer Nachteil dieser jahrzehntelangen, landesweit geführten Gegenoffensive erwiesen sich die guten Erlöse aus dem Export von Kaninchenfellen und -fleisch – allein im Jahre 1924 wurden 22 Millionen Felle ausgeführt! Daher waren im Grunde weder Berufs- noch Freizeitjäger an einer Ausrottung der Kaninchen interessiert.

Erst nach dem Ende des Zweiten Weltkrieges wurden energische Maßnahmen ergriffen, um das Übel endlich an der Wurzel zu packen. Der Erfolg ließ nicht lange auf sich warten. Heute ist die ›Seuche‹ zumindest eingedämmt, und die Vegetation beginnt sich in vielen betroffenen Gebieten Otagos zu regenerieren.

Direkte Eingriffe des Menschen in die Natur, die das Landschaftsbild Otagos weithin verändert haben, erfolgten in den ›goldenen‹ Jahrzehnten der Provinz. Damals wur-

den gewaltige Erdbewegungen durchgeführt, Bäche umge-
leitet, künstliche Terrassen aufgeschwemmt und die Flußtäler auf weite Strecken schonungslos nach dem wertvollen
Erz durchwühlt. Die Wunden, die diese ungehemmte
Schürftätigkeit der Erde zugefügt hat, sind noch längst
nicht überall verheilt, auch wenn die meisten Boom-Orte
des Clutha-Goldrausches schon vor Jahrzehnten zu Geisterstädten verfallen sind. Die Entwicklung ist hier nicht
viel anders verlaufen als kurze Zeit später in Westland, so
daß für Otago weitgehend das zutrifft, was bereits über
diese hektische Epoche an der West Coast berichtet wurde.

Den Niedergang der Otago goldfields haben nur wenige
Orte überlebt, darunter die Kleinstädte **Cromwell, Clyde**
und **Alexandra** am Clutha River. Sie liegen auf schmalen,
fruchtbaren Uferstreifen und sind inmitten der von steinigen Bergabhängen und wilden Schluchten beherrschten
Landschaft geradezu grüne Oasen. Berühmt ist der Obstan-
bau in diesem Gebiet: Dank der heißen Sonnentage im
Sommer gedeihen hier vor allem Pfirsiche, Aprikosen und
Kirschen. Und angesichts der öden, unfruchtbaren Umgebung ist es nur zu verständlich, wenn man sich hier in
jedem September am ›Blüten-Festival‹ besonders erfreut.

Bei Clyde ist zudem das jüngste Wasserkraftwerk des
Landes entstanden. Der Clutha, mit 322 Kilometern nach
dem Waikato River auf der Nordinsel der zweitlängste,
volumenmäßig jedoch bei weitem größte Fluß Neuseelands, wurde dort zum künstlichen Lake Dunstan aufge-
staut. Das große Clyde-Dammprojekt gehört einem ausgedehnten hydroelektrischen Verbundsystem an, zu dem die
blau-grünen Wassermassen des Clutha auch noch in weiteren flußabwärts gelegenen Staustufen beitragen. Zwei weiter westlich liegende Orte, **Queenstown** und **Wanaka,** die
zunächst durch den Goldboom zu bedeutenderen Städten
Central Otagos aufgestiegen waren, profitieren mittlerweile von einem sehr modernen, aber nicht weniger lukrativen Gold: Sie haben sich zu florierenden Tourismuszentren
in einem der führenden Ferienparadiese des Landes entwik-
kelt. Von ihnen wird im folgenden Kapitel die Rede sein.

Die Catlins – Ein Stück ›neuer‹ Wildnis im domestizierten Southland

Central Otago und Southland haben eine Gemeinsamkeit: Beide sind Schafländer, wenn auch auf sehr unterschiedliche Weise. Das trockene Hochland von Otago erlaubt nur eine extensive Weidewirtschaft, deren markante Protagonisten die Wolle liefernden, prächtigen Merinos sind; die grünen Hügel und Ebenen Southlands dagegen ermöglichen eine ungemein produktive Schafzucht. Die Zahlen sprechen für sich: In den ›Freezing works‹ um die ›Hauptstadt‹ **Invercargill** werden jährlich rund acht Millionen Lämmer geschlachtet und vornehmlich für den Export tiefgefroren. Southland erreicht die höchsten landwirtschaftlichen Produktivitätszahlen des ganzen Landes, und die hübschen, gepflegten Farmhäuser auf den Anhöhen und am Rande des Straßennetzes der Southland Plain nördlich von Invercargill lassen den Wohlstand dieser südlichsten Region Neuseelands deutlich erkennen.

Allerdings war das Land ursprünglich keineswegs so fruchtbar. Erst die Anlage langer Entwässerungssysteme in diesem regenreichen Gebiet sowie eine intensive Düngung haben Southland zu einer der führenden Landwirtschaftsprovinzen Neuseelands gemacht. Die kühlen Temperaturen Southlands, das die kürzeste Graswachsperiode des Landes aufweist, machen die Düngung notwendig. Angesichts der klimatischen Bedingungen erstaunt es kaum, daß auch dieser Landstrich Neuseelands zunächst von schottischen Siedlern kultiviert wurde. Mehr als einige Straßen in Invercargill, die nach schottischen Flüssen benannt sind, erinnern jedoch heute nicht mehr an diese frühe Geschichte der 50000-Einwohner-Stadt und ihres Umlandes.

Der Haupthafen Southlands ist der rund dreißig Kilometer von Invercargill entfernte Ort **Bluff**. Von hier aus wird ein Großteil des neuseeländischen Lammfleisches in alle Welt verschifft. Jenseits der Hafeneinfahrt liegt auf einer sandigen Halbinsel die große Aluminiumschmelze von **Tiwai** – ein nicht unproblematisches industrielles Großprojekt, das trotz seines offiziellen Namens ›New Zealand Aluminium Smelter‹ alles andere als ein nationales neuseeländisches Industrieunternehmen ist. Vollständig in ausländischem – australisch-japanischem – Besitz, bezieht es seinen Rohstoff Bauxit aus dem australischen Queensland und exportiert über neunzig Prozent des Rohaluminiums wieder ins Ausland. Ausschlaggebend für die Ansiedlung der Schmelze im verkehrsgeographisch nicht gerade günstigen Süden der Südinsel war der billige Strom, der im über hundert Kilometer entfernten Wasserkraftwerk von Manapouri produziert wird.

Eine besonders schöne landschaftliche Szenerie kann Southland nicht bieten – mit einer Ausnahme: dem **Catlins State Forest Park,** einem kleinen Wildnisgebiet am Rande des Pazifischen Ozeans. Die Catlins gehören zu den in diesem Lande gar nicht so seltenen Regionen, die vor hundert Jahren stärker besiedelt waren als heute. Robbenjäger, Walfänger und Holzfäller prägten die europäische Vergangenheit dieser grünen, an einigen Stellen noch von dichtem Regenwald bedeckten Gegend. Heute durchziehen nur noch wenige Wege die ausgedehnten Wälder; in der Nähe der kleinen Dörfer finden sich des öfteren verlassene Häuser; in die für die Landwirtschaft nicht geeigneten Catlins ist wieder Ruhe eingekehrt. Die attraktivste Naturschönheit der Catlins ist ihre rauhe, von zahllosen Vorgebirgen und Riffen gegliederte Küste. Die See hat hier manche bizarren Felsgebilde in Form von Bögen und Höhlen aus den hohen Klippen herausgespült; zu den schönsten gehören die resonanzstarken *Cathedral Coves,* die den Abschluß eines schönen, einsamen Sandstrandes bilden. Viele Pinguine und Seehunde bevölkern die stille Küste südlich von *Nugget Point.* Sie werden hier kaum gestört, gelten die Catlins doch selbst bei Neuseeländern fast noch als touristischer Geheimtip. Wer genügend Zeit hat, sollte deshalb den schlechter ausgebauten, aber landschaftlich schöneren Highway 92 zwischen Balclutha und Invercargill der landeinwärts über Gore verlaufenden Staatsstraße 1 vorziehen. Die Catlins lohnen diesen Umweg; mit dem landschaftlichen Juwel des ›tiefen‹ Südens freilich, dem großartig-unberührten Stewart Island, können sie sich nicht messen.

Der grüne Anker – Das hinreißende Naturparadies von Stewart Island

Der Maori-Mythologie zufolge hat Maui, der große polynesische Seefahrer, Neuseeland entdeckt. Die drei Hauptinseln des Landes symbolisieren mit ihrer Form diese Erzählung: Die Südinsel stellt das Kanu dar, von dem aus Maui einst die Nordinsel gefischt hat. Das ›Fischartige‹ der Nordinsel kommt immer wieder dann zum Ausdruck, wenn dort die Erde bebt und der von Maui gefangene Fisch zappelt. Bei einem so schweren Fang wie diesem mußte das Boot des Entdeckers gut vertäut sein, und so diente Stewart Island, die fast dreieckige Insel im äußersten Süden des Landes, als Anker für Mauis Kanu.

Seit Mauis Zeiten, so scheint es fast, hat sich auf Stewart Island nur wenig verändert. Stille, Abgeschiedenheit und eine unberührte Natur, wie sie in dieser ›Reinform‹ auch im übrigen Neuseeland kaum vorkommt, sind die hervorstechenden Merkmale dieser Insel. Es wirkt beinahe wie eine Welt für sich, dieses von dichtem Wald und ›Bush‹ überzogene Eiland von knapp siebzig Kilometer Nord-Süd- und maximal vierzig Kilometer West-Ost-Erstreckung inmitten des rauhen, schon subantarktischen Südpazifiks, von der ›Zivilisation‹ durch die dreißig Kilometer breite, häufig aufgewühlte Foveaux Strait abgetrennt. Ein wenig äußert sich diese periphere Lage auch im Bewußtsein der Bewohner von Stewart Island, wenn sie beispielsweise ganz selbstverständlich von ›Neuseeland‹ sprechen und den ›Rest‹ des Landes meinen; oder auch, wenn sie in einer Mischung aus Stolz und Selbstironie darauf hinweisen, daß sie die ›wahre‹ Südinsel des Landes bewohnen. Im Verhältnis zur Größe der Konkurrentin sicher eine etwas überheblich anmutende Feststellung, die indes historisch stichhaltig ist: Tatsächlich ist in den frühen Reiseberichten

über die (heutige) Südinsel meist wirklich vom ›Middle
Island‹ die Rede! Gleichwohl haben die Stewart Islander
keine Chance, ihre Ansicht zu dieser Frage wirkungsvoll
zu vertreten; mit gut vierhundert Einwohnern sind sie eine
äußerst schwache Minorität.

Was die Naturschönheiten der Insel betrifft, so liegt
freilich gerade in dieser Schwäche die wahre Stärke von
Stewart Island. In **Oban,** dem einzigen, verträumten Ort
an der **Halfmoon Bay,** geht das Leben einen ruhigen Gang.
Ein paar Dutzend Häuser verteilen sich um die Hauptbucht
und auf den grünen Hügeln oberhalb des geschützten Hafens, ein paar weitere liegen am Rande kleiner Nachbar-
buchten, die alle in kurzer Zeit zu Fuß von Oban aus
erreichbar sind. Kurz hinter der Ortsmitte enden die befe-
stigten Straßen. Sie gehen in Waldwege über, die meist nur
für geländegängige Fahrzeuge passierbar sind und oft in
schmalen Wanderpfaden auslaufen. Begrenzung der ›zivili-
satorischen‹ Zugeständnisse auf das allernötigste auch in
Oban selbst: Mit dem Postamt, zwei Läden, einem älteren,
an der bescheidenen Hauptpromenade gelegenen Hotel,
das sich, wohl kaum zu Recht, als südlichstes Hotel der
Welt rühmt, ein paar Tourismus-Agenturen, der Schule
und zwei Kirchen sind schon die wesentlichen Gebäude
aufgezählt, die Oban zum Zentrum der Insel machen.

In zahlreichen Vorgärten und Schuppen bringen aufge-
türmte bunte Bojen kräftige Farbtupfer in das Grün der
Natur, das selbst den Ort noch im Griff zu haben scheint;
wie die im Hafenrund dümpelnden Boote deuten sie an,
wovon die meisten Einwohner Obans leben: vom Fischfang, insbesondere vom lukrativen Hummerfang an den
sturmgepeitschten, felsigen Küsten im Westen und Süden
der Insel. Der Fischfang ist der einzige Wirtschaftszweig,
der auf Stewart Island überlebt hat; von den frühen Wal-
und Robbenfängern sind kaum noch Spuren zu finden, und
die verrotteten Überreste aus den Tagen der kurzlebigen
Förderung von Bodenschätzen und der Holzverarbeitung
sind schon längst wieder von Farnen und Büschen überwuchert. Auch die Landwirtschaft lohnte hier nicht, da sich

das kühle, feuchte Klima von Stewart Island rasch als entmutigend erwies.

Vielleicht sind es auch die klimatischen Verhältnisse, die viele Touristen davon abhalten, einen Abstecher nach Stewart Island zu unternehmen. Es regnet hier häufig und intensiv, und im Sommer steigen die Temperaturen kaum über zwanzig Grad an; dafür sind die Winter mild mit wenig Frost und Schnee – aber insgesamt mag man aus touristischem Blickwinkel sagen, daß diesem Natur-Paradies nur ein paradiesischer Zug fehlt: ein etwas wärmeres Klima.

Andererseits gehört diese herbe Nuance zur unverwechselbaren Eigenart dieser großartigen, unverdorbenen Naturlandschaft mit ihren ausgedehnten, üppigen Wäldern, dem kraftvollen Buschdickicht, den moosüberzogenen Felsplateaus aus grauem Granitstein, den von prächtigen Baumfarnen bestandenen Tälern, in die das Tageslicht nur gedämpft, von den breiten Farnwedeln gefiltert, hineindringt, den steil ins Meer abfallenden, schroffen Klippen, den wunderschönen, menschenleeren Buchten mit ihren goldfarbenen Sandstränden und ihrem zwischen Tiefblau und Türkis changierenden klaren Wasser, durch das man bis auf den Grund des Meeres schauen kann: Es ist die ständige Verquickung und Abwechslung all dieser Elemente zu einem grandiosen Ensemble ungestörter, urwüchsiger und wilder Naturschönheit, die den Ruhm dieser Insel ausmacht.

Die ›Insel der glühenden Himmel‹ – Refugium für Kiwi, Kaka, Kakapo

Rakiura, ›Insel der glühenden Himmel‹, haben die Maori sie genannt, und in der Tat senkt sich eine geradezu ehrfürchtige, träumerische Stille auf diese einsame Landschaft, wenn ein intensives, erst allmählich verblassendes, langes Abendrot oder Morgenrot über dem dunklen Vegetationsteppich der hügligen Silhouette Rakiuras strahlt. Wie ›glühende Himmel‹ wirken aber auch die Rata-Bäume, wenn sie ihre rote sommerliche Blütenpracht entfalten und flammengleich gegen den tiefgrünen Hintergrund auflodern.

Große Flächen von Stewart Island sind als Schutzgebiete ausgewiesen. Im Grunde aber ist die ganze Insel ein einziges Naturreservat, dessen Wildnis auch selten gewordenen Vogelarten Neuseelands ein zuverlässiges Refugium bietet. Bei den Wasservögeln ist das subantarktische Element naturgemäß stark vertreten: Kormorane und Sturmvögel, Pinguine und Albatrosse, Möwen und Seeschwalben tummeln sich an den zerklüfteten Küsten Rakiuras. Ein besonders geschätzter Gast auf den unwirtlichen Inselchen, die vor allem der Südwest- und der Nordost-Küste von Stewart Island vorgelagert sind, ist der *Muttonbird,* eine Sturmtaucherart mit dem zoologischen Namen Puffinus griseus. Die fett gefütterten, noch flugunfähigen Jungtiere gelten in Neuseeland als Spezialität. Im April und Mai kommen Maori aus allen Landesteilen nach Stewart Island, um von dort aus zur › Jagd‹ auf die Muttonbirds (titi) aufzubrechen – die freilich nur im Herausnehmen der Vögel aus ihren Erdhöhlen oder im Einfangen der schwerfälligen Jungen besteht. Trotzdem ist diese › Jagd‹ eine Besonderheit: Nur Angehörige des Ngaitahu-Stammes besitzen diese Recht, das sie sich im Jahre 1864 beim Verkauf Rakiuras an die Weißen als Privileg ausbedungen haben.

Die Exoten inmitten der artenreichen Welt der Landvögel, die die üppige Flora der Insel bevölkern, sind der *Kaka* (Nestor meridionalis), ein kräftiger Papagei mit olivbraunem, im unteren Teil rötlichem Gefieder, der vor allem in den hohen Kronen der einheimischen Bäume lebt, und sein größerer Vetter, der *Kakapo* (Strigops habroptilus). Der Kakapo ist ein rund sechzig Zentimeter großer Eulenpapagei mit moosgrünem, an der Unterseite ins Bräunliche übergehendem Federkleid. Daß er das Fliegen verlernt hat, ist ihm fast zum Verhängnis geworden. Einst in ganz Neuseeland verbreitet, gehört er heute zu den vom Aussterben bedrohten Arten. Nur noch ganz entlegene, unbewohnte Regionen wie Fiordland und Stewart Island bieten ihm einen einigermaßen sicheren Lebensraum, in den räubernde Säugetiere und Menschen nicht eindringen.

Aus dem gleichen Grund ist Stewart Island eine der wenigen Rückzugsbastionen des neuseeländischen Vogels par excellence: Im stillen Buschwald Rakiuras kann man mitunter sogar am Tage die schrillen Schreie des Kiwi hören, eines im übrigen nachtaktiven Vogels, der zum Symbol des Landes aufgestiegen ist. Mit den Moas verwandt, erreicht der rund fünfzig Zentimeter große, flugunfähige *Kiwi* (Apteryx australis) doch bei weitem nicht die Größe seiner ausgestorbenen Gattungsgenossen. Seine charakteristischen Merkmale sind das braune, struppig wirkende Federkleid, der lange Schnabel, mit dem er nachts ausdauernd den Boden nach Insekten und Würmern abstochert, und die langen, tastempfindlichen Schnurrhaare, die dem sonst recht mürrisch blickenden Gesellen etwas Keckes verleihen. Das größere Weibchen legt in der Regel nur ein einziges Ei, das allein vom Männchen ausgebrütet wird. Jede der drei Hauptinseln Neuseelands hat ihre besondere Kiwi-Art, und vermutlich ist der Stewart-Island-Kiwi derjenige unter ihnen, der sich des sichersten Lebensraumes im unzugänglichen Busch der Insel erfreuen kann.

Die landschaftlichen Schönheiten und die harmonisch im natürlichen Gleichgewicht belassene Fauna und Flora Rakiuras erlauben es, das ansonsten arg strapazierte Schlagwort ›Natur pur‹ ohne jede Bedenken als wesentliches Charakteristikum der Insel hervorzuheben. Wer diese Wildnis und die herrlichen Panoramen, zu denen sich das Grün des Landes und das Blau des Meeres in immer wieder neuen Variationen ergänzen, in vollen Zügen auskosten will, dem stehen einige allerdings anstrengende Wanderwege zur Verfügung. Die an ihrem Rand gelegenen Hütten sind eher spartanisch ausgestattet, und sie fügen sich so in die herbe Natur der Insel ein, zu der touristischer Komfort wenig passen würde. Was für Neuseeland insgesamt gilt, das trifft auf diesen abgelegenen ›Appendix‹ des Landes erst recht zu: Er wirbt um den Individualisten, den Naturfreund, denjenigen, der der Hektik und Massenzivilisation mit all ihren Problemen für eine Zeitlang den Rücken kehren will.

Ausgangspunkt aller Unternehmungen ist Oban, das auf dem Seeweg in zwei Stunden oder in zwanzigminütigem Flug von Invercargill aus erreicht wird. Selbst ein kurzer Aufenthalt dort vermittelt einen nachhaltigen Eindruck von den Reizen Rakiuras. Zu den schönsten Zielen in der Umgebung Obans gehört der *Ringaringa Beach*. Oberhalb des Strandes liegt auf einer schmalen Landzunge das Grab des deutschen Missionars J.F.H. Wohlers und seiner Frau. Wohlers lebte um die Mitte des 19. Jahrhunderts auf Ruapuke Island, einer nördlich von Rakiura in der Foveaux-Straße gelegenen Insel, wo er sich um die Bekehrung der Maori zum Christentum bemühte. Eine andere Reminiszenz an die Tätigkeit Wohlers ist neben der landschaftlich hinreißend gelegenen Grabstätte eine Glocke, die in Bremen für die Kapelle auf Ruapuke gegossen wurde. Sie steht heute vor der anglikanischen Kirche von Oban.

Ebenfalls in noch nicht allzu großer Entfernung von Oban liegt *Fern Gully,* ein dunkles, von den verschiedensten Farnarten bewachsenes Bachtal, das gleichsam in die Üppigkeit und Reinheit der Inselvegetation einführt. Schließlich **Ulva Island,** die größte inmitten des tief ins Land einschneidenden Paterson Inlet gelegene Insel: In diesem ›Scenic reserve‹ ist fast alles auf engem Raum vereinigt, was die ›wahre Südinsel‹ so attraktiv macht – von abgeschiedenen kleinen Sandbuchten über dichten ›Native bush‹ bis zur artenreichen Vogelwelt. Eines freilich kann man hier in zwei, drei Kilometern Luftlinie von Oban nur erahnen: Die geradezu kompromißlose Urwüchsigkeit, die die ›Insel der glühenden Himmel‹ zu einem so faszinierenden ›Anhängsel‹ im zugleich rauhen und sanften Süden Neuseelands macht.

FJORDE UND SEEN, WÄLDER UND BERGE – DAS FERIENPARADIES DES SÜDWESTENS

Metamorphosen eines Elements –
Wasser in der dramatischen Landschaft Fiordlands

Wasser – das ist das beherrschende Element im tiefen Südwesten der Südinsel. Wasser prägt diese Landschaft, gestaltet und gliedert sie; es ist allgegenwärtig, ohne aufdringlich zu wirken oder gar Langeweile, Monotonie auszulösen. Ganz im Gegenteil: Es ist eine wahrhaft dramatische, spektakuläre Naturkulisse, die sich dort den Augen darbietet, ein abwechslungsreiches Natur-Konzert von großartiger Klangfülle, in dem das Wasser, dirigierend und moderierend, gleichsam den Ton angibt.

Das ist das eine landschaftsbildende ›Geheimnis‹ des Wassers: Daß es im Verein mit anderen Elementen auftritt und in dieser Kombination seine besondere Wirkung entfaltet. Das zweite liegt in den zahlreichen Metamorphosen, deren es sich bedient, als wollte es alle Sinne ansprechen: die blaugrün gegen die Westküste anbrandenden Wogen der Tasman-See, die mit ihren unruhig brodelnden, weißen Gischtstreifen den Küstenverlauf markieren; die dunklen, stillen Meeresarme, die kilometerweit in das gebirgige Land eindringen, mächtige Wasserschneisen, die sich gegen die alles überwuchernde Regenwaldvegetation standhaft behaupten; tosende Wasserfälle, die von steilen Felswänden tief in die Fjorde hinabstürzen und sich in weiß schäumenden Strudeln mit der sonst ruhigen Oberfläche des Meereswassers vereinigen; flink dahineilende Bäche und kleine Flüsse mit kristallklarem Wasser, die wie ein engmaschiges, unregelmäßiges Geflecht auf der nebelverhangenen Bergwelt Fiordlands liegen; lange, vielverzweigte, im Sonnenlicht glitzernde Seen, die zu den größten des Landes gehören, mit ›Bush‹-gesäumten Ufern, einsam und unverdorben daliegend und nur von wenigen menschlichen Ansiedlungen berührt; schließlich Wasser in Gestalt von Regenfällen, die von leichtem, alles durchdringendem Nieseln bis zu wahren himmlischen Sturzbächen in einer breiten Variationspalette niedergehen und die Atmosphäre mit Feuchtigkeit sättigen, den moosüberzogenen Boden durchtränken und die dichten, immergrünen Wälder dampfen lassen, sobald blauer Himmel mit kräftigem Sonnenschein auf die grauen Wolken folgt.

Fiordland ist das feuchteste Gebiet Neuseelands; und sicher auch eines der feuchtesten der Erde. Die meist vom Westwind über die Tasman-See getriebenen Wolken entledigen sich am Rande der Gebirgsketten ihrer schweren Last. Durchschnittlich 7300 Millimeter Niederschlagsmenge jährlich verzeichnet Milford Sound; und die Rekordwerte liegen noch weit darüber. Kein Wunder, daß Fiordland immer noch kaum bevölkert ist und nur eine bestimmte Spezies von Menschen anzieht: Besucher, die sich an der verschwenderischen Fülle einer unberührten, herben Naturlandschaft und ihrer großartigen Panoramen erfreuen wollen.

Mit einer Fläche von über einer Million Hektar ist Fiordland bei weitem der größte Nationalpark des Landes. Vierzehn Fjorde, die bis zu vierzig Kilometer tief landeinwärts reichen, haben dem Park seinen Namen gegeben. Im Unterschied zu den Marlborough Sounds im Norden der Insel tragen die ›Sounds‹ von Fiordland einen nicht ganz korrekten Namen, da es sich hier tatsächlich um Fjorde handelt, die vor rund fünfzehn Millionen Jahren entstanden sind, als am Ende der letzten Eiszeit die von großen Gletschern in den Fels gefrästen Täler vom Meer überspült wurden. Verglichen mit der lieblichen, sonnendurchfluteten Sundlandschaft von Marlborough, wirken die engen, von jäh aufragenden Felswänden flankierten, dunklen Meeresarme von Fiordland dramatischer und majestätischer, aber auch geheimnisvoller und abweisender.

Um so erstaunlicher ist es, daß hier im kühlen, nassen Süden eine der beiden Wiegen des europäischen Neuseeland stand. Schon James Cook schätzte **Dusky Sound** als einen der sichersten Ankerplätze im Südpazifik und gab dem Fjord auf seiner ersten Reise den Namen, weil die hereinbrechende Dunkelheit zunächst die Einfahrt in den ›dämmrigen‹ Meeresarm verhindert hatte. Bereits zwei Jahrzehnte später, 1792, entstand dort die erste europäische ›Siedlung‹: Ein Camp von Robbenjägern, die von einem australischen Schiff dorthin gebracht worden waren. In den nächsten Jahren entwickelte sich Dusky Sound zu einem relativ belebten Zentrum vor allem englischer, amerikanischer und französischer Robbenjäger. Diese paar Dutzend Pakeha reichten aus, um das rauhe Fiordland neben der erheblich zahmeren Bay of Islands zu einem Mittelpunkt der frühen europäischen Besiedlung zu machen. Freilich wurde die Basis schon im frühen 19. Jahrhundert, als die Robbenbestände fast ausgerottet waren, wieder aufgegeben, und auch die Walfängerstation im weiter südlich gelegenen Preservation Inlet lag seit 1838, ein knappes Jahrzehnt nach ihrem Bau, wieder verlassen da. Aus dem einstigen ›Bevölkerungszentrum‹ wurde die am dünnsten besiedelte Gegend des Landes, in dessen urwüchsiger Wildheit der Mensch sich fast als Eindringling fühlt.

Das unwegsame, bis in Höhen von etwa tausend Meter mit üppiger Regenwaldvegetation bedeckte Fiordland ist ein weithin unerschlossenes Naturschutzgebiet. Die meisten Fjorde sind nur auf mehrtägigen, im Sommer angebotenen Kreuzfahrten oder auf schmalen, schwierigen Pfaden erreichbar, die hohe Anforderungen an die Ausdauer und körperliche Fitness stellen. Lediglich zwei Fjorde sind für den gewöhnlichen Touristen leichter zugänglich: Doubtful Sound und Milford Sound; beide von größter landschaftlicher Schönheit, beide dazu angetan, einen nachhaltigen Eindruck von der Großartigkeit dieser Landschaft zu vermitteln.

Waldgesäumte Seeufer, farbenprächtige Moosteppiche,
dunkler Meeresarm – Vom Lake Manapouri
zum Doubtful Sound

Ausgangspunkt für einen Tagesausflug zum Doubtful Sound ist der kleine Ort **Manapouri** am gleichnamigen See. Der **Lake Manapouri** gilt mit Recht als einer der schönsten Seen Neuseelands; seine immerhin 142 Quadratkilometer große Fläche wird durch zahlreiche dicht bewachsene Inseln sowie viele Buchten und Arme aufgelockert. Bedrohlich zum Wasser abfallende Felswände wechseln mit gelben, zum Teil winzigen Sandstränden ab, und auf allen Seiten ist die dunkle Oberfläche des Sees in riesiggroße immergrüne Wälder eingebettet. Im Hintergrund ragen Berge auf, deren verschneite Gipfel im Winter einen zusätzlichen Kontrast bewirken. ›See der hundert Inseln‹ hieß dieses landschaftliche Kleinod früher; der Name ›Manapouri‹, ›Trauerndes Herz‹, ist jedoch nicht weniger poetisch. Die Bezeichnung lehnt sich zwar an eine rührende Geschichte aus der Maori-Mythologie an, geht aber tatsächlich auf den Irrtum eines Kartographen zurück.

Ein Name aber auch, der Ende der sechziger Jahre auf beklemmende Weise Wirklichkeit zu werden drohte. Damals plante man im Rahmen eines großen Wasserkraftwerks, den Wasserspiegel des Sees um mehr als zwanzig Meter zu heben. Gegen dieses landschaftszerstörende Vorhaben brach ein Sturm der Entrüstung los, wie ihn das in Umweltfragen noch wenig sensibilisierte Land noch nicht erlebt hatte. Den Umweltschützern gelang es, für ihre ›Save Manapouri Campaign‹ über 250000 Unterschriften zu sammeln. Mehr noch: Die abweisende Haltung der konservativen Regierung trug zu ihrer Niederlage bei den Wahlen von 1972 bei, und die neue Labourregierung verzichtete schließlich darauf, den ursprünglichen Plan zu verwirklichen. Manapouri wurde so zu einem Markstein in der Geschichte des Umweltschutzes in Neuseeland; Zehntausende von Bürgern hatten sich für den ›See des trauernden Herzens‹ eingesetzt, ohne ihn je mit eigenen Augen gesehen zu haben – im eher unpolitischen Klima des Landes keine Selbstverständlichkeit.

Daß am Westarm des Lake Manapouri trotzdem eines der größten Wasserkraftwerke Neuseelands mit einer Kapazität von 700 Megawatt entstanden ist, das vor allem die Aluminiumschmelze bei Bluff mit preiswerter Energie versorgt, hat, nachdem man auf die ›ganz große‹ Lösung verzichtet hatte, der natürlichen Schönheit des Sees nicht geschadet. Für den Besucher Fiordlands hatte der Bau dieses Projekts, das nunmehr die Erfordernisse von Ökonomie und Ökologie in einem vertretbaren Gleichgewicht erfüllt, einen positiven Nebeneffekt: Erst dadurch wurde ein Landzugang zum Doubtful Sound geschaffen. Von Manapouri aus geht es zunächst mit dem Ausflugsboot quer über den See bis in den Westarm hinein. Nach der Besichtigung der *Manapouri Power Station,* deren Turbinen rund zweihundert Meter unter der Erde liegen, kriecht der Bus zum **Wilmot Pass** hinauf. Den Besucher empfängt eine grandiose Gebirgsszenerie, deren Prunkstücke die herrlichen, in mancherlei Farben schillernden Moospolster inmitten des verschwenderischen Vegetationsteppichs sind. Sie klettern knorrige Bäume hinauf, bedecken als weiche, Feuchtigkeit aufsaugende Schwämme den Boden und hängen als grüne, braune, rote und weiße Vorhänge von Felswänden und -vorsprüngen herab – ein überzeugendes Anschauungsmaterial für das Regiment des Wassers in Fiordland!

Der 670 Meter hoch gelegene Paß eröffnet, sofern es das Wetter erlaubt, einen hinreißenden Blick auf den ruhig in der Tiefe liegenden, schlanken Einschnitt des Doubtful Sound. Über zwanzig Kilometer windet er sich in sanften Kurven bis zum offenen Meer hin, das für den Betrachter durch die in der Ferne aufragenden Berge verdeckt ist; tief eingegraben zwischen hohe, über und über von ›Bush‹ bedeckte Bergwände, ist er einer der längsten und schönsten Fjorde des Parks. Seinen Namen verdankt auch er James Cook, der beim Anblick der engen Mündung des Fjordes »im Zweifel« war, ob die ›Endeavour‹ sie gefahrlos passieren könne.

In vielen Kurven erreicht die Straße nach zehn Kilometern *Deep Cove*, die kleine Mole am Ende des Fjords. Dort erwartet ein zweites Ausflugsschiff die Touristen, um mit ihnen über die dunklen Wasser des Meeresarmes zu gleiten. Wälder, Berge und Wasserfälle spiegeln sich im ruhigen Wasser des Fjordes, der so gar nicht als Teil der stürmischen Tasman-See erscheinen will. Gelegentlich kommt Bewegung in das Wasser, die nicht von der Schiffsschraube verursacht wird: Dann tummeln sich Delphine, Robben oder Pinguine in diesem abgeschiedenen und geschützten Lebensraum, in den nach der Rückkehr des Bootes in Deep Cove wieder tiefe Ruhe einziehen wird.

Meer, Berge und Urwald in grandioser Landschaftskomposition – Wege zum erhabenen Milford Sound

Größer noch als der Manapouri-See ist der nicht weit entfernt gelegene **Lake Te Anau.** Mit 340 Quadratkilometern Fläche ist er nach Lake Taupo das zweitgrößte Binnengewässer Neuseelands. Für europäische Verhältnisse unvorstellbar, daß an seinen langgezogenen Ufern von fast siebzig Kilometer Erstreckung nur ein einziger kleiner Ort liegt: Das Städtchen *Te Anau,* das in dreißig Kilometer (!) Entfernung eine aus wenigen Häusern bestehende ›Dependance‹ namens *Te Anau Downs* hat. In Te Anau, dem Zentrum des Fremdenverkehrs in Fiordland, befindet sich nicht nur das Visitors' Centre des Parks, sondern auch eine Reihe von Motels und Tourismusagenturen. Trotzdem ist Te Anau ein freundlicher, liebenswerter Ort geblieben. An seiner Uferpromenade, die von großen Eukalyptusbäumen gesäumt ist, herrscht höchstens in der Hauptsaison ein wenig Hektik. Insgesamt zeigt sich Te Anau als Zivilisationsoase zwischen dem nassen, grünen Fiordland im Westen und dem trockenen, von braunen Tussock-Flächen geprägten Otago-Plateau im Osten.

Sehenswert sind die *Te Anau Caves* am anderen Ufer des Sees, in denen ein unterirdischer Wasserfall die Begleitmusik zum optischen Genuß in der Glühwürmchengrotte liefert. Diese Glühwürmchenkolonie ist zwar nicht so ausgedehnt wie die von Waitomo auf der Nordinsel, doch vermittelt auch sie einen bleibenden Eindruck von jenem Zauber, den die kleinen Larven im Dunkel der Höhle entfalten. Eine gute Gelegenheit, die Einsamkeit und Stille des Sees intensiv aufzunehmen, sind die nächtlichen Bootsfahrten zu den Caves. Die Lichter von Te Anau schimmern aus der Ferne herüber, aber ansonsten taucht nur ganz selten am langen Ufer des Sees ein spärlicher Lichtschein von einem abgelegenen Farmhaus auf.

Die Höhlen von Te Anau liegen am Fuße der Murchison Mountains, die im Jahre 1948 überraschend ein lange gehütetes Geheimnis preisgaben. Zufällig entdeckte man dort einige überlebende Vertreter der *Takahe-Ralle,* eines flugunfähigen, mit dem etwas kleineren Pukeko verwandten Vogels, der seit Jahrzehnten als ausgestorben galt. Das Takahe hat ein schön gefärbtes, von intensiven Blau- und Grüntönen beherrschtes Gefieder, einen gelb-roten Schnabel und kräftige rote Beine und Füße. Die bunten Vögel im Tussock-Gras des Hochtals im Hinterland des Te-Anau-Sees zu beobachten, ist allerdings nur wenigen Ornithologen und Rangern vergönnt: Der Zugang zu den Murchison Mountains, dem letzten natürlichen Lebensraum der Takahes, ist gewöhnlichen Besuchern untersagt. Unweit von Te Anau liegt indes ein Vogelgehege, dessen ›Stars‹ einige recht zutrauliche Takahes sind. Dort haben Touristen die Gelegenheit, die neben den Kakapo-Papageien seltenste Tierart Neuseelands zu bewundern.

Te Anau ist meist der Ausgangspunkt für einen der landschaftlichen Höhepunkte Neuseelands: den großartigen **Milford Sound.** Seit Fertigstellung der Straße Anfang der fünfziger Jahre ist er von Te Anau aus in einem Tagesausflug zu erreichen. Der Highway 94, die einzige ausgebaute Straße durch das wildromantische Fiordland, gehört zu den schönsten Routen des Landes. Zunächst verläuft sie am trockenen Ostufer des Sees entlang, auf dessen weite Fläche und die dahinter aufragenden Berge ständig der

Blick fällt. Später führt sie abwechselnd durch dunkle Scheinbuchenwälder, durch Flußtäler, die von gelbbraun wogendem Gras und verschiedenfarbigen Lupinen bewachsen sind, vorbei an stillen Seen, in denen sich die Berge spiegeln, um dann auf der anderen Seite der Main Divide in die üppige Vegetation der Westküste einzutauchen. Die Szenerie wird zunehmend alpiner: Schneebedeckte Berge, von Felswänden herabstürzende Wasserfälle, Bäche und Flüsse mit grün-blauem, kristallklarem Wasser, Geröllfelder und Schneisen, die von Lawinen in die Wälder gerissen worden sind. Schließlich steigt die Straße zum *Homer Tunnel* an, dessen Eingang in neunhundert Meter Höhe liegt. Von dort geht es, nachdem der mit seinen von Nässe glänzenden Felswänden etwas beklemmend wirkende Tunnel passiert ist, in steilen Serpentinen durch die undurchdringlich scheinende grüne Wildnis eines unablässig tropfenden Regenwaldes hinab zur Küste.

Inmitten dieses Urwaldes liegt der Milford Sound, eng und von hohen Bergen umschlossen, die nur am Ende des Meeresarmes eine kleine Ebene freigelassen haben. Dort erhebt sich das THC-Hotel, der touristische Mittelpunkt, die einzige menschliche Siedlung weit und breit. Nur wenige Leute wohnen ständig hier, was in der Nähe des ›feuchtesten Postamts Neuseelands‹ nicht weiter erstaunlich ist. Indes, es gibt auch Tage, an denen der Sound in strahlenden Sonnenschein getaucht ist. Erwarten kann man das im unbeständigen Klima Fiordlands aber nicht; doch hat diese Landschaft auch bei Nebel und Regen ihren besonderen Reiz: Nässe, Nebelschwaden und ein von tiefen Wolken verhangener Himmel sind ihre ureigenen Attribute, gehören geradezu wesenhaft zu diesem ungezähmten Landstrich. Das trifft in gewisser Weise auch auf die größte Plage Fiordlands zu, die angriffslustigen Moskitos (sandflies), die einen Besuch des Milford Sound ohne Insektenschutzmittel zu einem auch in dieser Hinsicht unvergeßlichen Erlebnis machen.

Auf einer Rundfahrt mit dem Ausflugsschiff über den Milford Sound kann man sich der Belästigung entziehen.

Je weiter sich das Boot von der Anlagestelle entfernt, desto beeindruckender wird die Schönheit des Fjordes. Vom viele Monate über schneebedeckten Kegel des Mitre Peak (1412 m) beherrscht, der sich im ruhigen Wasser des Meeresarmes spiegelt, nötigt der Milford Sound dem Betrachter Respekt und ehrfurchtsvolle Bewunderung ab: die Hunderte von Metern fast senkrecht zur Wasseroberfläche abfallenden Bergwände, die beängstigend steil und hoch sind, die weiten Sprühfontänen, in die der Wind die zu Tal stürzenden Wasserfälle mitunter verwandelt, die vielen kleinen und großen Rinnsale, die sich von Felsvorsprüngen in den Fjord ergießen und bei vorangegangenem Regenwetter kräftig anschwellen, das dunkle, klare Wasser des Sound, in das man bei ruhigem Wetter bis zu zehn Meter tief hinunter schauen kann: All das sind Einzelheiten eines grandiosen Landschaftsgemäldes, zu dem sich Meer, Berge und Wald vereinigt haben – eine königliche Szenerie, zu der ein Sekt- und Hummer-Lunch an Bord die würdige Ergänzung darstellt. Hummer werden übrigens vor den Küsten Fiordlands gefangen; gelegentlich sieht man, wenn das Schiff die offene See erreicht hat, Fischerboote auf der hier merklich unruhigeren Meeresoberfläche schaukeln, bevor die Fahrt wieder zurück in den schmalen, vom offenen Meer aus schwer zu lokalisierenden Milford Sound geht.

Eine ganz andere Möglichkeit des Zugangs zu Milford bietet der berühmte **Milford Track.** Ob er »die schönste Wanderstrecke der Welt« ist, mag dahingestellt sein, zu den landschaftlich spektakulärsten und lohnendsten gehört er sicher. Der Track führt 54 Kilometer lang durch die prächtige Bergwelt Fiordlands, abwechselnd über steinige, steile Wege, durch dichten Buschwald, über vegetationsarme Hochplateaus und Tussock-bedeckte Talböden. Ein Höhepunkt der Route sind die **Sutherland Falls,** die in drei Stufen rund sechshundert Meter in die Tiefe stürzen. Neugierige Wekas und drollige Keas begleiten den Wanderer ein Stück des Weges, zarte Fantails umschwirren ihn, hin und wieder fliegt eine schwere Taube erschreckt von den Baumwipfeln auf, und der Gesang der Bellbirds sorgt für die musikalische Untermalung des Marsches: Der Milford Track bietet ebenso wie die anderen herrlichen Wanderstrecken Fiordlands, vor allem der nach Otago (Queenstown) hinüberführende Routeburn Track, vielfältige Gelegenheiten, die reiche Vogelwelt Neuseelands aus nächster Nähe kennenzulernen. Der Track unterteilt sich gewöhnlich in vier Tagesetappen. Das THC-Hotel in Te Anau organisiert Touren mit Unterkunft und Verpflegung, doch kann man den Milford-Track auch ›frei‹ durchwandern. Ausgangspunkt ist in jedem Fall die Anlegestelle in Te Anau Downs. Von dort bringt ein Boot die Wanderer auf die andere Seite des Sees, wo das Wildnisabenteuer beginnt. Bequemer ist gewiß ein dritter Zugang zum Milford Sound: Der Flug von Te Anau oder von Queenstown aus dorthin. Eine Variante, die die beiden anderen Zugangsmöglichkeiten weder ersetzen kann noch soll, sondern auf ihre Art eine andere, nicht minder faszinierende Perspektive auf die großartige, einsame Naturlandschaft Fiordlands und nicht zuletzt den Milford Sound selbst eröffnet, dessen ganze Erhabenheit der Blick aus einer in dieser Umgebung winzig wirkenden Cessna erkennen läßt.

Wilde Merinos, zahme Rehe, jagende Falken –
Eindrücke des High country
zwischen Te Anau und Queenstown

Lake Wakatipu, Lake Wanaka und Lake Hawea bilden die weiter nördlich gelegenen Gegenstücke zu den beiden großen Seen von Manapouri und Te Anau und den Fjorden inmitten dieser von ausgedehnten Wasserflächen geprägten Ferienlandschaft im Südwesten der Insel. Die Luftlinienentfernung zwischen Fiordland und den Seen von Central Otago ist nicht groß; die einzige Straßenverbindung zwischen Te Anau und Queenstown am Lake Wakatipu, der Highway 6, erstreckt sich dagegen über 170 Kilometer – eine Route, die in mancher Hinsicht für diese im Regenschatten der Küstenberge liegende, einsame Landschaft charakteristisch ist.

Nur wenige Dörfer und kleine Orte tauchen von Zeit zu Zeit auf, mitunter auch einzelne Farmen, in deren Umgebung sich die Farbe des Landes manchmal abrupt verändert. Auf weite Strecken dominieren braune Tussock-Flächen, die das trockene Klima widerspiegeln. Sie ziehen sich die Hügel und Abhänge der Bergketten hinauf, die die Täler einrahmen. Nur wo Flächen durch Kunstdüngereinsatz im Zuge von Landentwicklungsprojekten kultiviert worden sind, tauchen oasengleich kräftige grüne Tupfer im natürlichen braun-verbrannten Vegetationskleid auf. Wie mühselig dieser ›Veredelungsprozeß‹ ist, zeigen die Mischformen von Flächen, auf denen die großen, harten Büschel Bültgras der grünen ›Konkurrenz‹ nur zögernd weichen wollen.

Das klassische Tussock-Land des High country tritt, von den Talsohlen ausgehend, nur sehr langsam den Rückzug an. Auch künftig wird es das Antlitz der Landschaft beherrschen und bevorzugtes Jagdrevier der *Falken* sein, die sich in diesem offenen, kaum von Bäumen bestandenen Gelände wohlfühlen. Zum Glück ist dieses weitläufige Rückzugsgebiet des einheimischen, knapp fünfzig Zentimeter großen Raubvogels nicht das einzige. So ist diese Art zwar in ihrem Bestand reduziert, aber nicht akut vom Aussterben bedroht. In gewisser Weise trifft das auch auf eine ganz andere Vogelart zu, die sich zunehmend die Flußtäler und Seengebiete des Hochlandes als noch ziemlich ungestörten Lebensraum gesichert hat: Die hübschen, stets als Paar auftretenden *Paradies-Enten,* die mit ihrem farbenprächtigen Federkleid weithin zu erkennen sind. Sie sind zwar noch in vielen Regionen Neuseelands heimisch, wirken aber auf den wogenden Tussock-Flächen und grünen Weiden im Seengebiet des Südwestens als bunte Tupfer besonders malerisch.

Ansonsten ist das trockene High country zwischen den Seen durch große Schafherden geprägt. Natürlich, ist man versucht zu sagen. Tatsächlich ist die extensive Schafzucht *das* Markenzeichen dieser Gegend, die für ausgedehnten Ackerbau und Rinderzucht im allgemeinen nicht fruchtbar genug ist. Auch wenn andere Rassen gegenüber früheren Jahrzehnten stark zugenommen haben, ist das Merino-Schaf, ein stattliches, in dichten Wollpelz eingehülltes Tier, noch immer der ›König des Hochlandes‹. Entsprechend seiner halbwilden Lebensweise ist es gerade in diesem Teil der Welt alles andere als zutraulich.

Allmählich bekommen die Schafe als Nutztiere eine ungewöhnliche Konkurrenz: Um Te Anau, aber auch in anderen Landesteilen, ist eine Reihe von Rotwildfarmen entstanden. Im Gebiet zwischen Te Anau und **Lumsden** gehören Herden von Rehen und Hirschen, die friedlich in Gehegen grasen, fast schon zum alltäglichen Bild der Landschaft. Vieles spricht dafür, daß ›*Deer farming*‹ sich zu einem lukrativen neuen Zweig der leistungsfähigen neuseeländischen Landwirtschaft entwickeln wird.

Neuseeland, das auf Exporterlöse aus Agrarprodukten angewiesen ist, bemüht sich seit Jahrzehnten nicht nur um eine ständige Verbesserung der Qualität seiner Erzeugnisse, sondern sucht auch im Zuge notwendiger Diversifikationsbestrebungen nach einer Erweiterung der traditionellen Angebotspalette Fleisch, Milch und Wolle. Als Marktlücke erwies sich der Bedarf an Wildbret in Europa und den USA. Die Gewinne, die man aus der Jagd auf den ›Naturschädiger‹ Wild in den fünfziger und sechziger Jahren erzielte, ermutigten dazu, Wildgehege auf Farmen anzulegen. Nach einer Gesetzesänderung – das Parlament mußte die Erlaubnis zur Errichtung höherer Weidezäune geben – war es soweit: Im März 1970 wurde die erste Deer farm eingerichtet. Mittlerweile sind es schon über zweitausend Betriebe, die unter anderem Wildbret vor allem für die Bundesrepublik, die Schweiz und die USA ›produzieren‹.

Lake Wakatipu –
Der See des kauernden Riesen in einsamem Land

Lake Wakatipu, der bei **Kingston** erreicht wird und an dessen Ostufer die Straße eine weite Strecke entlangführt, ist mit 293 Quadratkilometern der drittgrößte See Neusee-

lands. Das schmale, langgestreckte Gewässer, das seine
Richtung an zwei Stellen fast rechtwinklig ändert, hat die
Form eines spiegelbildlichen Z. Dieser charakteristischen
Gestalt verdankt der See seinen Maori-Namen: ›Platz, wo
der Dämon liegt‹ – ein Dämon nämlich mit angewinkelten
Knien, dessen Kopf bei Glenorchy und dessen Füße bei
Kingston liegen. In dieser Körperhaltung drückt sich der
Schmerz aus, den der Riese empfand, als er zur Strafe für
den Raub eines Mädchens von deren Freund in Brand
gesteckt wurde. Das Fleisch des Dämonen brannte sich tief
in die Erde ein, und dieser Hohlraum füllte sich allmählich
mit dem Wasser, das von den umliegenden Bergen hinab
ins Tal strömte. So entstand jener Lake Wakatipu, dessen
ungewöhnliche Tiefe (bis zu 380 m) die Maori mit dem
Racheakt eines empörten Nebenbuhlers zu erklären
wußten.

Außer der Gestalt des Sees hält nur sein natürliches
›Pulsieren‹, das Herzklopfen des Giganten, die Erinnerung
an den Namensgeber wach; sonst eignet dem See nichts
Dämonisches, Geheimnisvolles oder Beängstigendes. Be-
herrschender Eindruck ist seine große Ausdehnung. Ein
langes, zwischen hohe Berge eingebettetes Wasserband,
dessen blauschwarze Oberfläche in lebhaftem Kontrast zur
gelbbraunen Färbung seiner Ufer steht. Kräftige Grüntöne
in diese weithin verdorrt wirkende Landschaft bringen die
Blätterbüschel der in die Höhe gestreckten ›Arme‹ des
Cabbage tree (Cordyline australis), der wie ein exotisch-
tropischer, aber nicht unerwünschter Fremdling im Tussock-Land am Rande des Lake Wakatipu auftaucht.

Im übrigen trifft, mit Ausnahme der Umgebung von
Queenstown, für den Lake Wakatipu zu, was europäischen
Besuchern an allen Seen des Südwestens auffällt: Die Einsamkeit und Ruhe, die sich aus der überaus geringen Besiedlung erklären. Auf dem Ostufer des Sees gibt es – auf
einer Erstreckung von fast achtzig Kilometern! – keinen
einzigen Ort, sondern lediglich in großen Abständen einzelne Gehöfte, zu denen riesige Areale im unzugänglichen
gebirgigen Hinterland gehören. Da die Straße am Ostufer

entlangläuft, sind diese ›High country stations‹ nur über den See erreichbar. Nur kurze Zeit herrschte hektisches Treiben am Lake Wakatipu, und der See wurde von zahlreichen Schiffen befahren: in den Jahren des Otago-Goldrausches, der 1862 einsetzte. Auf seinem Höhepunkt verkehrte eine Flotte von dreißig Schiffen auf dem See; die letzte nostalgische Erinnerung an diese Zeit der Dampfer ist die stattliche, 1912 gebaute ›Earnslaw‹, die heute als Touristenattraktion von Queenstown aus ihren Dienst tut. Die schwarzen Rußwolken, die die ›Lady of the Lake‹ ausstößt, sind eine Art vielbeschmunzeltes Markenzeichen geworden. Was anderswo als deftige Umweltverschmutzung mit grimmigen Blicken bedacht würde, wirkt in der klaren, sauberen Luft des einsamen Lake Wakatipu als eher erheiterndes Relikt einer stürmischen Epoche.

Queenstown – Königin des Fremdenverkehrs vor prächtiger Landschaftskulisse

Freilich: Die Charakterisierung ›stürmisch‹ gilt, was den einzigen größeren Ort an den Ufern des Sees angeht, auch für die Entwicklung der letzten Jahrzehnte. **Queenstown** ist das touristische Zentrum der Südinsel geworden, in dieser Stellung mit Rotorua auf der Nordinsel vergleichbar. Allerdings gibt es deutliche Unterschiede zwischen den beiden Kapitalen des neuseeländischen Fremdenverkehrs. Während Rotorua in gewisser Hinsicht neuseeländischer, unprätentiöser geblieben ist und sich auch bei den ›Kiwis‹ selbst nach wie vor als Reiseziel großer Beliebtheit erfreut, gibt sich Queenstown vornehmer, kosmopolitischer und setzt stärker auf die ausländischen Besucher, vor allem Australier, Japaner und Amerikaner. Für die Neuseeländer ist Queenstown zwar noch immer ein lohnendes Ferienziel, gilt aber als teuer und überlaufen. Obwohl diese Urteile gemessen an internationalen Maßstäben sehr relativ sind, verdichten sie sich doch zu einem nicht ganz falschen Gesamtbild: Queenstown ist nicht Neuseeland, und wer als Besucher nur diesen Fremdenverkehrsort kennenlernen würde, könnte keine rechte Vorstellung von der Atmosphäre des Landes und der Lebensweise seiner Bewohner gewinnen, und auch der unverfälschte Zugang zu den Naturschönheiten des Landes bliebe ihm versperrt.

Queenstown, das merkt der Besucher sehr schnell, ist fest im Griff der ›Weißen Industrie‹; Motels und Hotels sind in den letzten Jahren wie Pilze aus dem Boden geschossen, die Grundstückspreise im Zentrum haben Größenordnungen erreicht, die nur noch eine kommerzielle Nutzung erlauben, so daß sich die dreitausend Einwohner der Stadt weitgehend in die ›Residential area‹ zurückgezogen und den Ortskern den Touristen überlassen haben; die Geschäfte der hübschen Einkaufs-Mall, die auf die Seepromenade zuläuft, bieten vor allem Waren für die ausländischen Besucher an – welcher Neuseeländer ist schon an Schaffellen und Souvenirs aus Neuseeland-Jade interessiert? Zwei Hotels in Terrassenbauweise deuten eine ›Raumnot‹ an, die es im übrigen Neuseeland, von städtischen Ballungsräumen abgesehen, nicht gibt; die touristischen ›Attraktionen‹ schließlich sind so breit gestreut wie an keinem anderen Ort des Landes. All das sind Indizien für die neue Rolle, die Queenstown als ›Königin‹ des neuseeländischen Fremdenverkehrs übernommen hat. Bei aller Kritik an der touristischen Prägung der Stadt darf jedoch nicht der Eindruck entstehen, als sei sie auch nur im entferntesten mit dem landschafts- und kulturzerstörenden Massentourismus mancher europäischer Ferienziele vergleichbar.

Queenstown, die einstige Goldgräbersiedlung, ist eine Kleinstadt, deren Lage sich durch prächtige Panoramen auszeichnet. Am Ufer des klaren Lake Wakatipu zu beiden Seiten einer als Park angelegten Landzunge gelegen, ist es auf allen Seiten von Bergen umgeben. Sie steigen im Rücken der Stadt steil an, während sie sich nach Süden und Osten erst jenseits der blauen Fläche des Sees erheben. Ein besonderer Blickfang sind die Remarkables, eine mächtige, Sierra-artige Kette gezackter Gipfel, deren höchster Punkt über 2300 Meter mißt. Gemeinsam mit dem See, hinter dem sie als kraftvolle Felswand aufsteigen, bilden sie eine

eindrucksvolle Kulisse, die um so intensiver wirkt, als sie
sich in einiger Entfernung von Queenstown geradezu in
ihrer ganzen Erstreckung zu entfalten vermag. Näher zur
Stadt ragen dagegen am Westufer des Sees die etwa 1900
Meter hohen Spitzen *Cecil* und *Walter Peak* im felsigen,
mit Buschwerk und Gestrüpp bedeckten Hochland auf.
Die beste Sicht über die majestätische Umgebung, in der
sich das an den Knien des Dämonen kauernde Queenstown
fast etwas schüchtern und zerbrechlich ausnimmt, genießt
man vom *Queenstown Hill* (900 m) oder vom etwas niedrigeren *Bob's Peak,* zu dem eine Seilbahn hinaufführt.

Von halsbrecherisch bis gemütlich –
Die Palette touristischer Angebote in Queenstown

Nicht minder aufregende Blicke auf die alpine Landschaft
im Hinterland des Lake Wakatipu eröffnen sich vom Gipfel
des **Coronet Peak** (1619 m). Dieses nur wenige Kilometer
nördlich der Stadt gelegene Skigebiet hat Queenstown gemeinsam mit dem vor wenigen Jahren auf den Höhen der
Remarkables neu eröffneten Skigelände zum führenden
internationalen Wintersportort Neuseelands gemacht.

Die auch im Sommer lohnende Fahrt mit dem Sessellift
auf den Coronet Peak ist nur eines von vielen touristischen
Angeboten, die Queenstown seinen Besuchern macht. Zu
den besonders spektakulären gehört eine Fahrt mit dem
Jetboat auf dem *Shotover River,* einst dem ›reichsten Fluß
der Welt‹, als dort wie an anderen Flüssen Central Otagos
große Mengen von Gold gefunden wurden. Das von Düsen
angetriebene Boot scheint bei achtzig Stundenkilometern
förmlich über das flache Wasser zu fliegen, durch die tief
eingegrabene, kurvenreiche Schlucht des Flusses, haar-
scharf an Felswänden und im Wasser liegenden Steinen
vorbei und mit einer Wendigkeit, die es bei einer plötzlichen
Drehung um 360 Grad zum sofortigen Stillstand bringt –
ein trotz der vorgeschriebenen Schwimmwesten ziemlich
ungefährliches Abenteuer, für das man nur gute Nerven
braucht.

Kaum weniger halsbrecherisch ist eine Tour, die das höhergelegene Gegenstück zur Bootsfahrt über die Stromschnellen des Shotover darstellt: Eine Fahrt mit Bus oder Jeep über die berühmt-berüchtigte *Skippers Road,* die sich an der Flanke des romantisch-wilden Shotover Canyon hoch über dem Flußbett in zahllosen Windungen, oft hart am Abgrund vorbei, entlangschlängelt. Auf diesem Ausflug kann man das kaum erschlossene Back country mit seinen Tussock-bewachsenen, unwirtlichen Hügeln, tiefen Schluchten und ringsum aufragenden, im Winter schneebedeckten Bergen wirklich kennenlernen. Die aufregende Fahrt auf dem einstigen Goldgräberpfad führt zurück in die ›Goldene Vergangenheit‹ Otagos, an die ab und zu künstlich aufgeschüttete Terrassen, verrostete Rohre, Eimer und Werkzeuge erinnern – oder auch die Hütte eines Goldgräbers, der in den Fußstapfen seiner vielen tausend Vorgänger vor rund hundert Jahren die letzten Reste des Edelmetalls aus dem Kies des Flußbettes herauszuwaschen bemüht ist.

Bedeutend gemütlicher geht es beim Besuch einer *High country station* am Westufer des Sees zu. Die Besichtigung einer solchen typischen Schaffarm ist mit einer Schiffahrt auf dem Lake Wakatipu verbunden. Auch wenn diese Touren ziemlich kommerzialisiert und perfekt organisiert sind, bieten sie interessante Informationen über Leben und Arbeit auf diesen riesigen ›Stations‹, die teilweise über einen Tierbestand von mehreren hundert Rindern und etlichen tausend Schafen verfügen. Zu derselben Kategorie lehrreich-unterhaltsamer Sightseeing-Attraktionen in Queenstown gehört *Cattledrome,* das Gegenstück zu Agrodome in Rotorua, wo Schafe die Protagonisten dieser für Neuseeland so charakteristischen Agrar-Shows sind. In Cattledrome dagegen werden Rinderzucht und Molkereiwirtschaft mit Hilfe ›einschlägiger‹ Hauptdarsteller erläutert.

Großer Beliebtheit erfreut sich bei den Neuseeländern ein Abstecher in das zwanzig Kilometer entfernte **Arrowtown,** eine alte Goldgräbersiedlung am Fuße der Crown Range. Sie gibt besonders im Herbst mit dem bunten Laub

›exotischer‹ Bäume, in deren Schatten sich ein paar aus Holz gebaute Goldgräber-Häuschen ducken, ein schönes Postkartenmotiv ab. Das kleine Museum mit einer Abteilung zur Geschichte des Otago-Goldrausches gilt als zusätzlicher Anziehungspunkt, ohne daß man deshalb unbedingt nach Arrowtown fahren müßte. Lohnender, wenn auch etwas kostspieliger, ist die Teilnahme an einem der *Flightseeing*-Programme, die von einem Rundflug über die nähere Umgebung von Queenstown bis zu einem atemberaubenden Flug über den See, die Alpen und Fiordland reichen. Es ist nicht nur blumige Werbesprache, wenn dieser Ausflug zum Milford Sound von den Veranstaltern als »einer der großartigsten Flüge der Welt« gepriesen wird.

Wanaka – Beschaulicher Ausklang einer aufregenden Landschaft

Weiter nördlich von Queenstown liegen, durch hohes Bergland vom Lake Wakatipu getrennt, die ›Zwillings‹-Seen Wanaka und Hawea, auch sie ehemalige Gletscher-Täler, die sich mit Wasser gefüllt haben. Beide sind von unbewaldeten, kahl anmutenden Bergen umgeben. Der größere und schönere ist **Lake Wanaka,** der mit seinen Stränden, kleinen Halbinseln und seiner sanfteren Uferlinie abwechslungsreicher als Lake Hawea ist, der als Stausee für das Wasserkraftwerk in Roxburgh dient. Aus diesem Grund wurde sein Wasserspiegel um rund zwanzig Meter erhöht.

Touristisches Zentrum für beide Seen ist **Wanaka,** das mit schönem Blick auf den See und die dahinter aufragenden, hohen Berge des Mount Aspiring National Park in eine reizvolle alpine Szenerie eingebettet ist. Wanaka beherbergt das Visitors' Centre des nordwestlich sich erstreckenden Alpenparks, der auf einer weitgehend unbefestigten Straße im Tale des Matukituki River zu erreichen ist. Das erste, am See entlangführende Stück dieser Route bis **Glendhu Bay** ist landschaftlich eindrucksvoll; die schneebedeckten Bergspitzen spiegeln sich im klaren Wasser des Sees, und das Ufer ist streckenweise von Pappeln und Weiden gesäumt, die besonders im Herbst als farbenprächtige Tupfer in einer sonst eher kargen Landschaft leuchten.

Obwohl der Fremdenverkehr durch die Fertigstellung der *Haast Pass Road* erheblich zugenommen hat, wirkt Wanaka, mit Queenstown verglichen, ländlich-beschaulich; ein freundlicher Ferienort, der mit Treble Cone und Cardrona auch über zwei nahe gelegene Skigebiete verfügt. Mit etwa 190 Quadratkilometern Fläche das viertgrößte Binnengewässer des Landes, ist Lake Wanaka ein würdiger Bestandteil jener großartigen Naturwildnis aus Bergen, Seen und Meer im Südwesten der Südinsel, deren Einsamkeit und unverdorbene Ursprünglichkeit diese Region zu einer der beeindruckendsten Landschaften Neuseelands machen.

ANHANG

Reisen nach und in Neuseeland –
einige praktische Hinweise

Die Reise nach Neuseeland

Neuseeland ist mit rund zwanzigtausend Kilometern von Mitteleuropa aus eines der entferntesten Reiseziele. Die Flugzeit beträgt je nach Anzahl und Länge der Zwischenaufenthalte 26 bis 32 Stunden – unabhängig davon, ob man über die Fernost- oder über die Nordamerika/Pazifik-Route reist. Der Hin- und Rückflug kostet den Touristen zwischen 2800 und 3500 DM; man achte auf Sondertarife und günstige Angebote beim Abflug aus nichtdeutschsprachigen Ländern wie den Niederlanden und England. Sicherlich ist die Anreise nach Neuseeland nicht ganz billig, dafür lebt es sich im Land nicht zuletzt wegen mancher Abwertungen des NZ-Dollars in den vergangenen Jahren günstig.

Die Vielfalt der landschaftlichen Schönheiten, die sich über das gesamte Land verteilen, legt einen mehrwöchigen (Nur-)Neuseelandaufenthalt nahe. Wer indes weniger Zeit hat, kann einen Abstecher nach Neuseeland mit einer Australien- oder einer Rund-um-die-Welt-Reise verbinden. Neben Pauschalgruppenreisen schließen auch relativ preiswerte Flüge für Individualreisende den südpazifischen Raum mit Neuseeland ein.

Auf welchem Weg und aus welcher Himmelsrichtung man auch immer nach Neuseeland einreist, *einer* Prozedur entgeht man nicht: der Desinfektion des Flugzeuges bei der Ankunft (›spraying‹). Dieses auch in Australien und in anderen Ländern des Südpazifiks übliche Verfahren richtet sich gegen Bakterien und Insekten, die der Landwirtschaft erheblichen Schaden zufügen könnten; die Insellage Neuseelands bietet sonst guten Schutz vor unerwünschten Eindringlingen. Wer dem Spray, das von der Weltgesundheitsorganisation als für den Menschen ungefährlich eingestuft wurde, skeptisch gegenübersteht, tröste sich damit, daß der Aufenthalt in einem vom Umweltschmutz noch weitgehend verschonten Land die kleine Unbill nach der Landung rasch vergessen machen wird.

Reisen in Neuseeland

Neuseeland ist ein ausgesprochen besucherfreundliches Land – obwohl oder gerade weil es noch nicht das Ziel des Massentourismus ist. Organisierte Bus/Flugtouren innerhalb des Landes werden von verschiedenen Reiseveranstaltern angeboten und sind zum großen Teil über deutsche und schweizerische Agenturen im voraus zu buchen.

Der Individualreisende hat mehrere Möglichkeiten, das Land nach seinen eigenen Vorstellungen zu entdecken. Zwischen allen großen und den meisten mittelgroßen Städten bestehen Flugverbindungen. Bei längerem Aufenthalt empfiehlt es sich, von Sondertarifen in verkehrsschwachen Zeiten Gebrauch zu machen; diese Tikkets können allerdings nur in Neuseeland gekauft werden. Über Sondertarife, die bereits von Europa aus gebucht werden können, informiert das Fremdenverkehrsamt von Neuseeland. Ein Bahnbussystem ergänzt das wenig ausgebaute Eisenbahnnetz und erschließt das Land weitgehend. Dem ausländischen Besucher steht der stark verbilligte *New Zealand Railways Tourist Pass* zur Verfügung. Am unabhängigsten kann sich der Tourist mit einem Mietwagen oder einem Wohnmobil im Land bewegen. An das Fahren auf der linken Straßenseite gewöhnt man sich rasch; die Verkehrsregeln entsprechen weitgehend denen in Europa. Außerhalb der Großstädte Auckland, Wellington und Christchurch ist die Verkehrsdichte zum Teil erheblich geringer als in Europa; auf der Südinsel begegnet man in manchen Gebieten nur selten einem Auto. Der einzige Grund für einen ›Stau‹, mit dem man überall rechnen muß, könnte eine der vielen Schafherden sein, die gerade die Straße überquert – aber zu Verkehrsstreß führen solche Begegnungen natürlich nicht!

Die Hauptstraßen und viele wichtige Nebenstrecken sind asphaltiert. Eine Ausnahme bilden einige Routen, die durch Landschaftsschutzgebiete und Nationalparks führen und vom Besucher ohnehin langsam befahren werden. Tankstellen gibt es in allen, auch sehr kleinen Orten, die allerdings auf der Südinsel manchmal erheblich weiter auseinanderliegen, als man es vom dichtbesiedelten Europa gewöhnt ist. Sonntags sollte man sich in kleinen Orten nicht darauf verlassen, daß die Tankstellen geöffnet sind.

Bevor man die Cook Strait überquert, läßt man den Mietwagen gewöhnlich bei den Stationen der Autovermieter an den Anlegestellen in Wellington und Picton zurück und erhält auf der anderen Insel einen neuen. Das schafft zwar Unbequemlichkeiten mit dem Gepäck, spart aber Kosten und macht Reservierungsfristen überflüssig. Wohnmobile nimmt man dagegen auf die andere Insel mit; vor allem um Weihnachten, Neujahr und Ostern sollte man unbedingt rechtzeitig einen Platz auf der Fähre reservieren. Mit dem Mietwagen oder Wohnmobil nach Stewart Island überzusetzen, ist nur in Ausnahmefällen möglich und wegen des nur wenige Kilometer umfassenden Straßen-›Netzes‹ wenig sinnvoll.

Gute Unterkünfte bieten Motels, die es meist auch in kleinen Orten gibt. Die Leistungen sind im allgemeinen sehr gut, die Zimmer geräumig, unterteilt in Wohn- und Schlafbereich; Dusche und WC sind selbstverständlich; oft gehört auch eine kleine Küche zur Ausstattung. Die meisten Motels verfügen über Waschmaschinen und Trockner für Gäste. Gemessen am hohen Standard und an europäischen Verhältnissen sind die Motels ausgesprochen preiswert. Gegen Aufpreis bieten viele Motels Frühstücksservice an: das Frühstück wird, oft zusammen mit einer Morgenzeitung, zur gewünschten Zeit auf Tabletts in oder vor das Zimmer gebracht.

Weniger empfehlenswert sind häufig die Hotels in den Kleinstädten und auf dem Lande, da das Mobiliar vielfach veraltet und der Standard mit dem der Motels kaum vergleichbar ist, ohne daß sich diese Differenz entsprechend deutlich im Preis niederschlüge. Dies gilt allerdings nicht für moderne Hotels in größeren Städten.

Für die eigene Tourenplanung ist es ratsam, sich vom Fremdenverkehrsamt eine Broschüre mit Unterkünften schicken zu lassen; gute Dienste leistet auch das von der Deutschland-Zentrale der Best-Western-Kette erhältliche Verzeichnis der diesem Zusammenschluß angehörenden neuseeländischen Motels und Hotels. In Neuseeland sollte man sich nach der Ankunft in einem Büro des Automobilclubs AA den detaillierten, zuverlässigen *Accommodation and Camping Guide* des AA für Nord- und Südinsel besorgen (für ADAC-Mitglieder mit Ausweis kostenlos!). Wertvoll ist auch das *Jason's Motel Directory,* das man im Buchhandel preiswert erwerben kann. Mit Engpässen bei der Unterkunft ist vor allem in den Weihnachts- und Neujahrsferien sowie an den Ostertagen zu rechnen; für diese Zeiten empfiehlt sich eine rechtzeitige Reservierung besonders dringend.

Noch größere Unabhängigkeit bietet freilich eine Reisemöglichkeit, die immer beliebter wird und sich besonders im ›Naturparadies‹ Neuseeland anbietet: das Wohnmobil. Die über das ganze Land verteilten *Motor camps* (Verzeichnis s. o.) sind in der Regel sehr ordentlich geführt und liegen oft in ansprechender Umgebung; die hygienischen Verhältnisse sind erfreulich gut (darauf legt man allgemein in Neuseeland großen Wert). Wer auf Stromanschluß und fließendes Wasser auch einmal verzichten kann, darf, sofern er die Rechte anderer nicht verletzt, den Verkehr nicht behindert und einen sauberen Stellplatz hinterläßt, über Nacht auch ›wild‹ campen. Die meisten Unternehmen, die PKW und

Wohnmobile vermieten, haben Niederlassungen in Auckland und Christchurch, so daß Einweg-Touren problemlos möglich sind.

Wertvolle praktische Hinweise für einen Aufenthalt in Neuseeland finden sich in einer Informationsbroschüre, die vom Fremdenverkehrsamt von Neuseeland, Kaiserhofstr. 7, 6000 Frankfurt/Main, zu beziehen ist. Das Büro stellt auf Anfrage auch Karten und weiteres Informationsmaterial, das für die Reiseplanung hilfreich ist, kostenlos zur Verfügung.

Höhepunkte einer Neuseeland-Reise

Vorbemerkung: Neuseeland ist ein wunderschönes, mit landschaftlichen Reizen reich gesegnetes Reiseland. Je nach persönlichen Neigungen und Vorlieben, aber auch unterschiedlichen Interessen, Erwartungen und Schwerpunktsetzungen wird sich jeder Besucher sein eigenes Urteil über Höhepunkte und besonders lohnende Ziele bilden. Die folgende Zusammenstellung enthält Plätze, Erlebnisse und Begegnungen, die der Autor als ungewöhnlich eindrucksvoll empfunden hat. Diese notwendig subjektive Auswahl kann also nur dazu dienen, Anhaltspunkte oder empfehlende Hinweise für eine Reiseplanung zu vermitteln. Neben dem Kriterium des ›Höhepunkts‹ liegen folgende Überlegungen zugrunde: Im Mittelpunkt einer Neuseeland-Reise können nicht die Städte und ihre kulturellen Attraktionen stehen – *deshalb* braucht man nicht die Reise ans andere Ende der Welt anzutreten (im übrigen: Auckland *ist* mit Sydney *nicht* zu vergleichen!). Zum anderen wurden ganz bewußt auch Gebiete und Routen ausgewählt, die von den üblichen Pfaden der Neuseeland-Touristik abweichen. Das ist kein Plädoyer gegen organisierte Touren, sondern soll dem Individualreisenden, der Zeit mitbringt, um auch die geographisch abgelegenen Teile des Landes kennenzulernen, Anregung und Orientierungshilfe bieten. Zur besseren Übersichtlichkeit wurden die Höhepunkte in drei ›Qualitäts‹-Rangstufen unterteilt, ein Verfahren, das natürlich noch subjektiver als die Zusammenstellung in ihrer Gesamtheit ist. Das Anordnungsprinzip innerhalb dieser Rangstufen ist kein hierarchisches, sondern ein rein geographisches (im wesentlichen von Norden nach Süden).

I

Die Bay of Islands als subtropisch-maritime Ferienlandschaft und als Wiege des modernen Neuseeland

Dampfende, zischende, wasserspeiende Erde: Die Thermalgebiete um Rotorua

Verträumte, malerische Buchten in farbigem Vegetationskleid: Die Coromandel-Halbinsel

Queen-Charlotte-Drive: Hinter jeder Kurve ein Ausblick auf die harmonisch-großartige Landschaft der Marlborough Sounds

Die goldenen Strände des Abel-Tasman-Nationalparks

Die wolkenverhangene, nasse, einsame West Coast der Südinsel

Der nächtliche Sternenhimmel und die klare Atmosphäre über Lake Tekapo

Die schneeüberzuckerten Tussock-Flächen des Lindis Pass im Winter

Die majestätische Landschaftskulisse des Milford Sound

Die ›Insel der glühenden Himmel‹: Das unberührte Naturparadies von Stewart Island

Otago Peninsula: Vielfalt in der Einheit: Albatrosse, Pinguine, hinreißende Ausblicke, ländliche Idylle vor den Toren Dunedins

Schafe, Schafe, Schafe … – friedlich auf sanftem, grünem Hügelland weidend, in riesigen, durch die Weite des High country ziehenden Herden, schemenhaft im Morgennebel auftauchend, als Hauptdarsteller der Agrodome-Show in Rotorua …

Flightseeing – spektakuläre Landschaft aus spektakulärer Perspektive; am eindrucksvollsten: Rotorua und Mount Tarawera; über die Südalpen von Tekapo, Mount Cook, Fox Glacier oder Queenstown aus, teilweise mit Gletscherlandung; über Fiordland von Queenstown und Te Anau aus.

Tracking – die schönsten Landschaften Neuseelands ›hautnah‹ auf Wanderungen erleben; zu den berühmtesten Tracks gehören der Heaphy Track, der Milford Track, der Routeburn Track, die Wanderwege auf Stewart Island; alle Nationalparks sind durch unterschiedlich lange Tracks erschlossen.

II

›Endlos‹ zwischen Meer und Dünen: Fahrt auf dem Ninety Mile Beach

Baumriesen im subtropischen Regenwald: Der Waipoua Kauri Forest

Die Abgeschiedenheit des East Cape zwischen Hick's Bay und Tolaga Bay: Stille Buchten und Maori-Kultur am Pazifik (Kirche von Tikitiki!)

Grünes Land zu Füßen eines Einzelgängers: Blicke zum und vom Mount Egmont herab

Von Insel zu Insel: Die Überquerung der Cook Strait

Weites Tal, hohe Berge, enge Schlucht: Der Arthur's Pass Highway zwischen Springfield und Kumara

Berge, Gletscher, Meer – Höhepunkte des Westland National Park: Alpenpanorama von Gillespies Beach aus: Regenwald-Vegetation; ›Spiegelsee‹ Lake Matheson; Fox- und Franz-Josef-Gletscher

Rastplatz-Bekanntschaften: Begegnung mit neugierigen Kea-Papageien (bei den Gletschern der Westküste, vor dem Homer Tunnel, an der Otira Gorge, am Wilmot Pass ...)

Ein prächtiges Stück Fiordland: Vom Manapouri-See über die Moossteppiche des Wilmot Pass zum stillen Doubtful Sound (organisierte Fahrt)

Über landschaftliche Höhepunkte zum Höhepunkt der Landschaft: Der Highway 94 zwischen Te Anau und Milford als Schneise durch die Wildnis Fiordlands.

Nächtliche Bootsfahrt zu Glühwürmchen-Höhlen – Über den Lake Te Anau

Nicht ohne Bedenken, aber vom ›Angebot‹ überzeugt: Queenstown (Der Blick vom Queenstown Hill auf Lake Wakatipu und die Remarkables; die Fahrt auf der halsbrecherischen Skipper's Road; der Besuch einer ›High country station‹ und eine Jetboat-Fahrt)

III

Wo Neuseeland zu Ende ist: Cape Reinga

Kawau Island mit dem historischen Mansion House

Reiche Fruchtgärten und von Norfolkfichten gesäumte Strände:
Die sonnige Bay of Plenty (Tauranga und Umgebung)

Seen im Regenwald-Dickicht: Der Urewera-Nationalpark

Die Tölpelkolonie von Cape Kidnappers

›Wüstenstraße‹ im Schatten mächtiger Vulkanriesen: Die ›Desert
Road‹ zwischen Waiouru und Rangipo

Von dichtem ›Native forest‹ umschlossenes Blütenmeer: Der Pukeiti Rhododendron Park am Fuße des Mount Egmont

Die Glühwürmchen-Grotten von Waitomo

Mit dem Jetboat den Wanganui River hinauf – oder mit dem Floß
hinunter

Wo man vor prächtiger Landschaftskulisse Hummer am Imbiß-
stand kauft: Die Kaikoura Coast mit der Kaikoura-Halbinsel

Über die Summit Road nach Lyttelton: Eindrucksvolle Panoramen
von Christchurch und Umgebung

Auf den Spuren des Samuel Butler – Das abgelegene High country
am Rangitata River

Mount Cook – Zivilisationsoase inmitten der unerschlossenen
Bergwildnis der Südalpen

Strandspielzeuge von Riesen – Die eigenartigen Moeraki Boulders

›Neue‹ Wildnis vor bizarrer Küste: Der Catlins Forest Park

Landschaftliche Schönheit als Belohnung für einen ›Umweg‹ – Von
Invercargill über Riverton und Tuatapere nach Manapouri

Tourenvorschläge

Vorbemerkung: Die folgenden Vorschläge sind für Besucher gedacht, die Neuseeland mit dem Mietwagen oder Campmobil bereisen und möglichst viel vom Land sehen wollen (das ja aufgrund
seiner Lage eine gewisse Reiseintensität sinnvoll erscheinen läßt).
Sie setzen eine hohe Kilometer-Fahrleistung pro Tag voraus und
orientieren sich an der Vorstellung eines Aktiv-Urlaubs, bei dem

man trotz dieser Pensen beim Kennenlernen und Durchfahren
schöner Landschaften Erholung findet, kaum jedoch Muße. Natürlich sind auch Touren denkbar und sinnvoll, bei denen man
sich nur auf wenige landschaftliche Höhepunkte konzentriert. Die
breit angelegten Darstellungen in diesem Buch, die auch auf
›Randgebiete‹ ausführlich eingehen, sollen dem Reisenden ja gerade helfen, seine individuellen Schwerpunkte zu setzen.

Tourenvorschlag für zwei Wochen

1. Tag Auckland – Rotorua
2. Tag Rotorua – Taupo – Tongariro-Nationalpark
3. Tag Tongariro-Nationalpark – Wanganui – (Küstenstraße) –
     Wellington
4. Tag Wellington – (Überfahrt Cook Strait) Picton – Queen
     Charlotte Drive – Nelson
5. Tag Nelson – Richmond – Wakefield – Buller Gorge –
     Westport
6. Tag Westport – West Coast – Westland-Nationalpark (Fox,
     Franz Josef Glacier)
7. Tag Westland-Nationalpark – Haast Pass (Mount-Aspiring-
     Nationalpark) – Wanaka
8. Tag Wanaka – Queenstown (Flug nach Milford empfohlen)
9. Tag Queenstown – Cromwell – Lindis Pass – Omarama –
     Pukaki – Tekapo
10. Tag Tekapo – Fairlie – Geraldine – Christchurch
11. Tag Christchurch – Auckland (Flug)
12. Tag Auckland – Bay of Islands
13. Tag Bay of Islands – Auckland

Tourenvorschlag für drei Wochen

1. Tag Auckland
2. Tag Auckland – Bay of Islands
3. Tag Bay of Islands – Auckland – Coromandel-Halbinsel
4. Tag Coromandel-Halbinsel – Bay of Plenty (Tauranga)
5. Tag Bay of Plenty – Rotorua
6. Tag Rotorua – Taupo – Tongariro-Nationalpark
7. Tag Tongariro-Nationalpark – Taranaki (Mount-Egmont-
     Nationalpark; u. U. mit ›Umrundung‹ des Mount
     Egmont)
8. Tag Mount Egmont – Wanganui – Wellington

9. Tag Wellington – (Cook Strait) – Picton – Queen Charlotte Drive – Nelson
10. Tag Nelson – Abel-Tasman-Nationalpark – Takaka – Motueka
11. Tag Motueka – Kohatu – Kawatiri – Murchison – Buller Gorge – Westport
12. Tag Westport – Greymouth – Westland-Nationalpark (Fox, Franz Josef Glacier)
13. Tag Westland-Nationalpark
14. Tag Westland-Nationalpark – Haast Pass (Mount-Aspiring-Nationalpark) – Wanaka
15. Tag Wanaka – Queenstown
16. Tag Queenstown – Lumsden – Manapouri – Te Anau
17. Tag Te Anau – Milford (Fiordland-Nationalpark) – Te Anau
18. Tag Te Anau – Gore – Balclutha – Dunedin
19. Tag Dunedin – Otago Peninsula – Moeraki Boulders – Oamaru
20. Tag Oamaru – Christchurch
21. Tag Christchurch – Auckland (Flug)

Tourenvorschlag für vier Wochen

1. Tag Auckland
2. Tag Auckland – Bay of Islands
3. Tag Bay of Islands – Kaeo – Cape Reinga – Ninety Mile Beach – Kaitaia – Waimate North – Bay of Islands
4. Tag Bay of Islands – Kaikohe – Oponui – Waipoua Kauri Forest – Dargaville – Ruawai – Warkworth
5. Tag Warkworth – Auckland – Coromandel-Halbinsel
6. Tag Coromandel-Halbinsel – Bay of Plenty – Rotorua
7. Tag Rotorua – Waiotapu – Urewera-Nationalpark (Waikare-moana) – Wairoa
8. Tag Wairoa – Napier – Taupo
9. Tag Taupo – Turangi – Tongariro-Nationalpark (Umfahrt)
10. Tag Tongariro-Nationalpark – Wanganui – Hawera – Mount-Egmont-Nationalpark
11. Tag Mount-Egmont-Nationalpark – Wanganui – Levin – Wellington
12. Tag Wellington – (Cook Strait) Picton
13. Tag Picton – Queen Charlotte Drive – Nelson – Motueka (Abel-Tasman-Nationalpark)
14. Tag Abel-Tasman-Nationalpark (Motueka, Takaka, Collingwood) – Motueka

15. Tag Motueka – Kawatiri – St. Arnaud (Nelson-Lakes-Natio-
nalpark) – Blenheim
16. Tag Blenheim – Kaikoura – Christchurch
17. Tag Christchurch – Arthur's-Pass-Nationalpark – Kumara –
Greymouth
18. Tag Greymouth – Pancake Formations – Greymouth – Hokitika – Westland-Nationalpark (Fox, Franz Josef Glacier)
19. Tag Westland-Nationalpark
20. Tag Westland-Nationalpark – Haast Pass (Mount-Aspiring-
Nationalpark) – Wanaka
21. Tag Wanaka – Queenstown
22. Tag Queenstown – Lumsden – Manapouri – Te Anau
23. Tag Te Anau – Milford (Fiordland-Nationalpark) – Te Anau
24. Tag Te Anau – Lumsden – Gore – Balclutha – Dunedin
25. Tag Dunedin – Otago Peninsula – Moeraki Boulders –
Oamaru
26. Tag Oamaru – Omarama – Twizel – Mount-Cook-Nationalpark
27. Tag Mount-Cook-Nationalpark – Pukaki – Tekapo – Geraldine – Christchurch
28. Tag Christchurch – Auckland (Flug)

Erweiterungen für längere Aufenthalte: East Cape der Nordinsel
und Stewart Island

Klima

Da Neuseeland auf der Südhalbkugel liegt, sind die Jahreszeiten
umgekehrt gegenüber denen der nördlichen Hemisphäre;
Frühling: September bis November; Sommer: Dezember bis
Februar; Herbst: März bis Mai; Winter: Juni bis August.

Das Land erstreckt sich über 1500 Kilometer in Nord-Süd-
Richtung; entsprechend unterschiedlich sind die klimatischen Verhältnisse. Extreme kommen jedoch sehr selten vor; das recht aus-
geglichene, ozeanisch-gemäßigte Klima macht Neuseeland zu einem angenehmen Reiseland. Folgende Faustregeln lassen sich auf-
stellen: Nach Süden hin nehmen die Temperaturen allmählich ab;
das Gebiet nördlich von Auckland liegt noch in subtropischen
Breiten, im Süden der Südinsel steigt das Thermometer dagegen
auch im Hochsommer selten über 25 Grad. Aufgrund der vorherrschenden Westwindwetterlage und der Gebirgszüge, die beide In-

seln ungefähr parallel zur Küste durchziehen, verteilen sich die Niederschläge sehr unterschiedlich: Der Westen ist nasser, der Osten teilweise erheblich trockener. Die Westküste der Südinsel hat im Winter milderes Wetter als die Ostseite. Die sonnigsten Gebiete sind Northland, die Bay of Plenty, die Ostküste der Nordinsel und der Norden der Südinsel. Die Überfahrt über die Cook Strait und die Foveaux Strait gestaltet sich mitunter recht stürmisch. Über wichtige Wetterdaten im einzelnen informiert die folgende Tabelle.

Klimatabelle

Ort/Region	Höhe NN *Meßstation	Regentage (mehr als 1 mm)	Regentage (mehr als 5 mm)	Sonnenscheinstunden/ Jahr	Frosttage	Durchschnitttemp.	Durchschnittl. Tagesmax.		Durchschnittl. Tagesmin.	
							Jan.	Juli	Jan.	Juli
Kaitaia (Northland)	80	138	72	2113	−	15,6	24	15	15	8
Kerikeri (Bay of Islands)	73	135	72	1988	1	15,1	25	15	14	6
Auckland	*49	140	67	1904	−	15,7	24	15	16	8
Tauranga (Bay of Plenty)	4	118	64	2217	5	14,3	24	14	14	5
Rotorua (Vulkan.Plateau)	307	123	68	1872	27	12,7	23	12	12	3
Gisborne (East Coast)	4	113	55	2173	7	14,1	24	14	13	4
Wanganui	22	117	59	2033	4	13,7	22	13	14	5
Wellington	*126	124	68	2008	−	12,7	20	11	13	6
Nelson (Marlborough)	2	96	54	2373	38	12,2	22	12	13	1
Hokitika (Westland)	39	168	118	1889	16	11,6	19	12	11	3
Christchurch (Canterbury)	7	85	37	1992	36	11,9	22	11	12	1
Milford Sound (Fiordland)	3	183	145	keine Messung	29	10,5	19	9	11	2
Queenstown (Central Otago)	329	93	50	1865	50	10,4	22	8	10	0
Dunedin (Otago)	2	119	48	1645	10	11,1	19	10	11	3
Invercargill (Southland)	1	157	69	1595	46	9,7	18	9	9	1

Aussprache und Bedeutung einiger
Maori-Ortsnamen

Neuseeland ist ein Land, in dem Europäer sich schnell heimisch fühlen können. Ein kleines Hindernis sind die Maori-Ortsnamen, die als Zungenbrecher empfunden werden. Sie ähneln sich vielfach und wirken deshalb verwirrend. Besucher sind gewöhnlich für jeden englischen Ortsnamen ›dankbar‹, da er vertrauter klingt und geradezu als Oase und willkommener Orientierungspunkt in der ›Wüstenei‹ der vielen Maori-Begriffe erscheint. Zum besseren Verständnis von Maori-Begriffen folgen einige Erklärungen zur Aussprache und Bedeutung einzelner Silben und Wörter:

›a‹ wie in dt. ›lahm‹; ›e‹ wie in ›kennen‹; ›i‹ wie in ›wie‹; ›o‹ ähnlich wie in ›Bord‹, besser wie in engl. ›board‹; ›u‹ wie in ›Blume‹; ›wh‹ wie ›f‹.

ahi Feuer	*maunga* Berg	*riki* klein, wenig
ao Wolke	*motu* Insel	*roa* lang, hoch
ara Pfad, Straße	*muri* Ende	*roto* See
ata Schatten	*nui* groß, viel	*rua* Höhle, hohl
atua Gott	*o* der Ort des (der)	*tahi* ein (einzelner)
awa Fluß, Tal	*one* Sand, Strand	*tai* Meer, Küste
hau Wind	*pa* Festung	*te* der, die, das
ika Fisch	*pae* Rastplatz	*tea* weiß, klar
iti klein	*papa* weit, flach	*wai* Wasser
kai Nahrung, Essen	*puke* Hügel	*waka* Kanu
ma weiß, hell	*puna* Quelle	*whanga* Bucht
ma(nga) Nebenfluß	*rangi* Himmel	*whare* Haus
manu Vogel	*rau* viele, hunderte	*whenua* Land

Glossar wichtiger Maori-Wörter

ariki Häuptling, Oberpriester
atua Gott, Dämon
haka Tanz
hangi (Erd-)Ofen
harakeke Flachs
hui Versammlung, Stammestreffen
hurukuri Mantel aus Hundefell
iwi Nation, Volk, Stamm
kahikatea Podocarpus excelsus, ›white pine‹
kaitaka Mantel aus feinstem Flachs
kaka Nestor meridionalis, Papagei
kakapo Strigops habroptilus, Papagei
kea Nestor notabilis, Hochland-Papagei
kauri Agathis australis, Riesenfichten-Art
kereru Hemiphaga novaseelandiae, Taube
kingitanga zur Maori-Königsbewegung gehörig
kiwi Apteryx australis, flugunfähiger ›National‹-Vogel
kohekohe Dysoxlum spectabile, Baum
koruru Giebelfigur
kowhai Sophora tetraptera, Baum mit gelben Blüten
kumara Süßkartoffel
mana Autorität, Prestige
manuka Leptospermum scoparium, ›Teebaum‹
marae Versammlungsplatz
marama Mond
matai Podocarpus spicatus, Baum
miro Podocarpus ferrugineus, Baum
moa ausgestorbener flugunfähiger Riesenvogel
moko Tätowierung
nikau Rhopalostylis sapida, Neuseeland-Palme
pa befestigter Platz
pakeha Fremder, Bezeichnung für Neuseeländer europ. Herkunft
papa Erde
pataka auf Pfählen stehendes Vorratshaus
patu Keule, Waffe
patu pounamu Keule aus Grünstein
poi Ball
pounamu Grünstein, ›Jade‹

pukeko Porphyrio melanotus, Sumpfhuhn
rata Metrosideros robusta, rot blühender Baum
rimu Dacrydium cupressinum, Baum
takahe Notornis hochstetteri, seltene Bergralle
tangi Trauerfeier
tapu ›tabu‹, unter religiös begründeten Einschränkungen stehend
ti Cordyline; ›cabbage tree‹, Baum
tiki aus Grünstein geschnitzte Figur mit grotesken Gesichtszügen
toheroa Amphidesma ventricosum, Muschel
tohunga Priester
totara Podocarpus totara, Baum
tui Prosthemadera novaseelandiae, Vogel
wai Wasser
waiata aroha Liebeslied
weka Gallirallus australis, Waldralle
whare Haus
whare runanga Versammlungshaus
whetu Stern

Weiterführende Literatur

Reisen in Neuseeland

Diana und Jeremy Pope, Mobil New Zealand Travel Guide,
2 Bände (Nord- und Südinsel), Wellington 1973, Neuauflagen
AA-Book of New Zealand National Parks, Auckland 1983
AA-Book of New Zealand walkways, Auckland 1982 AA-Book
of the New Zealand countryside, Auckland 1978 Regional-
karten des Automobilclubs AA mit guten Informationen auf der
Rückseite (für ADAC-Mitglieder kostenlos in AA-Geschäftsstellen)

Frühe Reiseberichte

Abel J. Tasman, Entdeckung Neuseelands, Tasmaniens und der
Tonga- und Fidschi-Inseln 1642-1644, Tübingen 1982 (Auszüge)
James Cook, Entdeckungsfahrten im Pacific, Tübingen 1971
(Auszüge)
Ferdinand von Hochstetter, Neu-Seeland, Stuttgart 1863

Geschichte

Keith Sinclair, A history of New Zealand, London 1959, Neuauflagen

W.H. Oliver – B.R. Williams (Hrsg.), The Oxford History of New Zealand, Oxford/Wellington 1981

AA-Book of New Zealand historic places, Auckland 1984

Landeskunde

Robin Bromby u.a., Neuseeland, dt. Ausg. Luzern/Herrsching 1984

Walter Imber – Kenneth B. Cumberland, Neuseeland. Antipode des Abendlandes, München 1972

Klaus Viedebantt, 33mal Neuseeland und Polynesien, München 1986

Landschaft

Reader's Digest »Wild New Zealand«, Sydney 1982

R. Joyce – B. Saunders, Discover New Zealand. The glorious islands, Auckland/Sydney 1982

Kenneth B. Cumberland, Landmarks (How New Zealanders remade their landscape), Sydney 1981

Maori

Erika Jokubassa, Märchen aus Neuseeland. Überlieferungen der Maori, Köln 1985

Joan Metge, The Maoris of New Zealand, London 1976

Margaret Orbell, The natural world of the Maori, Auckland 1983

Miloslav Stingl, Kunst der Südsee, Leipzig/München 1985

Belletristik

Frank Auerbach (Hrsg.), Letztes Abenteuer und andere neuseeländische Erzählungen, Tübingen 1971

Katherine Mansfield, Ein Mädchen aus Neuseeland. Erzählungen, Köln 1983

Statistisches Material

New Zealand Official Yearbook, jährlich neu herausgegeben

Register

Bildnachweis

Die Farbaufnahmen stammen von Anthony Verlag, Starnberg (14, 16, 24); Walter Imber, Laufen (2, 3, 5, 7-13, 18, 20-22, 25-27); Eva Lechel und Jochen Steinhardt, Dachau (1, 4, 6, 15, 17, 19, 23); Schutzumschlag: Mainbild (Transglobe), Gaby Wojciech, 1985.

Die Stadt- und Lagepläne auf den Seiten 47, 66, 74, 80, 91, 112, 162, 200, 204, 228, 324 und die Übersichtskarte am Buchende zeichnete Astrid Fischer, München.